생태비평의
이론과 실제

생태비평의 이론과 실제

인 쇄 2020년 8월 5일
발 행 2020년 8월 11일

저 자 강용기
발행인 정병석
발행처 전남대학교출판문화원

등 록 1981. 5. 21. 제53호
주 소 61186 광주광역시 북구 용봉로 77
전 화 (062) 530-0571~2 마케팅 530-0573
팩 스 (062) 530-0579
홈페이지 http://www.cnup.co.kr
이메일 cnup0571@hanmail.net

값 20,000원

ISBN 978-89-6849-731-5 (93840)

이 도서의 국립중앙도서관 출판예정도서목록(CIP)은
서지정보유통지원시스템 홈페이지(http://seoji.nl.go.kr)와
국가자료종합목록시스템(http://www.nl.go.kr/kolisnet)에서 이용하실 수 있습니다.
(CIP제어번호 : CIP2020032323)

生態
批評

Ecocritical Theory and Practice

생태비평의 이론과 실제

강용기

전남대학교출판문화원

■ 목차

1. 서언

예술이나 문학의 기능을 다양한 관점에서 논의할 수 있을 것이나, 그것을 범박하게 두 가지로만 가른다면 개인의 쾌락 추구와 사회적 효용성 제고라고 말할 수 있을 법하다. 물론 그 두 가지 기능이 복합될 수도 있다. 지난 30여 년을 주로 영문학 연구에 심취하여 살아 온 필자에게 가장 호소력을 지닌 분야가 이른바 생태비평과 환경문학이었으니, 필자는 아무래도 문학의 사회적 기능에 마음이 더 쏠렸었나 보다. 환경문학 혹은 자연기 문학이야 그 연원이 인간의 역사에서 문학작품이 태동한 시기까지 거슬러 올라갈 수 있겠지만, 생태비평이라는 용어가 영문학계에 대두한 시기는 불과 40여 년 전이다. 그 만큼 생태비평은 생태계 파괴와 환경 위기라는 오늘의 사회적 이슈에 대응하여 진화한 문학비평의 한 축이다. 생태비평은 일차적으로 문학작품 속에 드러난 자연관을 들추어내어 그것이 함의하는 친생태성 혹은 반생태성을 판가름하는 작업이다. 물론 다양한 생태비평의 입장들이 공유하는 지향점이 있다면, 그것은 생태환경의 보호일 터이다. 그것은 자연과 인간의 조화로운 관계를 지향하기 위하여 환경보호라는 사회적 역할을 감당하려는 문학적 노력이다.

생태비평이 생태적 위기에 대처하려는 문학비평의 한 축임은 분명하지만 지향하는 자연관에 따라 다양한 입장들을 보여준다. 생태비평계에서 벌어지는 논의의 초점을 한 마디로 정리하면, 그것은 자연의 개념으로 모아진다고 볼 수 있다. 환언하면, 생태비평의 갈래를 결정하는 돌쩌귀가 바로 자연의 개념이라는 뜻이다. 주지하듯이, 생태비평의 태동기에 가장 심대한 영향을 미친 심층생태학은 본디 자연의 본질적 개념에 착근하여 생태위기를 극복하기 위한 나름의 인문학적 사유와 실천적 방안들을 제안한다. 그러나 자연의 본질적 의미를 감당하려는 심생태론자들의 언어는 이른바 해체적 인식론에 의하여 그 신뢰성이 떨어지는 과정을 거친다. 주목할 점은 1970년대와 80년대의 생태비평계가 주로 심층생태학에 천착하였다면, 1990년대 초반에 해체적 자연관을 전용하면서 생태비평은 이제 생태여성주의, 사회생태학, 실용주의 환경론 등의 다양한 입장들로 분화한다. 전술한 대로, 이들 다양한 입장들이 공유하는 논거는 자연 개념의 해체다. 바꾸어 말하면, 예의 환경론들의 논의는 심층생태론이 천착하는 자연의 본질적 개념을 부정하는 지점에서 시작한다. 즉, 이들은 가부장적 문화나 자본주의 논리를 털어내지 못하는 자연 개념의 한계를 지적하거나 자연의 의미는 결코 인간화의 함정을 벗어날 수 없다는 논리의 곤궁함을 직시한다. 나아가 이렇게 다양한 입장들은 각기 다른 이해관계와 강조점을 그들의 환경론에 아우르려는 노력을 한다. 생태여성주의가 자연과 여성의 해방을 동시에 추구하고 사회생태학이 산업제일주의에 매몰된 자본주의 문화의 대안을 모색한다면, 실용주의 환경론자들은 자연과 인간의 지속가능한 관계 설정을 위하여 공동체 내외의 끊임없는 소통과 민주적 의사결정 방식을 제안한다. 이들은 이해관계에 따라 서로 다른 강조점을 드러내지만 생태환경보호라는 지향점을 공유함은 물론이다.

이 책은 생태비평의 갈래를 기계적으로 소개하는 역할보다는 우선 서로 다른 관점과 강조점들을 야기하는 근본적인 논리와 욕구의 차이를 드러내고 그러한 차이에 뿌리를 두고 다양한 생태비평의 입장들이 공존한다는 점에 주목한다. 차이를 유발하는 핵심 논의는 자연관으로 모아진다. 필자는 '인간의 언어가 자연의 본질을 규정할 수 있는가'라는 형이상학적 명제와 불평등한 권력 관계의 연결 고리에 주목한다. 그 결과는 다양한 생태관과 환경윤리의 유기성을 파악할 수 있다는 희망이다. 이 연구는 영문학의 범주를 벗어나지 못해 아쉽지만 생태비평의 기본 갈래와 각각의 비평 관점을 적용한 작품 읽기의 용례를 제공한다. 이 책은 생명감이 느껴지는 생태비평의 길잡이를 자임하려는 욕망의 표출이다.

책의 내용은 필자가 지난 30여 년에 걸쳐 생태비평의 관점으로 쓴 50여 편의 논문에서 발췌하고 그것들을 수정·보완한 내용임을 밝힌다.

2. 생태철학의 폐기와 재건

'생태철학의 폐기'라는 명제는 좀 생뚱맞고 공격적이다. 그러나 실은 이 엉뚱한 개념이 근간에 열기를 띠었던 생태철학논의의 중심에 있다. 여기에서 철학이라는 용어의 범주를 보다 명확하게 제한하면 인식론을 지칭한다. 따라서 생태철학의 폐기라 함은 곧 자연 혹은 생태학적 실체의 재현(representation)을 문제시하는 인식론의 포기다. 물론, 이러한 인식론적 전환의 직접적인 배경은 무엇보다도 (탈)근대 담론이 착근하고 있는 언어와 인식주체의 자치성 해체로부터 찾아져야 할 것이다. 이른바 본질주의 자연관이 공리주의적 세계관에 저항하는 담론이었음은 주지의 사실이다. 그러나 본질주의는 어느 것이건 그 인식론적 논거가 취약할 수밖에 없다는 진단이 유효한 만큼 자연의 본질적 가치와 가치론은 그 철학적, 윤리적 정당성을 상실한다. 1970년대에 태동한 심층 생태학이 친환경적 어젠다에 대한 열정과 그 문화적 포괄성에도 불구하고 오늘날 지구촌 곳곳의 다양한 환경론자들의 비판의 표적이 되어 있는 연유는 바로 인식론적 논거의 취약성에 있다. 아직도 본질주의-비본질주의 논쟁은 끝나지 않았고, 어쩌면 건강한 철학적 담론의 경연을 위하여 그러한 논의는 계속될 필요가 있을 것이다. 그러나 자연의 본질적 가치를 옹호하는 논의들을 비롯하여 서구의 형이상학의 역사에서 특권을 누려왔던 본질주의 담론의 지배적 지위는 해체되고 있다는 진단에 공감할 수밖에 없다.

인식론의 포기는 사실 심각한 결과를 초래할 수 있다. 논의의 범주를 환경담론에 국한시킬 때, 논리적 자연관의 포기는 자칫 무분별한 산업주의에 대한 무관심이나 판단정지를 정당화하는 (역)논리로 이용당할 우려가 있기 때문이다. 해체의 폐해다. 비인간 자연의 언어적 재현이 불가능하다는 해체론자들의 주장은 분명히 설득력이 있다. 예컨대, 두더지와 같은 비인간 자연의 언어를 알 길이 없는 인간이 두더지의 입장을 대변하기 위하여 사용하는 언어는 인간의 언어일 수밖에 없다는 근본적인 한계를 지니고 있기 때문이다. 그렇다면 인간의 탐욕과 분별없는 개발이 야기한 환경문제의 해결을 두더지의 손에 맡겨놓아야 하는가? 해체적 자연관이 예의 심층 생태학이나 아직도 지구촌 곳곳의 토착민들의 삶에 배인 배타적 생태중심주의를 연성화했다는 점을 기꺼이 인정하면서도 비강압적 자연관 자체가 환경윤리의 방향타를 제공하지 못한다는 한계성을 동시에 지적하지 않을 수 없다.

지각이 있는 현대인이면 대부분 생태환경의 파괴와 관련한 위기의식을 느끼고 있으리라 믿는다. 또한, 그러한 위기감의 진폭만큼 강압적 자연관과 해체적 환경론을 넘어 분명한 방향제시를 동반하면서도 비강압적인 생태철학의 진화를 열망하고 있다고 믿는다. 본 연구는 영미소설 다시 읽기를 통하여 해체적 자연관의 딜레마를 극복하면서도 충분히 친생태적일 수 있는 환경론의 가능성을 타진하는 작업이다. 그렇다면 결국 생태철학의 포기를 전제로 하는 생태철학의 재구성이 본 연구의 목표인 셈이다.

어느 자연관이든 그것은 역사적, 공간적 상황의 산물일 터임에도 불구하고 동서양의 형이상학은 자연물이나 자연현상에 늘 본질적인 가치를 부여하려는 경향을 보여 왔다. 20세기 후반의 생태학과 생태철학 및 생태비평계를 풍미한 심층 생태학은 바로 다양한 문화권의 자연관들이 공통적으로 인정하고 있는 자연의 본질적인 가치를 공통인자로 하여 집대성된 또 하나의 자연관이라고 할 수 있다. 심층 생태학이 안고 있는 문제점을 지적하기 위해서는 그 구성인자가 되는 다양한 자연관들의 구체적인 내용을 짚어보는 작업이 선행되어야 한다. 따라서 본 저술에서는 영미권의 소설읽기를 통하여 우선 자연의 본질적인 가치를 상정하고 있는 수많은 문화권의 형이상학, 문학, 혹은 종교관을 면밀하게 살펴 본 후에 심층 생태학이 천명하고 있는 생태중심주의의 구체적인 내용을 정리할 것이다. 심층 생태학의 형성에 두드러진 영향을 미친 다양한 철학, 문학 및 종교로는, 드발(Bill Devall)과 세션(George Sessions)이 구체적으로 인정하고 있는 바대로, "보편주의 철학(perennial philosophy), 목가적-자연주의적 문학전통, 생태학, '신물리학' 기독교적 배경, 페미니즘, 토착민들의 철학 및 동양의 영성주의 전통" 등을 꼽을 수 있다. 그러한 철학과 사상들이 공통적으로 상정하고 있는 자연의 내재적 가치와 그러한 가치를 정당화하고 있는 각각의 논리를 탐색하는 작업이 중요함은 물론이다.

심층 생태학이 지향하는 세계관은 이른바 심층 생태학의 창시자인 네스(Arne Naess)가 천명한 심층 생태학의 8대 기본원리(또는 8대 강령)이다. 사실 이 여덟 가지 강령 중에는 그 해석이 매우 논쟁적인 항목들이 있을 뿐만 아니라 각각의 강령들의 내용이 서로 상충하기도 한다. 예컨대, 생태계를 보호하기 위하여 제도와 정책의 인위적인 변화를 주문하고 있는 여섯 번째와 여덟 번째 원리는 인간중심주의를 여의고 생태중심주의를 지향하는 심층 생태학이 내거는 기치로는 부적절해 보인다. 이들 항목들은 비인간 자연의 내재적 가치를 인정해야 한다고 주장하고 있는 첫 번째 강령과 상충하고 있다. 물론 심층 생태학의 자가당착적인 논리와 강압적 담론은 해체적 자연관을 논의하는 대목에서 보다 심층적으로 다루겠지만, 적어도 심층 생태학이 태생적으로 안고 있는 축소해석(reductionism)과 관련한 에코 페미니즘과 사회 생태학의 비판도 소개될 것이다. 심층 생태학에 대한 보다 포괄적인 비판이 심층 생태학의 내부적, 논리적 모순을 드러내려는 해체주의 비판과 결코 유리되지 않기 때문이다.

생태철학의 기본 축은 내재적 가치를 상정하는 이른바 전체주의적 자연관을 비판하는 논의들에 집중되어 있다. 심층 생태학을 비판하는 대안 담론으로서 (탈)근대 자연관의 논거에 초점을 맞추어 언어, 지식, 인간주체에 관한 (탈)구조주의적 해석을 점검할 것이다. 후자는 상호 어우러진 형태로 근본주의 자연관을 비판하는 논리적 배경을 제공하기 때문이다. 예컨대, 데리다(Jacques Derrida)가 관심을 기울이는 언어의 자치성(autonomy) 해체는 서구의 형이상학 해체의 배경이 되고, 그것은 또 라깡(Jacques Lacan)의 인간주체성의 해체와 함께 푸코(Michel Foucault)가 갈파하는 지식과 진리의 절대성을 전복시키는 논거로 작용할 수 있다.

데리다 자신이 루소(Jean Jacques Rousseau)의 자연관은 자연의 자족적 가치를 인정함으로써 자연-문화의 이분법적 틀에 갇히는 우를 범한다고 비판한다. 루소의 자연관은 이른바 '보충'(supplement)의 가능성을 허용하지 않는다는 지적이다(Derrida, *Of Grammatology* 145). 루소류의 목가주의적 전통과 함께 플라톤과 칸트(Immanuel Kant)의 관념론에 영향을 받은 미국의 초월주의(Transcendentalism) 전통은 심층 생태학의 형성에 심대한 영향을 주었다. 주지하듯이, 초월주의 인간관은 매우 낙관적적이다. 예를 들어 에머슨(Ralph W. Emerson)

의 자연관에 따르면, 자연은 인간의 모든 물음에 응답하고, 인간주체(시인)는 자족적 인식능력을 갖추고 있기 때문에 자연의 모든 응답을 해득할 수 있다. 이러한 에머슨의 대응 이론은 네스의 '통각'(Self-realization)의 개념과 상통하고 있다. 즉, 예의 인간주체의 자족성이 바로 통각을 성취하는 전제조건이기 때문이다. 초월주의와 심층 생태학이 공통적으로 상정하고 있는 인간주체의 자족성의 해체는 곧 근본주의 자연관의 근저를 전복하는 하나의 방식이다.

주체의 자족성과 관련하여 심층 생태학을 비판할 수 있는 또 하나의 관점은 심층 생태학이 자연의 가치를 평가하는 평가자의 상황성을 고려하지 않는다는 점이다. 자연의 가치는 가치 평가자의 욕구, 문화, 교육 등, 역사적, 상황적 산물이지 가치 평가자로부터 분립적으로 존재할 수 없다는 주장이다. 스퍼(David Spurr)와 구하(Ramanchandra Guha)는 (탈)식민 담론의 맥락에서 본질주의 자연관의 강압성을 비판한다. 그들에게 자연관은 그것이 누구의 권력에 봉사하느냐에 따라 '전부 아니면 전무'다. 그들의 비본질주의적 자연관의 시각으로 보면, 심층 생태학의 자연관은 궁극적으로 특정한 집단의 이해관계와 기득권에 봉사하기 때문에 오히려 심층 생태론자들이 천명하는 '유기적 전체성'(organic wholeness)의 성취라는 어젠다를 져버리는 아이러니를 노정한다. 그리고 본질주의 생태철학이 인간주체의 특수성을 아우르지 못한다는 한계는 곧 사회 생태학이나 에코페미니즘의 비판의 표적이 된다.

자연관에 대한 보다 심층적인 비판은 (탈)근대 자연관을 자처하는 입장에 대한 해체적 비판이다. 퀴글리(Peter Quigley)는 생물지역주의(bioregional) 서사를 제안함으로써 (탈)근대 자연관의 무기력증을 극복하고 환경보호의 효율성을 제고하려는 체니(Jim Cheney)의 논리에 내재한 자기모순을 지적하고 있다. 체니는 여성이나 노동자 혹은 제3세계인 등, 주변화된 목소리들의 저항 담론이 자칫 또 다른 본질주의로 회귀할 수 있음을 경고하고 있다. 그러나 생물지역주의를 대안으로 제시하는 체니 역시 자연의 초월주의적 가치를 제안하면서 결국 로고스중심주의에 착근한 서구의 형이상학의 전통으로 환원하고 있다는 지적이 퀴글리의 비판이다.

퀴글리식의 비판은 궁극적으로 언어 자체의 한계성에 대한 인식이다. 자연에 관한 전망은 어느 것이든 인간화(anthropomorphizing)의 함정을 피할 수 없다. 생물지역주의적 평등론은 곧 비인간 자연에 대한 '인간중심주의적 투사'라는 브래드포드(George Bradford)의 언급도 같은 맥락에서다. 전술했듯이, 언어 자체에 이미 인간의 정서와 문화가 녹아있기 때문이다. 비인간 자연의 재현이 야기하는 문제점은 바로 데리다류의 해체적 언어관과 관련하여 보다 심층적으로 이해되어야 한다. 데리다의 차연(differance)과 흔적(trace) 등의 개념들이 언어의 자치성을 해체하는 만큼 언어와 인간주체의 자족성을 근간으로 성립된 초월주의적 대응담론은 그 논거의 취약성을 드러낼 수밖에 없다. 재현은 적어도 논리적으로 불가능하다. 그리고 재현이 불가능하다면, 자연에 관한 인간의 모든 언술은 어느 것이건 인간의 해석이지 자연 자체의 모습일 수 없다. 여기에 해체적 자연관의 근원적인 무기력증이 잠복해 있다.

논자에 따라서 해체사상을 보다 적극적으로 전용할 필요가 있다고 주장기도 한다. 예컨대, 스피박(Gayatri Chakravorty Spivak)은 현존(presence)의 담론을 해체하려는 데리다의 목적은 무엇인가라는 물음에 데리다의 사명은 "(텍스트)안에서 작동하는 형이상학적, 수사학적 구조들을 해체하여 그것들을 거부하고 폐기하려는 것이 아니라 다른 방식으로 다시 쓰는 일"(Derrida, *Margins of Philosophy* IXXV)이라고 언급한다. 부재의 담론을 활성화하는 일이 데리다의 사명인 듯이 들린다. 데리다의 또 다른 해석가인 조나단 컬러 역시 해체의 목적은 다양한 층위의 이원론 즉, "현존과 부재, 말과 글, 철학과 문학, 즉시적 언어와 은유, 중심과 주변" 등의 계층적 관계를 재정립하는 것이라고 언급하고 있으며(150), 제이(Paul Jay)도 데리다의 독자가 경계해야 할 점은 해체의 정치적 전용이 아니라 오히려 해체사상은 그러한 정치적 전용으로부터 보호되어야 한다는 인식이라고 주장하고 있다(71). 데리다의 현존의 언어와 형이상학의 해체는 그만큼 부재의 철학의 활성화를 도모하는 결과를 야기할 수는 있다. 그러나 부재의 언어의 위상을 재정립하는 일은 독자가 감당할 몫이지 결코 해체론자가 자신의 텍스트 안에서 완수할 사명은 아니다. 새로운 담론의 구축은 이미 해체(de-construction)가 아니고 대안담론의 재건(re-construction)의 영역이기 때문이다. 그렇다면 해체적 자연관은 강압적 자연관을 전복시키는 공을 세우는 한편, 생태철학적 인식론을 폐기시키는 과를 범한 셈이다.

(탈)구조주의 철학의 정치적 무기력성이 자연관에서만 찾아지는 것이 아님은 물론이다. 그러나 해체적 자연관의 무방향성과 무기력이 더욱 심각하게 다가오는 연유는 오늘날 우리 모두가 목도하면서 우려하고 있는 생태환경의 파괴와 그 폐해 때문일 것이다. 해체적 자연관을 포함하여 (탈)구조주의 담론들이 담론의 평등을 이루었다는 의미심장한 역할을 결코 폄하하지 않아야 한다. 특히 해체적 자연관이 생태철학의 다원주의를 견인하는 정초가 되었다는 점은 높이 평가받아 마땅하다. 그러나 다른 한편으로는 해체적 자연관 자체가 생태환경보호라는 실체적 당위에 값하는 방향제시를 할 수 없다

는 한계성을 지적하지 않을 수 없다. 더구나 해체적 이중담론은 자칫 산업편의주의나 부분별한 개발론을 정당화하는 논거로 이용당할 수 있는 위험성까지 안고 있다. 여기에 해체적 자연관의 정치적 무기력증을 극복할 수 있으면서 동시에 담론의 강압성을 피할 수 있는 대안 철학을 모색할 필요성이 있다. 필자는 그러한 대안 담론을 미국의 실용주의 환경론과 동양의 불교 생태학에서 찾을 수 있다고 본다.

실용주의 환경론은 해체적 자연관의 대안으로 값할 수 있다. 우선 실용주의 철학의 기본가정을 점검할 필요가 있다. 실용주의 인식론은 데리다류의 해체적 인식론과 본질주의를 거부한다는 점에서 기본입장은 유사하나 전통적인 인식론을 전복시키는 방식이 다르다. 데리다가 언어의 불안정성과 각종 유파의 형이상학이 배태하고 있는 논리적 자기모순을 드러내 보임으로써 인식론의 신뢰성을 허물어뜨린다면, 실용주의는 각각의 인식론을 거부하기 보다는 그것들의 상대적인 가치를 오히려 인정하고 있으며 그 결과 인식론적 다원주의(pluralism)를 지향한다. 따라서 해체사상이 철학의 폐기라면, 실용주의는 철학의 재건이다. 듀이(John Dewey)는 '길 끝에서' 기다리고 있었다는 로티(Richard Rorty)의 재치 있는 언급은 바로 실용주의가 철학을 해체적 인식론의 늪에서 구해줄 흑기사임을 함의하고 있다 할 것이다.

실용주의 철학의 핵심은 선험(a priori)에서 경험으로의 인식론적 전환이다. 때문에 플라톤의 관념이나 데카르트의 이성 혹은 칸트의 순수이성에 착근한 철학적, 윤리적 가치는 경험의 한 양상으로는 가능하지만 논리적으로는 수용되지 않는다. '텍스트의 밖에는 아무 것도 없다'는 해체론자의 명제는 '경험의 밖에는 아무 것도 없다'는 실용주의의 기본가정에 상응하고 있는 것이다. 실용주의 철학자들, 특히 듀이는 그의 철학 사상을 설명하기 위하여 '경험'을 비롯하여 다양한 용어들 예컨대, '관습'(custom)과 '습관'(habit), '의지'(will), '충동'(impulse)과 '본능'(instinct), '도덕'(moral), '숙고'(deliberation)와 '탐구'(inquiry) 혹은 '지성'(intelligence) 등의 낱말들을 그것들의 일상적인 의미와 차별화하고 있다. 이러한 용어들의 특수한 의미의 설명 자체가 곧 실용주의 철학의 핵심적인 내용을 소개하는 작업이 될 것이다.

자연의 내재적 가치의 존재를 논증할 수 없다는 실용주의 환경론자들의 주장도 심층적으로 들여다 볼 필요가 있다. 특히 힉크만(Larry A. Hickman), 노튼(Bryan G. Norton), 웨스톤(Anthony Weston) 등의 실용주의적 환경론은 롤스톤(Holmes Rolston, III), 캘리컷트(J. Baird Callicott), 리건(Tom Reagon), 바우어즈(C. A. Bowers) 등 이른바 생태중심주의 사상가들의 본질주의 자연관과 비교된다. 그러나 본질주의 자연관이 상정하는 자연의 내재적 가치에 대한 웨스톤의 비판이 그러한 비교분석의 중심에 위치한다. 그의 비판이 실용주의 환경론의 입장을 대변하고 있기 때문이다. 예컨대, 웨스톤은 자연의 '가치화'(valuation)의 대한 심층적인 진단을 내린다. 그는 본질적 가치의 성립조건을 세 가지로 제시하면서, 자연의 본질적 가치화에 내재한 한계성을 지적하고 있다. 우선 무엇이든 본질적인 가치를 지니려면, 그것이 다른 가치로부터 독립적으로 존재해야 한다는 것이다. 곧, 데리다가 언급한 가치의 '자족성'(self-sufficiency)을 충족시켜야 한다는 의미다. 그러나 선험적 가치의 외삽(外揷)이 없다면, 가치의 논리적인 자립은 불가능하다. 실용주의 철학에서는 경험을 떠난 가치의 형성은 논리적으로 수용할 수 없기 때문에, 어떤 가치든 그 자체로서는 내재적 자립성을 가질 수 없는 것이다. 가치는 상대적이지 결코 중립적, 따라서 보편적일 수 없다는 입장이다(324). 두 번째 조건은 본질적 가치는 추상적(abstract)이어야 한다는 점이다. 서구의 형이상학에서 하위가치는 상위가치의 수단이 되고, 상위가치는 차상위가치의 수단이 되면서 가치의 피라미드가 형성되는데, 최상위 가치는 예컨대, '행복'처럼 추상적일 수밖에 없기 때문에 결국 인간화의 함정에서 벗어날 수 없다는 지적이다. 더구나 하위가치는 상위가치의 수단일 뿐이라면, 하위가치의 내재성은 배제되고 있는 것이다(325). 첫 번째와 두 번째 조건을 충족시킬 수 없기 때문에, 본질적 가치는 선험적 가치의 외삽을 위한 '특별한 정당화'(special justification)를 필요로 할 수밖에 없다는 것이 세 번째 조건이다. 정당화의 과정에서 발생하는 문제는 자연의 가치를 옹호하기 위하여 비자연적인 속성의 존재 예컨대, "신의 명령"이나 "순수이성" 등에 의존하는 모순을 노정한다는 점이다(326). 그렇다면 웨스톤의 주장의 핵심도 자연의 본질적 가치를 상정하는 심층 생태론이 결국 본질주의에 내재한 인간중심주의로 환원하고 만다는 비판이다. 그렇다면 실용주의 철학자들에게 자연이란 무엇인가? 그것은 경험적 인식작용의 영역을 벗어난 자연 자체의 모습이 아니라 인간의 일차적, 이차적 경험의 산물이며 문화적 구성체다. 자연의 본질적 가치는 적어도 논리적으로 인정되지 않는다.

실용주의 환경론자들에게 자연의 개념은 끊임없이 진화한다는 사실은 두 가지의 심각한 의문점을 제기한다. 하나는 자연의 본질적인 가치의 부정은 곧 인간중심주의의 소산이라는 의구심이고, 다른 하나는 자연의 가소성(可塑性)을 상정하는 실용주의 환경론은 기실 해체적 자연관의 입장과 하등 다를 바가 없으며 언제 어디서든 개발론을 옹호하는 논리로 이용당할 위험성을 안고 있다는 항변이다. 예의 두 가지 의문점에 대한 답변은 한 가지로 가능하다. 즉, 인간의 경험에는 공유하는 지점이 있기 마련이라는 인식이다. 실용주의 자연관 자체는 인간중심주의나 생태중심주의라는 이원론적인 가름을 허용하지 않는 사고방식이다. 다양한 경험의 스펙트럼에 따라 인간중심주의, 생태중심주의, 혹은 '연성화된 인간중심주의'(weak[soft] anthropocentrism) 등의 다양한 입장들이 함께 어우러져 있기 때문이다. 그렇다고 각각의 세계관들이 고삐 풀린 망아지처럼 무질서와 혼란만을 야기하지는 않는다고 본다. 미학적, 신비주의적 차원이건 생태학적 전일성의 관점이건 혹은 맑은 공기를 필요로 하는 공리주의적 입장이건 현대인은 적어도 생태환경의 소중함을 공유한다고 믿기 때문이다. 해체적 자연관의 정치적 무기력증을 극복할 수 있는 근거도 바로 공유하는 가치에 대한 믿음이다. 그래서 실용주의 철학은 '합의'를 의사결정의 으뜸 수단으로 간주하고 있다. 무엇보다도 '탐구'(inquiry)과 '지성'(intelligence)에 대한 실용주의 철학의 신뢰는 해체사상의 무방향성과 의미심장하게 차별화되는 대목이다. 그것들은 생태철학의 재건에 필요한 가장 견고한 주춧돌이다.

실용주의 환경론의 포괄성을 예증하기 위한 시도로 얼핏 실용주의와는 매우 대조적인 자연관으로 여겨질 수 있는 불교 생태학과 실용주의적 자연관의 공유 지점을 점검할 필요도 있다. 실용주의는 산업편의주의를 옹호하는 담론쯤으로 간주하는 피상적인 이해 수준으로 보면 만물평등주의를 그 기축 사상으로 채택하는 불교 생태학은 실용주의 자연관과 원초적으로 그 입장을 달리하는 듯이 보인다. 그러나 불교사상과 실용주의는 적어도 인식론적 사유 방식을 공유한다.

두 사상의 공유 지점은 인간을 포함한 삼라만상은 각기 고유한 본성을 지니고 있다는 초월적, 관념적 존재론을 해체하려는 논의에서 시작된다. 마치 실용주의 환경론에서 '내재적 가치'의 존재를 문제시하듯이, 대승불교의 철학사상 곧, 중관(中觀)사상과 유식(唯識)사상은 만물(法)에는 스스로 존재하는 자성(自性)이 없음을 설파한다. 만물의 생멸(生滅)은 원인과 결과의 산물이라는 통념을 깨뜨리는 무자성의 설법은 본질주의 자연관의 해체다. 인간 주체성은 오온(五蘊)의 화합에 의한 허상이고, 인간의 언어에 의하여 번역된 만물의 자성은 곧, 오온의 투사일 뿐이다. 그러므로 만물에는 자성이 없다. 한편, 만물이 스스로 원인이 되어 생겨났다면, 그것은 생겨난 것이 아니다. 그렇다면 그 원인으로 다른 것 즉, 타성의 존재를 전제해야 하는데, 자성이 없다면 타성 또한 존재할 수 없는 것이다. 왜냐하면 타성의 입장에서 보면 타성도 자성이기 때문이다. 그리고 생멸의 조건이 되는 자성과 타성이 없으니 인연이라는 말이나 인과의 법도 성립할 수 없는 셈이다. 무자성론에 관련하여 이 장에서는 특히 용수의 『중론송』과 세친의 『유식이십론』에 드러난 대승불교의 인식론과 실용주의의 그것을 비교할 것이다.

무자성과 무아를 전제로 한 불교적 자기해탈은 자칫 허무주의적 세계관을 초래하여 유효한 생태론을 제안하지 못하고 무기력한 담론으로 전락할 염려가 있다. 그러나 대승불교는 자기해탈과 자기구제에 머무르지 않고 자비와 공감을 일으켜 중생제도에 나서는 승(乘, yana)의 세계를 일으킴으로써 인간은 물론 비인간 자연의 고통을 공감하고 치유하는 단계로까지 나아길 수 있는데, 그러한 승의 세계를 일으키는 논설의 근거는 이른바 불교의 삼단논법을 통한 대긍정의 수용이다. 이러한 대긍정의 사상은 『대승기신론』에서 불공(不空)의 개념을 논한 대목에도 잘 드러나 있다. "불공(不空)이라 말하는 것은 이미 법체가 공(空)하여 허망함이 없음을 나타냈기 때문에 바로 이는 진심(眞心)이며, 이 진심은 항상하여 변하지 않고 정법(淨法)에 만족하기 때문에 불공(不空)이라 이름한다(所言不空者, 已顯法體空無妄故, 卽是眞心, 常恒不變, 淨法滿足, 則名不空. 원효 118). 무자성과 무아이면서 동시에 자연의 자성과 나의 정체성이 없다고 말할 수 없으니, 이는 인간중심성을 여읜 자성과 자아를 인정해야 함을 의미한다. 그리고 이러한 대승적 차원의 대긍정으로부터 자비와 공감 그리고 '상호 의존성'과 '생태평등'과 같은 비강압적인 생태학적 각성과 그 실천이라는 모순어법이 가능하게 된다. 그리고 그러한 생태학적 각성과 실천은 듀이가 제안하는 '탐색', '지성' 그리고 '과학'의 작동에 대한 믿음이 가리키는 이른바 '연성화된 인간중심주의' 문화 재건의 정초가 될 수 있다.

결론적으로 생태철학과 환경윤리 담론은 끊임없는 논의와 대화의 자유로운 경연장이 되어야 한다. 자연의 내재적 가치의 존재를 상정하는 담론이 인간화의 함정을 피할 도리가 없다는 사실이 인간화된 담론들의 경합을 무력화시키는 것이 결코 아니다. 허무주의는 반생태적 담론과 실천을 방관하는 위험한 결과를 야기할 뿐이기 때문이다. 여기에 생태철학을 재건해야 하는 당위성이 있다. 그러나 생태담론의 재건은 어느 특정한 입장, 예컨대, 자원보호주의나 자연보존주의 혹은 공리주의 등, 어느 하나의 입장으로 축소될 수 없는 열림의 언어이어야 한다. 실용주의와 불교사상이 공유하는 가르침은 담론의 상대적 가치를 인정하라는 것이다. 그렇다면 본질주의 자연관도 결코 배제할 수 없는 유효한 환경담론임은 물론이다. 본질주의 자연관은 다만 논리적인 한계를 지니고 있다는 점을 본 연구에서 지적했을 뿐이다. 본질주의 세계관도 인간의 '경험'의 한 양상으로 수용해야 함은 물론이다. 더구나 본질주의 생태철학은 예의 해체론, 실용주의 환경론 및 불교 생태학 등의 상대주의적 인식론의 건강한 대응담론이다. 오늘날 환경담론과 관련하여 경계해야 할 점은 다양한 목소리의 경합이 아니라 오히려 자유로운 경합을 저해하는 명시적, 묵시적 억압이다.

오늘날 인류가 당면한 생태환경파괴의 심각성은 생태철학의 죽음을 감당할 수 없다. 생태철학을 이중담론의 질곡 속에 방치하는 것은 인문학의 무책임을 드러내는 행태다. 그렇다고 생태철학이 본질주의 담론에 매몰되어 생태환경보호를 향한 실질적인 변화의 도모를 담보하지 못한다면 그 역시 철학적 담론의 궁극적인 가치를 상실하는 일이다. 본 연구에서는 그러한 양 극단의 담론들이 기실 건강한 상생의 생태담론을 생성하는 필수적인 요소들이라는 점을 강조함으로써 나름대로 생태철학과 관련한 불협화음을 극복하는 효과를 기대한다. 담론의 타자성 수용은 곧 생태적 다양성의 추구라는 논리와도 그 맥이 통하는 것이다.

국내외의 생태철학과 환경윤리 혹은 생태비평과 문학 생태학계 등에서 생태환경문제의 인문학적 측면의 연구를 심화시켜 온 것은 사실이다. 이제 본 연구에서는 생태담론들의 평면적인 소개와 나열을 지양하고 그러한 담론들의 진화과정에 내재한 근본적인 논쟁점을 중심으로 치열하게 논의를 전개하면서 영미소설을 다시 읽고자 한다. 본 연구자는 자연의 내재적 가치와 관련한 논쟁이 다양한 생태담론들의 분기점이라는 사실에 주목하고 소설문학 속에 투영된 그러한 논쟁들을 심층적으로 비교분석한다. 그 결과는 생태담론의 입체적인 조망이 될 것이고, 그러한 입체성은 특정한 담론의 선형적 거부가 아니고 다양한 논의와 입장들의 포괄적 수용이 될 것이다.

그리고 배제의 변이 아닌 포용의 담론이 자칫 불필요한 갈등과 대립으로 치닫기 쉬운 오늘의 생태담론에 절실한 화해와 상생의 터를 마련해주는 한편, 궁극적으로 환경보호를 향한 실질적인 변화를 견인하는 역할의 한 축을 보다 효율적으로 감당할 수 있으리라고 믿는다.

3. 심층생태론 비판

I

근자에 철학은 물론 문학담론에서도 심층 생태론에 대한 논의가 다각도로 이루어지고 있음은 전술한 바와 같다. 심층 생태론이 제안하는 자연관에 대한 옹호와 비판의 목소리가 치열하게 대립하는 한편, 심층 생태론의 문제점을 극복할 수 있는 대안 담론을 찾으려는 노력도 공존하고 있다. 특히 (탈)근대 철학담론은 물론이지만 동양사상에서도 그러한 대안 담론을 찾으려는 시도에 주목할 필요가 있다. 따라서 이 장에서는 로고스중심주의로 환원함으로써 인간평등과 생태평등을 효율적으로 고양하지 못하고 있다는 비판에 직면한 심층 생태학의 자연관을 대체할 수 있는 담론을 찾으려는 논의들을 보다 면밀히 점검함으로써 대안의 가능성과 그 한계점을 동시에 밝히고자 한다.

II

심층 생태론이 표방하는 자연관의 대안 담론으로서의 가능성을 불교의 형이상학에서 찾으려는 노력들의 실과 허를 분석하기 전에 심층 생태학의 자연관이 야기하는 문제점이 무엇인지를 재점검하는 작업이 선행되어야 할 것이다.

네스(Arne Naess)의 심층 생태론이 표방하는 두 개의 기본가정은 주지하다시피 생태평등(bioregional egalitarianism)과 통각(統覺, Self-realization)의 개념이다. 생태평등의 개념은 생태계의 구성원은 감각력과(이나) 지각력이 있는 존재이건 없는 존재이건 모두 인간과 동등한 '본질적 가치'(intrinsic value)를 지니고 있다고 언급하는 네스의 심층생태운동의 첫 번째 강령에서 유래한다. 만물은 동등한 생존권을 가지고 있기 때문에, '생명유지요건'(vital needs)의 충족을 제외한 살생이나 수탈을 인간에게 허용해서는 안 된다는 생명윤리가 또한 여기에서 비롯되고 있다. 나아가 심층 생태론은 생태계의 다양한 구성원들이 먹이사슬에 의하여 복잡하게 얽혀있다는 사실에서 구성원들 사이의 평등관계는 물론, 나와 타자의 상호 의존성(interdependence)을 의미심장한 생태적 진리로 규정할 수 있는 논리적 근거를 찾고 있다. 네스가 주창한 통각은 바로 이러한 생태학적 상호 의존성을 인간이 깨닫고 이기적, 소아적 자아에서 벗어나 이타적, 우주적 자아로 나아가는 인간성(human nature)의 생태중심적 진화를 함의하고 있다 할 것이다.

심층 생태론에 내재된 담론의 전체성 문제는 생태여성주의자들이나 사회생태론자들에 의하여 활발하게 제기되고 있지만, 그 근본적인 문제점은 사실 탈근대 자연관에 의하여 먼저 제기되었다. 해체적 자연관은 우선 자연의 재현(representation)을 문제시한다. 인간이 인간의 언어로 자연의 목소리를 재현하고자 할 때 인간의 언어 자체가 안고 있는 인간화(anthropomorphism)의 함정을 벗어날 수 없다고 보는 입장이다. 언어 자체의 인간 중심성을 고려하면, 비인간 자연은 신뢰할 수 없는 언어에 의하여 해석되고 재해석되는 영원한 텍스트일 뿐이라는 주장이다. 해체적 자연관이 제기하는 두 번째 문제점은 자연을 읽는 주체의 보편화다. 마치 푸코(Michel Foucault)가 진리의 주체를 문제시하듯이, 어느 특정한 인간의 사고와 언어를 통하여 번역된 비인간계 자연의 이름은 그 특정인의 특정한 욕구나(와) 제한된 통찰력에 의하여 채색된 자연일 수밖에 없다는 논리다. 가치는 가치 평가자의 편견으로부터 자유로울 수 없다는 의미다. 같은 맥락에서 스퍼(David Spurr)는 특정한 자연관은 그것이 누구의 권력에 봉사하느냐에 따라 "전무와 전부"를 함의한다고 단언하고 있다(168). 때문에, 해체적 자연관의 시각으로 보면, 서구-백인-남성의 자연관이건 북미-인디언-여성의 자연관이건 비인간 자연의 본질적인 의미를 특정인이 인간의 언어로 재현하는 일은 불가능하다. 그럼에도 불구하고 서구 형이상학의 역사는 특정한 자연관을 보편화해 왔고, 그러한 보편화는 정치적인 힘에 작용하면서 다양한 갈래의 문화적 불평등을 야기하고 (재)강화해왔다고 비판을 받고 있는 것이다.

본질주의 자연관에 대한 또 하나의 비판은 해체사상이 전복시키고자 기도하는 이항 대립적 사유방식과 관련되어 있다. 데카르트식의 주체성이 해체되면서 언어의 의미도 함께 흩뿌려지고(disseminated), 그에 따라 지식의 지위는 단순한 수사나 무분별의(indifferent) 담론으로 폄하된다. 물론 본질주의 자연관도 해체사상의 메스로부터 자유롭지 못하다. 데리다(Jacques Derrida)는 자연이 본질적인 가치를 지닌다는 주장을 루소의 자연관을 예로 들어 비판하고 있다. 데리다의 지적에 따르면, 루소의 자연주의에서는 문명/자연의 계층적 이분법이 전도되면서 문명보다 자연을 특권화하고 있는데, 이러한 전도는 궁극적으로 서구의 형이상학에 편재한 로고스중심주의로 환원하고 있는 셈이다. 데리다는 루소의 자연관이 '보충'(supplement) 가능성을 배제하고 있다고 본다.

> 그것[루소의 자연]은 결코 보충되지 않는다. 즉, 그것은 보충될 필요가 없고, 그 자체로서 충분하고 자립적이다. 그러나 이 말은 또한 그것이 대체될 수도 있다는 것을 뜻한다. 그것의 대체는 그것과 동일하지 않고 단지 임시변통일 수 있는 것이다.

> It is in no way supplemented, that is to say it does not have to be supplemented, it suffices and is self-sufficient; but that also means that it is replaceable; what one would substitute for it would not equal it, would be only a mediocre makeshift. (*Of Grammatology* 145)

루소의 자기 충족적인 자연의 본질은 보충의 가능성을 허용하지 않기 때문에 결국 계층적 이분법에 빠져버린다는 지적이다.

자연의 '가치화'(valuation)의 대한 심층적인 진단은 최근에 대두한 실용주의 생태론자들에 의하여 이루어지기도 한다. 웨스톤(Anthony Weston)은 '본질적 가치'의 성립조건을 세 가지로 제시하면서, 자연의 본질적 가치화에 내재한 한계성을 지적하고 있다. 우선 무엇이 본질적인 가치를 지닐려면, 그것이 다른 가치로부터 독립적으로 존재해야 한다는 것이다. 곧, 데리다가 언급한 가치의 '자립성'(self-sufficiency)을 충족시켜야 한다는 의미다. 그러나 선험적 가치의 외삽이 없다면, 가치의 논리적인 자립은 불가능하다. 해체사상의 경우처럼 실용주의 철학에서도 경험을 떠난 가치의 형성은 논리적으로 수용할 수 없기 때문에, 어떤 가치든 그 자체로서 내재적 자립성을 가질 수 없는 것이다. 가치는 상대적이지 결코 "중립적", 따라서 보편적일 수 없다는 입장이다(324). 두 번째 조건은 본질적 가치는 "추상적"(abstract)이어야 한다는 점이다. 서구의 형이상학에서 하위가치는 상위가치의 수단이 되고, 상위가치는 차상위가치의 수단이 되면서 가치의 피라미드가 형성되는데, 최상위가치는 예컨대, '행복'처럼 추상적일 수밖에 없기 때문에 결국 인간화의 함정에서 벗어날 수 없다는 지적이다. 더구나 하위가치는 상위가치의 수단일 뿐이라면, 하위가치의 내재성은 배제되고 있는 것이다(325). 첫 번째와 두 번째 조건을 충족시킬 수 없기 때문에, 본질적 가치는 선험적 가치의 외삽을 위한 "특별한 정당화"(special justification)를 필요로 할 수밖에 없다는 것이 세 번째 조건이다. 정당화의 과정에서 발생하는 문제는 자연의 가치를 옹호하기 위하여 비자연적인 속성의 존재 예컨대, "신의 명령"이나 "순수이성" 등에 의존하는 모순을 노정한다는 점이다(326). 그렇다면 웨스톤의 주장의 핵심도 자연의 본질적 가치를 상정하는 심층 생태론이 결국 본질주의에 내재한 인간중심주의로 환원하고 만다는 비판이다.

네스의 심층 생태론이 열려있는 담론임을 주장하는 견해가 없는 것은 아니지만,[1] 자연의 자기 충족적인 내재적 가치를 전제로 하는 본질주의에 천착하고 있다는 점에서 그것이 전체주의적 담론의 성격을 띠고 있음을 부인할 수 없다. 심각한 문제는 그러한 전체주의 담론의 근간인 보편성의 인정은 개인성과 우연성(contingency) 그리고 문화적, 역사적 특수성을 배제함으로써 보편성에 함몰되어 있는 기존의 다양한 불평등 관계를 무시하거나 방기한다는 비판에 직면할 수밖에 없다. 본질주의를 표방하는 심층 생태론은 전술한 대로 인간중심주의로 환원하는 한계를 노정할 뿐만 아니라 다양한 차이들, 예컨대, 성별, 인종, 계층, 나이, 종교, 성적 경향 등의 차이에 기

1 예컨대, 게어(Arran Gare)는 심층 생태학이 "생태계와 경제와 생활방식의 복합성, 권력의 분산, 지방자치 등을 옹호하고 엘리트주의를 반대할" 뿐 아니라 네스 자신이 "복수주의" 사고를 지향한다는 점을 들어 심층 생태론이 탈근대와 그 맥을 같이 한다고 주장하고 있다(197).

인한 차별을 간과한다는 비판에 직면하고 있다. 심층 생태론을 가장 맹렬하게 비판하는 세력은 앞에서 언급한 대로 사회 생태론과 생태여성주의다. 사회 생태론의 비판에 따르면, 자본과 국가와 거대 과학기술이 결탁하여 전지구적인 피라미드형 노동구조를 형성함으로써 자연을 부분별하게 파괴하고 있다는 것이다(Bradford 49). 사회 생태론이 생태계 파괴의 원인을 주로 자본주의 사회의 구조적 모순에서 찾으려는 입장임에 비하여, 생태여성주의는 인간사회의 다양한 불평등 관계를 인간과 비인간 자연의 불평등 관계를 정당화하는 논리와 연결시키면서 인간사회의 평등과 자연 생태계의 평등을 통합적으로 도모하려는 시도다. 바꾸어 말하면, 생태여성주의는 여권신장운동은 물론 사회 생태학, 심층 생태학, 탈근대(혹은 탈식민주의) 자연관, 실용주의 자연관 등을 모두 아우르려는 통합적인 경향을 보이고 있다. 따라서 심층 생태론에 대한 생태여성주의의 비판을 간략하게 재점검함으로써 전체주의적 자연관이 묵시적이거나 명시적으로 야기할 수 있는 정치적 폭력성을 개관할 필요가 있겠다.

생태여성주의의 관점에서 보면, 본질주의 자연관이 결코 떨쳐 내버릴 수 없는 인간중심주의 언어는 종차별주의는 물론 궁극적으로 가부장제, 인종차별, 계급사회 등의 이원론적 권력관계를 허용하는 근본 동력으로 작용한다. 그래서 그리핀(Susan Griffin)은 남성의 언어에 의하여 정형화된 명명을 거부하면서 "명명된 적이 없고, 명명할 수 없는 존재"(An existence named unnamed and unnameable)를 갈망한다(190). 샐리(Ariel Salleh) 역시 서구의 형이상학에 의하여 명명된 여성과 자연의 정체성에 저항한다. 그는 심층 생태론이 부주의하게 로고스중심주의로 환원함으로써 남녀의 차이가 문화적 산물임을 간과하고 있을 뿐 아니라 성차별의 논리가 생태파괴를 정당화하는 논리와 그 맥이 같음을 깨닫지 못한다고 비판하고 있다("Class" 239). 샐리의 주요 관심사는 자연지배와 여성억압의 관련성이지만, 그렇다고 인종차별이나 계급차별의 문제를 간과하지 않는다. 그는 "가부장제 문화에서는 유사 이래로 여성과 유색인을 자원으로 간주해 온 억압의 프로그램이 또한 자연을 수탈하는 이념이 되어왔다"("The Ecofeminism/Deep Ecology Debate" 204)고 언급하면서 생태적 감수성 제고를 지향하는 그의 논의 속에 인종차별의 문제를 아우르고 있다. 그 밖에도 수많은 생태여성론자들이 심층 생태학이 안고 있는 문제점들을 지적하고 있지만, 그러한 문제점들의 핵심은 본질주의 자연관이 로고스중심주의로 되돌아가면서 다양한 층위의 이원론을 정당화하는 기제로 작용하고 있다는 아이러니다. 더구나 그러한 계층적 이원론들은 '우연성'이나 담론의 외삽을 배제하면서 단순히 형이상학의 차원에 머무르지 않고 불평등한 권력관계를 (재)생산하고 심화시키는 전체주의적 폭력을 간과하거나 부추기고 있다는 점이다.

물론, 심층 생태학도 사회 생태론이나 생태여성주의의 비판에 대하여 나름대로 설득력 있는 반론을 제기하고 있다. 우선, 생태계 파괴의 주범은 인간중심주의이지 남성중심사상이나 인종차별주의 혹은 자본주의가 아니라는 주장이 그 첫 번째다. 둘째, 사회 생태학과 생태여성주의의 논의는 생태평등보다는 인간평등을 강조하기 때문에 인간중심주의에 경도되어 있다고 지적한다. 세 번째 반론은 생태여성학이나 사회 생태학의 오해에 관한 해명이다. 즉, 심층 생태론의 비판론자들은 심층 생태론이 마치 인간혐오증에 빠져있는 듯이 오판하고 있으나, 심층 생태론이 문제로 삼는 대상은 인간 자체가 아니라 제반 담론에 배어 있는 '인간중심성'(human-*centeredness*)이라는 주장이다(Fox 279). 심층 생태론의 반론을 수용한다면, 어느 생태론이나 인간중심주의로부터 자유로울 수 없는 셈이다. 그러나 자연의 '본질적 가치'의 존재를 전제한 네스의 '생태철학 T'[2]를 그 핵심 담론으로 채택하고 있는 심층 생태론은 주목할 만한 반론에도 불구하고 본질주의를 전제하고 있다는 점에서 전체주의적 담론이라는 혐의를 벗어날 수 없으며, 심층 생태론의 대안담론을 찾으려는 노력의 가치는 바로 여기에 있다 할 것이다.

Ⅲ

불교사상에서 흔히 논의되는 무자성(無自性)의 개념은 바로 심층 생태론이 표방하는 본질주의 자연관을 뿌리째 뒤흔들어버린다. 일체의 사물에는 자성이 없다는 인식은 자연의 '본질적 가치'를 부정하는 결과를 낳기 때문이다.

자성이란 범어 svabhava의 번역어로서 삼라만상이 독자적으로 지닌 체성(體性), 곧 본성을 일컫는데, 용수의 『중론(中論)』에서는 일체의 현상계는 인연을 따라 이루어지므로 자성을 부정해버린다. 만물의 생과 멸을 일으키는 제법에도 자성이 없다고 설할 뿐 아니라 인연의 작용마저도 부정하고 있다.

如諸法自性　不在於緣中
以無自性故　他性亦复無

모든 법의 자성이

2 '생태철학 T'는 심층 생태론에 대한 네스 자신의 해석이라고 할 수 있다. 그는 통각을 최상위에 위치시키고 그로부터 파생되는 하위 규범과 행동지침을 포괄하는 조직도를 그려 그의 생태철학을 제시하고 있다. (Devall 225-28 참조)

연[緣: 因] 가운데에 있는 것도 아니다.
왜냐하면 자성이 없기 때문이다.
자성이 없기 때문에 타성도 없다. (용수 43)

만물의 생멸(生滅)은 원인과 결과의 산물이라는 통념을 깨뜨리는 무자성의 설법은 본질주의 자연관의 해체다. 인간 주체성은 오온(五蘊)[3]의 화합에 의한 허상이고, 인간의 언어에 의하여 번역된 만물의 자성은 곧, 오온의 투사일 뿐이다. 그러므로 만물에는 자성이 없다. 한편, 만물이 스스로 원인이 되어 생겨났다면, 그것은 생겨난 것이 아니다. 그렇다면 그 원인으로 다른 것 즉, 타성의 존재를 전제해야 하는데, 자성이 없다면 타성 또한 존재할 수 없는 것이다. 왜냐하면 타성의 입장에서 보면 타성도 자성이기 때문이다. 그리고 생멸의 조건이 되는 자성과 타성이 없으니 인연이라는 말이나 인과의 법도 성립할 수 없는 셈이다.

아(我)와 타(他)가 모두 자성이 없다면, 아와 타의 구분을 비롯한 온갖 분별심이 공(空)하다고 할 것이다. 그래서 화엄경에서는 진속과 진위의 분별심도 없애라고 가르치고 있다.

眼耳鼻舌身　心意諸情根
一切空無性　妄心分別有
…
若實若不實　若妄若非妄
世間出世間　但有假言說

3 오온은 범어 panca-skandha의 번역으로 색(色)(物質), 수(受)(印象感覺), 상(想)(知覺, 表象), 행(行)(意志), 식(識)(意識) 등, 중생에게 잘못된 생각을 일으키는 다섯 가지 요소이다. 불교에서는 중생이 오온에 집착하기 때문에 온갖 괴로움이 생기고 자아관념이 형성된다고 본다. (김종욱 269 참조)

눈과 귀와 코와 혀와 몸과
마음과 뜻과 모든 정의 근이
모두 공空하여 자성이 없지만
망심으로 분별하여 있게 되느니라
…
진실과 진실치 아니함과
허망과 허망치 아니함과
세간과 출세간이
다만 거짓말이니라 (『華嚴經』 卷 13, 菩薩問明品 第 10)

인간주체에 자성이 없기에 분별심도 없는 것이며, 분별심을 떠난 마음은 곧, 인간중심주의를 여읜 상태일 터이다. 그래서 도겐(Dogen)[4]은 그의 「산수경(山水經)」("Mountains and Waters Sutra")에서 인간중심주의 시각을 떠나면 [물이 아니고]산이 흐른다는 사실을 의심하지 않게 된다고 설하고 있다(106).

한편, 무자성에서 출발하는 불교의 형이상학은 마치 자연의 '본질적 가치'를 추구하는 심층 생태론이 긍정의 논법에 내재한 전체성을 드러내듯이 부정의 논법이라는 또 다른 전체주의적 담론의 함정에 빠져버린다는 반론이 가능하겠다. 그러나 불교담론은 언제나 부정을 부정하는 단계를 빠뜨리지 않는다. 그렇지 않으면 그것이 희론(戱論)에 빠질 위험이 있을 뿐 아니라 본질주의 담론으로 환원하기 때문이다.

불교의 논법이 심층 생태론의 그것과 차별화된다는 점을 예증하

[4] Dogen Zenji(道元禪師, 1200-1253). 일본의 조동종(曹洞宗) 선불교의 창시자. 설법 모음집 *Shobogenzo*(『正法眼藏』)을 남겼는데, 그 중 스물아홉 번째 분책이 「산수경」이다.

기 위하여 선불교의 대표적인 삼 단계 담론을 재점검할 필요가 있겠다. 그 삼 단계는 첫째, '산은 산이요, 물은 물이다.' 둘째, '산은 산이 아니고, 물은 물이 아니다.' 셋째, '산은 참으로 산이고, 물은 참으로 물이다.'임은 주지하는 바다. 첫 번째는 주관적인 시각(無明) 곧, 인간중심주의 관점에서 사물을 차별화하는 단계다. 그러한 차별화에는 소자아가 관여한다. 두 번째는 긍정이나 객관화 혹은 주체와 객체를 분리하는 이원론을 허용하지 않는 무자성과 무분별의 단계다. 이 단계에서는 궁극적인 실체의 존재를 부정하고 있으며, 무분별의 단계에서 분별과 무분별을 분별하는 모순을 드러내고 있다. 이러한 무분별에 대한 각성은 무아(완전한 자기부정)에 기초하고 있기 때문에, 인생에 대한 긍정이 사라지고, 인간은 허무주의에 빠져들 수밖에 없다. 마지막은 무분별의 부정을 거친 분별의 단계다. 부정의 부정은 또 다른 긍정이다. 그러나 이 단계의 긍정은 첫 번째 단계의 그것과는 차별화되어야 한다. 첫 단계의 긍정이 본질적 자성의 존재를 전제로 한 소아적(小我的) 긍정이라면, 세 번째의 긍정은 아와 타의 관계론적 하나됨 즉, 전일적 통찰에서 나온 대아적(大我的) 긍정이다. 그렇다고 여기에서 언급하는 대아적 긍정의 개념이 네스의 통각의 개념과 동일한 것은 아니다. 대아적 긍정이 무자성을 전제로 한 아와 타의 상호 관계론적 각성이기 때문에 그 관계의 변주가 무한함에 반하여 인간과 비인간 자연의 본질적 가치(자성)를 상정한 네스의 통각은 아와 타의 관계 자체도 본질적 관계일 수밖에 없기 때문이다. 불교의 비억압적 형이상학이 심층 생태론의 강압적 자연관의 대안일 수 있는 가능성이 또한 여기에 있다 할 것이다.

불교사상에서 해체적 담론의 예를 수없이 찾아볼 수 있지만, 진여(眞如)의 (무)자성에 관하여 설한 대승기신론(大乘起信論)의 한 대목의 인용으로도 불교의 형이상학이 스스로 전체주의적 담론에 얼마나 철저히 저항하고 있는지 알 수 있을 것이다.

> 그러므로 진여의 자성은 모양이 있는 것도 아니요 모양이 없는 것도 아니며, 모양이 있지 않은 것도 아니요 모양이 없지 않은 것도 아니며, 유무(有無)를 함께 갖춘 모양도 아닌 것을 알아야 하며, 또한 같은 모양도 아니요 다른 모양도 아니며, 같은 모양이 아닌 것도 아니요 다른 모양이 아닌 것도 아니며, 같고 다른 모양을 함께 갖춘 것도 아님을 알아야 한다.
>
> 當知眞如自性, 非有相, 非無相, 非非有相, 非非無相, 非有無俱相, 非一相, 非異相, 非非一相, 非非異相, 非一異俱相. (원효 111)

이처럼 불교의 논법은 긍정이면서 부정이고, 부정이면서 긍정이다. 그것은 '전부 아니면 전무'의 단순화(reduction)가 아니고 전부이며 전무다. 중생의 자성은 데리다의 '차연'(差延, differance)의 작동으로 무한히 확장되는 언어의 미궁 속으로 실종되지만, 무자성도 없는 법이니, '산은 참으로 산이고, 물은 참으로 물이다'라는 대긍정에서 보다 역동적인 그러나 비강압적인 자연관을 찾을 수 있을 것이다.

사실, 심층 생태론이 불교를 비롯한 동양사상의 영향을 받았다는 것은 주지의 사실임에도 불구하고, 불교 생태학에서 심층 생태론의 대안을 찾거나 심층 생태론을 보완하려는 노력은 있었다. 바로 심층 생태론에 배어 있는 담론의 전체성을 극복하려는 시도이었음은 물론이다. 짐머맨(Michael E. Zimmerman)과 개리 스나이더(Gary Snyder)가 해석하는 대승불교의 논의에 의하면, 공(空, sunyata)은 네스의 통각의 개념과는 달리 자아의 확장이 아니고 오히려 자아의 소멸이기 때문에 그 자체는 영속적인 본질이나 실체가 아니라고 주장한다. 공이 이기적 자아의 소멸이라면, 다양한 양상의 이기적 자아, 예컨대, 남성중심주의적 자아나 인종차별적 혹은 종차별적 자아는 공의 자각을 통하여 모두 소멸된다는 논리다. 동시에 공사상을 통한 이원론의 극복은 인간관계의 특수성을 배제하지 않고 오히려 보다 특수화된 관계에 대한 공감(compassion)을 야기할 수 있다는 시각이다. 그리고 특정인은 그(녀)가 처한 특수한 생태적 상황을 포함하여 가족, 친지, 지역사회 등 보다 큰 사회체제로 개방되어 가면서, 이러한 공감은 보다 구체화되고 특수화되어 간다는 것이다(Zimmerman 314). 불교 생태학자로 자주 언급되는 매시(Joanna Macy)의 자연관도 근대의 절대적 자아개념의 부정과 연기법으로부터 출발하고 있다(윤영해 256). 불교사상에서 대안을 찾으려는 이들 생태론자들은 모두 제법무상(諸法無相)과 제법무아(諸法無我) 곧, 인간의 자아를 포함한 삼라만상의 무실체성에 근거하여 그들의 담론을 전개하고 있다.

네스의 통각의 개념이 삼라만상의 자성('본질적 가치')의 존재를 전제하면서 본질주의로 환원하고 있음에 비하여 불교의 무실체성(空)은 빈 그릇처럼 그 자체의 내용을 드러내지 않는다는 점에서 두 입장은 차이를 보인다. 주목할 점은, 전술했듯이, 인식주체인 자아의 소멸을 요구하는 불교사상이 자아의 개념에 내재한 인간중심주의를 여읠 수 있으나 자아의 확장을 도모하는 통각은 이원론적 분별을 그 개념 안에 내포할 수밖에 없는 한계를 지닌다는 것이다. 당연히 그러한 근원적인 한계성은 무엇보다도 생태여성주의의 불만과 비판의 대상이 되고 있다. 또 하나의 중요한 차이는 통각이 인식의 주체와 객체를 분리하고 있음에 반하여 불교의 인식론에서는 주객의 분리 혹은 분별을 해체해버린다는 점이다. 체니(Jim Cheney)의 주장에 따르면, 네스의 통각은 권력지향의 인간에 의한 자연세계의 포섭이다. 즉, 인간의 자아와 비인간 자연의 동일시는 "타자(the Other)에 대한 진정한 인식과 인정이라기보다는 타자, 곧 차이의 포섭(봉쇄)"이다 (Frodeman 319에서 재인용). 네스와 함께 프로드먼 자신은 인간과 비인간 자연의 차이보다는 "공통성과 연속성"(319)을 강조함으로써 타자를 향한 자아개념의 확장을 허용하지만, 그러한 우주적 자아를 실현하는 주체는 인간이고, 비인간 자연은 통각의 대상일 뿐이다. 더구나 자성을 극복하지 못한 주체가 해석한 자연은 인간의 자연이지 자연의 자연이 될 수 없는 노릇이다. 그러기에 인식의 주체까지 해체하려는 불가와 도가의 인식론이 심층 생태론의 대안담론으로 떠오르는 것은 당연한 일이다.

인식주체의 해체는 불가와 도가를 불문하고 널리 인구에 회자하는 십우도(十牛圖)의 여덟 번째, 인우구망(人牛俱忘)의 단계에 잘 반영되어 있다. 인식주체인 사람과 인식대상인 소(道)가 서로 분리된 존재가 아니고 하나다. 장자의 호접몽(虎蝶夢)을 연상시키는 단계다. 화엄경에서 수없이 반복하여 설하고 있는 불심편재의 사상은 바로 주객일체의 본보기다.

> 이 모든 보살들이 온갖 법계가 안립(安立)한 바다의 티끌 속에 두루 들어갔으며, 그 낱낱 티끌 속에 모두 열 부처님 세계 미진수의 모든 광대한 세계가 있고, 낱낱 세계 속에 모두 삼세의 모든 부처님이 계시는데, 이 모든 보살들이 다 두루 나아가서 친근(親近)하고 공양하였다.
>
> 此諸菩薩悉能偏入一切法界諸安立海　所有微塵彼一一塵中皆有十佛世界微塵數諸廣大刹一一刹中皆有三世諸佛世尊　此諸菩薩悉能偏往親近供養 (華嚴經 卷六, 如來現相品 第 二, 번역은 무비 243 참조)

부처와 중생의 구분이 없으므로 보살들과 우주만물의 분립도 없다. 선적 깨달음 역시 나와 우주가 하나 되어 주객과 능소(能所) 등의 분별과 간극이 사라진 무차별의 경지를 가리킨다(이영호 559). 이처럼 불교의 생태관은 자아소멸과 주객일체라는 인식론적 토대로부터 시작하기 때문에 그 출발부터 심층 생태론의 강압적 자연관과 차별화되는 것이다.

무성과 무아를 전제로 한 소승적 자기해탈은 자칫 허무주의적 세계관을 초래하여 유효한 생태론을 제안하지 못하고 무기력한 담론으로 전락할 염려가 있다. 그러나 대승불교는 자기해탈과 자기구제에 머무르지 않고 자비와 공감을 일으켜 중생제도에 나서는 승(乘, yana)의 세계를 일으킴으로써 인간은 물론 비인간 자연의 고통까지 치유하는 단계로 나아가는데, 그러한 승의 세계를 일으키는 논설의 근거는 바로 전술한 대긍정의 수용이다. 이러한 대긍정의 사상은 『대승기신론』에서 불공(不空)의 개념을 논한 대목에도 잘 드러나 있다. "불공(不空)이라 말하는 것은 이미 법체가 공(空)하여 허망함이 없음을 나타냈기 때문에 바로 이는 진심(眞心)이며, 이 진심은 항상하여 변하지 않고 정법(淨法)에 만족하기 때문에 불공(不空)이라 이름한다(所言不空者, 已顯法體空無妄故, 卽是眞心, 常恒不變, 淨法滿足, 則名不空. 원효 118). 원효는 이 구절을 다시 "불공이라 말했지만 상이 없기 때문에 불공이 공과 다르지 않으며 분별하여 반연[攀緣]하는 바를 여읜 경계는 오직 무분별지(無分別智)로 증득[證得]함으로써만이 상응하기 때문이다"(雖曰不空, 而無有相, 是故不空不異於空. 以離分別所緣境界, 唯無分別所證相應故也.)라고 풀이하고 있다(119). 이제 무자성과 무아이면서 동시에 자연의 자성과 나의 정체성이 없다고 말할 수 없으니, 이는 인간중심성을 여읜 자성과 자아를 인정해야 함을 의미한다. 그리고 이러한 대승적 차원의 대긍정으로부터 자비와 공감 그리고 '상호 의존성'과 '생태평등'과 같은 비강압적인 생태학적 각성과 그 실천이라는 모순어법이 가능하게 된다. 김종욱은 '연기-공-자비'로 연결되는 불교사상을 각각 '상호 의존성-비실체성-상호 존중성'이라는 생태론으로 치환하면서 그의 불교생태철학을 전개하고 있다(「지식기반사회와 불교생태학」 167-73). 그의 생태론 역시 (무)자성의 자연관에서 출발하여 대승적 차원으로 나아가고 있음은 물론이다.

Ⅳ

그렇다면 불교 논법으로 (비)인간중심주의[5]를 여읜 세계관은 오늘의 생태론에 어떤 교훈점을 시사하는가? 심층 생태학과 같은 급진적 생태중심주의 사상과 운동이 1970년대 초에 대두했음에도 불구하고 오늘날 생태파괴와 그 폐해는 점증하고 있다. 물론 누구도 심층생태운동이 전지구적으로 친생태의식을 고취하는 부분적인 역할을 담당해왔다는 점은 인정할 것이다. 그리고 네스 역시 그의 심층생태운동강령에서 생태파괴를 최소화할 수 있는 실질적인 변화를 주문하고 있다(Devall 70). 그러나 작금의 지구촌은 역사상 그 어느 때보다 심각한 양과 질의 생태파괴를 자행하고 있으며 그 폐해는 부메랑이 되어 비인간 자연은 물론 인간 자신의 건강한 생명유지를 심각하게 위협하고 있다. 그 심각성을 이해하기 위해서는 더 이상 시야를 넓힐 필요도 없이 중국, 한국, 일본 등, 동북아 지역의 생태파

5 인간의 자성이 없으므로 인간중심성을 여의었지만, 자성이 없는 것도 없는 것이니 마땅히 (비)인간중심주의라는 용어를 써 중론(中論)을 따르고자 한다.

괴와 그 피해를 살피는 것으로 충분하다. 근래에는 3-4월 뿐 아니라 거의 연중으로 동북아 지역을 휩쓰는 황사현상은 최근 중국의 급속한 경제성장과 개발에 따른 토지황폐화와 사막화로 인하여 그 발생빈도가 매년 가파르게 증가하고 있다. 황사에 포함된 오염물질에 의한 피해도 만만치 않을 것이다. 황해는 전세계적으로 가장 오염된 해양이며, 오염원의 대부분은 황하강으로부터 유입된다고 한다(박수진 119).

심층 생태론은 이러한 전대미문의 자연생태계의 파괴에 저항할 수 있는 실질적으로 유효한 대안담론인가? 개발과 성장의 신화를 '지속가능한 발전'이라는 언어로 연성화하려는 실용주의 생태론자들의 답변은 회의적이다. 중공업 중심의 산업체제를 지양하고 이른바 '내포적 성장체제'(지식산업에 바탕을 둔 소프트웨어 중심의 개발모형)를 통한 지속가능한 발전을 도모하려는 실용주의 개발론자들의 주장에 의하면, 심층 생태학과 같은 근본주의 생태학은 '한계담론'(현재 추세의 인구증가, 산업화, 식량생산, 자원고갈이 지속된다면 다음 100년 이내[2072년 전에] 세계의 경제성장이 한계에 도달한다는 주장)에 기대어 무차별적 성장봉쇄를 지향하면서 환경문제의 실질적인 해결책을 제공하지 못했다는 것이다(황태연 57). 그렇다면 '생태평등주의'와 '상호존중' 등의 생태윤리를 표방하는 본질주의적 생태중심사상은 폐기처분해야 할 것인가? 불교 생태론은 대긍정의 논법을 경유하여 바로 이러한 극단적 이원론을 지양하고 다양한 층위의 차이를 아우름으로써 궁극적으로 역동적인 열린 담론을 지향하는 것이다.

마치 인생관이 그렇듯이 오늘날 생태론도 어느 것이나 완벽한 모형을 제안하지 못한다. 오히려 완벽하고 보다 확실한 모형과 입장을 추구할수록 그 안에는 위험요소가 도사리고 있는 경향이 있다. 예컨대, 위에 소개한 내포적 성장체제의 옹호론자는 네스의 '생태계평등주의'(biospherical egalitarianism)를 비판하면서, "'생물계적 평등주의'가 견지된다면, 이 '용인'이 인간뿐 아니라 인간을 해치는 맹수와 병균 같은 다른 생물에도 허용될 수 있다는 모호성을 떨칠 수 없다"(황태연 16)라고 비판하고 있다. 그러나 '맹수와 병균'도 생태균형을 위하여 필수적으로 존재해야 하는 생태계의 구성원이 아닌가? 호랑이나 사자 같은 먹이사슬의 상위에 위치하는 야생동물의 멸종이 매우 광범위하게 생태균형을 파괴한다는 사실은 생태학의 기본지식이다. '병균'이나 박테리아도 적절한 파괴를 통하여 생태계의 균형을 도모하는 주체이며 객체들이다. 더구나 네스는 생명유지를 위한 인간의 기본 요구조건(vital needs)을 인정하기 때문에, 맹수가 그를 해치려든다면 그도 자신의 생명보호를 위하여 그 맹수를 해칠 수 있음은 당연하다. 한편, 심층 생태론이 근본주의자연관에 매몰되어 생태계 보호를 위한 실질적인 변화를 일으키지 못한다는 실용주의 생태학의 비판은 나름대로 설득력이 있다 하겠다.

또 하나의 중요한 불협화음은 이른바 제3세계의 개발론자들과 자연보존주의자(preservationist) 사이에서 일어나고 있다. 제3세계 경제 후진국들의 입장에서 보면, 심층 생태학은 산업 선진국의 논리지 산업문화로의 편입이 없이는 생존 자체가 위협받을 수밖에 없는 개발 후진국의 문제가 아니라고 비판하고 있다. 오늘날 경제체제가 이미 자본주의화 되어버린 제3세계 국가에서 개발을 포기하고 생태적 순결성만을 지키자는 주장은 이들 지역주민들의 가난을 영속화하는 결과를 낳을 뿐이다. 급진적 생태중심주의를 무차별적으로 적용하면, 국가와 지역에 따라 심각한 사회경제적 문제를 야기할 수밖에 없다. 따라서 구하(Ramachandra Guha)는 인간중심주의/생태중심주의라는 이분법적 잣대 자체를 문제 삼으면서 미개발국의 상황을 고려하지 않고 동일한 생태중심주의를 적용하고 있는 심층 생태학을 비판하고 있다. 그는 생태파괴의 주된 원인은 산업 선진국과 3세계 엘리트 도시민들의 과소비와 국가 간의 군사경쟁이라고 진단하면서 진정한 생태학은 "적절한 기술, 상호 갈마드는 생활방식 그리고 평화운동"(82-3)을 아울러야한다고 제안하고 있다. 구하의 비판에 대응하여, 네스는 제3세계가 산업 선진국의 발전모형과 생활방식의 모방을 멈추고 오히려 생태적으로 '풍요로운'(rich) 원시 토착민들의 삶의 방식을 선택하라는 낭만적인 주문을 하고 있다(403). 이러한 네스의 권유는 사실 생태학적 진실을 간과하는 측면이 있다. 오늘날 도시화와 산업의 중앙 집중화가 생태파괴의 주범임은 주지하는 바다. 이론일 뿐이지만, 현재에도 지구촌의 인구와 산업시설을 전세계적으로 고르게 분포시킬 수만 있다면 자연의 자정작용에 힘입어 생태불균형의 문제를 상당 부분 해소할 수 있다는 것이 생태학자들의 일반적인 시각이다. 같은 맥락에서 세일(Kirkpatrick Sale)은 "소규모기술"(human-scale techonology)의 개발을 대안으로 제시하고 있다(158). 보다 대규모의 생산과 소비에 따른 대규모의 생태파괴를 자행하고 있는 개발 선진국의 산업시설을 오히려 미개발국으로 이전함으로써 부의 분배와 생태균형을 동시에 이룰 수 있다는 주장도 가능하지 않은가?

오늘날 생태문제에 대한 유일한 해답이나 해결책의 제시는 불가능해 보인다. 개인의 특수성은 차치하고라도 다양한 차원의 집단적, 문화적, 역사적 차이가 변수로 작용하기 때문이다. 그러한 다양한 차이들이 다양한 스펙트럼의 자연관들을 생생해왔음을 극명하게 보여주는 예를 바로 미국의 자연사에서 찾아볼 수 있을 것이다. 야생지를 개발하고 맹수와 싸우면서 삶의 터를 일구어야 했던 17세기의 미국 이주민들의 의식에 투영된 자연은 21세기 초의 생태중심주의자의 자연과 다를 수밖에 없다. 미국의 근대 자연사에서 경험한 이른바 '헤치헤치계곡의 논쟁'은 핀쇼(Gifford Pinchot)와 같은 공리주의자와 뮤어(John Muir)나 버로우즈(John Buroughs) 등의 초월주의자들 사이에 벌어진 자연관에 관한 논쟁으로 양 진영은 각각 공리주의적인 유익과 참살이의 심리적인 요소를 옹호했다. 이들 자원보호론자들과 자연보존론자들 사이의 논쟁은 지금도 전지구적으로 계속되고 있고, 그러한 역동적인 논쟁과 조율은 앞으로도 끊임없이 전개될 것이다.

불교사상을 관통하는 긍정-부정-대긍정(부정의 부정)의 논법이 바로 이러한 21세기의 역동적 생태학을 이끌어갈 수 있는 대안담론이다. 자성의 대긍정은 본질주의 자연관에 매몰된 심층 생태론의 대안을 가능케 하고, 인간중심주의/생태중심주의 혹은 자원보호주의/자연보존주의 등의 이원론을 넘어 비강압적, 대화론적 생태관을 지향하고 있는 것이다. 만물은 자성이 없고 상호 관계론적 존재방식을 취하고 있으니, 여기에서 생태계의 상호 의존성(interdependence) 개념이 도출된다. 동시에 만물에는 자성이 없음도 아니니 개체가 생태계의 전체성에 매몰되어 그 정체성을 상실하지도 않는다는 모순어법이 가능하다. 아와 타의 분별이 없으니 이기적인 자기중심주의(인간중심주의)를 여의었고, 인간중심성을 극복(자아소멸)함으로써 비인간 자연에 대한 존중심을 일으키고 그 아픔에 공감하며 중생에 대한 자비심을 일으킬 수 있는 것이다. 특히 적극적인 중생구제를 표방하는 불교의 대승적 차원은 바로 자연생태계의 보호와 보존을 위한 능동적인 활동으로 치환될 수 있다. 공(空)이 곧 색(色)이니, 공 안에서 이루지지 않음이 없는 것이다.

마지막으로 불교 생태학의 한계성을 짚어보는 것으로 논의를 마무리하고자 한다. 불교의 해체적 담론이 심층 생태론의 전체주의적 자연관을 극복할 수 있는 대안을 제공해줄 수 있겠으나 해석하는 주체에 따라 반생태적 혹은 무기력한 세계관으로 치부될 위험성도 내포하고 있다. 특히 무자성의 논의는 전술했듯이 중생을 허무주의와 희론의 나락에 떨어뜨리고, 소승적 자기구제에 대한 집착은 공감과 자비심을 불러일으키지 못하는 한계를 노정할 수 있다. 특히 불교의 이중담론은 해체사상이 그렇듯이 자원보호주의자나 개발론자들의 입장을 옹호하는 이론으로 전용될 위험성도 안고 있다. 긍정적으로 보면, 이는 불교사상 안에서도 역동적인 논쟁이 필요하고 그만큼 강압적 자연관을 피할 수 있을 것이니 한계성이 강점이기도 한 셈이다. 불교사상의 또 하나의 한계는 제법은 인간의 언어에 의하여 설해지기 때문에 언어 자체에 배어 있는 인간화의 함정은 피할 도리가 없다는 점이다. 물론 언어를 방편(方便)으로 삼을 뿐이라고 하지만, 방편이라는 단어 자체도 인간의 언어이기는 마찬가지이니 어쩌랴. 다만 인간화(anthropomorphizing)와 인간중심주의(anthropocentrism)는 구분되는 것이니 그 차이만큼만 희망이다.

3-1. 자연개념의 해체 — 헨리 쏘로우의 『월든』

I

생태비평에서 문학작품을 분석하고 평가하는 척도로서 흔히 내세우는 인간중심주의 다시 보기 혹은 이와 관련된 논의들이 영미문학계에 본격적으로 등장한 것은 근간의 일이지만 1960년대 이래로 미국의 대학들이 환경위기의식을 느끼기 시작하면서 간헐적이나마 진지하게 생태환경의 파괴를 문제시하는 작품들이 출현하였다. 최근에는 자연문학과 환경문학을 엄밀하게 구분하려는 시도까지 예컨대, 로렌스 뷰얼(Lawrence Buell)이나 패트릭 머피(Patrick Murphy) 등의 학자들에 의하여 설득력 있게 이루어지고 있다. 특히 인간 이외의 자연물이 그 자체로서 "내재적 가치"를 지니는가 그렇지 아니한가 하는 문제는 생태비평의 철학적·정치적 담론의 핵을 이룬다. 자연물이 그 자체로서 가치가 없고 인간의 공리주의적 안목에 의하여 그것을 부여받는다면 인간중심주의적인 자연관은 그 정당성을 확보하지만, 자연물이 고유한 내재적 가치를 지닌다면 휴머니즘을 앞세워 야생 동·식물 혹은 산이나 강을 인간의 편의대로 수탈해온 지성사를 포함하는 인간의 문화사는 총체적 대안을 모색함직하다.

자연의 내재적 가치를 인정하는 형이상학은 동양의 불·도가 사상이나 미국 본토인들(Native Americans)의 사고와 삶의 방식 혹은 죤 뮤어(John Muir), 데이빋 어런펠드(David Ehrenfeld)와 베이어드 캘리콧(Baird Callicott) 등이 재해석하는 기독교 세계관에도 배어 있듯이

(Callicott 137-8) 세계의 다양한 문화권으로부터 그 원류를 찾을 수 있지만 무엇보다 1970년대에 노르웨이의 아르네 네스(Arne Naess)의 이론을 중심으로 태동한 심층생태학(Deep Ecology)의 자연관이 생태비평에 가장 큰 영향을 주었다 할 것이다. 네스의 생태철학의 두 축은 자아실현(Self-realization)과 생태평등(biospherical egalitarianism)의 개념이다. 빌 드볼(Bill Devall)은 자아를 대문자 S로 표기하며 자아실현의 개념을 차별화한다. 네스의 자아는 개인의 시공간적 한계에 갇힌 편협한 자아가 아니고 인간 이외의 만물의 존재와 조율된 우주적이고 유기체적인 개념이다. 그리하여 자아실현은 "인격의 성숙과 성장의 심화 곧 인간 중심적인 인간관을 초월하고 삼라만상을 포용하는 새로운 정체성의 확립을 요구한다"(67). 심층생태학자들이 추구하는 이러한 형이상학적 자아의 확립은 그들에게 자연의 내재적 가치의 존재를 깨닫게 하는 필요충분조건이며 그것은 명상적 물음을 통하여 성취된다. 생태계 평등의 개념은 자아실현을 통하여 자연의 고유한 내재적 가치의 존재를 깨달았을 때 잇따르는 당연한 귀결이다. 즉, 삼라만상은 하나의 유기체로서 비계층적으로 상호 연관되어 있다는 발상이다.

우주적 자아실현을 근간으로 하는 심층생태학자들의 자연관은 후기구조주의의 인간관에 의하여 도전을 받는다. 인간주체의 진정성(眞正性) 혹은 자기충족성(self-sufficiency)에 대한 믿음을 바탕으로 하는 심층생태학의 방법론으로서 자아실현의 개념은 바로 후기구조주의자들의 "불확실하고 모순적이고 담화 속에서 끊임없이 재구성되는 과정에 있는"(Weedon 33) 인간의 모습에 배치된다. 결국 자아실현의 개념은 생태평등이라는 절대지식을 생산함으로써 서구의 형이상학의 근원인 보편주의로 환원하고 자연과 문화를 이원론화하거나 혹은 자연의 가치를 문화의 그것보다 우위에 두는 또 다른 계층적 세계관을 구성함으로써 인간의 자연관 형성에 중요한 영향을 미치는 시·공간적 특수성을 수용하지 못한다는 비판을 면치 못한다. 자연관의 역사는 어느 자연관이건 그 것을 형성하는 개인의 입장이 반영될 수밖에 없다는 사실을 증명하고 있다는 것이다. 이처럼 자연의 의미가 개인에 의하여 채워져야 하는 빈 공간이라면 어느 자연관이건 필연적으로 그 개인의 문화적인 배경은 물론그 자연관이 함의하는 물질적인 힘이나 욕구와 관련되지 않을 수 없고 결국 "누구의 자연관인가"라는 물음이 제기된다. 그리하여 비본질주의적 자연관의 입장에서 볼 때 유기체적 총체의 개념에 바탕하여 삼라만상의 평등을 주장하는 심층생태학자들의 자연관은 자신들의 특수한 입장이나 이해관계만을 대변하는 편협성을 드러내는 아이러니를 노정한다는 지적을 감수해야한다.

인간중심주의 문제삼기나 자연의 내재적 가치의 유무에 관한 논쟁들은 자연의 대표(representing nature)라는 인식론적인 물음을 제기한다. 인간이 인간의 언어로 자연의 실체를 포착할 수 있는가 하는 근원적인 물음에 현대 생태비평가들의 응답은 회의적이다. 마크 마이스너(Mark Meisner)에 의하면 자연관이 언어로 표현될 때 은유에 의존하지 않을 수 없다. 그리하여 우리는 은유적으로 규정된 자연관 중에서 선택할 수밖에 없다.(12) 인간이 언어로 자연을 정의하거나 묘사할 때 자연의 인간화나 은유화를 피할 길이 없으므로 우리는 문화나 개인의 특수상황에 의하여 번역된 자연 속에서 살 수 밖에 없다. 적어도 자연환경이 인간을 형성하는 만큼 인간은 인간의 언어로 자연을 규정하며 자연을 형성한다. 따라서 현대의 생태비평가들은 자연 대 문화라는 이분법적 사고에 저항하는 경향이 있다. 그리고 언어의 미로에 갇혀 혹은 문화의 압박을 받아 자연의 실체를 원형대로 체험할 수 없는 그들에게 비인간중심주의적(nonanthropocentric) 자연관이나 자연의 내재적 가치의 개념은 본질적으로 성립하지 않는다.

환경문제의 심각성을 고려할 때 문제는 어떠한 자연관이 인간을 포함한 삼라만상의 생태적 안전성을 보다 유효하게 담보할 수 있는지 따져봄직하다. 로렌스 뷰얼이 지적하듯이 목가적인 자연관이나 작가에 의하여 재해석된 자연의 경험도 충분히 친생태의식을 고취한다: "과학적·사실적 자연환경이 아닌 작가에 의하여 재구성된 환경의 개념은 생태비평의 입장에서 득이 된다. 환경작품의 힘은 그 작품에 대한 독자의 경험에만 있지 않고 독자와 자연의 관계를 소생시키고 재설정하는 기능에 있기 때문이다"(97). 결국 현대의 생태비평은 실용주의적 경향을 보인다. 비인간중심주의적 자연관이 가능한 지를 의문시하거나 자연의 내재적 가치의 유무를 따지기보다는 우리가 비인간중심주의적인 태도를 얼마나 효율적으로 고양할 수 있는지 혹은 인간 이외의 자연물의 가치를 인간의 가치와 동등하게 여기려는 태도와 실천에 초점을 둔다.

헨리 쏘로우(Henry Thoreau)는 그의 자연론의 기본 골격을 점검하고 그의 문화저항적인 언어를 통하여 볼 때 북미에서 최초로 산업주의를 문제시한 생태환경작가로 종종 읽혀왔지만 현대적 생태비평의 입장에서 그를 조명한 글은 의외로 드물다. 이 글에서는 그의 자연관이 현대적 의미의 생태의식과 어떻게 관련을 맺고 있는지 그의 『월든』(*Walden*)을 중심으로 살핀다.

Ⅱ

뤄차드 르보(Richard Lebeaux)는 쏘로우의 『월든』을 학생들에게 가르친 그의 경험에 바탕하여 그 해석의 다양성을 강조한다. 특히 이 작품은 종종 한 학기나 일 년 동안이 아니라 독자의 평생 동안 독자와 함께 성장하는 책이라고 언급한다(64). 과연 쏘로우의 자연을 한 마디로 제한할 수는 없는 노릇이지만 본고의 필요에 따라 그의 시대에 풍미한 자연관이 쏘로우의 그것과 어떤 차이점을 드러내는지 밝혀봄직하다. 쏘로우의 자연관은 특히 랄프 에머슨(Ralph Emerson)의 그것과 대비를 통하여 명료해진다. 에머슨의 초절주의(transcendentalism) 전통이 쏘로우의 자연관에 깊숙이 배어 있음을 부인할 수 없지만 이 두 사상가들이 자연을 읽는 방법과 기본가정에는 심각한 틈새가 있음이 이미 지적되었다. 두 작가 모두 18세기의 공리주의적 자연관을 질타하고 목가적 이념의 찬미를 통하여 뷰얼이 지적하듯이 때로 "조롱 섞인 순진무후"(41)를 자아냄으로써 독자의 서정성을 자극하기보다는 오히려 하나의 풍자로 독자의 가치관을 뒤흔들어 생태중심주의 세계관으로 전환시키는 역할을 하는 점에서 공통점을 보인다 할 것이다. 그렇지만 그들의 자연관을 형성하는 인식론에는 중대한 차이가 있으며 자연의 가치에 대한 그들의 태도에서도 매우 시사적인 차이를 드러낸다.

에머슨의 자연관은 선험적이고 추상적인 사유를 통하여 형성된다. 에머슨은 쏘로우나 죤 뮤어 만큼 자신의 실제적 삶을 통하여 야생(wilderness)을 체험해 본 적이 없을 뿐만 아니라 그의 『자연』(*Nature*) 어디에서도 자연물을 구체적으로 관찰하여 묘사하는 대목을 찾아볼 수 없다. 칸트의 영향을 받은 그의 초절주의 자연관에 따르면 인간은 오성(understanding)과 이성(reason)이 조화된 힘을 빌어 자연과의 관계를 설정할 때 옛 성인들처럼 완전한 인간상을 성취한다. 오성은 인간이 자연의 물질적인 측면만을 인지하도록 해주는 선험적 능력이므로 오성에만 의존하여 자연을 바라보는 사람은 "반 인간" 상태에 있고 아직 "이기적인 야만인"이다. 에머슨의 이성은 자연의 정신적 혹은 초자연적 양상에 간여하는 인간의 능력이며, 이를 통하여 옛 성인들의 기적이나 종교적·정치적 혁명이 가능했다는 시각이다(46). 오성이나 이성은 모두 인간에게 생득적으로 주어진 힘이므로 에머슨은 그러한 선험적 능력을 개발하기만 하면 인간이 자연의 정체를 파악할 수 있다고 본다.

쏘로우의 자연관은 자연물이나 자연현상에 대한 자신의 경험과 생물학자에 버금가는 철저한 과학적 관찰을 토대로 한 그의 상상력에 의하여 구축된다. 그의 철저한 과학적 관찰이 생물학이나 지리학에 상당히 공헌하였음은 주지의 사실이다. 특히 월든 호수의 물리적 측량이나 계절과 기온의 변화에 따른 결빙과 해빙의 관찰기록은 엄밀한 과학적 글쓰기의 압권이며, 그가 죽기 전 몇 해 동안에 걸쳐 쓴 『씨앗의 확산』(*The Dispersion of Seeds*)은 이 작품을 담은 『씨앗에 대한 믿음』(*Faith in a Seed*)에서 개리 폴 내브한(Gary Paul Nabhan)이 언급한 대로 인간의 언어가 아닌 "들판과 숲의 언어를 배우기"(xi)위한 시도라고 할 만큼 철저한 생물학적 관찰로 일관한다. 에머슨의 자연이 허구적이고 은유화되었다면 쏘로우의 그것은 자연현상을 직접 체험함으로써 인간성의 변화를 동반하는 육화된 자연이다: "특별한 의미에서 자연의 일부인 어부, 사냥꾼, 혹은 땔나무꾼 등은 들판과 숲 속에서 일을 하다 종종 쉬는 중에 어떤 기대를 하면서 자연에 접근하는 철학자나 혹은 시인들보다 더욱 호감을 가지고 자연을 관찰할 수 있는 입장에 있다”(189). 쏘로우 자신도 자연의 인간화나 은유화의 함정을 완전히 벗어날 수 없지만(이 점에 대하여 차후 상세히 논의할 것임) 적어도 그는 자연환경과 개인의 특수한 접촉을 통하여 형성된 어부나 사냥꾼 등의 자연을 인간적인 선입견을 가지고 자연물이나 자연현상을 보는 철학자나 시인의 이차적 자연과 구분한다. 그리고 자연은 후자에게 얼굴을 보이지 않는다고 믿는 듯하다. 「보다 고귀한 법칙」에서 언급하는 쏘로우 자신의 사냥과 낚시를 중지하는 이유는 매우 구체적이고 현실적이다. 육식은 물론 그의 상상력에도 거슬리지만 그보다는 오히려 육식을 하면 우선 청결하지 못하고 자신의 영양공급에도 유익하지 못하다고 고백한다(193). “고귀한 법칙”을 에머슨의 추상성과는 달리 자신의 구체적인 경험을 통하여 드러내려 한다.

두 사상가의 자연에 대한 접근방법의 차이는 필연적으로 자연의 가치에 대한 그들의 인식의 차이를 동반한다. 오성보다는 이성의 힘에 의하여 자연의 보다 고귀한 영적 의미를 포착할 수 있다고 믿는 에머슨은 영적 자연을 물질적 자연의 우위에 두는 차등적 이원론에 빠진다. 모든 자연물이나 자연현상은 영적인 의미를 인간에게 전달하여 주는 수단에 불과하고 그 자체로서는 가치를 지니지 못하며, 인간에 의하여 가치를 부여받는다고 보는 에머슨은 인간중심주의자라는 혐의를 벗지 못한다:

> 인간은 만물의 중심에 있으며, 관계의 빛줄기가 모든 존재들로부터 그에게로 흐른다. 인간은 이러한 대상들이 없이 이해될 수 없고, 그러한 대상들은 인간 없이 이해되지 못한다. 모든 자연물은 그 자체로서는 가치를 갖지 못하고, 한 쪽 성만을 가진 것처럼 불모지이다. 그러나 그것을 인간의 역사와 결합시키면 생명으로 충만하게 된다. (…) 개미의

본능이 개미의 것으로 생각되면 매우 시시하다. 그러나 관계의 빛이 개미로부터 인간에게로 확장되는 순간, 그리고 그 고되고 단조로운 일을 하는 작은 개미가 강한 심장을 지닌 작은 신체, 즉 모범인간으로 보이는 순간, 최근에 발견된 결코 잠을 자지 않는 다는 사실을 포함하여 개미의 모든 습성은 장엄해진다. (21-2)

자연의 만상은 그 가치를 인간의 자기중심적인 안목에 의하여 부여받을 뿐이며 자체의 고유한 가치는 없다. 그리고 만물에 가치를 부여하는 능력이 곧 이성이고 보편적 영혼(universal soul)이며 대영혼(Spirit)이다. 결국 자연의 물상들은 인간이 부여하는 가치를 담고 전달하는 껍데기요 수단에 불과하다고 보는 에머슨의 자연관은 물질보다는 정신이, 자연보다는 문화가 상위에 군림하는 계층적 이원론을 조장한다. 심지어 그는 "우리가 응답할 수 없는 문제는 분명히 없다"(7)라고 단언하며, 인간은 우주운행의 법칙을 알 수 있으므로 우주 자체보다 우위에 있다고 본다.

쏘로우가 자연의 내재적 가치를 인정하고 인간중심주의적 자연관을 완벽하게 벗어나는가의 문제는 또 하나의 논쟁거리지만 적어도 그의 담론은 인간과 인간이외의 자연물 사이의 평등한 관계를 향한 열망을 담고 있다. 그의 동정은 항상 "박애주의적인"(191) 성향을 띠고 있지는 않다. 뉴잉글랜드 지방에서 야생동물이라기보다는 식물처럼 여겨지는 토끼와 메추라기들을 보며 그들이 이 땅의 진정한 주인이 아닐까 자문하기도 한다(252). 특히 인간의 잣대로 자연을 재단하려는 인간중심적 인식론을 문제시한다. 자연의 역사는 자연의 것이며, 그의 자연은 무심하다. 우주적 안목에서 "독은 독이 아니고 어떠한 상처도 치명적일 수 없다"(283). 즉, 쏘로우는 인간중심적인 동정을 보편화된 미덕으로 받아들일 수 없음을 시사한다.

쏘로우의 자연과 인간의 관계 다시 보기는 바로 그의 자연에 대한 엄밀한 자연과학적 관찰의 결과이다. 에머슨의 자연이 개인의 가치관 혹은 인간의 문화에 의하여 규정적으로 명명된다면 쏘로우는 그가 성공하든 못하든 자연물상의 세세한 관찰 혹은 그들과의 친교를 통하여 자연의 이름을 자연에게 되돌려주기 위하여 대변인을 자청한다. 두 사상가의 이렇게 대조되는 접근방법이 낳은 상이한 자연관이 시사하는 생태비평적 의의는 중요하다. 에머슨의 규정적인 자연관이 인간과 자연 사이의 차등관계를 조장하며 인간을 자연으로부터 분리시키고 있음에 반하여 쏘로우의 서술적 자연관은 인간도 거대한 자연 생태계의 일부이고 결코 자연의 다른 구성원 보다 우월한 존재가 아님을 암시한다. 결국 에머슨이 공리주의 자연관에 반기를 들면서도 인간중심주의를 벗어나지 못하는 한계성을 지니고 있다면 쏘로우는 적어도 인간/자연의 차등관계에 대한 다시 보기를 시도한다.

그렇다면 쏘로우는 인간의 문화와 인간화된 자연을 완전히 떠나 원시적인 자연과 동화될 수 있었으며 또 그럴 수 있다고 주장하는가? 맥스 얼슬래거(Max Oelschlaeger)에 따르면 쏘로우는 「자연의 역사」나 「겨울 산책」 등 초기 작품에서 자연과 문화 사이의 화합에 이르지 못하지만(141), 『월든』에서는 "야생과 문명을 분리시키는 인습의 울타리를 거둠으로써 확실히 에머슨의 초절주의를 넘어 인간의 의식과 야성의 자연을 재통합한다"(151)고 확언한다. 쏘로우의 의식이 야생과 조화되는 인격적인 승화가 있었다면 이는 곧 현대의 심층생태학자들이 열망하는 자아실현이 달성되었음을 의미한다. 쏘로우의 자연관의 변모와 관련하여 뷰얼은 『월든』에서 탐색되는 쏘로우의 세계관은 "단계적으로, 부분적으로, 그리고 자기모순을 드러내면서"(117) 변하고 있음에 주목한다. 쏘로우는 에머슨의 인간에 봉사하는 자연의 개념에 불편해하며 자연의 구조는 그 자체로서 영적이고 동시에 물질적인 존재로 보고 『월든』의 후반부로 진행할수록 인간중심주의 자연관으로부터 차츰 생태중심주의 세계관으로 발전한다고 본다(121). 뷰얼의 생태중심주의로 발전한다는 언급은 얼슬래거의 인간과 자연의 통합이라는 관점과는 유의미한 거리감이 느껴진다. 확실히 『월든』을 읽어 가면서 독자는 쏘로우의 언어가 인간중심주의로부터 멀어져감을 어렵지 않게 감지한다. 특히 뷰얼이 지적하듯이 에머슨의 초절주의에 영향을 받아 상응의 형이상학이 수정 이전의 『월든』 초기본을 지배하였다는 사실은 쏘로우의 자연관이 변모하였음을 입증한다. 그러나 그러한 변모의 결과가 인간과 자연 혹은 인간과 문화 사이의 틈새를 완벽하게 메웠을까? 또한, 그러한 경지가 가능할까라는 문제가 남는다.

쏘로우는 이 년 이 개월 동안의 숲 속의 생활의 목적을 분명하게 언급한다: "의도적인 생활을 통하여 오직 삶의 본질만을 포착하고, 또한, 그러한 생활이 가르쳐주어야 하는 바를 내가 배울 수 있지 않을까 알고싶었다"(81). 이러한 월든 호숫가의 생활에 내재된 실험의 주제는 이 책의 시작 단계인 「경제」 편에 이미 은유화되어 있다:

> 나는 오래전에 사냥개 한 마리, 적갈색 말 한 필, 그리고 호도애 한 마리를 잃어버리고 지금도 그들을 찾고 있는 중이다. 내가 그들에 대하여 이야기를 나눈 여행자들이 많은데, 그 사람들은 그들이 간 길과 무어라 불렀을 때 그들이 응답을 하였는지에 대하여 말해주었다. 나는 그 사냥개의 짖는 소리와 그 말의 발굽소리를 들었고 그 호도애가 구름 속으로 사라지는 모습까지도 보았다는 사람을 한 두 명 만났는데, 그들은 마치 자신들이 잃어버린 것처럼 그들을 찾으려 안달하는 듯하였다. (15)

『월든』에서 쏘로우의 프로젝트는 무엇보다도 잃어버린 자연의 정체를 파악하는 일이다. 자연을 안다는 한 두 사람을 만나 보았지만 그들 역시 자연의 의미를 붙잡기 위하여 안달하기는 마찬가지이다. 그러나 자연의 의미는 주변의 호수들에 비하여 특별히 수심이 깊은 월든 호수의 밑바닥보다 훨씬 더 깊고 깊어 쏘로우의 섬세한 관찰과 방대한 상상력에도 고갈되지 않는 듯하다. 그가 죽기 직전에 편집한 「산책」에서 "자연은 너무 거대하고 보편적이어서 우리는 그 모습의 일부도 보지못했다"(627)고 고백한다.

쏘로우가 자연의 언어를 인간의 언어로 완벽하게 번역할 수 없는 중대한 이유중 하나는 자연생태계나 자연현상이 고정된 실체가 아니고 끝없이 변화하는 과정이기 때문이다. 생태계는 하나의 거대한 유기체로 변화가 그 생명의 필수적인 속성이다. 그에게 "지구는 지리학자와 특히 골동품 연구가들이 연구하는 책장처럼 켜켜이 쌓여있는 단순한 역사의 파편이 아니고 꽃과 과일에 앞서나오는 나뭇잎 같은 살아있는 시이며, 화석의 땅이 아니고 살아있는 땅이다 … 그뿐만 아니라 지구상의 제도들도 도공의 손안에 든 진흙처럼 형성력이 있다"(275). 제도와 사상을 포함하여 삼라만상은 고정된 폐쇄체계가 아니라 변화를 향하여 항상 열려있는 개방체계이며 끊임없이 형성되는 과정에 있다. 「봄」을 『월든』의 마지막 장으로 배치한 의도 중 하나는 봄은 계절의 시작이라는 고정관념을 뒤엎고 계절이 혹은 자연의 역사가 더 나아가 인간의 역사까지 단선적이고 목적론적으로 진보하기보다는 시작도 끝도 없이 순환하며 변화하는 과정임을 암시한다. 쏘로우는 자연의 규정적인 명명을 지양하는 자연에 대한 접근법과 자연현상과 인간의 역사를 모두 개방체계로 파악하려는 귀납법적 사유를 통하여 초절주의자이면서 동시에 초절주의의 근간인 보편주의의 틀을 벗는다. 에머슨류의 보편주의자이기를 거부하는 쏘로우의 언어에서 자연과 문화 사이의 갈등이 해소되지 못함은 당연할지 모른다. 쏘로우는 좁은 생활공간 안에서 자연과 인간의 조화를 발견할 수 있을법하지만 그러한 조화는 우리에게 결코 친숙해지지 못할 거라고 단언한다(602). 야생의 자연과 인간이 하나가 될 가능성이 없음은 자연의 대변인이기를 자청하는 그의 담론에서 발견되는 자기모순과 갈등에 의하여 입증된다. 쏘로우 자신도 의식하고 있듯이 자기모순과 비결정의 문법은 그의 글 도처에서 발견된다. 월든의 초반부에서 문화 비판적인 과격한 언급(33)후 주거 문화에 대한 강한 비판이 곧 누그러지고 "인류의 발명과 산업"이 제공하는 이점을 받아들이기를 권한다(36). 그러나 「소리」편에서 기차는 산업문명의 상징으로 등장하며 목가적인 생활의 침입자이다. 그리하여 기적소리는 각종 새들의 노래 소리와 대비되며 쏘로우의 태도는 단호하다: "기차의 연기와 증기와 경적소리에 나의 눈과 귀는 꿈쩍하지 않는다"(111). 다시 「잔혹한 이웃들」에서는 개미들의 참혹한 전쟁을 묘사하여 자연의 부정적인 면모를 부각시키는가 하면 약삭빠르고 교활한 아비새의 행태를 묘사하기도 한다. 뤼차드 쉬나이더(Richard Schneider) 역시 아비새를 묘사하는 장면에서 자연이 인간에게 반드시 수혜적이지만은 않다는 풍유적 의미를 찾는다(101). 인간의 문화와 자연 사이에서 시계추처럼 요동하는 쏘로우의 심상은 『월든』의 각 장에서 다루는 소재의 배열에서도 감지된다. 화자 자신이나 그의 지기 혹은 사회의 문제를 다루는 장과 월든 호수나 소리 혹은 봄 등 자연물이나 자연현상을 묘사하는 장이 거의 절반씩 배치되어 있으며 더구나 그 두 부류의 장들이 거의 교대로 분포되어 있다.

사실 『월든』의 후반부로 진행할수록 혹은 후반기의 작품으로 갈수록 초기의 반문화적 언어의 강도가 점차 약화되는 경향이 있다. 독자들은 흔히 쏘로우가 1846년 메인주에 위치한 크타한(Ktaadn)산을 등반한 후 그의 낭만주의적 자연관에 심각한 변화가 왔다고 지적한다. 그곳에서 자연은 “야만적이고 끔찍한 것”(*Maine Woods* 93)이었다고 쏘로우는 술회한다. 1857년 여름에 메인주 북서쪽에 위치한 퍼나브스캇(Penobscot)과 앨리개쉬(Allegash)강을 따라 카누여행을 하고 이를 묘사한 기록에서도 초기의 목가적 자연관의 변모를 감지할 수 있다. 여행 안내자로서 동반한 조지프 폴리스(Joseph Polis)라는 인디언의 산업주의에 물든 언행에 대한 묘사를 통하여 목가적인 생활의 대명사로 낭만화된 미토착민(Native American)의 이미지를 전도시키는 듯 하지만 기실 쏘로우는 문명사회에 동화된 그의 행태에 대한 비판적인 시각을 절제한다. 폴리스는 충실한 프로테스탄트 교도이고 사슴(moose)을 사냥하여 번 돈으로 “상당한 대지의 소유주”(587)가 되었고 자신의 종족에게 백인 사회의 교육을 받도록 종용한다고 자랑하지만 쏘로우는 그를 힐난하기는커녕 자신이 사는 고장의 학교장을 추방하려는 휀위크(Fenwick)주교의 기도에 맞서 싸운 그의 무용담을 듣고 오히려 폴리스의 유능함과 인간에 대한 그의 깊은 이해력에 감탄한다(590). 또한, 이 여행 중에 발생한 부상이나 일행을 괴롭히는 모기나 진드기 등의 빈번한 등장은 인간에게 수혜적인 자연의 이미지를 손상시킨다.

로더릭 내쉬(Roderick Nash)가 언급한 대로 쏘로우에게 “야성과 교양은 치명적인 극단이 아니라 상호 수혜적 영향을 미치지만”(95), 그렇다고 그가 자연과 문화의 간극을 극복하였다고 보기는 어렵다. 「산책」의 도입부에서 언급하듯이 그의 탐험은 밤이면 두고 떠났던

난로가로 돌아오는 여행일 뿐이다(598). 월든 호숫가에서 이 년 이 개월간의 생활은 자신이 천명하듯 의도적인 실험이며(81), 그는 다시 문명사회의 시민으로 돌아온다. 쏘로우가 월든 숲 속의 해거름에 쏙독새의 노래를 듣거나 콩코드와 메리맥 강을 따라 여행할 때, 혹은 크타한산을 등반하거나 마을의 옛집으로 돌아와 따뜻한 난롯가에 앉아있을 때에도 그의 언어 속에서 야생과 문명은 분리되며 일원화되지 못한다. 그 역시 두 세계가 갈등없이 동화된 새로운 혹은 옛날의 질서를 세우는 기사를 꿈꿀(fancying) 뿐이다(598).

쏘로우도 자연을 묘사할 때 은유화의 함정을 피하지 못한다는 관점에서 그 역시 인간중심주의 사고의 틀을 완전히 벗어나지 못한다는 혐의가 짙다. 사실 인간의 언어로 만물과 만상의 리얼리티를 포착하려는 기도는 언어 자체에 내재된 인간중심적 은유와 제한성에 의하여 좌절될 수밖에 없다. 마이스너가 언급하듯이, 언어는 명시적이건 묵시적이건 언어 사용자가 언어 자체를 보는 방식과 가치를 전달하며, 사물이나 사건을 묘사함에 있어서 결코 중립적이지 못하다. 즉, 이데올로기의 인지, 구성, 통합, 재생산 및 합법화의 끊임없는 과정에서 언어와 개인의 세계관은 상호 영향을 미칠 수밖에 없다(11). 언뜻 자연의 대변인을 자처하는 쏘로우의 언어에서 인간중심적 은유화의 예는 그의 글 도처에서 발견된다. 쏘로우가 죽기 바로 전 해에 썼던 한 저널에서도 자연경관은 "아름답게" 인간화되어 있다:

> 고을을 아름답게 하는 자연경관은 어떤 것들인가? 폭포와 초원이 있는 강, 호수, 언덕, 절벽이나 바위들, 숲, 그리고 노래하며 서있는 고목들이다. 그러한 것들은 아름답다. 그것들은 돈 가치로 나타낼 수 없는 고귀한 효용성을 지닌다. (lix)

"아름답게"(handsome)나 "노래하며 서있는"(standing singly) 등 언어 자체에 배어 있는 은유는 차치하고, 강이나 숲이 아름다운 까닭은 마치 그들이 인간의 마음을 아름답게 꾸며주는 배경으로 작용하기 때문이다. 그 아름다움이라는 선물을 경제적 가치로 측정할 수는 없지만 그것은 여전히 인간을 위한 효용성을 지니고 있다. 「소리」편에서 인간화된 새소리는 사실적인 자연이라기보다는 쏘로우에 의하여 재창조된 허구적 자연이다(113). 물론 생태비평의 관점에서 그 효과는 유의미하다. 단순히 목가적인 묘사라기보다는 오히려 뷰얼이 주장하는 풍자이다.

쏘로우는 종종 상징이나 알레고리에 의하여 자연물을 은유화한다. 넓이는 작지만 수심이 깊은 월든 호수를 인간의 심오한 정신세계에 비유하고(256), 해동기에 강물을 따라 흐르는 모래의 역사(役事)에 의하여 형성된 지형을 보며 식물의 생장(vegetation)과 동물의 신체구조를 나아가 지구 자체의 유기체적 구조를 연상한다(272-5). 월든호수의 깊이와 모래가 그린 지형에 쏘로우 자신의 은유적 의미를 투사한다. 월든호수/인간정신의 비유는 물론 인간중심주의 자연관을 함의하지만 모래의 역사에서 동·식물이나 지구의 유기체적 구조를 연상하는 심상 또한 자연과 인간을 분리시키는 이원론을 드러낸다. 마이스너에 의하면, 자연을 유기체적 존재로 은유화함은 자연 속에서 인간의 모습을 모호하게 하여 최악의 경우 인간을 자연의 두뇌로 간주케하거나 인간과 자연을 분리시키는 반생태적 세계관을 부추긴다. 더구나 이러한 자연의 이미지가 인간과 인간 이외의 자연 사이의 비폭력적인 관계를 고양하리라는 보장이 없다는 것이다(14). 마이스너의 주장에 설득력이 있든 없든 쏘로우가 자연물이나 자연현상을 은유화하고 있음은 사실이다. 그의 자연관이 상호 모순을 일으키는 것도 기실 특정한 자연물을 묘사하는 순간 쏘로우 자신의 제이차적 자연이 개입하기 때문이기도 하다.

그렇다면 쏘로우의 자연관이 반영된 그의 생활의 좌표는 결국 어느 지점인가? 에머슨의 목적론적이고 규정적인 자연관에 비하면 쏘로우의 그것은 훨씬 비정형적이고 특수화된 경험에 바탕한 유동적인 개념이다. 쏘로우에게 자연은 거의 불가해한 존재이다. 그러나 그 역시 자연의 은유화에 깃든 인간중심주의 시각을 벗어나지 못한다. 결국 쏘로우의 자연관이나 생활은 문명과 야생이 중첩되어 그 둘이 갈등하며 조화를 모색하는 경계지대이다. 쏘로우 자신도 스스로의 생활을 평하여 자연과 인간세상 사이에서 "경계인의 삶"(border life)을 살면서 때때로 인간세상을 약탈하고 국가에 대한 애국심이나 충성심은 산적들의 그것과 다름없다고 언급한다(627). 그는 모든 땅이 경작되는 것을 싫어하듯 모든 사람이 혹은 개인의 모든 성향이 문명화되기를 원하지 않는다. 인간성의 야생지대도 지구의 야생지대와 함께 보존되어 먼 미래를 대비해야한다고 본다. 로라 다쏘우 월즈(Laura Dassow Walls)는 에머슨의 담론이 우주 만상의 필연적인 질서와 엄정한 인과관계의 논리에 의존하는 만큼 강압적임에 비하여 쏘로우는 "우연의 진리"(contingent truth)를 인정하며 그의 자연관 혹은 우주관에는 우연과 질서가 함께 간여하고 있음을 갈파한다(224-5). 그리하여 쏘로우의 자연에는 본질적으로 인간이 고갈시킬 수 없는 의미영역이 자연의 소유로 남아있을 수밖에 없으며 바로 이 점이 인간이 철저하게 "자연의 거주자"(inhabitants of nature)가 될 수 없고 쏘로우 자신도 결국 문명과 자연 사이의 경계인으로 남아야 했던 이유라고 월즈는 주장한다(232).

쏘로우의 "황갈색 문법"(tawny grammar)의 개념이나 무지의 미학도 같은 맥락에서 이해할 수 있다(625). 특히 황갈색 문법이라는 용어는 최근 개리 스나이더(Gary Snyder)의 야성의 실천』(*The Practice of the Wild*)에서 재인용된다. 이는 본디 "*Gramatica parda*"라는 스페인어에서 유래하였는데 스나이더에 따르면 "언어 뿐 만 아니라 문화와 문명 자체의 문법"이며 동시에 "숲속의 샛강"이나 "사막의 자갈"을 지배하는 질서에 속하는 문법이다(76). 서구의 로고스 중심의 철학자들은 인간의 언어능력을 마치 혼돈스러운 우주에 질서를 제공하여 주는 인간에게 특유한 재능으로 보는데 이는 환상에 지나지 않으며 지구상에는 수많은 자연의 모습과 교감한 수천 가지의 황갈색 언어 문법이 존재한다는 것이다(77). 결국, 쏘로우나 스나이더는 인간중심주의적인 심상을 은연중에 부추기는 서구언어의 반생태적 구조에 일침을 가하며 야생을 향하면서 동시에 인간의 문명과 문화를 송두리째 부정하지 않는 언어로의 변형을 꿈꾼다. 바꾸어 말하면 쏘로우는 인간중심주의를 근본적으로 부정하기보다는 인간 세상에 한 쪽 발을 딛고선 자연을 위한('자연의'가 아닌) 대변인이다.

Ⅲ

자연은 결코 인간에게 그 정체를 보이지 않는다고 고백하고 인간중심주의 세계관을 열정적으로 비판하면서 그 역시 그레텔 얼릭(Gretel Ehrlich)의 표현대로 자연과 인간적인 문화 사이에 "걸터앉아 있는 자"(straddler)인 쏘로우는 현대의 심층생태학에 심대한 영향을 미쳤음에도 불구하고 그의 자연관은 심층생태학자들의 그것과 의미로운 틈새를 보인다. 심층생태학의 자아실현이라는 강압적 인식론과 생태평등의 논리가 자연의 내재적 가치를 창조한다면 쏘로우는 인간중심주의 다시 보기를 시도하면서도 자연의 이름을 고정된 틀로 파악하지 않고 하나의 과정으로 봄으로써 자연의 내재적 가치의 존재를 암시하면서 동시에 스스로 강압적이고 독선적인 논리를 피한다. 베이어드 캘리콧이 말하는 “끝순 잘린 내재적 가치”(truncated intrinsic value)의 개념 또한 쏘로우의 자연관을 대변할 수 있다. 캘리콧은 가치판단의 문제는 가치판단의 대상뿐만 아니라 가치를 판단하는 자 즉 인간의 주관적인 개입이 필연적이기 때문에 홈즈 롤스톤(Holmes Rolston)등이 주장하는 자연의 내재적 가치의 존재에 동의하지 않는다. 자연물 자체의 가치는 인정하지 않지만 대신 자연물의 보호를 위하여 자연물을 *위한* 가치를 인정하는데 이를 “끝순 잘린 내재적 가치”라고 명명한다(132). 캘리콧의 내재적 가치는 인간화되고 절충주의적인 개념이다. 쏘로우의 환경보호 프로젝트 역시 위에서 언급하였듯이 자연의 언어를 포착함이 아니고 자연을 위한 대변이다.

이 글의 서두에서 언급하였듯이 현대의 생태비평이나 자연문학은 그 목적 달성의 차원을 고려하여 실용주의적 경향을 띠는 듯하다. 뷰얼에 의하면 생태비평과 문화연구(cultural studies)는 유해성 담론(discourse of toxicity)의 활성화에 상호 배타적이기보다는 오히려 서로 결핍된 부분을 보완해주는 관계임을 부각시킨다. 특히, 생태비평은 문화연구측으로부터 수혈을 받아 인식론적인 혹은 정치적인 심화를 도모할 수 있고, 작금의 유해성 담론은 인간성이 자연환경 뿐만 아니라 사회환경과도 상호 의존적인 관계에 있다는 인식을 받아들여 그 폭과 깊이를 더해 현실적인 환경문제에 대처하는 효율성을 높일 수 있다고 본다(*Critical Inquiry* 639-65). 생태환경보호에 도움이 된다는 관점에서 목가적 문학이나 심층생태학이 지향하는 생물학적 생태평등사상 혹은 한 때 심층생태학자들과 치열한 논쟁을 벌였던 생태여성주의의 인간과 인간이외의 자연물간의 평등뿐만 아니라 계급, 인종 및 성별의 차이를 동시에 극복하려는 포괄적 평등사상 등을 배타할 하등의 이유가 없다. 사회생태학자들과 심층생태학자들의 논쟁도 같은 맥락에서 보아야할 것이다. 다니엘 페인(Daniel Payne)이 지적하듯이 자연문학에 간여하는 이들은 이미 자연보호의식이나 생태의식에 친숙한 사람들을 넘어 그렇지 못한 사람들 사이에서 그들의 독자를 늘려야 한다(175). 어느 자연관이든 적어도 제한적인 의미에서 생태균형을 위하여 유효한 담론일 수 있다. 쏘로우가 에머슨의 보편주의 자연관을 피하면서 동시에 그가 드러내는 자기모순의 논리나 갈등 혹은 일관성 없는 태도 등은 결국 그의 자연관이 특정한 문화적 배경이나 개인의 경험 혹은 욕구에 의하여 편협하게 규정되어버리는 위험성을 스스로 경계한다. 그의 과학적 경험에 바탕한 통찰은 에머슨의 영적 자연관에 긴장감을 제공하고 자연과 문화 사이에서 그가 느끼는 갈등과 모순은 자연의 실체를 포착할 수 없는 인간의 무력함을 드러내기보다는 자연과 문화 그리고 그들의 관계를 보다 포괄적으로 이해하려는 열망의 표현이다. 같은 맥락에서 뤼차드 쉬나이더(Richard Schneider)는 쏘로우의 자연관에서 탐색되는 불확실성의 의의를 지적한다. 『월든』에서 드러나는 모순을 통하여 쏘로우는 자신은 물론 독자들에게도 그들의 세계관을 되짚어보게 하며 진리의 다양성을 향한 길을 연다는 것이다. 결국 그는 자연관의 다양성을 강조함으로써 현실 개혁가가 빠져들기 쉬운 이원론의 오류에서 벗어나며 "다원적 사고"(105)를 향한다고 본다. 뷰얼 역시 쏘로우의 자연관을 비유하여 "이중날을 가진 도구"(double-edged tools)로 표현함으로써 그의 담론이 자연의 착취를 돕는 논리로 이용될 수 있음을 경고하지만, 다른 한편으로는 현대의 독자들을 친환경주의자로 이끄는 역할을 하고 있음에 더 큰 무게를 둔다(188). 쏘로우의 포괄성을 향한 열망과 다원적인 자연관은 현대 생태비평의 실용주의 경향과 맥을 같이한다. 언어 자체와 형이상학이 지닌 한계성 때문에 자연의 내재적 가치의 존재를 논리적으로 밝힐 수 없다고 하여 인간 이외의 자연물들이 인간의 공리주의적 대상으로 전락하여야 하는가? 생태균형의 파괴가 회복불능사태로 치닫고 있는 전지구적인 환경오염의 심각성을 우리는 자연물과의 직접적인 접촉 혹은 교육이나 계몽을 통하여 경험하고 있다. 여기에서 경험은 개인의 특수한 경험이다. 따라서 각 개인들의 경험은 제각기 다를 수 있고 다른 만큼 환경파괴에 저항하는 유효한 합창이 불가능할 수도 있다. 그러나 실용주의적 자연관은 내재적 가치 논쟁으로부터 우리를 해방시켜주는 한편, 환경보호의식의 고취와 환경보존을 위한 정치적 유효성을 확보하여줄 수 있다.

내재적 가치론의 맹점들을 폭넓게 지적하면서 앤쏘니 웨스톤(Anthony Weston)은 실용주의로부터 유효한 환경윤리의 돌파구를 마련한다. 웨스톤은 우선 가치관은 개인의 경험에 의하여 결정된다는 실용주의적 사고의 틀을 받아들이고 개인이 자연을 경험하는 내용과 방식이 획일적이고 보편적일 수 없고 특수하고 구체적이기 때문에 자연에 대한 각기 다른 가치관을 형성하게되는 것은 당연하다고 본다. 자연경험의 구체적인 내용이 다를 뿐만 아니라 같은 경험 내용에 대해서도 개인의 욕구, 문화적 배경, 혹은 생물학적 특수성 등이 다르기 때문에 자연을 접하는 개인들의 안목이 각기 다를 수밖에 없다는 것이다. 자연 자체가 스스로 고유하고 배타적인 가치를 지닌다는 주장은 인식론적으로 불가능하다고 보는 입장이다. 그렇다고 웨스톤이 자연환경의 훼손과 오염에 저항하는 집단적 도모를 포기한다는 뜻이 아니다. 그는 오히려 실용적인 정치성의 터를 마련한다. 정치적 마비의 상황을 의식하여 “모터 보트가 사방팔방으로 흩어져나갈 필요는 없다”(338)고 비유적으로 언급한다. 그에게 실용주의는 “매우 개방적이고 다양한 문화”의 환영을 의미하며 나의 가치에 타자의 가치와 희망을 조율하는 “끊임없는 마음 열기”이다(339). 이렇듯 내재적 가치라는 강압적 자연관에 의존하지 않으면서도 대부분의 “모터 보트”들이 같은 방향을 향하여 그 집단 효율성을 극대화할 수 있는 가능성이 타자의 가치와 나의 가치 사이의 열린 대화적 감각과 태도에서 비롯된다고 본다.

에머슨의 그것과 의미심장하게 구별되는 쏘로우의 자연관이 비강압적이라는 논거는 그가 스스로 드러내는 모순과 비결정의 언어에서 마련된다고 앞에서 언급하였다. 쏘로우에게 문화는 산업문화를 지칭한다고 볼 때 이는 곧 타자의 가치이다. 자연의 고귀한 가치를 내면화하면서 동시에 이웃의 문화를 전면적으로 부정하지 않는 쏘로우의 태도에서 자기중심적인 가치와 타자의 가치를 조화시키려는 쏘로우의 묵시적인 의도를 탐색할 수 있다. 그리고 그러한 자연과 문화의 중첩과 조화로 표현되는 그의 대화적인 사고의 폭만큼, 바꾸어 말하면, 자연에 대한 쏘로우의 직·간접적인 경험을 우리가 공유할 수 있는 가능성만큼 현대의 우리는 자연의 고귀함을 공감하는 것이다.

3-2. 에드워드 애비의 모호한 환경서사
—『몽키 렌치 갱』다시 읽기

I

관련 학계와 독자들은 '에드워드 애비(Edward Abbey)를 급진적인 환경운동가' 쯤으로 간주하는 듯하다. 애비 자신이 실정법을 위반하는 과격한 환경보호운동에 가담한 전적으로 볼 때, '급진적'(radical)이라는 단어는 당연한 수식어로 보인다. 그 자신도 "나는 진정으로 극단주의자이다"라고 언급하면서 본인이 급진적인 환경운동가임을 자인하고 있다(Scheese 110에서 재인용). 특히 『몽키 렌치 갱』(*The Monkey Wrench Gang*, 이후 *MWG*로 약칭함)의 출판이 1980년에 포먼(Dave Foreman)의하여 Earth First!라는 급진적인 환경운동단체가 출범하는 계기를 제공하였다(Cahalan 151)는 주장이 설득력을 얻는 만큼 애비의 환경운동관(environmental activism)은 정치적으로 급진적인 경향을 보인다고 할 수 있다.[6]

그러나 '애비가 급진적인 환경론자인가?' 라는 물음은 보다 논쟁적인 반응을 야기한다.[7] 흔히 기술산업국가의 강압적 권력과 야생의 보존에 대한 애비의 입장이 온건하다고 보는 맥캔Garth McCann)과 로날드(Ann Ronald)의 견해와 과격하다고 보는 스키즈(Donald Scheese)

---

6 "애비는 Earth First!의 무정부주의 운동에 동참하고 이 단체의 교범(manual)에 '앞으로'(Forward)라는 제목으로 서문을 써주었다."(McClintock 19) 참조

7 여기에서 급진적인 환경론은 생태중심주의(eco-centrism)의 동의어로 사용한다. 물론 그 대척점은 인간중심주의이다.

와 와일드(Peter Wild)의 시각으로 나뉜다(Payne 157). 어떤 경우에는 애비의 미학이 자연과 인간을 보다 심층적으로 이해하도록 도와주는 순기능을 인정하면서도 애비의 자연관은 예컨대 쏘로우(Henry D, Thoreau)나 뮤어(John Muir) 혹은 리오폴드(Aldo Leopold)의 그것에 비하여 감당하기 버겁다고 느끼는 속내를 내비친다. 슬로빅(Scott Slovic)은 *MWG*에 드러난 애비의 미학에 공감하면서도 그의 미학은 "어질어질하다"(giddy)는 수식어를 붙인다(114). 그런가 하면, 뷰얼(Lawrence Buell)은 애비의 『사막의 고독』(*Desert Solitaire*)을 통해 본 자연관에 대하여 언급하면서 작가의 대화론적 감각이 결여되어있음을 아쉬워한다(121).

애비의 수많은 저작물 중에서도 *MWG*는 특히 급진적이고 과격한 환경운동을 감행하는 인물들을 주인공으로 등장시키고 환경 테러(eco-terrorism)를 감행하는 과정을 플롯으로 채택하고 있어서 매우 극단적인 반산업주의를 옹호하는 소설로 치부되기 십상이다. 그러나 애비는 이 소설에서 다양한 해석을 부추기는 인물설정과 대화론적 결말을 지향하는 플롯을 통하여 오히려 그의 다른 저작물에서 보여주는 단호한 자연관을 연성화하는 효과를 거두고 있다. 이 글에서는 바로 그러한 인물설정과 플롯이 자아내는 탄력적인 자연관을 추적하고, 그러한 자연관이 오히려 환경보호를 위한 효율적인 정치학을 담보한다는 점을 강조하고자 한다.

Ⅱ

*MWG*에서 인물배치는 이 소설의 주제와 관련하여 각별한 의미를 지닌다. 에코타지(ecotage)를 감행하는 네 명의 주요인물들 즉, 헤이

듀크(George Washington Hayduke), 사비스(A. K. Sarvis), 스미스(Seldom Seen Smith)와 애브저그(Bonnie Abbzug) 중에 신뢰할 만한 주인공이 없다. 작가는 예의 네 인물 이외에도 개발 논리와 산업주의를 맹신하는 러브 주교(Bishop Love)와 말을 타고 다니며 끊임없이 에코타지를 범하는 듯 보이나 소설 속에서 끝까지 익명으로 남아있는 "외로운 관리인"(a Lone Ranger)을 포함하여 이른바 신뢰할 수 없는(unreliable) 다수의 인물들을 입체적으로 배치함으로써 주제의 복합성을 강화하고 있다(246). 따라서 생태환경보호에 관한 작가 자신의 입장이 급진적인지 아니면 온건한 것인지를 규명하기 위해서는 인물들의 성격 차이를 확인할 뿐만 아니라 종종 동일한 인물의 묘사에서 발견되는 모순과 모호성에 주목해야 한다.

우선 소설의 도입부에서 소개되는 네 인물 중에서 "옛 모습대로 놔두라"(keep it like it was)라는 자신들의 신념에 추호의 흔들림도 없이 집착하면서 에코타지를 능수능란하게 실행하는, 월남전 참전 병사였던 헤이듀크는 누구보다도 급진적인 생태중심주의자라고 할 수 있다(*MWG* 82, 이후 쪽수만 표기함). 그는 잣나무(pinyon pine) 같은 나무들이 고통이나 공포를 느낀다는 것을 철저히 믿고 사막을 "신성한 나라"(holy country)로 인식하는 이른바 본질주의적 자연주의자이다(79, 153). 따라서 그의 직업은 오직 "그놈의 야생지대를 구하는 것"(to save the fucking wilderness)이다(229). 그는 러브 주교의 추적단에게 쫓기는 위급한 상황에서도 주변의 불도저들을 반드시 파괴하고야마는 과격한 행동대원이다. 헤이듀크는 필요하면 이른바 쏘로우의 "고매한 법칙"(higher laws)을 수호하기 위해서라면 인명살상무기를 사용하는 에코테러도 서슴지 않겠다는 강경파이다(27). 그러나 그의 강한 신념은 결코 체계적인 생태의식이나 사회관 혹은 철학적 사유의 산물이 아니다. 그것은 지극히 개인적인 믿음일 뿐이다. 그렇기 때문에 그의 지향점은 '반산업주의 혁명'(counter-industrial revolution)이지만, 그에게는 혁명을 성취시킬 수 있는 현실적인 방법론이나 대안이 없다. 그는 "강한 분노를 느끼나 두뇌가 없는 환경태업자"(saboteur)일 뿐이다(229). 더구나 전쟁 포로이었던 헤이듀크는 전쟁 후유증(war fatigue)에 시달리는 환자이고, 인디언들에 대하여 "백인들과 마찬가지로 멍청하고 탐욕스러우며, 비겁하고 무딘" 사람들이라고 치부해버리는 인종차별주의자이기도 하다(26). 헤이듀크는 1970년대 초반에 애비가 '야생의 옹호자들'(defenders of wildlife)이라는 시민단체에 고용되어 함께 일했던 파트너 피콕(Doug Peacock)을 모델로 하여 탄생한 인물인데, 애비는 피콕의 지나치게 과격한 성격 때문에 그들의 우정은 자주 긴장 상태에 있었다고 회고하였다(Cahalan 145). 이처럼 작가는 헤이듀크를 수많은 성격적 결함을 지닌 자연보존론자(preservationist)로 묘사하고 있다.

25세인 헤이듀크의 과격한 행동을 제어하려 애쓰는 중심인물은 50세에 근접한 사비스이다. 사비스 역시 "성장을 위한 성장. 권력을 위한 권력"(64)을 지향하는 반생태적 문화에 분개하기는 마찬가지이지만, 그가 산업문화에 저항하는 방식은 헤이듀크의 그것과는 사뭇 다르다. 고속도로 주변의 상업 광고판을 불태워 제거하는 작업이 취미인 흉곽외과 전문의 사비스는 석탄을 채굴하는 노천광과 그 주변의 부대시설들을 보면서 자연과 인간의 삶을 수탈하고 피폐하게 만드는 다양한 세력들이 복합적으로 얽혀 상호 공생 관계를 이루고 있는 현실을 직시한다.

> 사비스 박사는 저 멀리 불과 과두정치와 소수독점의 평원을 떠올렸다.

피바디회사는 아나콘다 코퍼사의 팔 하나일 뿐이고, 아나콘다는 미국 국방성, 테네시 계곡 개발청, 스탠다드 석유, 제너럴 다이나믹스, 더치 셀 석유화학회사, I. G. 파벤 화학회사와 근친상간으로 엮여있는 U. S. 철강회사의 팔 다리 하나일 뿐이다. 그것은 전방위에 촉수를 내밀고 있으며, 사시와 앵무새 부리를 가진 [괴물] 지구의 크라켄처럼 세계의 땅덩어리 절반을 차지하고 하나로 결합되어 있는 기업연합이다. 그것의 두뇌는 컴퓨터 데이터 센터들의 저장소이고, 그것의 피는 돈이며, 그것의 심장은 핵발전소이고, 그것의 언어는 자기 테이프에 숫자로 입력된 정보화 시대의 독백이다.

Dr. Sarvis thought of the plain of fire and of the oligarchs and oligopoly beyond: Peabody only one arm of Anaconda Copper; Anaconda only a limb of United States Steel; U.S. Steel intertwined in incestuous embrace with the Pentagon, TVA, Standard Oil, General Dynamics, Dutch Shell, I. G. Farben-industri; the whole conglomerated cartel spread out upon half the planet Earth like a global kraken, panten-tacled, wall-eyed and parrot-beaked, its brain a bank of computer data centers, its blood the flow of money, its heart a radioactive dynamo, its language the technetronic monologue of number imprinted on magnetic tape. (171-2)

사비스는 자연을 파괴하고 수탈하는 행위의 주체들은 고립되어 있지 않고 전지구적으로 연결된 하나의 거대한 괴물을 형성하고 있다는 사실을 잘 인식하고 있다.

한편, 사비스 역시 주변의 광고판 흉물들을 제거하는 "이웃 미화 프로젝트"(9)를 자행하지만, 그는 헤이듀크식의 과격한 파괴행위만으로는 반생태적 문화를 바꾸어내기에는 턱 없이 역부족이라는 한계를 누구보다도 잘 알고 있다. 특히 인간에 대한 폭력을 수반하는 지엽적인 파괴행위는 자칫 대중홍보(public relations)의 차원에서 악영향을 미칠 수 있다는 점을 우려하여 헤이듀크의 순진한 파괴행위를 만류하는 중심인물도 사비스이다. 그렇다면 사비스는 정치적, 경제적 탐욕으로 얽혀있는 산업문화를 대체할 수 있는 대안 문화나 새로운 삶의 방식을 제안하고 있는가? 이 물음에 대한 이 소설 속의 답변은 모호하다. 사비스는 언뜻 무정부주의(anarchism)을 대안으로 제시하는 듯하다. 그는 그들의 사보타지에 사람을 해치는 폭력이 끼어들어서는 안 된다는 점을 역설하면서 무정부주의를 옹호하는 듯한 속내를 드러낸다.

> 나는 다수결 원리를 믿지 않아. … 소수결 원리도 믿지 않아. 나는 좋은 정부를 포함하여 모든 형태의 정부에 반대해. 나는 이곳 공동체의 합의에 따르겠어. 그것이 무엇이든지, 그것이 어디로 향하든지, 우리가 인간에 대한 폭력을 금한다는 제1원칙만 지킨다면.
>
> "I don't believe in majority rule. … I don't believe in minority rule either. I am against all forms of government, including good government. I hold with the consensus of the community here. Whatever it maybe. Wherever it lead. So long as we follow our cardinal rule: no violence to human beings."(170)

네 명의 중심인물들은 사보타지를 실행하는 문제와 관련하여 종종 의견이 엇갈리지만, 무정부주의가 표방하는 교의(教義) 중에서 특히 자유의 수호를 가장 고귀한 가치로 공유한다.[8] 그러나 이들을 어떤

8 무정부주의를 옹호하는 정치철학은 장자의 도가사상으로까지 거슬러 올라갈 수 있지만, 현대적 의미의 무정부주의의 선구자로는 누구보다도 고드윈(William Godwin, 1756-1836)과 프루동(Pierre Joseph Proudhon, 1809-1865)을 꼽을 수 있다.

형태로든 대안을 제시하는 무정부주의자로 보기는 어렵다. 이들에게 시멘트로 포장된 고속도로는 원시림 속으로 난 오솔길을 자유스럽게 걸을 수 있는 권리를 유린하고, 관광산업을 홍보하는 거대하고 현란한 광고판은 아름다운 자연경관을 향수할 자유와 권리를 빼앗을 뿐 아니라 자동차를 탄 관광객이 밀려오도록 유혹함으로써 궁극적으로 생태계를 파괴하는 결과를 가져오고, 그 결과는 다시 이들이 열망하는 자연친화적인 삶이 안겨주는 자유와 행복을 박탈한다고 보는 것이다. 그러나 이들은 공통적으로 개인의 자유를 고귀한 가치로 수호하겠다는 강한 열망을 보여줄 뿐이고 사회문화적, 체계적 대안을 제시하지 못한다. 비판은 있으나 사회가 감당할 수 있는 대안 제시에는 인색하다는 의미이다. "무정부는 답이 아니다."(168)라는 사비스의 분명한 언급도 같은 맥락에서 되짚어볼 일이다.

사실 사비스는 개발 현장과 산업시설을 파괴하는 행위에 대하여 상당히 모호한 입장을 취한다. 그는 일련의 사보타지에 재정지원을 아끼지 않으며 동료 행동대원들의 정신적인 지주 역할을 떠맡지만 파괴 행위가 가져올 결과에 대하여는 회의적인 태도를 보인다. 그는 그들이 하는 파괴 행위가 어떤 결과를 낳을지 모른다고 헤이듀크에게 고백한다. 산업 시스템을 공격하면 시스템은 더욱 강해질 뿐이라고 보는 시각이 있음을 인정하면서, 그들의 사보타지가 문화를 바꾸는 순기능을 야기하기 보다는 오히려 사회에 해악을 끼칠 수 있다고

무정부주의는 18세기 중반부터 현재에 이르기까지 수많은 갈래와 다양한 형태로 진화하였지만, 영국의 무정부 공산주의 운동가 겸 저술가인 멜쩌(Albert Meltzer)에 따르면, 무정부주의는 다음의 다섯 가지의 교의(tenets)를 표방한다. 첫째, 사람은 자유롭게 태어난다. 둘째, 사람이 자유롭게 태어난다면 노예제는 살인이다. 셋째, 노예제가 살인이 듯이 사유 재산은 도둑질한 장물(theft)이다. 넷째, 재산이 장물이면 정부는 폭압이다. 다섯째, 정부가 폭압이라면 무정부는 자유다. Meltzer's *Anarchism: Arguments For and Against*. p.19-21 및 http://en.wikipedia.org/wiki/Anarchism 참조.

우려하고 있다(112). 물론 그러한 사비스의 우려는 헤이듀크의 과격한 행동을 제어하려는 의도로도 볼 수 있지만, 사보타지를 옹호하는 사비스의 태도에는 다소 희롱적인(playful) 측면이 있다. 유사한 맥락에서 포조(David M. Pozza)는 이 소설의 메시지는 무겁지만 그 톤은 코믹하다고 언급한다(75).

작가는 이들 사보타지 대원(saboteurs)들이 자가당착적인 행동을 하도록 허용하고 있다는 점도 과연 애비가 급진적인 생태중심주의자인가라는 판단에 제동을 거는 대목이다. 우선 이들은 고속도로 건설과 자동차 관광을 혐오하면서, 자신들은 자동차를 타고 다니며 사보타지를 감행한다. 그러나 이들의 자가당착이 작가의 입장은 결코 아니다. 작가는 지프를 타는 헤이듀크와 말을 타고 사보타지를 능숙하게 자행하는 익명의 인물('a Lone Ranger')을 병치시킴으로써 오히려 기계를 애용하면서 기계 문명을 해체하려는 모순을 의도적으로 부각시킨다. 그만큼 주요 등장인물들과 작가 사이에는 입장의 차이가 존재한다. 그러한 거리두기는 이들이 맥주캔을 고속도로에 함부로 버리는 일화에서도 찾아볼 수 있다. 이들은 맥주캔을 버리는 행위보다는 고속도로라는 혐오시설을 건설한 것이 더 큰 죄악이라는 논리로 자신들의 행위를 정당화하지만, 논리가 궁색하다(68). 쓰레기를 함부로 투기하는 일화에 대하여 독자들의 비판이 거세지자 애비 자신도 자연경관을 심각하게 해치는 것은 맥주캔이라기보다는 도로 자체라고 변호하지만(*The Journey Home* 159), 적어도 이 일화는 사비스를 포함한 등장인물들의 신뢰성에 균열을 허용한다.

이른바 에코페미니즘(eco-feminism)의 관점으로 예의 남성 인물들의 언행을 살펴보면, 그들에 대한 독자의 실망과 충격은 더욱 커진다. 에코페미니즘의 주장에 따르면, 여성을 억압하는 논리는 근본적으로 자연을 지배하는 논리와 그 맥이 같다. 따라서 그리핀(Susan Griffin)은 남성성(masculinity)과 여성성(feminity)의 계층적 관계를 (재)생산하는 가부장적 문화에 저항하면서 동시에 인간과 비인간 자연의 지위를 동등화하는 이념을 옹호해야한다고 주장한다(190). 세 명의 남성 인물 중에서도 페미니스트 독자들의 심기를 가장 불편하게 함직한 인물은 스미스(Seldom Seen Smith)일 것이다. 스미스는 세 명의 아내를 둔 '잭 모르몬'(jack Mormon)이다.[9] 그는 일부다처제를 실천하는 35세의 남성이다. 그의 이름이 암시하듯이, 그의 아내들이 스미스의 모습을 보는 일은 매우 드물다. 그는 언제든지 네 번째 아내를 취할 준비가 되어있는 듯 보인다. 그는 28세의 미혼 여성인 보니를 처음 보는 순간 성욕을 느낀다.

> 스미스는 그의 승무원과 승객들 모두에게 싱긋 웃음 지으며 기뻐하는 모습이었다. 특히 애브저그 양을 빤히 쳐다보지 않으려고 애썼다. 그러나 그녀는 대단한 미인이었다. 그녀는 대단했다. 스미스는 아래 쪽, 배의 안쪽에서 희미하나마 틀림없이 음모가 일어나고 움찔거리는 느낌을 받았다. 그것은 분명히 사랑의 서주(序奏)였다. 그것은 연인으로서 느끼는 색정에 다름 아니었다.

> Smith, looking at them all with his happy grin, seemed pleased with his crew and passengers. Especially with Miz Abbzug, at whom he tried hard not to stare. But she was something, she was something. Smith felt, down below, belowdecks, that faint but unmistakable itching and twitching of scrotal hair which is the sure praeludium to love. Venereal as a valentine, it could have no other meaning. (56)

---

9 jack Mormon이란 후기성도교회(Church of Jesus Christ of latter Day Saints)의 믿음체계에 적극적으로 동조하지는 못하나 교회와 우호적인 관계를 맺고 지내는 소극적인 신자이다. (http://en.wikipedia.org/wiki/jack.Mormon 참조)

건강한 남성이 건강한 여성에 대하여 느끼는 성욕은 솔직한 감정일 터이다. 그러나 작가는 왜 굳이 아내를 셋이나 둔 스미스의 일탈적 성욕을 부각시키는 것일까? 이 소설의 서문에서 브린클리(Douglas Brinkley)가 지적하듯이, 애비는 누구보다도 강하게 독자의 상상력을 자극하는 충격요법을 선호하는 작가이다(xxiv). 애비는 독자에게 기꺼이 모욕감과 충격을 안겨줌으로써 도덕적으로 완벽한 인간이 아닌 선남선녀가 언어가 아닌 행동으로 자연보존운동을 실천해야한다는 주문을 하는 한편, 넬슨(Barney Nelson)이 언급하듯이, 그는 "교조적인 전횡"이나 "사회 모범생으로서의 책임"을 회피하는 것이다(106). 작가 자신도 playful하다.

보니에게 폭력적인 성행위를 서슴없이 가하는 헤이듀크는 차치하고, 사비스 역시 페미니스트의 질타로부터 자유로울 수 없다. 사비스가 헤이듀크에게 자신의 연인인 보니를 취하도록 권하는 장면은 흡사 자신의 물건을 타인에게 양도하는 모습이다. 이제 헤이듀크의 "차례"(turn)이니, 그가 보니를 "가지라"(take)고 권유한다(216). 물론 이 거래에서 보니의 의지는 전혀 개입되지 않는다. 보니라는 여자는 양도되는 물건에 지나지 않는다. "조지[George Hayduke], 여자보다 더 흥미로운 것은 없어."(There is nothing more interesting than a woman, George.)라고 사비스가 내뱉는 말 한 마디로도 진지한 독자에게 모욕감을 안겨주기에 충분하다(217). 물론 사비스의 여성관과 작가 자신의 그것 사이에는 상당한 거리가 있음을 인정해야 한다. 그러나 애비 자신의 여성관도 페미니스트들의 눈높이를 맞추어내기에는 역부족이다. 카할란의 주장에 따르면, 애비는 "여성들 사이의 평등권을 옹호하였으나, 그는 페미니스트들이 남성과 여성의 생물학적인 근본적 차이를 고려하지 않는다고 느꼈으며, 그는 두 성별의 차이가 성의 자유화를 가능하게 한다고 믿었다."는 것이다(135). 카할란의 언급에서도 드러나듯이, 애비는 남성과 여성의 사회적 권력관계의 평등이라는 문제에는 관심이 없을 뿐 아니라 성(sexuality)의 해방이라는 개념도 모호하다.

그렇다고 보니가 사비스나 헤이듀크의 성적 노예로 묘사되는 것은 아니다. 오히려 보니가 사비스와 헤이듀크를 성적 노리갯감으로 여기는 측면이 강하다. 아이러니다. 보니는 비록 사비스 박사의 운전비서 겸 연인으로서 끊임없이 사비스의 청혼을 받지만 번번이 거절하고 헤이듀크와 기꺼이 성행위를 즐긴다. 비록 헤이듀크가 일방적으로 성행위를 요구하는 경우에도 크게 상처나 충격을 받지 않는다. 그녀는 성행위를 즐길 뿐이다. 그녀는 오히려 여성을 억압하는 가부장적 성도덕을 전복시키려는 의지가 강하다. 헤이듀크와 헤어진 후 다시 사비스의 연인으로 되돌아와 기꺼이 결혼하고 임신까지 이어가는 보니의 능동적인 사랑의 역사를 페미니스트 독자들은 어떻게 받아들일까? 한 가지 분명한 점은 이 소설 속에 묘사되는 자연관과 여성관이 다분히 해체적이라는 사실이다.

비록 헤이듀크와 스미스는 함께 사보타지를 감행하기 위하여 한 배를 탄 동료이지만 두 인물이 인간을 바라보는 시각에는 큰 차이가 있다. 개발행위자와 개발론자 그리고 그들에게 우호적이거나 그들을 돕는 모든 사람은 헤이듀크의 적이다. 그러나 작가는 헤이듀크의 편협성과 소통부재는 스미스의 총체적인 인간애와 대조를 이루도록 설정함으로써 서사의 복합성을 강화한다. 헤이듀크에게 '그들'은 달에서 온 다른 사람들이다. 그러나 스미스에게는 그들 역시 '우리와 같은 사람들'이다. 그래서 스미스는 "우리가 [그 점을] 잊는다면, 우리도 그들과 같아져, 그렇게 되면 우리의 현주소는 어디지?"라고 헤이듀크에게 충고한다(96). 헤이듀크와는 달리 스미스는 탐욕을 부리는 인간 자체를 혐오하기보다는 탐욕만을 문제 삼아야 한다는 주장이다. 두 인물이 인간을 바라보는 시각의 차이는 헤이듀크를 제외한 세 명의 사보타지 대원들이 절망적인 상황에서 수색팀에게 일시적으로나마 백기를 드는 배경이 된다. 과연 작가의 입장은 헤이듀크와 나머지 대원들 사이의 어느 지점을 향한다고 아니할 수 없다.

이야기 속에서 네 명의 사보타지 대원들의 대척점에 있는 중심 인물은 러브 주교이다. 후기성도교회의 주교인 러브는 일요일과 수요일에만 주교 노릇을 할 뿐 나머지 모든 시간을 "부동산, 우라늄, 소, 석유, 가스, 관광 등 돈 냄새가 나는 것이면 아무거나 깊숙이 관여하는", 탐욕에 찌든 사업가이다(117). 한 때 그는 관광 사업을 위하여 유타 주의 파월 호수(Lake Powell)가 내려다보이는 공지를 49년 동안 사용할 수 있는 권리를 따내려고 하였으나 관련 공청회에서 스미스와 그의 친구들의 반대에 부딪쳐 계획이 무산된 이후로 스미스를 증오하던 중에 유타 주의 남동쪽에 위치한 콤워시(Comb Wash) 계곡 너머로 도로를 건설하는 현장에 사보타지를 감행한 장본인 중 한 사람이 스미스라는 사실을 알아채고 경찰과 함께 수색팀(Search & Rescue Team)을 꾸려 네 명의 피의자를 추적한다. 주목할 대목은 러브가 이끄는 수색팀 중에 물질적인 탐욕과 권력의 추구에 매몰된 그의 행동을 희화화하고 안타까워하는 동생 샘(Sam)이 있다는 사실이다. 샘은 러브가 앙심을 접고 추적을 경찰에게 맡기자고 권하는 'a jack Mormon'이다. 건강이 악화된 형에게 강심제나 잘 챙기라고 조언하면서, 정작 피의자 체포에는 관심이 없고, 추적에 실패한 러브를 웃으며 조롱하는 샘의 등장은 러브 형제를 신뢰할 수 없는 악인으로 만드는 문학적 전략이다.

선한 주인공(protagonist)과 악인(deuteragonist) 사이의 경계를 보다 명확하게 무너뜨리는 계기는 도망자들과 추적팀의 마지막 대치 상황에서 발생하는 러브의 심장 발작과 체포와 수감을 각오하고 기꺼이 응급처치를 떠맡는 사비스 박사의 행동이다. 위급한 상황에서 사비스의 도움을 요청한 장본인이 샘이라는 점도 주목할 대목이다. 전술한대로, 사비스가 체포를 받아들이고 응급처치에 기꺼이 응하는 행동은 인간의 탐욕은 밉지만 인간애 자체는 거부할 수 없다는 열린 마음의 표현이다. 이 사건은 차후 피의자들이 재판과정에서 러브의 요청에 의하여 감형을 받는 계기가 됨으로써 자연보존론자와 개발론자 사이의 화해의 가능성을 열어두고 있는 것이다.

애비는 자연보존론자라는 평가에 이의를 제기하는 비평가는 거의 없을 것이다. 그러나 그가 자연을 안다고 하였는가? 애비 자신의 대답은 아마도 '모른다'이다. 우선 『사막의 고독』(*Desert Solitaire*)에서 그가 야생 자연을 향한 사랑에 대하여 언급한 대목을 살펴볼 필요가 있다.

> 야생 자연에 대한 사랑은 *접근이 불가능한 것*을 향한 갈망 이상의 것이다. 그것은 또한, *우리에게 볼 수 있는 눈만 있다면*, 우리를 낳고 살리는 지구 즉, 우리가 영원히 알게 될 유일한 집, 우리가 끊임없이 필요로 하는 유일한 낙원에 대한 충성심의 표현이다.

> The love of wilderness is more than a hunger for *what is always beyond reach*; it is also an expression of loyalty to the earth, the earth which bore us and sustains us, the only home we shall ever know, the only paradise we ever need — *if only we had the eyes to see*. (167, 이탤릭은 필자의 강조)

애비에게 자연은 '접근 불가능한 것'이다. 애비는 자연을 알 수 있는 (see) 능력이 자신이나 다른 인간에게 있다고 장담하지 않는다. 다만 그는 자연이 신비스럽고 신성하다고 느낄 뿐이고, 그렇기 때문에 자연에 충성을 다하고 그것을 사랑하겠다는 맹세를 하고 있는 것이다. 브론 테일러(Bron Taylor)가 "뮤어(Muir)와 애비 그리고 스나이더(Snyder)는 야생 자연이 신성한 경험의 현장이기 때문에 적어도 부분적으로 신성하다(sacred)는 확신에 의하여 하나로 묶인다."(113)라고 분류할 때에도 예의 세 작가는 자연은 신성하다는 직관을 공유할 뿐이지 자연의 이름을 논리적으로 규정한 언어를 공유한다는 뜻이 아니다. *MWG*의 주요 등장인물 누구도 야생 자연을 안다고 말하지 않는다. 아마도 이 소설 속에서 자연을 아는 이는 '독수리'(vulture) 뿐이다. 즉, 자연이라는 객체를 아는 주체는 자연뿐이다. 작가는 콜로라도 강을 건너 유타 주와 애리조나 주를 있는 상상 속의 다리가 익명의 환경 사보타지 운동가(들)에 의하여 파괴되는 광경을 지켜보는 독수리의 시각을 이 소설의 서장(prologue)에서 묘사하고 있다.

> 독수리의 시각으로 보면, 무(無). 먹을거리가 없음. 그 원대한 시각 즉, 모든 [폭파된 다리의]미진과 [인공호수의]푸른색을 초월한 석양빛의 시각으로 보면, 변화 없음. …
>
> Under the vulture's eye. Meaning nothing, nothing to eat. Under that ultimate farthest eye, the glimmer of plasma down the west, so far beyond all consequence of dust and blue, the same. … (7)

아마도 독수리와 석양빛은 자연과 인간들의 시끄러운 이 다툼의 정체를 알련만 어쩌랴, 태양은 말이 없는 것을. 같은 맥락에서, 애비가 사막에서 찾은 것은 "무(無)와 타자성"(emptiness and otherness)이라는 내쉬(Roderick Nash)의 언급을 재음미할 필요가 있겠다(269).

붙잡을 수 없는 애비의 자연관은 이 소설 속의 다양한 인물들이 표상하는 자연에 대한 다양한 욕구와 편견 그리고 사랑 속에 분산되어 있다. 그만큼 작가는 본질주의 자연관으로부터 일정한 거리를 두고 있는 것이다. 그리고 그러한 거리 두기는 종종 독자와 심지어 환경보호론자들에게도 모욕감을 주지만 동시에 로날드(Ann Ronald)가 언급하듯이, 작가에게 본질적 책임을 강요하지도 않는다(36). 이 소설의 에필로그에서 헤이듀크가 살아 돌아오고 헤이듀크와 반가운 재회를 한 사비스가 "그 엿 같은 카드를 버리고"(cut the fucking deck, 421)다시 사보타지에 나설 가능성을 열어두지만 스미스와 코니의 입장은 소설 밖으로 사라진다. 역시 열려있는 결말이다.

Ⅲ

그렇다면 모호하고 이중적인 애비의 인물설정과 인물배치는 어떤 생태철학적 의미를 지니는가? 즉, 애비의 신뢰할 수 없는 인물들은 어떠한 생태학적 함의를 지니는가의 문제이다.

주지하다시피, 작금에도 심층 생태론(Deep Ecology)이 표방하는 자연관은 매우 신뢰할만한 생태철학으로 인정받고 있다. 더구나 심층 생태론은 동서양을 아우르는 종교적, 철학적 배경에 착근하여 형성된 사상이어서 지구촌 곳곳의 다양한 문화권으로부터 광범위하게 공감을 얻고 있다. 심층 생태론의 창시자 아르네 내스(Aren Naess)의 충실한 추종자들인 드발(Bill Devall)과 세션즈(George Sessions)는 심층 생태학이 제안하는 생태의식은 "예컨대, 기독교 사상, 도가사상,

불교 및 미국 원주민의 제의" 등, 세계의 다양한 문화전통들과 교감한 결과임을 천명한다(66). 내스가 제시한 심층 생태학의 '두 가지 *절대 규범*'(two ultimate norms)이 통각(Self-realization)과 '생물중심주의적 평등'(biocentric equality)이다. 통각의 의미를 한 마디로 정리하면 소자아(self)로부터 대자아(Self)로의 진화이다. 그것은 자기중심주의 혹은 인간중심주의를 여윈 자아의 무궁한 확장이다. 인간성은 시간적, 공간적 틀에 갇힌 "문화적 가정과 가치 및 인습적 지혜"를 초월하여 비인간 세계를 포괄하는 초인으로 거듭나야 한다는 주장이다(Devall 67). 그리하여 'Self'는 곧, '유기체적 전체성'을 함의한다. 한편, 내스의 두 번째 규범, 생물중심주의적 평등의 개념은 통각의 성취에서 파생되는 당연한 귀결이다. 인간중심주의를 벗어난 자아나 인간 종은 자연생태계의 평범하고 평등한 하나의 구성원에 지나지 않으며, 그렇기 때문에 비인간 자연도 인간이 내재적 가치를 지니듯이 동일한 본질적 존재 가치를 향유할 권리가 있다고 보는 것이다. 결국, 통각의 성취는(그것이 가능하다면) 생태중심주의를 정당화하는 논리의 필요충분조건이다.

그러나 오늘날 심층 생태론은 수많은 철학자들의 비판의 대상이 되고 있다. 첫 번째 비판의 목소리는 심층 생태론이 본질주의 자연관으로 환원함으로써 역사성과 지역적, 문화적 특수성을 충분히 담아내지 못한다는 지적이다. 그리하여 심층 생태론의 강압적 자연관은 결국 서구의 로고스중심주의와 그 맥이 맞닿아 있으며, 그것은 주변화된 목소리를 아우르지 못하고 궁극적으로 서양문화중심주의에 봉사하는 우를 범한다는 비판이다. 심층 생태론을 비판하는 목소리의 중심에는 누구보다도 머레이 북친((Murray Bookchin), 조지 브래드포드(George Bradford), 애릴 샐러(Ariel Salleh) 그리고 라마찬드라 구하(Ramachandra Guha) 등이 있다.[10] 북친과 브래드포드가 인간과 자연 사이의 평등 관계의 회복은 계층 간의 평등이 전제되어야 하는 점에 주목하면서 공동체주의(communalism)를 대안으로 제시한다면, 샐러는 만물평등사상은 남녀평등을 외치는 목소리와 함께해야 한다는 주장을 하고 있으며, 구하는 산업화가 낙후된 제3세계의 자연관은 선진 자본주의 사회의 그것과 차별화되어 지역적, 역사적, 문화적 특수성이 고려될 필요가 있다고 역설한다.

이들이 심층 생태론을 비판하는 논거를 좀 더 상세히 살펴볼 필요가 있다. 통각의 개념은 에머슨의 자연관이 그렇듯이, 플라톤이나 칸트류의 관념론이 안고 있는 논리적 취약성을 고스란히 드러내고 있다. 그것은 우선 인식 주체의 특수성을 간과하거나 의도적으로 배제하고 있다. 통각의 성취를 도모하는 인간은 특수한 상황 속에 놓인 주체가 아니라 개인성이 지워진 투명인간이다. 그/녀의 개성이나 능력은 보편 인간의 개념이라는 블랙홀 속으로 빨려 들어가 실종되어버린다. 내스와 그의 추종자들마저도 통각이라는 보편적 인간성을 감당할 수 있는 것인지 의아스럽지 않을 수 없다. 통각은 공허하다. 두 번째 문제점도 궁극적으로 인간주체의 몰개성화라는 문제점과 맞물려 있다. 즉, 인간은 누구나 자신이 성장한 문화적, 사회적 배경으로부터 자유로울 수 없다. 다양한 사회문화적 환경을 고려하지 않는 인간주체의 규정은 자칫 권력과 재력을 선점한 특권층의 유

10 북친의 *The Philosophy of Social Ecology: Essays on Dialectical Naturalism*(1990), 브래드포드의 *How Deep Is Deep Ecology?*(1989), 샐러의 "Deeper than Deep Ecology: The Ecofeminist Connection." in *Environmental Ethics* 6(1984) 및 "Class, Race, and Gender Discourse in the Ecofeminist/Deep Ecology Debate." in *Environmental Ethics* 15(1993), 구하의 "Radical American Environmentalism and Wilderness Preservation: A Third World Critique." in *Environmental Ethics* 11(1989) 참조.

익과 이해관계만을 옹호하는 이기적 논리로 전락하기 마련이다. 브래드포드처럼 사회 생태학에 경도된 학자들이 심층 생태학을 비판하는 소이가 여기에 있다. 브래드포드는 심층 생태론자들이 환경파괴를 "사회 현상"으로 보지 못하고 "[인간] 종에 의하여 발생한" 문제로만 바라봄으로써 축소주의의 함정에 빠져있다고 주장한다(10). 샐러도 색깔은 다르나 결국 사회적 불평등 문제를 간과하는 심층 생태학을 질타한다. 심층 생태학은 부주의하게 로고스중심주의라는 본질주의 담론으로 회귀하면서 여성과 남성 사이의 문화적으로 형성된 차이를 간과함으로써 성차별의식과 생태계 파괴의 문제가 교묘하게 맞물려 있는 현실을 직시하지 못한다고 비판하고 있다(239). 그런가 하면 구하는 산업 선진국의 상황에서 태동한 심층 생태학의 규범을 오히려 일정한 정도의 산업화가 필요한 제3세계의 사회현실에 동일하게 적용하려는 경직성을 지적하고 있다(74).

이들의 비판을 요약하면, 통각의 개념을 제안하는 심층생태학자들의 생태의식의 절박성을 인정하면서도, 사회적, 문화적 맥락이나 역사성을 배제한 초월적, 관념적 생태철학이 공허하게 들린다는 생태여성주의나 사회 생태론의 비판을 심층 생태학이 겸허히 수용해야 한다는 주장이다. 심층 생태론을 비판하는 목소리의 공통적인 지향점은 결국 미래를 내다보는 통찰력은 물론 다양한 인간과 인간 사회의 복합적인 이해관계와 욕구를 총체적으로 아우르는 탄력적인 생태철학을 형성하는 것이다. 환원하면 인간주체 각자가 처한 역사적, 사회문화적 조건은 물론 가능하면 개인적인 예지와 욕구와 이해관계를 유기적으로 아우르는 생태사상이 필요하다는 주문이다. 현실 속의 인간은 그처럼 탄력적인 생태철학만을 감당할 수 있고, 그것을 감당할 수 있는 만큼 생태윤리적 정치성을 확보할 수 있기 때문이다. 즉, 그처럼 탄력적인 자연관만이 정치적인 지원과 대중적 지지를 보다 폭 넓게 견인할 수 있다는 것이다.

애비가 *MWG*에서 신뢰할 수 없는 인물설정을 통하여, 그리고 플롯의 모호한 결말을 통하여 얻는 것은 바로 본질주의 자연관의 해체이다. 작가가 이 소설 속에서 제안한 것은 급진적 생태중심주의가 아니라 오히려 '독수리'의 자연관을 포함하여 다양한 세계관의 백화점식 나열이다. 애비는 환경보호주의자라기보다는 "자서전 작가" (Cahalan 274에서 재인용)라고 한 베리(Wendell Berry)의 의미심장한 언급을 곱씹어 볼 일이다. 해체는 늘 새로운 대안 생성을 위한 전제조건이다. 이 소설 속에서 작가는 비록 대안적 자연관을 제안하고 있지는 않지만, 그는 인간의 개인적, 사회적 특수성을 아우르는, 현실적으로 감당할 수 있는 자연관을 도출하기 위한 이중서사의 역동성을 확보하고 있다.

Ⅳ

한편, 보편적 자연관을 여의면 급진적 상대주의의 폐해에 직면할 수밖에 없다는 비판이 가능하다. 개인과 사회의 특수성을 허용하는 자연관은 상대적인 세계관이니 하나의 환경 사태에 대하여 수많은 목소리가 난립할 수밖에 없으며, 그만큼 입장과 이해관계의 상충과 대립만을 부추기는 결과를 초래할 것이라는 우려다. 과연 이러한 비판에 대응하는 논리를 찾는 일은 녹녹한 작업이 아니다. 자기중심주의나 집단이기주의의 제물이 되어버리는 의사결정이 지금 이 순간에도 지구촌 곳곳에서 일어나고 있음을 상기한다면 상대주의적 진리관이나 가치관의 폐해는 더욱 심각하게 다가온다. 그러나 인간 종이 공유하는 가치는 어느 시대에나 존재하였다. 가치의 공유는 관념의 학습보다는 오히려 경험의 공통성에서 비롯된다. 인간은 생활경험이 많이 다른 숲 속의 호랑이와 가치를 공유하기보다는 다른 인간들과 유사한 경험을 할 수밖에 없다. 나아가 시간상으로 가깝고 지리적으로 인접한 인간들끼리 유사한 경험을 공유하는 경향이 있다. 물론 인간의 경험은 물리적, 육체적 경험과 함께 정신적, 문화적 혹은 초월적 경험까지 포함하는 개념이다.

경험의 공유가 가치나 진리의 공유를 가능하게 한다고 언급할 때 공유는 글자 그대로 공유이지 고착이 아니다. 특정한 인간들이 특정한 시간과 장소에서 특수한 경험을 공유할 수 있을 뿐이지 공유한 경험과 가치가 고착화되면 다시 통각의 보편주의로 환원하는 오류를 피할 수 없다. 따라서 경험과 가치 혹은 진리는 공유가 가능한 한편, 변화를 향하여 끊임없이 열려있는 테제이다. *MWG*의 주요인물들이 개인적, 사회문화적 경험의 차이에서 오는 불협화음 내면서도 환경 사보타지라는 경험을 합의를 통하여 실천할 수 있다는 사실 자체가 바로 인간은 경험과 가치의 공유가 가능하다는 반증이다. 물론, 예의 네 명의 주요 인물들의 범주를 넘어 예컨대, 개발론과 산업주의를 맹신하는 러브와 같은 공동체 구성원들의 욕구와 이해관계까지 조율된 생태관이나 환경윤리를 생성하는 것은 지난한 작업이다. 그러나 그것이 가야할 길이다. 자연환경보호를 위한 논의가 다중의 관심과 동의라는 힘을 견인하지 못하면, 그것은 한낱 허공에 떠도는 구호에 그치고 말 것이기 때문이다.

3-3. N. 스캇 마머데이의 (탈)근대적 자연관
—『새벽으로 지은 집』

I

사무엘 헌팅튼(Samuel P. Huntington)은 세계적으로 문명충돌이 격화되는 작금의 사태를 우려하면서 그 해법의 기본방향을 제시한다. 헌팅튼에 따르면, 이질문화들이 공존하기 위해서는 보편적이라고 상정해버리는 특정한 문화의 보편성을 고양하기보다는 문화의 다양성을 인정하고, 이질적이라고 간주된 문화 사이의 공통점을 찾아내야 한다는 것이다(318). 물론 문화의 다양성을 인정하는 전제조건은 이질문화에 대한 이해다. 오늘의 문명충돌의 문제를 풀어 가는 실마리는 무엇보다도 이질문화에 대한 겸손하고 진지한 이해에서 찾아져야 할 것이다. 다름에 대한 겸손한 이해를 바탕으로 문화 상호간의 민주적인 침투가 가능하고, 그러한 문화침투를 통하여 진정한 의미의 문화변용(acculturation)이라는 희망이 잉태하기 때문이다. 문화변용은 다양한 희망을 낳을 수 있지만, 필자는 본고에서 인간과 인간 사이의 타협과 화해라는 희망과 인간과 자연 사이의 조화라는 희망에 초점을 맞추어 북미토착민 작가 N. 스캇 마마데이(N. Scott Momaday)의 문화변용의 의의를 밝혀보고자 한다. 마마데이의 문화다원주의적 세계관과 친생태적 통찰력은 바로 오늘의 인류가 당면한 문명충돌과 전대미문의 생태환경파괴의 문제를 동시에 고민하는 이들에게 넉넉한 해결의 실마리를 제공하리라 믿기 때문이다.

본고에서는 생태환경의 수탈이 인종차별의 문제와 그 논거를 공유한다는 가정하에 우선 문화다원주의와 보편주의 문화관의 대비를 통하여 보편주의에 내재한 문화획일주의의 위험성을 지적하는 한편 차이의 미학을 강조한다. 이러한 이론적 토대를 마련하기 위하여 자크 데리다(Jacques Derrida)류의 해체사상은 물론, 호미 바바(Homi Bhabha), 아놀드 크루팻(Arnold Krupat), 제랄드 비즈너(Gerald Vizenor), 패트릭 머피(Patrick D. Murphy) 등의 문화다원주의적 스펙트럼을 점검한다.

문화의 다원성은 곧 자연생태계의 내재적 다양성의 반영이라는 논거는 바로 문화다원주의와 친생태주의를 연결해주는 고리다. 따라서 본고에서는 자연물의 내재적 가치의 존재를 주장하는 심층생태론자들의 생태의식과 그 이론적인 괘를 같이 하면서 동시에 토착민의 실제적인 삶에 의하여 살아진 자연관에 의하여 심층생태론을 보완하는 작업이 이루어진다. 그러한 보완작업이 곧 마마데이의 대표적인 두 편의 소설 『새벽으로 지은 집』(*House Made of Dawn*)과 『구식 아이』(*The Ancient Child*)에서 주인공들에 의하여 살아진 토착적인 삶에 배어 있는 생태의식을 밝히는 일이다. 특히 두 작품에서 문화다원주의와 친생태의식이 함께 녹아있는 "곰의 정신"(Bear Spirit)에 대한 집중적인 분석이 이루어진다. 작가는 예의 두 소설의 플롯이나 화자의 서술 혹은 에이블(Abel)과 세트(Set)의 성격설정을 통하여 서구 산업문화와 푸에블로(Jemez Pueblo) 미토착민 문화 사이의 타협적인 융합을 진지하고 고통스럽게 모색하고 있다. 더구나 그러한 문화융합의 정신은 인간과 인간 사이의 문제를 넘어 인간과 인간 이외의 자연과의 관계에까지 확장되고 있음에 주목하여 문화융합에 내재한 생태비평적 의의가 무엇인지를 밝히고자 한다.

Ⅱ

데리다(Jacques Derrida)의 해체사상이 필연적으로 인종차별주의를 유도하는 로고스 중심주의에 대한 저항이라고 본다면, 그것은 곧 문화적 다양성을 수용하는 입장이다. 문화다원주의가 완벽주의 이론(theoretical totality)과 거리를 두는 만큼 해체와 그 괘를 같이한다. 데리다의 보충(supplement)의 개념은 해체와 문화다원주의를 연결하는 고리다. 데리다에게 보충은 글쓰기나 차연(differance)의 또 다른 명칭이다. 보충은 현전(presence)의 잉여(surplus)일 수 있고 현전의 위험한 대체일 수도 있다(145). 문화다원주의자들에게 데리다의 보충의 개념은 대체라기보다는 잉여다. 지배문화가 주변화된 문화를 혹은 주변화된 문화가 지배문화를 보완할 수 있다고 보는 것이 그들의 기본적인 시각이기 때문이다.

문화다원주의는 모더니즘의 보편주의와 관련을 맺고있는 특정문화중심주의에 저항하고 다양한 문화 사이의 생산적인 보완을 증진시키려는 의도에서 종종 바흐찐(M. M. Bakhtin)의 대화주의를 그 방법론으로 선호한다. 아놀드 크루팻(Arnold Krupat)은 미토착민들이 그들의 자서전에서 늘 대화주의적 입장을 견지하며 편협한 문화중심주의에 빠지지 않고 있음을 주목한다. 크루팻은 언뜻 미토착민의 세계관을 옹호하는 듯 보이는 마마데이의 자기논리 중심의 자서전에서조차 "말에는 그 자체의 내재적인 힘이 있다"(186-7)는 문장을 통하여 성서적 암시를 확인하고 있다. 크루팻의 문화다원주의는 세계주의적 이설(異說)을 향한다. 따라서 그의 문화다원주의에 바탕한 세계주의는 지방의 가치, 국가의 가치 혹은 국제적인 가치 등 다양한 문화가치 사이의 대화를 추구한다(201).

탈식민주의는 본질적으로 문화다원주의의 입장을 공유한다. 호미 바바(Homi Bhabha)에게 탈식민주의는 모더니스트의 중심과 탈구조주의자의 "합의적이고 자유로운 문화사회의 개념"(441) 사이의 대화다. 바꾸어 말하면, 탈식민주의 담론은 문화가치의 비통일성에 기반을 두면서도 문화적 상대주의를 벗어나 민족적 가치의 국제화를 향한다는 것이다. 따라서 탈식민주의가 본질적으로 역사주의 관점에 반기를 드는 것은 아니다. 그러나 그것은 "식민주의와 제국주의의 지배담론"(461)과 공모하는 보편주의, 예컨대, 진화론, 공리주의 혹은 복음주의와의 일정한 거리두기를 잊지 않는다. 동시에 바바는 푸코(Michel Foucault)가 타자들, 즉 "여성, 토착민, 식민지인, 도제 및 노예들"의 목소리를 침묵시킨 "현대 서구의 훈육사회"를 정상화하고 자연화한다고 전제하면서, 탈식민주의가 권위에 대한 푸코의 탈역사화와 병존할 수도 있다고 주장한다. 바바의 대화주의적 입장에 동조하면서 헨리 게이츠(Henry Louis Gates, Jr.)는 전체주의 담론 곧 전체 아니면 전무라는 관점은 현실정치의 영역을 무력화하고 축소한다고 언급한다(193). 여기에서 또 다시 해체주의자의 예/아니오의 논리가 문화적 관용을 낳는 유효한 방법론으로 채택되는 것이다. 게이트에게 중심이 없는 학습은 반드시 초점이 없는 학습이 아니다. 게이트 역시 크루팻이 제안한 세계사회의 개념을 제시한다. 그리고 그러한 세계사회의 성취를 위하여 이질문화를 이해하려는 겸손하고 열린 마음의 자세가 필수적임을 역설한다. "문화적 관용은 해당 문화에 대한 이해가 없으면 불가능하기"(176) 때문이다.

본고의 주제와 관련하여 중요한 점은 문화다원주의가 오늘의 생태환경 파괴의 문제를 해결해 주는 실마리를 제공해줄 수 있다는 희망이다. 문화다원주의는 곧 타자들의 사고, 믿음, 언어 그리고 그들의 독특한 생활양식에 대한 겸손한 이해를 위한 마음 열기다. 전대미문의 생태환경 파괴를 경험하면서 인류가 서구유럽에서 기원하여 오늘날 지구촌 곳곳에 반생태적 사고와 생활방식을 확산시켜버린 계몽주의 사관의 대안을 비서구 문화권에서 찾으려는 노력을 하고 있음은 당연하다 할 것이다. 그러므로 서구의 합리주의 전통을 다시 보려는 시도는 생태환경문제를 고민하는 이들에게 하나의 선언적 명제다. 다만 반생태적인 문화가치를 생태적으로 지속 가능한 의식으로 전환하는 과정에서 예의 계몽주의적 사유와 대안사고 사이에 대화적인 타협과 화해가 필수적이라 하겠다. 그리고 문화다원주의적 열린 마음을 통하여 생태 파괴적인 사유체계는 토착인의 사고와 삶의 방식 그리고 인간과 인간 이외의 자연의 관계에 대한 그들의 태도와 세계관을 수용할 수 있는 것이다. 뚜 웨이밍(Tu Wei-ming)이 언급하듯이, 대화적 감각은 자연경치와 인간화된 경치 사이의 경계를 무너뜨리기(27) 때문이다. 데이비드 스즈키(David Suzuki) 역시 다양한 미토착민들을 만나고 그들의 자연관을 수집하여 분석한 후 토착인들을 "어른들"로 호칭하면서 인류의 생태적 지속가능사회를 위하여 "어른들의 지혜"를 따르도록 호소한다("A Personal Foreword", xxxv).

문화다원주의를 이론적으로 아우르는 환경론자들은 사실 희귀하다. 유일하게 패트릭 머피(Patrick D. Murphy)는 최근에 쓴 그의 에세이에서 생태학적 문화다원주의를 탐구하고 있다. 그는 자연현상의 내재적 다양성으로부터 문화적 다양성의 준거를 찾으면서 계몽주의에 경도된 편협한 의식으로부터 자연화된(natured) 인간성으로 전환할 필요성을 역설한다. 그는 다양성의 인정은 곧 문화의 건강뿐만 아니라 자연의 건강을 담보하는 징표라고 믿는다. 인간의 정신은 물리적, 사회적 환경과 불가분의 관계에 있으며, 인간은 자연의 지배자가 아니고 그것의 일부라는 전제하에 머피는 생태학의 정의에 인간의 개념을 포함시킨다. 즉, 그에게 "생태학은 지구 생태계의 일부 즉, 생물계의 한 구성분자로 인정된 인간과 환경의 상호 살림의 관계 속에서 환경과 그 환경의 변화와 보존에 관한 연구"(1)다. 그리하여 생태학이 문화다원주의 사유와 융합되면, "새 문화 창조"(culturopoeia)의 구체적인 가능성이 열린다. 바로 문화다원주의적 생태의식이 "자연" 이나 "자연스러운" 혹은 "인간의 본성" 등에 대한 특정 문화권의 정의에 제한 당하는, 즉 자연과 인간을 갈등관계로만 보게 하는 우리의 사유방식을 막아주기 때문이다(4). 그렇다면 "어느 특정한 문화의 건강성은 그 문화가 자연계와의 관계를 스스로 정의하는 방식에 의하여 평가되어야 한다"(8). 뚜가 토착민의 세계관을 포용함으로써 서구의 획일적 문화의 변화를 도모하듯이, 머피 또한 주류의 산업문화가 토착문화의 자연관을 받아들여 보다 자연 친화적인 문화로 거듭나기를 열망하는 것이다.

루이스 오웬즈(Louis Owens)는 북미 토착민 소설에 대한 광범위한 안내를 하면서 토착민 작가들이 그들의 주제나 방법론의 차이에도 불구하고 하나의 공통점을 기지고 있음을 지적한다. 그것은 서구문화에 갈음하는 새로운 세계관인데, 바로 우리 시대에 절실한 생태적 통찰이다. 그것은 "전일적 생태의식"(29)으로 생태적 존재의 총체성에 근본적인 가치를 두고, 인간을 비롯하여 만상이 평등하면서도 인간에게 생태계의 관리책임을 부여하는 포괄적이고 건강한 생태관이다. 토착민 작가들이 생태문제에 관심을 갖고 서구의 획일적 자연관을 문제시하는 만큼 그들의 생태관은 근본적으로 문화다원주의적이다. 그리고 친생태적 문화다원주의자로서 그들의 이론과 실천은 서구의 인간중심주의적 문화에 대한 유효한 저항이면서 동시에 대화적 몸짓일 수 있는 것이다. 두 이질문화 사이의 대화적 감각을 가장 잘 유지하고 있는 작가 중 한 사람이 바로 스캇 마마데이이다. 특히 마마데이의 HMD과 AC의 주인공들인 에이블(Able)과 세트(Set)의 성격은 두 문화가치를 아우르려는 그들의 치열한 고뇌를 중심으로 설정되어 있다. 중요한 점은 마마데이가 플롯이나 성격설정, 내러티브 등의 문학적 장치를 동원하여 토착문화와 서구의 산업문화 간의 대화를 모색하고 있을 뿐만 아니라 두 문화가치에 내재한 자연관의 조화를 모색하고 있다는 것이다.

Ⅲ

대부분의 비평가들은 북미 토착문화와 서구문화를 연관시키며 마마데이의 작품을 읽는다. 머타이어스 슈브넬(Matthias Schubnell)은 에이블의 달리기는 상징적 의미를 갖는다고 주장한다. 즉, 에이블은 달리기를 통하여 자신의 토착문화 및 인디언의 우주와 화해함으로써 개인적, 집단적 정체성을 회복한다는 것이다(137). 또한 새벽의 이미저리에서 재탄생의 주제를 찾고 있다. 달리기의 시점이 새벽임을 주목하여 토착문화인으로서 에이블의 재생을 기대하는 것이다. 그렇다고 달리기에 대한 셔브넬의 해석이 토착문화 중심으로 경도되는 것은 아니다. 오히려 "달리기는 통합의 행위를 표명한다"(138)고 선언하면서 지배문화와 피지배문화 사이의 화해를 상징한다고 본다. 그러나 그는 마마데이와 영미 백인작가의 공통된 주제를 탐색하는데 치중한 나머지 마마데이의 인물들이 천착하는 장소의 중요성을 간과하는 경향을 보인다. 수잔 스카베리-가르시아(Susan Scarberry-Garcia)

는 HMD에 드러나는 "상징, 구조 혹은 병의 치유패턴을 밝혀주는 나바호(Navajo), 푸에블로, 키오와(Kiowa) 전통"(2)에 대한 충분한 연구를 하였고 곰을 두 문화를 아우르는 상징으로 제시하고 있으나 곰의 정신이 함의하는 구체적인 생태비평적 의의를 지적하지는 않는다.

생태비평적 관점에서 로버트 넬슨(Robert Nelson)의 HMD 연구는 흥미롭다. 그는 선행 연구자들의 견해에 동의하면서 이 소설에서 자연경치의 중요성을 인정한다. 그는 인간의 정신은 대지와 호혜적 관계에 있다고 전제하고 에이블의 정신질환을 "독수리의 기(氣)"와 "뱀의 기"의 분열이라고 진단한다. 제미즈 푸에블로족의 왈라토와(Walatowa) 문화전통에 따르면, 독수리의 기는 대지를 소유하려는 인간의 지배본능을 지칭하고, 뱀의 기는 반대로 대지에 의하여 자발적으로 소유당하려는 호혜적 인간의지를 뜻한다는 것이다. 결국 넬슨은 HMD의 플롯이 에이블의 독수리의 기와 뱀의 기 사이의 갈등구조로 이루어져 있음을 지적하고, 소설의 결말에서 보여주는 에이블의 달리기는 예의 두 기들의 조화로운 통합이라고 주장한다(41-2).

그러나 에이블의 달리기를 이항 대립적 두 요소의 조화로운 통합으로 보려는 위 세 비평가들의 해석은 모더니스트 읽기에 경도된 느낌을 떨쳐버릴 수 없다. 모더니스트 텍스트가 아닐 수 있다는 여러 가지의 예증이 가능하겠으나, 우선 이 소설의 결말 부분의 에이블의 새벽 달리기는 다시 소설의 시작 부분으로 되돌아오는 플롯이 유의미하다. 달리기의 이미지는 끊임없는 타협의 의지를 함의할 수 있기 때문에, 그것을 에이블의 통합적 비전성취로 간주하는 것은 무리다. 모더니스트 읽기에 대한 오웬즈의 반격에는 설득력이 있다. 그는 마마데이가 서사(Dypaloh)를 사용하면서 소설을 토착민의 구술전통과 접맥시키고 있는 점을 주목한다. 그리하여 오웬즈는 작가가 토착민의 구술전통을 소설의 기본구조로 이용함으로써 모더니스트의 초공간적 문화획일주의를 전복하려는 의도를 드러낸다고 언급한다(93).

모더니스트 읽기를 거부하는 마마데이의 주제의식은 AC에서 더욱 극명하게 드러난다. 마마데이는 그의 시를 포함한 대부분의 작품에서 토착민의 구술전통에 반영되어 있는 생활양식의 타자성을 활성화하는 데에 지대한 관심을 갖는다. 토착인의 구어와 그것이 지칭하는 물리적 대상 사이에는 괴리가 없다. 그러나 문어의 경우는 다르다. 문어의 의미는 무한히 확장되어버린다. AC에서 그레이(Grey)는 포착 불가능한 문어의 본질을 잘 파악하고 있다.

> 그러나 문어의 경우에는 이러한 확신이 서질 않았다. 단어의 힘에는 한계가 없었다. 그녀는 어느 한 단어를 보고 "이것이 이 단어의 뜻이고, 이것들이 정확하게 이 단어의 가능한 의미들이다"라고 말할 수 없었다. 종이 위에 단어 하나를 쓸 때마다 그 단어의 또 다른 용법, 다른 용례들, 또 다른 효과와 또 다른 의미, 곧 예전에 몰랐던 어떤 것을 깨닫게 되었다. 예전에는 독자로서 상상력을 동원하여 언어의 현전적 의미를 깨닫는 일이 신나고 자연스러웠었다. 그러나 이제 그녀 스스로 단어를 선택하고 배열하고 그들의 의미를 서로 관련지어 지면에 영원히 고착시키려할 때, 그 일이 힘들고, 혼란스럽고, 좌절감을 느끼게 한다는 것, 간단히 말해, 사람을 미치게 만들어버린다는 걸 알았다. … 그럴 때면 그녀는 자신의 생각에서 벗어나야 했다. 그녀는 하늘을 나는 딱새들이나 나뭇가지에서 파닥거리는 까치, 마치 물위의 기름처럼 반짝이는 검푸른 까치 등의 광채를 바라다보는 소박한 기쁨으로 되돌아가곤 했다. 혹은 강이나 공원묘지 혹은 지평선을 향하여 아무 생각 없이 말을 달려야하곤 했다. (186)

비록 데리다는 구어의 진정성을 문제시하고 그레이는 문어를 문제시하고 있지만, 이 구절은 데리다의 차연의 개념을 떠올리게 하고, 동시에 작가가 그의 모든 작품을 통하여 궁구하고 있는 문화적 저항의 의미를 담고 있다. 문어(이 경우에는 영미언어)는 그것이 지칭하는 물리적 대상으로부터 분리된다. 혹은 단어들의 의미는 끝없이 확산되는 그들의 상호관계 속에서 실종되어버린다. 반면에 그레이는 자연물, 예컨대, 하늘을 나는 딱새나 나뭇가지 위의 까치 등을 보면서 자연의 언어와 직접적으로 교감한다. 문어를 통하여 그녀가 할 수 있는 것은 고작 그녀 안에 이미 존재하는 즉, 제한되고 주어진 문어의 의미를 포착할 수 있을 뿐이다.

AC의 말미에 제시되는 그림자의 이미지는 바로 이러한 해체적 해석에 의하여 설명된다. 세트의 몸이 곰으로 변하면서, "그에게 죽음 같은 고독이 찾아왔다." 이러한 내러티브는 바로 앞에서 묘사된 활기찬 세트의 이미지를 지워버린다. 또한, 그림자 이미지는 다음과 같이 이중담론을 허용한다. "그는 나아갔다. 그림자들 속으로 퇴각하는 그림자. 그림자들"(314). 부재의 그림자는 현전의 그림자 속으로 물러나며 그림자들을 형성한다. 혹은 그 반대다. 토착문화에서 그림자가 함의하는 바는 데리다의 차연과 목소리의 언어를 연결하는 비제노에 의하여 설명된다. 즉, "생존의 문학에서 토착인의 기억의 그림자들은 적극적인 침묵이고 흔적(trace)이며 차연이다"(71). 이러한 언급은 그림자들 곧 종족의 생존의 그림자들을 활성화하려는 토착인 작가들의 의도에 관한 것이다. 다시 비제노의 설명에 따르면, 토착민 작가들은 종종 후기구조주의의 패러다임을 그들의 방법론으로 차용하면서 그들의 구술문학전통의 활성화를 통해 자신들의 활자화된 문학의 한계를 보완할 뿐만 아니라 지배문학전통까지 보완하고자 한다는 것이다. “트릭스터, 새 혹은 동물들과 함께 춤추는”(106) 작품 속의 토착인물들은 확실히 인간중심의 문화를 보완하고 있다는 것이다. HMD에서 묘사되는 구술전통도 같은 맥락으로 해석할 수 있은 것이다. 인간중심적 지배문화에 대한 또 하나의 저항은 토착인의 통시적 시간개념에서 드러난다. 두 작품에서 차용하는 통시적 시간개념은 본질적으로 인간중심주의적일 수밖에 없는 선형적 시간관에 대한 저항이다. 서구의 시간관이 과거-현재-미래의 구분이 명확한 선형적 구조임에 비하여, 호피 인디안과 같은 몇몇 토착인들은 그러한 선형적 시간개념을 무시할 뿐만 아니라 인간이나 식물 혹은 동물 등 각각의 존재는 나름대로 자신의 시간체계를 갖는다고 믿는다(Porter 18).

앞에서 언급한 대로, 마마데이의 문화저항의 언어는 생태비평의 관점에서 보면 단순한 문화차이의 드러냄 이상의 것이다. 마마데이의 저항의 언어는 본질적으로 서구의 인간중심적 산업문화에 대한 도전이기 때문에, HMD이나 AC에서 그의 내러티브는 미국의 대지와 하늘의 대변인, 곧 침묵의 목소리들의 대변인인 셈이다. 그리고 이러한 문화저항의 주제는 인물설정에 의하여 보다 명확해지면서 동시에 보다 복합적인 성격을 띠게된다.

에이블이라는 이름이 주는 성서적 암시는 그가 서구 산업문화로 나아가면서 겪는 정신적, 육체적 고통을 예견토록 한다. 또 다른 측면에서 보면, 이 이름은 에이블이 자신의 토착문화인 제미즈 푸에블로 전통으로부터 소외됨을 암시한다. 오웬즈가 지적하듯이, 에이블이라는 이름 짓기는 “독자의 마음속에서 에이블을 푸에블로 문화로부터 분리시키는 원심력”(98)으로 작용한다. 이름 짓기에 대한 오웬즈의 해석은 “인간에게 이름이 주어지면, 존재 또한 그에게 주어진다"는 마마데이의 언급에 기인한다. 같은 맥락에서 AC의 세트라는 이름을 조명할 수 있다. "set"이라는 낱말이 지칭하듯이, 세트의 미래는 자신의 토착문화로 귀의하도록 운명지어진다.

문화갈등에서 오는 에이블의 전위(displacement)증상은 다양하다. 집을 떠나 산업사회로 나아가려 결심하자마자, 그는 갑작스런 소외감을 느낀다. "그는 홀연 마치 마을과 산골짜기와 언덕들, 즉 그가 알았던 모든 것으로부터 멀리 수개월 동안 떨어져 있었다는 외로움을 느꼈다"(23). 특히 그가 잃어버렸다고 느끼는 부분은 고향의 친숙한 자연경관이다. 자연경관에 대한 상실감이 그의 소외감의 근원이다. 소설의 도처에서 에이블의 영혼은 자연경관과 의미심장하게 상호작용하고 있음을 확인할 수 있다. 산업문화를 경험하고 귀향한 에이블이 갑자기 말을 할 수 없는 혼란을 겪는 장면도 기실 자연의 언어를 상실한 그의 곤궁함의 표출이다. 그리하여 넬슨은 에이블의 말이 조음이 되지 않는 원인은 뱀의 기의 결핍이라고 본다. 즉, 에이블의 정신질환의 증상은 "대지에 의하여 소유당함에 대한 두려움"(55)에서 온다고 보는 것이다. 한편, 마마데이는 통시적 시간의 문화에서 언어는 안정성과 영원성에 도달할 가능성이 있다고 믿지만, 선형적 시간의 문화에서는 언어의 특성이 불안정하여 본질적으로 조음이 불가능함을 암시하고 있다. 그렇기 때문에 에이블이 자신의 전통적인 시간관으로부터 멀어지면서 언어의 안정성을 상실하는 것이다. 분리된 시간관에 의하여 고통을 받고있으면서 아직 산업문화에 적응하지 못한 에이블은 통시적 시간 문화에 속하는 할아버지, 어머니 혹은 바이달(Vidal)과 의사소통을 할 수 없는 경계인의 상태에 놓여 있는 것이다.

에이블의 마비현상은 산업문화 혹은 군사문화에 적응할 수 없는 그의 무능에서 온다. 외래문화(산업문화)와의 조우는 기계의 이미지를 통하여 다가온다; "다음 순간, 떨어지는 나뭇잎 사이로 그는 기계를 보았다. … 그 거대한 쇳덩어리가 나무들과 하늘을 배경으로 놓여있었고, 그 무게의 중심부가 산등성이에 걸쳐있었다"(25). 그것이 대포거나 불도저거나 기계의 이미지는 주변의 자연경관 즉, 나뭇잎, 나무, 대지, 산등성이 등과 첨예하게 대조되고 있다. 셔브넬이 지적하듯이, "자신의 문화로부터의 이탈과 전쟁의 영향은 에이블을 혼란과 소외와 버성김의 상태로 내몬다"(113). 군사문화와 산업주의는 곰의 기로부터 에이블의 영혼을 이탈시키고 있는 것이다.

예의 기계가 산업문화를 상징하면서, 물고기의 이미지는 에이블의 영혼의 곤궁함을 표상하는데, 이러한 물고기 이미지는 특별히 생태비평적 관심을 끄는 요소다. 달의 위상은 그처럼 곤경에 처한 물고기들을 이끄는 바다의 조류와 관련이 있다. 물고기들은 "달의 영향권 하에"(98) 놓여있다. 확실히 절망적인 물고기는 자신의 토착문화로부터 소외되어 정신적, 육체적 질환으로 마비되어 있는 에이블과 연상되고 있다. 달은 캘리포니아의 완 캐피스트라노(Juan Capistrano) 인디안들에게 재생을 상징한다(Schubnell 128). 그리하여 달은 왈라토와 토착민들의 정신적인 건강을 가져다주는 자연의 리듬을 암시하고 있다. 셰브넬은 달에 관련한 또 하나의 토착문화 에 대한 정보를 제공한다. "다른 토착민의 지역에서도 그렇듯이 미국 남서부에서 달은 태양과 함께 지역사회의 연중 생활 사이클을 측정하는 기능을 한다"(129). 이 정보로부터 소설 속의 제미즈 푸에블로인들은 일상생활을 음력에 맞춘다는 추론이 가능하다. 결국, 물고기와 에이블의 연상은 에이블의 달리기 정신의 회복이 자신의 토착문화로의 문화적 재생과 함께 오리라는 예상을 가능케한다.

여기에서 독수리의 기, 뱀의 기, 달리기 정신과 곰의 정신을 명확하게 구분할 필요가 있다. 에이블과의 사랑의 행위를 통하여 안젤라(Angela)가 경험하는 정신적 치유의 개념은 곰의 이미지를 빌어서 잘 구현되고 있다. 결론적으로 곰의 정신은 곧 달리기 정신이다. 그리고 곰의 정신은 넬슨이 말하는 독수리의 기운과 뱀의 기운의 조화로운 융합이다. 앞에서 언급하였듯이, 독수리의 기는 대지를 지배하려는 속성으로, 뱀의 기를 대지에 의하여 지배당하려는 속성으로 파악하면, 전자는 서구의 산업문명을, 후자는 토착민의 원시문화를 지칭한다고 보아도 무리는 없다. 그렇다면 에이블이나 안젤라가 곰의 정신을 체득한다는 것은 곧 두 이질문화를 조화롭게 아우른다는 뜻이다. 에이블이나 안젤라의 문화변용의 기본틀은 곰의 정신의 회복이다. 안젤라는 에이블과 사랑을 나누는 순간에 그를 "수중의 오소리, 숨을 헐떡이는 검푸른 거대한 곰"(64)으로 연상하고 있다. 사실, 곰의 이미저리가 HMD나 AC의 중심주제를 지배하고 있다. 그리하여 에이블이나 세트의 인간성이 곰의 정신으로 변용될 때, 그들은 비로소 잃어버린 언어능력과 함께 정신적인 안정을 회복할 것이다. 곰은 원시성과는 구분해야하는 야성(wildness)이나 야생지대(wilderness)를 암시한다. 따라서 곰의 정신은 야생지대의 의미가 양의적이듯이 복합적인 해석을 야기한다. 어느 인터뷰에서 마마데이는 그 자신이 곰이 되는 듯이 느낀다고 말한 적이 있다. 그에게 곰은 대부분의 인간이 회복해야하는 소중한 인간성의 일부로서 원시적 본능을 상징한다. 그래서 주인공들이 곰으로 변하는 주제를 통하여 그는 인간이 잃었던 자연과의 연결고리를 되찾아주려 열망하는 것이다(MELUS, 82). 사실 인간이 곰으로 변한다는 주제는 수많은 토착민의 민담이나 전설에 자주 등장한다. 그러한 민담과 전설을 재구성하고 작품 속의 인물설정에 이용함으로써, 마마데이는 현실이 신화와 밀접한 관련을 맺고있음을 암시한다. 곰과 관련하여 가장 근간이 되는 이야기는 키오와 전설이다. 마마데이는 할머니로부터 들은 이 이야기를 『레이니 산으로 가는 길』(*The Way to Rainy Mountain*)의 도입부에서 소개하고 있다.

> 일곱 자매와 그들의 오빠, 모두 여덟 명의 아이들이 놀고 있었다. 오빠가 갑자기 벙어리가 되었다. 그는 비틀거리며 손과 발로 달리기 시작했다. 그의 손톱은 짐승의 발톱이 되고, 몸에는 털이 돋아났다. 그 오빠 소년이 있었던 바로 그곳에 곰 한 마리가 있었다. 자매들은 겁이나 도망가고, 곰은 그 뒤를 쫓아갔다. 자매들이 어느 커다란 나무 옆에 왔을 때, 나무가 말했다. 나무가 그들에게 나무 위로 올라오라고 명령했다. 그들이 나무에 오르자 그 나무는 하늘로 올라가기 시작했다. 곰이 그들을 잡아 죽이려 왔으나 붙잡을 수 없었다. 곰은 나무를 향해 뒷다리로 서서 발톱으로 온 나무껍질을 긁어댔다. 일곱 자매는 하늘나라에서 다시 태어나 북두칠성이 되었다. (8)

이 키오와 전설은 바로 AC의 프롤로그가 된다. 그리고 이 전설은 소설의 도입부에서 마마데이의 상상력에 의하여 재구성되면서 작품 전체의 중심주제와 연결되고 있다. HMD에서 이 전설은 토사마(Tosamah)가 할머니로부터 들은 이야기를 재구성하여 설교할 때 등장한다. 의미로운 점은 전설과 재구성된 이야기 속에서 곰과 달리기의 이미지가 상호 융합된다는 것이다.

오웬즈가 인정하듯이, 스카베리-가르시아는 HMD에서 곰 이미지의 기원과 그 주제효과에 대하여 가장 풍부하게 조사하였다. 가르시아는 신화적 현실이 현대에도 계속 이어지고 있다고 가정하고 제미즈, 나바호(Navajo), 키오와 등 토착문화는 물론 영미인의 문화에도 공통적으로 배어 있는 원형적 상징과 은유를 동원하여 에이블의 문화변용의 필요성을 보다 설득력 있게 설명하고 있다. 그처럼 문화다원주의적 신화의 시각에서 볼 때에도, 곰은 문화변용의 은유체이면서 "치유력을 끊임없이 창조해내는 자연의 힘의 살아있는 구현체이다"(40). 치유력을 가진 곰의 이미지는 안젤라의 곰 이야기에 대한 가르시아의 언급에서 다시 드러난다. 가르시아는 마리아 리치가 편집한『민담, 신화 및 전설의 표준사전』(*Standard Dictionary of Folklore, Mythology and Legend*)을 통해 구한 자료에 바탕하여 안젤라의 이야기는 북미 토착민의 문화뿐만 아니라 인도유럽인의 문화에도 등장하는 곰의 아들 이야기와 같은 광범위하게 확산되어 있는 곰설화와 교감하고있음을 주목한다(51). 마마데이는 베널리(Benally)의 곰 이야기 바로 뒤에 안젤라의 이야기를 배치함으로써 곰의 이미지를 문화다원주의적 맥락에서 사용하고 있는 셈이다. 그렇다면 곰의 정신은 두 이질문화에 공통적으로 내재한 문화요소이다. 안젤라가 자신의 문화배경을 초월하고 자연과 조화를 이루는 제미즈 문화에 순응하면서 정신과 신체가 치유되고 있음은 기실 자신의 백인문화가 잃어버렸던 곰의 기운을 되찾은 결과인 것이다.

생태비평의 관점에서 치유의 주제는 인간의 치유뿐 아니라 병든 모든 자연물의 치유를 함의하기 때문에 각별히 유의미하다. 에이블이 벤에게 불러주기를 부탁하는 밤의 영창은 특별한 생태적 의의를 지닌다. 이 영창에서 어휘와 리듬의 반복은 자연의 사이클을 반영한다. 그리고 이 영창이 전하는 메시지는 모든 존재들의 상호 관련성의 주제이고, 또 하나는 인간의 정신적, 신체적 질환은 그 인간이 모든 자연물이나 자연현상이 상호 관련하여 기능한다는 사실을 깨닫고 그러한 기능의 치유력을 인정할 때 치유가 가능하다는 점이다. 그리하여 마마데이의 집은 새벽, 저녁의 빛, 어두운 구름, 남성의 비, 짙은 안개, 여성의 비, 꽃가루, 메뚜기 등 삼라만상으로 지어진 집이다(146). 치유를 위한 기도가 벤의 영창의 도입부를 뒤따른다. "남신이시어!/ 제물을 바치옵니다./ 담배를 준비하였습니다./ 내 발을 낳게 하소서,/ 내 다리를 낳게 하소서,/ 내 신체를 낳게 하소서,/ 내 마음을 낳게 하소서,/ 내 목소리를 낳게 하소서"(147). "다행이 속이 시원해지면서," 기도하는 사람은 치유되고, 자신이 자연과 동화됨을 경험한다. 그리하여 치유된 자는 짙은 검은 구름과 소낙비와 혹은 식물들과 함께 즐겁게 걸을 수 있다. 이제 병이 낳은 자뿐 아니라 만물이 그 본래의 아름다움을 회복하는 것이다(147). 이 영창은 확실히 에이블의 치유는 그의 영혼이 그가 떠나온 물리적인 자연경관과 재결합할 때 이루어지리라는 추론을 가능하게 한다.

에이블의 문화변용에 가장 큰 영향을 미치는 인물은 할아버지 프란시스코(Francisco)다. 대부분의 비평가들이 동의하듯이, 프란시스코는 결코 달리기의 정신을 포기하지 않는 비교적 일관된 성격을 보이는 인물이다. 그는 손자들인 바이달과 에이블에게 토착민의 삶의 방식 속에 살아있는 달리기의 정신을 전승하기 위하여 경건한 노력을 기울인다. 특히 프란시스코의 곰 사냥을 묘사하는 부분은 에이블이 계승해야 할 인간과 인간 이외의 자연의 관계에 대한 미토착민의 사유방식을 구현하고 있다. 사냥을 당하는 곰은 죽임을 당하는 대상이 아니라 자신을 필요로 하는 인간에게 자신을 능동적으로 바치는 주체다. 곰은 사냥꾼이 개리 스나이더(Gary Snyder)가 말한 에치켓을 보여주기만 하면 그 사냥꾼을 용서하고 그의 뜻에 순응해 준다. 그리하여 "곰은 그가 다가오고 있음을 알고, 얼마나 가까이 있는지 그

보다 더 잘 알고, 숲 속에서 기다리며 그를 바라보기조차 하였다"(202). 그리고 프란시스코가 총을 들어 올렸을 때, "그 곰은 머리를 들어올리고 돌아서서 아무런 두려움의 표정을 보이지 않았다"(203). 이러한 사냥의 이야기는 토착민이 동식물과 조화를 이루며 사는 삶의 지혜를 보여주지만, 가르시아에 따르면, 한편으로는 프란시스코가 곰의 정신을 체험하는 입문식이다. 프에블로 전통에 의하면, 곰은 치유력의 상징이기 때문에, 프란시스코는 곰의 정신을 체득한 후 "다음 해에 태어났을 때부터 병을 앓아온 한 아이를 치료하였다"(208). 그는 이제 곰이 되었고, 곰처럼 달린다. 또 다시 곰의 정신과 달리기의 정신의 연상이다.

프란시스코의 임종은 에이블이 곰의 정신으로 거듭나는 직접적인 계기가 된다. 에이블이 그렇듯이, AC의 세트 역시 곰의 정신을 수용하는 문화변용을 겪는다. 세트는 마침내 다른 사람들과 함께 숲 속으로 들어가 곰으로 변신한다. 세트의 곰으로의 변신은 다시 키오와의 전설을 상기시키며 신화와 현실의 상호침투라는 예의 마마데이의 주제를 재강화 한다.

> 소녀들이 숨을 거칠게 몰아 쉬고, 흘낏 흘낏 뒤돌아보면서 비명을 지르고 있었다. 갑자기 그가 속도를 늦추며 비틀거리기 시작했다. 뭔가 잘못 되었다. 매우 잘못 되었다. 그의 사지가 무척 무거워졌던 것이다. 그리고 그의 머리도. (313)

곰으로의 변신을 통하여 세트는 자아정체성의 위기로부터 자유로워지며 새로운 통찰력을 얻게 된다. 그러한 통찰력은 세트의 감각기능의 변화를 통하여 은유화된다. 세트는 곰처럼 근시안으로 변하지만 대신, 예전과는 비교할 수 없이 뛰어난 청각과 후각을 지니게 되는 것이다.

세트가 곰으로 변하듯이, 에이블도 곰의 정신 즉, 달리기의 정신으로 귀의한다. 가르시아가 주목하듯이, 사실, 제4장에 오면 에이블의 성격은 회상 속의 프란시스코의 그것과 구분이 되질 않는다(80). 에이블이 달리면서, 그의 통찰력은 되살아난다.

> 그는 달리고 있었다. 그의 몸은 고통으로 갈라졌다. 그는 계속 달렸다. 그는 달리고 있었다. 달리기 자체와 대지와 동트는 새벽 이외에는 달릴 이유가 없다. … 그의 정신은 오직 피로에 짓눌렸다. 그는 마침내 생각할 필요 없이 (사물을)볼 수 있었다. 골짜기와 산과 하늘을 볼 수 있었다. 그는 비와 강과 저 건너 들판을 볼 수 있었다. 그는 새벽녘의 어스름한 언덕들을 볼 수 있었다. (212)

에이블은 달리기의 정신을 회복하면서 영혼의 충만함을 되찾는다. 달리는 과정에서 대지와 한 때 대지로부터 소외되었던 인간 사이에 인간중심주의를 초월하는 소중한 의사소통이 일어나는 것이다. 그리하여 독자는 이러한 의사소통이 에이블을 치료할 뿐만 아니라 중독된 대지, 오염된 공기와 물을 치유하고 위험에 처한 또 다른 인간 이외의 자연을 구제할 수 있다는 생태학적 교훈을 얻게 되는 것이다.

에이블의 문화변용과 세트의 그것 사이에는 흥미로운 차이가 있다. 세트가 근시안이 되면서 예민한 후각과 청각이 발달하게 되지만, 에이블은 시각기능이 회복된다는 점이다. 바로 이점 때문에 대부분의 비평가들이 HMD를 문화중심주의에 대한 향수를 버리지 못하는 모더니스트 텍스트로 본다. 그러나 작가는 두 이질문화 모두로부터 전위된 인물들을 창조하여, 그들이 달리기의 정신을 회복하거나 적어도 이해하도록 플롯을 설정함으로써 대화적인 결말의 가능성을 남기고 있다. 안젤라는 좋은 본보기다. 그녀는 에이블과의 사랑뿐만 아니라 토착문화와의 직접적인 접촉을 통하여 자기변신을 경험한다. 그녀는 코치티(Cochiti)나 샌티아고(Santiago)의 축제에서 옥수수 춤을 보면서 영혼의 변화를 느낀다. 그녀의 색깔에 대한 인지의 변화는 곧 주류의 문화의 진리관에 대한 그녀의 변화된 태도를 반영한다. 그녀는 자연경관이라는 현전(presence) 너머로 그것의 부재(absence)를 볼 수 있게된다. "마침내 그녀는 서서히 그리고 차츰차츰 부재(nothing)를 보는 것"(37)이다. 바꾸어 말하면 백인문화에 편재하는 색(色)과 토착문화에 내재하는 공(空)을 아우르는 비전을 성취하는 것이다. 올긴(Olguin) 신부는 제미즈 생활양식을 완전히 포용할 수는 없지만 에이블의 곤궁함을 이해할 수 있다고 언급한다. 외래문화 출신의 안젤라와 올긴 신부가 곰의 정신을 수용하는 반면에, 토사마와 벤은 비록 그들의 기억과 이야기 속에 토착문화의 정신은 살아 있으나 각기 백인 산업문화에 적응하고 있다. 이렇듯 에이블 주변의 인물들의 성격이 종합적으로 주어지면, 에이블의 곰의 정신의 회복은 대화의 종말이 아니고 시작이다.

생태비평의 관점에서 곰의 정신의 회복은 확실히 산업문화에 저항하는 의미로운 주제다. 곰의 이미지리는 인간과 자연 사이의 명확한 구분을 해체한다. 그것은 또 인간정신의 landscape는 자연의 landscape와 유리될 수 없음을 암시한다. 에이블과 세트의 소외는 어느 까다로운 북미 인디언의 문제를 넘어 고도로 산업화된 사회에서 살아가는 선남선녀의 고민이다. 다만 두 문화간에 끊임없는 대화가 필요한 고민이다. 『히쓰 미국문학 문집』(*Heath Anthology of American Literature*)의 편집인이었던 다니엘 리틀필드 2세(Daniel F. Littlefield, Jr.)는 마마데이가 미토착민 문학을 "다른 사람들은 그렇게까지 비약하기를 달가워하지 않지만"(104) 확실히 미국문학의 일부로 보고있다는 점에 주목한다. 당시 리틀필드의 이 언급은 미국의 주류문학에서 토착민 문학이 차지하는 현실적인 위상을 점검하는 의도에서 나왔겠지만, 주류의 산업문화에 의하여 토착문화가 얼마나 소외당해왔는지를 잘 대변해주고 있다. 바로 마마데이의 해체적 저항의 언어가 필요한 연유가 여기에 있다. 그리고 마마데이의 저항의 의미를 다시 한번 명확히 할 필요가 있다. 그의 저항은 산업문화의 전면적 거부가 아니고 다양한 목소리들이 문화 민주적이고 간문화적인 대화를 할 수 있는 터전을 확보하려는 열망의 표현이다. 그리하여 AC에서의 그림자 이미지 그리고 HMD에서의 달리기 정신의 복합적 암시와 작가의 백변종, 안젤라, 벤, 토사마 등의 복합적 인물설정은 곧 작가의 대화적 목소리의 다름 아니다. 토착인 작가에게 저항은 문화간 대화의 전제조건이다.

Ⅳ

공리주의 자연관의 대척점에 심층생태론이 있다. 심층생태론자들의 자연관을 간략하게 정리하면, 그들은 우선 자연물이나 자연현상은 그 자체의 내재적 가치(intrinsic value)를 지니고 있으므로 만물이 평등하다고 전제하는 한편, 인간은 스스로 인간중심주의를 초월하여 만물평등을 인식하고 인간 이외의 자연과 동화되는(Devall 67) 자기인식(Self-Realization)에 도달할 수 있다는 입장이다. 심층생태론은 인간이 생물학적 평등주의(biospherical egalitarianism)를 깨달을 수 있는 자기인식의 능력을 지니고 있다고 전제하기 때문에 근본적으로 에머슨(Ralph Emerson)의 초절주의와 같은 관념론에 그 바탕을 두고 있다.

자연의 내재적 가치의 존재를 상정하는 심층생태론은 수많은 논쟁을 불러일으킨다. 특히 사회생태학이나 생태여성주의 혹은 탈근대 환경론자들의 비판은 혹독하다. 때로는 탈근대 환경론자들의 자기 모순적 논리조차 공박의 대상이 된다. 생물지역주의적 평등주의를 중심과제로 내세우는 짐 체니(Jim Cheney)의 탈근대 환경론에 대한 피터 퀴글리(Peter Quigley)의 날카로운 비판이 그 대표적인 경우다. 퀴글리는 "저항을 다시 보기: 환경보호주의, 문학 및 탈구조주의론"이라는 제목의 논문에서 주변화된 목소리들(여성, 노동자, 자연)의 저항이 또 다른 "현존적이고 대안적인 본질"(298)로 환원할 수 있는 위험성을 경고하고 있다. 체니의 생물지역주의적 언어는 결국 자연의 내재적 가치를 전제하고 있다는 점이 퀴글리의 주장이다. 바꾸어 말하면, 체니류의 화법의 변용을 통하여 재구성될 수 있는 "또 다른 계층적 권력 관계"(306)를 형성할 수 있다는 지적이다. 예컨대, 체니가 생물지역주의의 언어를 "자연의 역할"의 현시(顯示)로 봄으로써 초절주의적 자연의 가치를 암시하고 있는데, 퀴글리는 "이러한 자연의 역할을 인식하는 방식을 *누가* 결정하느냐"의 문제를 제기하고 있는 것이다(303). 결국, 퀴글리의 결론은 우리 당대의 환경문제를 효율적으로 풀어가기 위해서는 모호하거나 혹은 극단적인 원리에 집착하지 않고, 또 따른 권위에 의존하지 않으면서 계층적 권력관계에 저항해야 한다는 주장이다. 즉, 환경문제와 관련한 지배담론의 해체를 위하여 지배를 유지하고 도모하는 사유과정 자체를 변화시킬 필요가 있다는 것이다.

심층생태론에 대한 해체적 접근법에 따르면, 어떠한 생태관도 인간화(anthropomorphizing)를 피할 도리가 없다. 조지 브래드포드

(George Bradford)는 특정한 인간의 생태관은 그 인간의 문화적, 사회적, 역사적 입장으로부터 자유로울 수 없다는 관점에서 심층생태론을 비판하고 있다. 그의 지적에 따르면, 심층생태론자들도 인간사회의 존재방식을 변화시키기 위하여 사회적으로 형성되고 역사적으로 진화된 인간의 통찰력에 바탕을 두고 그들의 이론을 발전시켰음에도 불구하고 그들의 생태론에 제반 인간활동의 외삽(extrapolating)을 배격하는 우를 범하고 있다는 것이다(9). 특히 인종, 성별 및 계층의 차별에 기인한 인간활동들에 대한 충분한 배려가 없이는 효율적인 환경보호론을 창출해낼 수 없다는 지적이다. 스캇 마마데이의 문화변용이 생태비평적으로 의미로운 소이가 여기에 있다.

탈구조주의 환경론을 다시 정리하자면, 사회 문화적으로 그리고 역사적으로 규정되는 특정한 인간이 인간화된 언어로 번역한 자연은 도리 없이 제2차적 자연, 곧 인간화된 자연일 수밖에 없다는 사실이다. 모든 자연관이 인간화의 함정을 벗어날 도리가 없다면, 다양한 담론 사이의 끊임없는 대화가 건강하고 유효한 생태론을 창출하는 필수적인 방법론이다. HMD과 AC에서 마마데이가 그의 주제와 내러티브는 물론, 플롯이나 성격설정 혹은 인물들의 명명 등을 통하여 자연중심의 토착문화와 백인 산업문화의 조화를 모색하고 있는 것은 바로 그러한 이질문화에 내재한 자연관들에 관한 끊임없는 대화를 함의한다. 독수리의 기운과 뱀의 기운을 아우르는 곰의 정신(달리기의 정신)에 깃든 생태의식은 바로 인간중심주의적 산업문화와 생태중심주의 문화의 조화로운 융합이다. 마마데이는 언뜻 자연중심의 극단적인 토착문화를 옹호하는 듯 하나 곰의 이미지를 빌어 인간과 자연의 이상적인 융합에 대한 열망을 표출하고 있는 것이다. 본질적으로 탈구조주의 담론과 맥을 같이하는 그의 문화다원주의는 생태학적으로 지속 가능한 사회로 가는 길을 안내하는 대화적 담론의 하나임에 틀림없다. 인간활동에 대한 배려를 아우르려는 마마데이의 생태의식이 보다 현대적이고 현실적인 까닭이 여기에 있는 것이다.

3-4. 본질적 자연관의 해체와 그 환경 정치학
— 개리 스나이더의「수면의 물결」

미국의 생태(자연)시인 개리 스나이더(Gary Snyder)하면 심층 생태론이 떠오르고, 수많은 비평가나 독자들이 심층 생태론의 관점에서 그의 시를 분석하고 감상해 온 것이 사실이지만, 동시에 그의 시세계를 (탈)인간주의(post-humanism)나 (탈)구조주의의 시각으로 분석하려는 시도 역시 병행되어 왔다. 피터 퀴글리(Peter Quigley)의 분석에 따르면, 로빈슨 제퍼즈(Robinson Jeffers)의 반인간중심주의 서사는 자연을 "전능한 신"(206)의 지위로 격상시킴으로써 서구 형이상학의 로고스중심주의로 환원하는 결과를 낳지만, 스나이더는 에머슨의 자연관에 대한 해체적 저항을 통해 결국 탈구조주의 환경론을 지향하고 있다고 주장하고 있다. 피터 지오질로스(Peter Georgelos)는 "개리 스나이더의 작품을 통해 본 탈구조주의의 '흔적'"이라는 제목의 그의 석사학위청구논문에서 불교의 공(空)과 데리다의 해체의 개념을 연결하면서 스나이더 시학의 생태학적 (무)정치성을 추적하고 있다. 물론, 줄리아 마틴(Julia Martin), 패트릭 머피(Patrick Murphy), 가트수노리 야마자토(Katsunori Yamazato) 등의 비평가들이 스나이더의 시에서 선불교의 공사상이나 탈인간주의 서사를 찾고 있음은 주지의 사실이다.

스나이더는 자신의 일상적 경험에 바탕을 둔 대부분의 시에서 반문화적이고 신화창조적인 목소리를 내면서도 동시에 독선적인 자연관에 스스로 저항하는 목소리를 유보하고 있다는 점에서 그의 시세계가 함의하는 생태관은 독자의 보다 면밀한 관심을 끈다. 특히, 그가 스스로 자신의 대표 시들을 선정하여 출판한 시선집 『무성』(*No Nature*)의 마지막 시 「수면의 물결」("Ripples on the Surface")에는 그의 해체적 시학을 통한 비강압적인 자연관의 정치성이 잘 드러나 있다. 사실, 이 짧은 시 한 편이 스나이더의 시세계와 생태관을 요약하고 있다 해도 과언이 아니다. 각각의 시의 행과 연이 그의 수많은 다른 시들과 에세이 혹은 그와의 면담내용이나 대화를 연상시키기 때문이다. 상기한 퀴글리나 지오질로스는 스나이더의 자연관의 비강압성을 강조한 나머지 그 생태학적 정치성을 간과하고 있다는 아쉬움이 남는다. 1950년대 이래로 생태시학으로 일관해 왔고 더구나 최근에는 노구에도 불구하고 환경보호운동을 위해 새로이 정치학을 공부하겠노라는 의욕을 보이고 있는 스나이더의 시학이 충분히 정치적임은 사실이다. 따라서 본고에서는 이 짧은 시의 행과 연 혹은 시어 자체를 그의 이전의 저작내용과 연결하면서 그의 해체적 자연관의 생태학적 정치성을 새롭게 점검하고자 한다.

우선, 시 전문을 보자.

"은빛 연어가 밑으로 지나가면서 생긴—
수면의 물결은—
미풍이 일으킨 물결과는 다르다"

파도 위로 질주하는 지느러미 하나—
혹등고래 한 마리
공중으로 뛰어오르며
청어 떼를 집어 삼키고 있다
—자연은 책이 아니고 퍼포먼스,

고귀한 옛 문화.

문질러 벗겨지고 지워지면서, 사용되고 다시 사용되는
언제나 새로운 사건들－
초원 밑에 감추어진
편조(編組)된 강의 지류들－

광활한 야생
                    집은 따로.
야생 속의 작은 집,
                 집 속의 야생.
둘 다 잊혀지다.
                                        무성(無性)

    둘이 함께, 하나의 거대한 빈 집.

("Ripples on the surface of the water－
were silver salmon passing under－different
from the ripples caused by breezes"

A scudding plume on the wave－
a humpback whale is
breaking out in air up
gulping herring
        －Nature not a book, but a *performance*, a
high old culture.

Ever-fresh events
scraped out, rubbed out, and used, used, again－
hidden under fields of grass－

The vast wild
            the house, alone.
The little house in the wild,
            the wild in the house.
Both forgotten.
                        No nature

Both together, one big empty house. (No Nature 381)

늘 그렇듯이, 스나이더는 언뜻 단순해 보이는 자연현상의 묘사로 이 시를 시작하고 있다. 첫 번째 연은 인간이 자연현상을 어떻게 읽는가에 관한 관찰이다. 화자는 두 가지의 "물결"이 "연어의 지나감"과 "미풍"이라는 각각 다른 두 개의 우연한 자연현상을 지칭하고 있음에 주목한다. 이것은 실제적인 자연현상에 대한 단지 현상학적 묘사임에도 불구하고 추상적인 관념보다 구체적인 사건을 전치시킴으로써 심미적 저항뿐만 아니라 문화적 저항 곧, 서구의 로고스중심주의 전통에 대한 저항을 함의하고 있다. 구체적인 자연현상의 묘사가 관념에 선행하는 시작법의 틀은 스나이더의 거의 모든 시에 적용될 수 있다. 그의 시는 물론 수필이나 대화에서도 자연현상의 묘사나 개인의 경험에 바탕을 둔 언어가 지배적이라는 사실은 이미지즘이나 탈낭만주의 시학의 영향 이상의 의미를 지닌다. 시인은 한 때 "시는 진솔한 경험에서 (우러나와) 노래하고 말해야 한다"고 언급했다(*Earth House Hold* 118, 이후 *EHH*로 표기함). 같은 맥락에서, 시인이 일찍이 1950년대에 서구문화의 대안을 찾아 선불교로 귀의한 사실을 반추할 수 있을 것이다.

선불교의 형이상학은 플라톤 이래로 서구사상을 지배해 온 이원론과 근본적으로 대조를 이룬다. 서구의 정신사가 기(氣)보다 이(理)를 중시한다면, 선사상에서는 이기의 계층적 이분법을 지양한다. 자연과의 자신의 직접적인 접촉을 통해 얻는 개인의 경험이나 관찰을 기술하려는 스나이더의 시작의 경향은 바로 이에 편향된 서구인의 정신세계에 스스로 저항하려는 의도를 잘 보여주고 있는 것이다. 그리고 그의 의도적인 그러나 비강압적인 자연묘사는 대부분 이기의 계층적 이원론과 뒤얽혀 있는 산업제일주의를 문제시한다는 점에서 생태학적으로 유의미하다.

선불교의 형이상학은 대승불교의 공사상에 그 뿌리를 두고 있다. 2세기 경에 공을 대승불교의 기본원리로 확립한 이는 인도의 용수(Nagarjuna)이다. 마사오 아베(Masao Abe)는 그의 『선과 서구사상』(*Zen and Western Thought*)에서 선불교와 인도의 대승불교 사이의 형이상학적 관련성을 명쾌하게 설명하고 있다. 아베에 따르면, 소승불교의 분석적 관찰의 문제점을 극복하고 空의 色(substantial emptiness)을 본 사람은 용수다. 대승불교에서는 존재의 부정과 함께 이중부정을 상정함으로써 중용의 길을 취한다. 따라서 대승불교는 관념에 부합하는 사물이 실재한다는 근본주의적인 사고를 거부하면서 동시에 만물은 부재하다는 허무주의를 극복하고 있다(Abe 94). 공은 궁극적으로 존재와 비존재, 이와 기 사이의 이원론적 대립을 극복한 제3의 영역이다. 그리고 이러한 3차원을 통한 이기의 이원성 극복이 바로 선불교 형이상학의 근간이다.

『무성』에 수록된 「길을 잃고」에서도 그의 수많은 다른 시들에서처럼 시인은 인간언어의 한계성을 넘어 보편적인 자연관을 견인해 낼 수 있는 가능성을 배제하지 않으면서도 개인의 주관적인 자연관을 동시에 허용하고 있다. "바위 위에서/우리에게는 우리 자신의 길을 찾을 자유가 있다"(*NN* 369). 스나이더는 이 시선집의 서문에서 우리가 독선적인 자연관을 형성하려 할 때 겪는 언어적 딜레마에 대하여 언급하는 한편, 규정적 자연관 곧, 지배문화에 기인한 신경증에 저항하고 있다.

> 그러나 우리는 자연을 쉽게 알지 못하거나 심지어 우리 자신을 알지도 못한다. 자연의 실체가 무엇이건 그것은 우리의 개념과 가정에 부합하지 않는다. 그것은 우리의 기대와 이론적 틀을 피해버린다. "자연계"로 보나 "사물의 자성"으로 보나 (우리의 개념과 가정에) 부합하는 "자연"은 결코 존재하지 않는다. 우리가 자연을 가장 존중하는 길은 그것을 붙잡으려하지 말고 그것은 우리를 회피하는 존재이며 우리의 본성 또한 유동적이고 열려있으며 상황의 존재임을 인정하는 것이다. (v)

자연의 이름은 空이다. 자연의 이름은 자연의 것이다.「수면의 물결」에서 물은 수많은 표정을 지으면서 인간중심적인 정의를 회피해버린다. "연어의 통과", "미풍", 혹은 "혹등고래"가 자신의 의미 곧, 지배문화에 의하여 고착된 이름이 아닌, 자연 자체의 행위(play)에 의하여 정의된 의미를 수면 위에 등록하는 것이다. 두 번째 연의 "책"도 문화 독선적이고 규정적인 자연의 명명화를 연상시키고 있다. 자연현상은 끊임없이 변화하는 "퍼포먼스"라는 비유 역시 자연에 대한 인간중심적인 명명의 불가능성을 함의하고 있는 것이다.

그러나 시인은 空의 無에 머무르지 않고 空의 色을 아우르려 시도한다. 자연을 "고귀한 예 문화"에 비유함으로써 시인은 자연과 (인간중심적인)문화가 분리되기 이전의 원시사회에 대한 향수를 드러내면서 자연과 문화, 기의 세계와 이의 세계, 색과 공의 융합을 꿈꾼다. 사실, 스나이더는 대안문화의 가능성을 북미 토착민의 생활방식에 아직도 그 흔적이 남아 있는 구석기 시대에서 찾고 있다. 그의 퓰리처상 수상작인 『거북 섬』(*Turtle Island*)의 첫 시 「아나사지」(Anasazi)는 자연/문화의 이분법이 사라지고 흙, 바위, 식물, 동물, 인간 그리고 신들 사이의 계층적 관계가 존재하지 않는 생태적 평등사회에 대한 열망을 담고 있다(3). 자연과 문화의 경계 무너뜨리기다. 스나이더는 "문명은 말하자면 신념의 결여이고, 인간의 나태며, 자신의 판단과 결정보다는 타인의 그것을 기꺼이 받아들이는 것 곧, 기꺼이 완전한 인간이 되기를 포기하는 것"(*EHH* 126)이라고 주장하면서 그의 시학 속의 정치학을 통하여 개인의 계몽과 집단적 문화변용을 위한 목소리를 높인다.

「수면의 물결」의 넷째 연에서 시도하는 언어의 해체는 스나이더의 문화변용에 대한 열망과 관련하여 유의미하다. "야생"과 "집"의 개념이 상호 침투하고 있다. 다시 말하면, 자연/문화 이분법의 해체다. 주류의 문화에 기반을 둔 "야생"과 "집"의 정의가 더 이상 유효하지 못하다. 스나이더는 『야생의 삶』(*The Practice of the Wild*)에서 인간중심적인 선입견을 재생산하거나 재강화하는 "야생"의 사전적인 정의의 전복을 시도한다. 예컨대, 옥스퍼드 영어사전에서는 야생동물을 "유순하지 않고, 길들여지지 않으며, 제멋대로 구는" 동물로 정의하고 있으나, 스나이더는 이 정의를 "각자에게 주어진 천성에 따라 자연계 안에서 사는 자유로운 존재"로 수정하고 있다. 또한, "문명화되지 못하고, 교양이 없고, 법치국가에 저항하는 (야생)사회"를 "사회질서가 내부적으로 자생하고, 그것이 명시적인 법보다는 합의와 관습의 힘에 의하여 유지되며, 경제제도가 지역 생태계와 친화적이고 지속 가능한 관계에 있는 사회"(*PW* 9-10)로 재정의하고 있다. 사전에 의해 강요된 "야생"이나 "집"의 의미는 인간중심적인 자연관을 초월한 시인에게 더 이상 유효하지 못하다. 화자는 인간중심의 이기주의에서 벗어나 야생과 집이 결국 둘이 아니고 하나임을 깨닫는다. 외부의 야생이 내부의 야생(집)과 분리되지 않으며, 그 둘 사이의 프로그램화된 경계선이 "잊혀지는"(forgotten) 것이다. 스나이더는 "우주에 그 어느 것도 자연적이라고 정의할 수 없는 것은 없으며", "도시는 시골만큼 자연적이다"라고 분명하게 언급하고 있다(*RW* 91).

반문화에 대한 스나이더의 관심은 대개 언어의 전복적 의미에 반영되어 있다. 「베리네 땅」(Berry Territory)에서도, 화자가 마멋 굴을 발견했을 때, 그의 첫 반응은 "야생"이지만 곧 이어 "일종의 집"(some home)이라는 전복적 의미의 어휘를 병치함으로써 비인간중심적인 야생의 의미를 회복하고 있다(*Axe Handles* 12-3). 산업발전을 연상시키는 단어 "진보"(progress)는 스나이더의 시어를 통하여 해독이 되고 자연의 내재적 순환에 부합하는 자연상태의 진화(evolution)를 의미하게 된다. 시인은 "털갈매나무 꽃"과 "물이 끓는 난방기", 처음으로 냉장고를 여는 "너구리", 그리고 "알을 낳는 진딧물"에서 진보를 본다(*AH* 72-3). 아직도 버섯을 기르고 딱정벌레 애벌레를 먹여 살리고 있는 "썩어가는 고목의 그루터기"를 화자는 면밀히 관찰하면서 삶과 죽음의 상호 침투성을 깨닫고 인간중심적 언어에 의해 강요된 이원론을 초극한다. "짧은 삶, 그리고 길고 느린/ 잇따르는 사양(飼養)"(A quick life: and the long slow/ feeding that follows)(*AH* 106). 그렇다면 스나이더의 진보는 궁극적으로 자연의 순환원리에 순응하여 삶과 죽음이 상호 침투하는 순간이다.

『끝없는 산하 외 1』(*Mountains and Rivers Without End Plus One*)에 수록된 「여행」(Journeys)이라는 시편에서 죽음은 야생의 삶을 시작

하기 전에 선행되어야 하는 하나의 의식으로 변용된다.

> 코가 나를 붙잡고 절벽 위로 끌어 당겼다–우리 두 사람은 떨어지고 있었다. 나는 [절벽에] 부딪혀 죽었다. 나는 한 동안 내 몸을 바라보았다. 그리고 몸은 사라졌다. 코도 그곳에 있었다. 우리는 계곡의 밑바닥에 있었다. 우리는 그 계곡을 헤매기 시작했다. "이것이 오지로 가는 길이다."
>
> Ko grabbed me and pulled me over the cliff–both of us falling. I hit and I was dead. I saw my body for a while, then it was gone. Ko was there too. We were at the bottom of the gorge. We started drifting up the canyon, "This is the way to the back country." (37)

패트릭 머피(Patrick Murphy)는 이 구절에 대하여 화자가 "갑작스러운 깨달음의 순간" 곧, 주체와 객체가 상호 침투하는 순간을 경험하고 있다고 언급한다(*Understanding Gary Snyder* 73). 이 구절은 동시에 삶과 죽음, 현실과 꿈, 높음과 낮음 사이의 언어적 경계 허물기를 시도하고 있기도 하다. 이러한 해체의 결과는 스나이더의 "기층문"(Subculture) 즉, 그의 또 다른 용어를 빌리자면, "민주적" 문화의 활성화에 공헌하는 것이다.

「수면의 물결」의 3연은 데리다(Jacques Derrida)의 흔적(trace)의 개념을 떠올리게 한다. 자연현상을 "끊임없이 새로운 사건들"로 언급하는 대목은 언어적 흔적의 풍유일 수 있다. 과거에 이루어진 변화의 흔적이 축적되어 자연의 정체성이 형성된다는 뜻이다. 그러한 흔적들은 양피지에 감추어진 문자처럼 언뜻 사라지는 듯 보이지만("문질러 벗겨지고, 지워지고"), 그것들은 각각의 자연현상에 여전히 남아 ("사용되고, 재사용되며") 새로운 정체성에 복합성을 더해주는 것이다. 이 시행은 또한 강바닥의 퇴적물과 데리다의 언어적 흔적의 연상을 반향하고 있다. "이전의 강바닥의 퇴적층 위에 새로운 퇴적층을 겹겹이 쌓으며 대지위에 앞뒤로 구불구불 강들이 쓰는 붓글씨가 텍스트다"(*PW* 66). 3연의 3행과 4행은 자연의 그물망 개념(interconnectedness)을 언어의미의 무한한 연계성의 개념에 비유함으로써 해체적 읽기를 부추긴다. "머리를 땋아 내린"과 "감추어진"이라는 어휘와 이 두 시행에서 보여주는 자연경관의 묘사를 통해 독자는 충분히 데리다의 흔적과 차연(*differance*)의 개념을 떠올림직하다.

의미심장한 점은 이 시를 비롯한 스나이더의 다른 수많은 시편들에서 화자는 늘 데리다의 해체와 선사상 혹은 도가사상을 연결시키고 있다는 사실이다. 「수면의 물결」의 마지막 행, "둘이 함께, 하나의 거대한 빈집"을 그러한 관점에서 읽을 수 있다. 이 결론을 통하여 화자는 서구의 이원론적 형이상학에 저항하는 한편, 선불교의 중심개념인 공을 상기시키고 있다. 데리다의 해체와 선사상의 관련성을 설명하기 전에 데리다 사상의 정치성을 재점검할 필요가 있다. 데리다의 해체가 무정치적이라면, 생태비평의 관점에서 충분히 정치적일 수 있는 선사상과의 비교가 무의미해지기 때문이다.

서구의 자연관은 서구의 인문학 전체의 뒤흔들기를 시도하는 데리다의 해체로부터 자유로울 수 없다. 데리다의 해체는 논리의 전체성에 뿌리를 둔 서구의 형이상학이 냉혹하게 시험당하는 해독 프로그램이다. 지식의 힘은 언어의 힘을 전제로 성립하기 때문에, 데리다는 지식 자체의 신뢰성을 문제 삼기 전에 언어의 신뢰성 해체를 시도한다. 차이(difference)와 연기(deferment)는 언어의미의 고착화를 허용하지 않는다. 바로 괴물 같은 차연(differance)의 작용 때문에 모든 의미는 공간적으로 달라질 뿐만 아니라 시간적으로 영원히 연기된다는 것이다(*Margins of Philosophy* 4). 바꾸어 말하면, 차이와 연기가 기표(signifer)와 기의(signified) 사이의 신뢰할 수 있는 관계를 허용하지 않기 때문에, 우리는 말이건 글이건 기호에 의존하여 사물의 실체를 인지할 수 없다는 주장이다.

의미는 결코 고착되지 않는다는 기호학적 전제와 함께 데리다는 서구 형이상학의 로고스중심주의에 깊게 배어 있는 계층적 이분법의 해체를 도모한다. 데리다에 따르면, 플라톤 이래로 말은 그 즉시성(immediacy) 때문에 글보다 우월한 지위를 누려왔다. 로고스중심주의의 시각으로 보면, 글은 말이 불가능할 때 사용되는 열등한 의사소통 수단이다. 그리하여 글은 의미의 변조(corruption)로 간주되었다. 데리다는 이러한 이원론적 가치체계를 문제 삼고 있다. 그는 그의 문제화의 논리적인 근거를 소크라테스와 피드러스(Phaedrus) 사이의 다음과 같은 대화에서 찾는다.

> 소크라테스: 자, 말해보게. 형성된 방식과 보다 훌륭하고 보다 강력한 자질이라는 양면에서 이 서자[단어]의 적출자 형제로 보이는 다른 유형의 말이나 단어가 있는가?
>
> 피드러스: 말씀하시는 이 단어는 무엇이고 어떻게 생겨나는 것입니까?
>
> 소크라테스: 그 단어는 학자의 정신을 통해 지적으로 *써지*는 것이네. 그것은 스스로를 방어할 수 있고, 누구에게 말해야 하는지 알고 있으며, 누구 앞에서 침묵해야 하는지를 알고 있다네.
>
> 피드러스: 학식 있는 사람의 살아 숨 쉬는 말, 글은 그것의 이미지일 뿐이라고 해 마땅한 말을 뜻하시는군요.
>
> 소크라테스: 그렇지. (*Dissemination* 148, 이탤릭은 필자의 강조)

데리다는 바로 이 구절에서 글에 대한 플라톤의 관점을 해체하는 근거를 찾고 있다. "소크라테스는 글을 가짜 형제, 반역자, 이단자, 모조품으로 간주하는 반면에, 처음으로 이 형제의 형제인 적출자를 또 다른 유형의 글, 단순히 지적이고 살아있으며 활기 넘치는 대화일 뿐만 아니라 영혼 속에 진리를 각인시키는 존재로 보게 된다"(*D* 149). 소크라테스에 의하여 주변화된 글의 지위가 소크라테스 자신에 의하여 말의 직접성이 독점해 온 진리의 목소리로 격상되는 것이다. 글이 말보다 특권화되는 것은 아니지만, "이러한 유형의 글"의 가치가 재평가되며, 그 결과는 말의 해체이다.

말과 글의 계층적 이분법을 해체함으로써 데리다는 존재와 무, 영혼과 신체, 주체와 객체, 자연과 문화 등의 개념을 계층적으로 이분화시키는 경향이 있는 서구사상의 전복을 시도한다. 바바라 존슨(Barbara Johnson)은 데리다가 제시하는 예의 이분법의 존재를 재확인하고 있다. "데리다에 따르면, 서구사상은 선과 악, 존재와 무, 현존과 부재, 진리와 오류, 영혼과 육체, 삶과 죽음, 자연과 문화, 말과 글 등 늘 이분법이나 양극법에 의하여 이루어졌다"(*D* 5)는 것이다. 그리고 데리다가 문제시하는 것은 서구의 인식론이 예의 이항대립의 쌍에서 전자를 특권화하는 한편, 후자를 주변화해 왔다는 점이다. 악은 선의 결핍이고, 부재는 현존의 결핍이며, 오류는 진리의 왜곡일 뿐이다. 후자는 항상 전자의 변조이거나 타락이라는 것이다.

데리다는 말/글의 계층화에서 보듯이 계층적 이분법의 쌍들이 궁극적으로 로고스중심주의에 그 기원을 두고 있다고 보기 때문에, 그의 해체의 일차적인 대상은 로고스중심주의와 그 주변이다. 그렇다면 그는 무엇 때문에 서구 형이상학의 긍정적인 측면을 해체하려드는가? 스피박(Gayatri Chakravorty Spivak)은 데리다 자신의 표현을 빌어 이 질문에 대한 해답의 실마리를 제공한다. 그는 데리다의 작업은 “[텍스트] 안에서 작동하는 형이상학적, 수사학적 구조들을 거부하고 폐기하기 위해서가 아니라 그것들을 또 다른 방식으로 다시 쓰기 위하여 분해하는 것”(*Of Grammatology* lXXV)이라고 언급하고 있다. 데리다에게 서구 형이상학의 역사는 로고스중심주의에 뿌리 깊게 천착한 현존(presence)의 이야기일 뿐이다(*OG* 10). 결국, 데리다는 스스로 긍정적인 철학을 구성함으로써 자가당착에 빠지지 않기 위해 주의하면서 현존과 부재, 특권화된 담론과 주변화된 담론 사이의 민주화를 도모하고 있는 것이다. 바꾸어 말하면, 해체는 현존을 말살하지 않으면서 부재의 목소리를 활성화하려는 시도이다. 그리하여 데리다의 해체는 기존의 계층적 관계를 재조정하기 위하여 타자의 목소리를 늘 환영하는 것이다.

데리다에게 글은 말에 의해 간과된 새로운 의미를 전달해주는 의사소통 수단이다. 글 속의 흔적을 통해 타자성은 부활을 꿈꾼다. 흔적은 인식론적, 문화적 혹은 사회정치적 침묵의 목소리의 재조정을 제안한다. 그리하여 글은 다른 의미의 도래를 향한 출구가 된다. 데리다는 타자성 활성화의 가능성을 분명하게 제안하고 있다.

> 새로운 서판들에 글을 새겨 골짜기들로 가져가 그것들을 읽고 읽히기 위하여 내려가, 일하고, 고개를 수그려 복종할 필요가 있다. 글은 글의 안팎으로 의미가 내려오는 출구다. 그것은 지금 여기의 타자를 겨냥한, 타자를 위한 은유, 지금 여기의 타자의 가능성으로서의 은유, 그리고 타자가 출현하면 **현존**은 모습을 감추어야 하는 형이상학으로서의 은유이다. (*Writing and Difference* 29)

섬뜩할 만큼 정치적이다. 폴 제이(Paul Jay)는 해체의 정치적 전용에 관하여 우리가 피해야 할 위험은 "해체의 외부에 존재하는 정치학에 의한 해체의 전용이 아니고, 해체가 그러한 전용으로부터 보호되어야 하거나 심지어 보호될 수 있다고 보는 시각이라"(71)고 언급하고 있다. 그러한 시각은 흔히 해체의 무감각성, 무정치성을 강조함으로써 역정치성이라는 정치적 효과를 노리는 경향이 있기 때문이다. 위 인용문에서 "타자를 겨냥한"이라는 표현이 암시하듯이, 비록 데리다의 해체가 그 자체로서는 특별한 정치적 경향으로 경도되지는 않지만, 그 해체의 결과는 대안담론의 가능성(물론 그 반대도 가능하지만)을 충분히 보장하고 있는 것이다. 자기모순에 스스로 저항하기 위해 데리다의 담론은 늘 이중담론이지만, 부재의 담론은 현존을 대체하거나 현존의 한계를 보완할 수도 있다. 데리다의 "보완"(supplement)은 현존의 "잉여"(surplus)일 수도 있지만 동시에 현존의 대체를 분명히 제안하고 있기도 하다(*OG* 14-5).

데리다의 해체가 이중전용을 제안하듯이, 대승불교의 선사상도 전용을 허용하고 있다. 매글리올라(Robert Magliola)는 그의 『개선중인 데리다』(*Derrida on the Mend*)에서 용수(Nagarjuna)의 중용은 데리다의 흔적과 같은 맥락에서 이해할 수 있으면서 동시에 데리다의 아포리즘을 초극하고 심지어 "로고스중심주의의 복원"을 허용한다고 주장하고 있다(87). 용수의 공은 데리다의 차연의 (무)개념과 그 논증방식이 닮아있다는 매글리올라의 주장은 기실 새로울 것이 없다. 그러나 그의 논거에 주목할 필요가 있다. 그는 우선 공의 어원학적 기원에서 그의 논거를 찾는다. 공의 영어번역 중 하나인 devoidness의 라틴어 어원의 접두사 de는 이중의 의미를 지닌다. 즉, "완전하게"와 "분리되어"라는 두 가지의 의미를 지닌다는 점에 주목한다.

따라서 devoidness라는 낱말은, 차연이 의미전달방식에서 이중성을 지니듯이, "구성"(constitution)과 "비구성"(deconstitution)이라는 이중 의미를 띠고 있다는 것이다(89).

브라만의 깨우침(브라만을 절대적 존재로 인식하는 것)과는 달리, 대승불교의 깨달음은 절대적 실재를 인정함이 아니고 사물의 상대성을 인식하는 것이다. 매글리올라는 대승불교의 깨달음을 다음과 같이 요약하고 있다. "첫째, 공은 정체성 원리를 회피한다. 둘째, 도는 경험된 실존의 유전(流轉), 생성, 사물의 상대성에 관여하지만, 영원히 흔들리지 않는 실체 곧, [목적론적으로] 절대적 진리에 관여하지 않는다. 그럼에도 불구하고, 지혜나 prajna 혹은 니르바나의 평화는 영혼의 응답이다"(96). 이제 스나이더가 왜 그토록 일관되게 경험에 바탕을 둔 언어에 집착하면서 불교의 진리관과 데리다의 절대성의 거부 사이의 유사성에 매료되는지 그 이유가 보다 분명해진다.

특별히 필자의 관심을 끄는 부분은 대승불교나 선불교의 지혜가 영혼의 응답에 관한한 확신에 차있다는 사실이다. 매글리올라에 따르면, 현존의 철학에 대한 데리다의 해체가 그 자체로서는 로고스중심주의를 구성하지 않는 반면에, 무와 함께 중용의 의미를 띤 용수의 공은 경험에 의하여 조율된 논리 즉, 또 하나의 로고스중심주의적 방법론을 지향한다. 따라서 매글리올라는 데리다는 그의 논리적 딜레마를 넘어 실재(reality)를 구성(긍정)과 부정의 공생(共生)으로 간주해야 한다고 제안한다(124).

매글리올라의 공사상 전용은 스나이더의 시학이 반문화적 정치학과 상호 침투하면서도 선불교의 모호한 형이상학과 늘 공모하는 이유를 설명해 준다. 그러나 해체를 무정치적 담론으로 치부하는 매글리올라의 데리다 읽기는 재검토되어야 할 것이다. 데리다의 해체가 침묵의 목소리에 대한 재평가를 제한하고 있는 정도만큼, 그것은 용수의 형이상학이 그렇듯이 일정한 정치적인 방향제시를 도모할 수 있는 것이다. 말하자면, 차연은 공만큼 정치적일 수 있다.

「수면의 물결」의 마지막 시행 ("둘[야생과 집]이 함께, 하나의 거대한 빈 집.")에는 스나이더의 시학과 정치학의 핵이 잠복해 있다. "빈"이라는 낱말은 즉시 공을 상기시킨다. 전술한 대로, 자연의 정체는, 공의 잠정적인 개념이 구성/분해의 이분법을 초극하듯이, 인간중심주의/반인간중심주의라는 이원론을 초월하는 것이다. 일찍이 13세기에 도겐의 가르침대로, 인간이 인간중심주의적 시각을 초월하면 산이 걷고 물 위로 여행할 수도 있는 것이다(98). 비인간중심주의적 관점에서 보면, "집"과 "야생" 사이에 더 이상 차이가 존재하지 않는다. ecology에서 "eco"의 어원이 집을 뜻하는 그리스어 *oikos*라는 사실도 상기해볼 일이다. 결국, 이 시를 끝맺고 있는 "집"이라는 어휘를 통하여 스나이더의 시학과 결합된 생태적 정치학의 세계의 근간을 들여다 볼 수 있다. "야생"과 "집"의 동일시는 이원론을 초극하려는 미학적 도모이면서 동시에 인간중심사상에 대한 정치문화적 저항을 강하게 천명하는 것이다.

"야생"과 "집"의 언어적 해체는 또한 생태적 상관성(interconnectedness)의 주제를 함의한다. 스나이더의 생태철학에 의하면, 불교의 우주관이 그렇듯이, 인간을 포함하여 만물은 다른 존재들과 비계층적이며 공생적인 관계에 있는 것이다. "귀뚜라미의 감미로운 노래와 우리의 관계는 / 우리와 나무의 관계이다"(As the crickets' soft autumn hum is to us, / so are we to the trees)(*AH* 51). 『거북 섬』에 수록된 시편 "산 가브리엘 산마루에 올라"(On San Gabriel Ridges)에서 화자는 삼라만상의 상관성을 깨달음으로써 삶고 죽음의 이분법을 초월하고 영원한 환희의 세계로 향한다. 특히, 그러한 환희는 만물은 먹이사슬을 통하여 영원히 살아있다는 인식에서 나온다. "우두둑 씹힌 다람쥐의 뼈, / 여우 / 의 똥 속에서 단단하고 메마른"(squirrel bones crunched, / tight and dry in scats of / fox)(40). 스나이더에게 이러한 환희는 내면의 힘 곧, 영혼의 힘이다. 「한담」(Plain Talk)에서 그는 우리가 예의 상관성의 원리를 깨달을 때 그러한 환희가 찾아온다고 말하고 있다. "환희는 온갖 차별과 반대를 초월하고, 이 세계가 경이롭고, 텅 비어있고, 복잡하면서 상호 침투하며, 서로 포옹하고, 화사하게 빛나는 단 하나의 세계임을 인식하고 깨달을 때 우러나오는 순진무구한 기쁨이다"(*TI* 113).

이러한 상관성의 통찰은 실체적 존재의 물리성뿐만 아니라 인간 사이의 관계는 물론 인간과 외부세계와의 상호 침투성에도 관여하는 것이다. 시인은 「목욕」에서 가족목욕의 이미지를 통하여 그러한 통찰을 형상화한다. 첫 두 연에서 "이것이 우리의 몸인가?"라는 자문은 시상이 전개되면서 "이것이 우리의 몸이다"라는 자기 확인으로 끝을 맺는다. 마사, 카이, 겐 그리고 시인의 몸들이 감각적으로 상호작용하기 때문에 그들의 몸은 개인의 몸이면서 동시에 "우리의 몸"이다. 5연의 마지막 3행에서는 사랑으로 상호 연결된 현재의 가족관계와 그 공간적, 시간적 확장의 개념을 간명하게 묘사하고 있다. 여기에서 "우리의"는 "다른 여인들"까지 포함되는 개념이다. 보다 의미심장한 점은 이어서 언뜻 단순한 자연경관의 묘사로 보이는 두 시행을 병치함으로써 인간관계의 영역을 비인간계로까지 확장하려는 시도가 엿보인다. 그리하여 다음에 이어지는 1행으로 이루어진 연에서 "우리의"의 언어적 의미는 갑자기 확장되어 "구름", "하늘", "소나무" 그리고 "초원 늪지의 꾸르륵거리는 물소리"까지 포함하게 된다(*TI* 14).

앞에서 살폈듯이, 시인의 개인적인 경험이나 자연과의 직접적인 접촉이 그의 시적 상상력을 자극한다. 자연현상이나 자신의 경험에 대한 시인의 주관적인 해석이 예컨대, 인간중심주의, 산업발전제일주의, 군사팽창주의 등, 지배문화가치에 대항하는 논리나 감성으로 작동되고 있다. 그러나 그의 서사는 궁극적으로 대화적인 입장을 견지하면서 신화와 텍스트, 인간과 자연, 보편성과 특수성, 그리고 지배문화와 피지배문화 사이에서 책임감 있는 상호작용을 도모하기도 한다. 시인은 대화모색의 대행자로서 비인간계, 미국 토착민, 혹은 역사적으로 주변화된 사상가들의 침묵의 소리를 활성화하려는 고귀한 노력을 다한다. 따라서 시인은 구세주라기보다는 치유자이다(*The Real Work* 171). 그리고 대화모색의 대행자로서 스나이더가 성취하고자 열망하는 바는 과학과 기술의 전체적인 거부가 아니라 산업제일주의 문화를 생태학적 책임을 다하는 문화, 이른바 "야생이 견디어낼 수 있는 문명"(*PW* 6)으로의 문화변용인 것이다.

스나이더는 다시 「한담」에서 지속가능한 사회를 위한 개인과 문화의 변화를 주문하고 있다. 개인과 문화를 변화시키기 위하여 개인과 문화의 힘이 상호작용해야 함을 역설한다.

> 모든 사람은 다음 네 요소의 결과이다. 그것들은 알려진 우주(물질/에너지 끊임없는 변화), 인간 종으로서의 생물학, 자신의 유전인자, 그리고 태어난 문화 등이다. 이러한 요소들의 그물망 안에 어떤 이들에게 내면의 자유와 깨우침을 허용해 주는 여백과 틈새가 있다. 이러한 여백의 어떤 부분에 대한 단계적인 탐구가 "진화"다. 그리고 인간의 문화로 말하자면, 그것은 "역사"가 차츰 지향할 수 있는 바이다.
>
> *우리 자신을 변화시킬 뿐만 아니라 우리의 문화를 변화시키기 위하*

여 우리는 우리의 가장 내밀한 힘 속에 그것을 가지고 있는 것이다. 인간이 지구상에 살아남으려면 5천년에 이르는 도시화 문명의 긴 전통을 생태적으로 민감하고, 조화 지향적이며, 야성이 살아있는 새로운 과학-정신 문화로 바꾸어야 한다. (*TI* 99, 이탤릭은 필자의 강조)

사실 지구환경이 이토록 인구과잉과 전대미문의 산업화의 질곡에 시달리고 있는 현실에서 친생태적인 문화로의 변용을 성취하는 일은 무엇보다도 지난한 과업이다. 스나이더의 방법은 대화다. 개인과 문화는 대화적으로 상호작용하면서 진화하는 것으로 본다. 인간성(humanity)의 개념은 인간과 인간 이외의 삼라만상과의 대화적인 상호작용 곧, 산업문화가 낳은 인간성과 야성 사이의 대화를 통하여 재정의되어야 한다고 주장하면서 스나이더는 탈인간(posthuman)의 개념을 정의함에 있어 인간과 함께 비인간계의 입장도 고려하라는 의미심장한 제안을 하고 있다. "개인의 자아와 문화 정체성의 형성 과정에 야생자연(wild nature)이 관여하며 뒤엉켜있다. *탈인간주의*(posthumanism)라는 용어의 '탈'(post)은 *인간*(human)을 위한 언어다. 다음에 있을 대화에는 생태적 관계의 수사학을 향해 삼라만상이 참여해야 할 것이다"(*PW* 68). 문화변용이 일어나건 아니건, 개인과 문화는 상호 침투하는 것이다. 생태학적으로 책임감 있는 그 둘의 변용이 바로 스나이더의 생물지역주의 서사의 핵심주제다.

"수면의 물결"에 대한 탈구조주의 분석을 통해 보았듯이, 스나이더의 환경론은 강압적인 주의나 원리에 빠지지 않는다. 그것은 그의 서사가 종종 자기해체를 도모하기 때문이다. 그러나 그의 서사는 동시에 정치적 무력증에 빠지지 않을 만큼 분명한 방향성을 지니고 있다. 몰워쓰(Charles Molesworth)는 스나이더의 탈낭만주의 시학에 관해 언급하면서 그의 "최근 작품은 서정적 예술의 몇 가지 특별한 언명 곧, 주로 지적인 내용과 교조적인 의도의 엄격한 회피에 위배되고 있다"(46)고 술회한 바 있다. 그러나 몰워쓰는 사실 스나이더의 거의 모든 작품 속에 잠복해 있는 불가나 도가의 형이상학과 궤를 같이 하는 해체철학의 정치적 재건효과를 간과한 듯 보인다. 스나이더의 환경서사는 데리다의 해체가 그렇듯 전복적이면서 동시에 새로운 건설을 제안하고 있다. 이러한 모순어법은 인간이 비인간 자연과 복잡하게 얽혀있는 상관성을 우리가 인식하듯이 스나이더의 해체시학이 정치적 무력증을 극복해주는 (비)논리를 도가나 불가의 형이상학에서 얻고 있기 때문이다. 특히 용수의 공사상은 스나이더 시학의 주춧돌이다. 공사상의 중심과제인 긍정/부정의 이중담론이 바로 스나이더의 생물지역주의 담론의 전복과 재건이라는 이중성을 허용해 주는 것이다.

스나이더는 야생의 보존을 위한 인간의 인위적인 관리의 필요성을 부정하지 않는다. 그의 자연관은 스스로 자기해체의 서사를 허용하기 때문에, 그의 환경담론은 궁극적으로 자연과 인간, 원시주의와 과학/기술 사이에서 대화적인 입장을 견지하면서 생태적으로 지속가능한 개인의 변화와 문화의 변용을 향한 끊임없는 대화의 장을 향해 열려있다. 진정으로 우리는 스스로에게 "어느 만큼이 우리가 감당해야 할 변화인지"(*MR* 30) 자문해보아야 할 것이다. 「수면의 물결」에서 작가의 목소리는 무성(no nature)의 정치학이 작동하는 만큼 자연과 인간의 관계에 관한 대안담론과 그에 상응하는 우리의 삶의 양식의 회복 혹은 재구축을 도모하고 있다 할 것이다.

3-5. 투사와 관찰
— D. H. 로렌스와 개리 스나이더의 자연시학 비교

I

주지하듯이, 무엇보다도 동양의 선불교 사상과 미국 토착민의 자연관에 천착한 개리 스나이더(Gary Snyder)의 시학과 예지는 작금의 환경론이나 생태비평계의 주목을 충분히 받았다. 1950년대부터 낭만적 자연찬미의 언어를 넘어 자연생태파괴를 정당화하거나 오히려 부추기는 이원론적 죽임의 문화와 그 뿌리를 신랄하게 비판한 시인이고 보면 그에 대한 생태비평계의 각별한 관심과 연구는 당연한 결과이다. 한편, 생태비평과 현대적 환경론의 관점에서 D. H. 로렌스(D. H. Lawrence)의 시적 성취를 재평가하려는 국내외의 연구도 찾아볼 수 있다. 로렌스의 시학은 자연과 인간이 하나로 수렴하는 전일적 예지를 향하고 있음을 밝히는 프릿차드(R. E. Pritchard 208)나 로렌스의 자연관이 이른바 낭만주의 자연관 특히 쏘로우(Henry D. Thoreau)의 초월주의에 그 뿌리를 두고 있다고 지적하는 에뱃슨(Roger Ebbatson 243), 혹은 로렌스의 시는 빛과 어둠, 백과 흑이 하나로 융합된 "명치"(solar plexus)의 노래임을 천명하는 래처펠(Dolores LaChapelle 98) 등이 공유하는 독법은 로렌스의 산문은 물론 그의 시도 자연과 인간의 관계를 이원론적으로 보는 세계관을 질타하는 주제로 초점이 모아진다는 것이다. 따라서 로렌스와 스나이더는 그것이 로고스 중심주의든지 이성 중심주의든지 계층적 이원론에 착근한 서구의 형이상학과 문화에 저항하는 시학을 공유한다고 볼 수 있겠다.

두 작가가 공통적으로 반생명적 사유와 문화를 치유하려는 열망으로 동식물의 생태와 자연현상의 은유를 길어내는 작업을 그들의 시적 주제로 채택하고 있음도 주지하는 바이다. 그러나 로렌스가 자연의 은유를 생성하는 과정은 스나이더의 그것과 차이를 보인다. 그리고 두 작가의 그러한 차이는 생태비평적으로 그들의 자연관 사이의 유의미한 틈새를 허용한다. 이 글에서는 우선 두 작가의 대표적인 자연시를 선정하여 읽으면서 그들의 자연시학의 차이를 밝히고 그러한 시학의 차이가 야기하는 생태비평적 함의를 점검하고자 한다.

Ⅱ

자연의 의미를 탐구하는 시인이라면 누구나 자연물이나 자연현상에 인간화된 은유를 투사할 수밖에 없다는 한계로부터 완전히 자유로울 수 없다. 인간은 인간의 언어로 자연을 묘사할 수 있을 뿐이고 자연 자체의 언어는 인간의 언어로 번역이 불가능하다는 한계를 인정한다는 의미다. 기껏해야 인간화된 언어로 자연에 인간의 의미를 투사하는 작가라는 한계를 로렌스 역시 피할 수 없다. 그의 모든 저작물에서 이성 중심주의에 도취된 서구문화는 인간의 본성과 감성의 회복을 통하여 건강한 문화를 창조해야 한다고 역설하는 로렌스가 자연에 문화적 의미를 투사하는 것은 어쩌면 당연한 일이다. 물론 머핀(Ross C. Murfin)이 지적하듯이, 셸리(Percy B. Shelley)가 동식물을 관념적으로 묘사한다면, 로렌스의 시에 등장하는 동식물의 모습과 생태는 비교적 현실적으로 묘사된다(253). 그러나 로렌스 역시 쉘리에 못지않게 그의 자연묘사에 문화적 의미를 강하게 투사하고 있다.

로렌스의 대표적인 자연시집으로 꼽히는 『새와 짐승과 꽃』(*Birds, Beasts and Flowers*)의 마지막 시로 배치된 「미국 독수리」("The American Eagle")는 야생동물에 대한 작가의 문화적 의미의 투사가 강하게 배어있는 작품이다. 이 시에서 독수리의 실제 모습이나 생태에 관한 묘사는 거의 찾아볼 수 없다. 독수리나 사조새(pelican)는 북미 인디언이나 유럽계 미국인의 국가를 표상하는 상징물일 뿐이다. 북미 인디언의 문화적 아이콘인 독수리는 죽고 유럽인이 지배하는 미국의 독수리('another eagle')가 태어났다. 시인은 새로 태어난 거대한 독수리가 추구할 것이 자명한 제국주의와 물질주의 문화를 우려한다.

새끼 양을 잃는
순한 얼굴의 어미 양 면전에서 거대한 날개를 펴고,
어린 피를 마시며,
　　세상에 대한
또 하나의 위엄을 상실하는 것.

그것이 너, 미국의 독수리인가?

아니면, 너는
고기를 요구하는 이에게 그저 돌멩이에 불과한
황금알을 낳는 거위인가?

Opening great wings in the face of the sheep-faced ewe
Who is losing her lamb,
Drinking a little blood, and losing another royalty unto

the world.

Is that you, American Eagle?

Or are you the goose that lays the golden egg?
Which is just a stone to anyone asking for meat.
(*The Complete Poems* 414, 이후 인용 쪽수만 표기함)

이 시에서 묘사되는 독수리의 모습은 독수리의 자연 생태와는 무관한 제국주의와 물질주의의 문화적 은유다. 그것은 시인의 반문화적 투사일 뿐이다. 시인은 독수리의 거대하고 힘센 이미지를 빌어 '의기양양한 새 공화국'(The new Proud Republic)의 오만을 계고하고 있는 것이다. 독수리의 실제 생태와는 무관하게 이 미국의 독수리는 '썩은 황금알'을 낳거나 아니면 자신의 영화(榮華, 'a few golden breast-feathers')를 약자에게 베푸는 '사조새'가 될 것이라는 지극히 인간화된 의미의 투사 대상일 뿐이다.

「뉴멕시코의 독수리」("Eagle in new Mexico")에서도 독수리는 이른바 '피의 의식'(blood consciousness)의 대척점에 있는 밝음의 문화(light)를 제유(提喩)하고 독수의 생태적 본성과는 무관한 인간적 의미의 투사체일 뿐이다. 산문과 시를 통괄하는 로렌스 문학의 키워드가 있다면, 그것은 서구문명의 비판일 것이다. 로렌스의 비판의 표적은 전술한 대로 관념과 이성에 매몰되어 몸과 감성의 힘을 잃어버린 현대의 반생명적 산업문화다. 시적 화자가 독수리를 배척하는 것은 낮과 밤 곧, 밝음과 어둠의 균형감각을 잃은 현대문명을 거부하겠다는 의지의 표현이다. 그래서 화자는 피를 빨면서 사람들을 초조하게 하는, 목살이 늘어진(jowl-faced) 독수리나 "피에 목마른 너[독수리]의 태양"(your blood-thirsty sun)에게 굴복하지 않겠다고 단언한다(374). 시인은 "어둠의 제왕"(Lord of the dark)으로서 창백한 얼굴로 굳어진 여상주(女像柱, caryatids)들,[11] 그녀들의 고매한 견해, 옳고 그름의 답답한 지붕에 갇혀 서있는 그들과 그들의 특별한 천국들을 부수겠다고 다짐한다(289). 여기에서 시인은 계층적 이원론에 빠진 문화를 재건하겠다는 혁명가에 다름 아니다. 그는 이원론적 진위의 문화가치에 무심한 '눈먼 삼손'(blind Samson)이 되어 밝음의 문화의 뿌리를 뽑아버리겠다는 혁명가다. 필시 인간의 문화로부터 "무심한"(insouciant, Pritchard 146) 독수리는 졸지에 타도되어야 할 인간문화의 아이콘이 되어버린 셈이다.

로렌스는 독수리와 같은 특정한 동물에 부정적인 의미를 투사하지만 대부분의 동물은 그의 시 속에서 찬미의 대상이다. 그 만큼 야생동물들은, 마치 블레이크(William Blake)에게 서양의 전통적인 가치체계에서 규정한 악이 오히려 "진정한 인간성과 상상력을 회복하는데 있어서 반드시 필요한 긍정적인 요소"가 되듯이(김영수 147), 로렌스에게는 인간이 상실해버린 건강한 속성과 덕목을 고스란히 간직하고 있는 은유체이다. 그의 시에서 자유로운 어치(blue jay)는 끊임없이 노심초사하는 인간을 조롱하고(375), 인간에 의하여 쉽게 길들여진 암말과는 달리 고집쟁이 당나귀는 찬미의 대상이다(379). 급기야 한 마리의 "날씬한 황색 호랑이"가 수백만에 달하는 인간의 목숨보다 더 소중하다(402). 심지어 「붉은 늑대」("The Red Wolf")에서는 늑대가 화자로 등장하여 길을 잘못 든 인간이 되돌아오기를 기다린다.

---

11 그리스의 여신상에서 유래

나는 황혼녘에 터벅터벅 걸었기에,
　　인간이 서쪽으로 떠난 이곳까지,
그리고 그를 이곳에서 잃었기에,
나는 바로 이곳에서 내 꼬리를 깔고 앉아
그가 새로운 이야기를 가지고 돌아오기를 기다린다.
'나는 붉은 늑대다.'라고 그 어둠의 조상은 말한다.
그렇다. 붉은 새벽의 늑대가 나다.

Since I trotted at the tail of the sun as far as ever the
　　creature went west,
And lost him here,
I'm going to sit down on my tail right here.
And wait for him to come back with a new story.
I'm the red wolf, says the dark old father.
All right, the red-dawn-wolf I am. (405)

'인간이 서쪽으로 떠났다.'는 인간이 야생과 야성을 멀리하고 서구문명을 좇았다는 은유일 터이다. 그러나 숲 속에 남은 붉은 늑대는 친구(인간)가 어둠의 문화와 조율된 '새로운 이야기'의 문화로 거듭나기를 기다린다. 늑대는 시인의 대리인으로서 "늪에 빠진 문명의 파편들"을 치우려한다(429). 생태적 현실 속의 늑대는 어쩌면 인간이 영영 돌아오지 않기를 바랄지도 모르지만, 시인은 늑대에게 이상적인 인간 교사의 이미지를 강하게 투사하고 있는 것이다.

「뱀」("Snake")은 인간적인 의미가 이중으로 투사된 시이다. 이 시에서는 아마도 물을 마시기 위하여 물통 주변에 나타난 뱀의 생태가 비교적 생생하게 잘 묘사되어 있다. 그럼에도 불구하고 화자는 두 가지의 상충된 은유적 의미를 차례로 뱀에게 투사한다. 화자가 '볼 품없는 나무토막'(clumsy log)을 뱀에게 던지기 전까지 뱀은 악마의 상징이었다. 따라서 뱀은 화자가 두려워하지 말고 죽여야 마땅한 존재이다("*If you were not afraid, you would kill him!*" 350). 자연 상태의 뱀과는 무관한 인간중심주의적인 의미가 뱀에게 덧씌워진 결과다. 그러나 화자가 뱀을 해치려던 '째째하고'(paltry) '천박하며'(vulgar), '야비한'(mean) 행동을 뉘우치는 순간부터 이 뱀은 갑자기 왕관을 쓰지 않은 지하의 왕으로 돌변한다. 핀토(V. de S. Pinto)가 언급하듯이 뱀이 신비스러운 자연의 어둠을 은유한다면, 뱀은 어둠의 신이다(13). 작가가 이 시에서 "종교적 편견, 공교육의 한계, 금기 사항의 유혹" 혹은 "성적인 지식의 유혹"의 문제 중 어느 하나를 그의 주제로 다루든지 아니면 그 전체를 하나로 묶어 이원론적 밝음의 문화의 한계를 지적하든지(Sword 129), 그는 뱀에게 인간화된 의미를 교차하여 투사하고 있는 것이다.

문화적 은유의 투사는 식물을 묘사하는 경우에도 마찬가지다. 시인은 특정한 식물의 생태적 특성을 들어 그것을 자신이 이원화한 문화적 특성 중 어느 하나와 연상시킨다. 예컨대, '활짝 피어 하늘을 향하여 웃음 짓는' 장미는 관념과 이성 중심주의에 도취된 서구문화의 상징이라면, "어둡고 꽃이 없으며, 덩굴손이 있는" 포도나무와(285) "여음상"(yoni, 282)을 닮은 "잘 익은 무화과"(284) 그리고 여성의 음부 혹은 하데스(Hades)가 지배하는 지하의 세계로 들어가는 문을 연상시키는 석류(278) 등은 만물의 감성과 생명성이 보장된 또 다른 문화의 제유들이다. 시인의 눈에는 관념과 이성에 취한 현대문명은 마치 술에 취한 알콜 중독자처럼 위태로워 보인다. 그리하여 그는 현대의 서구인들에게 문화적 절주(節酒, sobriety)를 요구한다. 그 방법은 어둠의 포도주를 마시고 지하의 세계로 내려가라는 역설이다.

포도주의 거리는 어둡다.
그리고 우리는 넘어가야한다,
양치류 냄새가 나는 잃어버린 세계의 변방을,
우리가 그러지 못할지라도.
양치류의 씨앗을 우리의 입술에 물고,
눈을 감고 내려가라
덩굴손으로 뒤덮인 포도주의 거리와 다른 세상으로.

Dusky are the avenues of wine,
And we must cross the frontiers, though we will not,
Of the lost, fern-scented world:
Take the fern-seed on our lips,
Close the eyes, and go
Down the tendrilled avenues of wine and the otherworld. (287)

양치류는 꽃이 피지 않는 식물이지만 2억 6,000만 년 전에 시작된 석탄기 때 육지에서 가장 번성하였던 식물이다. 따라서 시인은 이성 중심의 문화가치를 편식한 현대문명이 포도주의 거리와 양치류가 은유하는 어둠의 요소를 그 해독제로 취하여 건강한 문화로 재탄생 하기를 주문하고 있는 것이다. 물론 이 시에 등장하는 포도나무와 양치류 혹은 장미는 인간에게 아무런 충고도 하지 않는다.

지금까지 로렌스가 자연 상태의 동식물들에게 자신의 문화적 의미를 긍정적으로 혹은 부정적으로 투사한 시들을 살폈다. 그만큼 로렌스는 자신의 이원론적 문화의 의미망 안에 자유로운 동식물의 정체성을 고착시키고 있다. 환언하면, 그는 자연의 의미를 자신의 인간화된 세계관 안에 가둔 결과 자연을 묘사하는 인간 언어의 한계를 허용하지 않는다고 볼 수 있다. 사실 이 문제는 논쟁적이다. 특히 비교적 긴 시에 속하는 「물고기」("Fish")에서 "*나는 창조를 평가하는 잣대가 아니다./ 이 물고기는 나를 초월한다./ 그의 신은 나의 신 밖에 있다.*"(*I am not the measure of creation./ This is beyond me, this fish./ His God stands outside my God.*)라고 언급한 부분을 들어 스워드(Helen Sword)는 로렌스가 마침내 인간의 언어로 물고기를 묘사할 수 없다는 무능을 고백하고 있다고 지적한다(128). 로렌스는 이 시에서 언어의 한계를 인정하고 있음은 분명하다. 그러나 그러한 한계의 인정은 '나의 신'이 지배하는 세계의 언어 능력으로는 '그의 신'이 지배하는 세계의 언어를 이해할 수 없다는 뜻이지 시인이 시적 상상력에 기대어 물고기의 신이 지배하는 세계로 들어가는 길이 원천적으로 막혀있다는 의미는 아닐 터이다. 만약 시인이 물고기를 지배하는 신의 언어를 모른다면 그는 독수리, 붉은 늑대, 뱀, 거북이, 박쥐, 모기, 코끼리, 돌고래, 칠면조 그리고 포도나무, 무화과, 토스카나 삼나무, 아몬드 꽃, 자주색 아네모네, 시칠리아의 시클라멘, 히비스커스와 샐비어 꽃 그리고 양치류를 지배하는 신의 언어도 몰라야하는 것이 당연한 논리다. 그러나 그는 예의 동식물들에게 인간화된 의미를 투사함으로써 반문화적 서사를 성공적으로 수행하고 있다. 따라서 「물고기」에서 시인이 비록 물고기의 언어를 이해할 수 없는 인간중심주의적인 언어의 무능을 고백하고는 있으나, 그 고백이 물고기에게 인간화된 의미를 투사할 수 없다는 뜻은 아닐 것이다. 시인이 물고기를 "outsiders"(340)로 규정하고 있다는 사실은 적어도 물고기의 세계와 인간의 문법이 다르다는 점을 이해하고 있다는 것이다. 즉, 물고기 역시 예의 다른 동식물처럼 시인의 상상력 안에서 어둠의 문화를 표상하는 하나의 제유다.

Ⅲ

전술하였듯이, 스나이더도 로렌스처럼 자연물이나 자연현상을 은유화하고 있다. 그러나 두 시인이 자연을 은유화하는 과정이 사뭇 다르다. 로렌스가 자연에 자신의 문화적 의미를 능동적으로 덧씌운다면 스나이더는 보다 면밀한 자연 관찰과 자연 경험을 통하여 온전히 자연이 주는 교훈만을 수동적으로 받아들이는 편이다. 그러 은유화 과정의 차이는 유의미하다. 로렌스는 자연의 은유를 자신이 확립한 세계관을 보완하는 하나의 축으로 활용하고 있다면, 스나이더는 자연의 은유로부터 그의 세계관 전체를 이끌어내려 하기 때문이다. 따라서 스나이더에게 자연현상에 대한 면밀한 관찰은 보다 각별한 의미를 지닌다. 그는 비록 "사물은 물론/ [인간의]생각도 모두 변하는", "사차원의/ 바둑"과 같은 세계에서 자연에서 길어 낸 예지로 자신의 시의 "잡석"(riprap)을 삼을 수 있는 가능성을 타진한다(*No Nature*, 21. 이후 이 시모음집에서 인용한 부분은 쪽수만 표기함).

로렌스와는 달리 스나이더는 자신의 선험적인 의미를 동식물이나 자연현상에 투사하지 않고 거의 자연과학적 관찰과 묘사로 일관한다. 특히 그의 퓰리처상 수상 시집 『거북 섬』(*Turtle Island*)에 수록된 시 「진정한 일」("The Real Work")은 자연과 인간의 생태를 관찰하는 작업으로 일관하는 시이다.

> 안개 속의 태양,
> 퍼덕대고 빈둥거리는
> 바다사자와 새들,
> 우리 눈에는 보이지 않는다.

안개 낀 태양 그리고
경쾌하고 빠르게 달리는 유조선.

날카롭게 파도치는 해안선—
밀물과 썰물의 교차—
갈매기들은 떼를 지어 앉아
먹는다. 그리고
우리는 하얗게 얼룩진 절벽을 미끄러지며 지나간다.

진정한 일.
씻고 신음하고,
미끄러진다.

sea-lions and birds,
sun through fog
flaps up and lolling,
looks you dead in the eye.
sun haze;
a long tanker riding light and high.

sharp wave choppy line—
interface tide-flows—
seagulls sit on the meeting
eating;
we slide by white-stained cliffs.

the real work.
washing and sighing,
sliding by. (*Turtle Island*, 32)

이 시는 안개 낀 바다 경관과 인간을 포함한 동물들의 생태에 관한 스케치일 뿐 자연 상태의 존재들에게 선험적인 시인의 메시지를 싣지 않는다. 오히려 시인은 유유자적하는 자연으로부터 삶의 가르침을 얻고자 한다. 이 시에서는 시인의 상상력이 그의 자연 경험을 앞서지 않는다. 스나이더 자신이 한 인터뷰에서 "나는 실제적인 경험이 없는 경우에는 내 머리 속에서 사물을 만들어내지 않는다."라고 언급한 내용을 상기할 필요가 있다(*The Real Work* 20, 이후 *RW*로 약칭함). 그는 같은 맥락에서 소나무에 대하여 배우려면 소나무에게 가고, 대나무에 대하여 배우려면 대나무에게 가라고 한 바쇼(Basho)의 가르침을 인용하면서, 무엇을 진정으로 배우려면 선입견을 배제하고 그것에 온전히 몰입해야 한다고 충고한다(*RW* 67). 위 시에 등장하는 동물들은 물론 안개 속의 태양, 유조선, 파도와 조류 그리고 절벽을 내려가는 시적 화자 모두가 '진정한 일'에 참여하고 있다. 이들의 명명법에 시인의 상상력이 비집고 들어갈 틈새가 없다.

스나이더에게는 시를 쓰는 작업 자체가 하나의 '진정한 일'이다. 시를 쓰는 일은 예컨대, "장작 패기나 자동차 수리"처럼 리얼한 일이다(*RW* 82). 생태계의 생명체들이 먹고 먹히는 먹이사슬 자체가 스나이더에게는 진정한 일이다. 따라서 스나이더의 시학은 자연에 문화적 의미를 투사하지 않고 자연 현상을 관찰하여 그 리듬을 따르는 일이다.

> 그들[새들]은 궁형으로 날다가 원호를 그린 다음
> 그들의 비상은 끝났다.
> 그들은 안정된다.
> 시의 끝.

They arc and loop & then
their flight is done.
they settle down.
end of poem. (241)

시가 써지는 방식은 새들이 리더가 없이 나는 방식과 같다. 즉, 인위적인 시학의 거부다.

급기야 야생동물이 시적 화자보다 더 늠름하고 보다 고매한 성품을 지니고 있으며(315) 명나라 황제들의 무덤에 묻힌 감의 흔적은 황제들의 시신보다 더 오래 남고(353), "보이지 않는 그 뒤쪽에서/쿠거나 코요테의/ 침착하고 당당한 눈이/ [인간중심주의에 취하여 오만한] 내가 일어서서 가는 것을 바라본다."(Back there unseen/ Cold proud eyes/ Of Cougar or Coyote/ Watch me rise and go)(6). 이제 화자는 적어도 야생동물들에게 자기중심주의적인 의미를 투사하거나 그들을 인간의 언어로 정의하기를 포기하고 그들처럼 생리적인 필요와 욕구에 따라 행동한다.

비탈진 바위에 내리쬐는 따가운 햇빛에
어질어질해진 나는 폴짝 뛰어 아래로 내려갔다,
조약돌 깔린 웅덩이가 노간주나무 그늘 속에서 졸졸거렸다.
올해 태어난 방울뱀의 조그만 혀가 날름거렸다,
나는 옥석 색깔의 똬리 튼 그 모습에 웃으면서 껑충껑충 뛰었다—
더위에 지쳐 납작한 돌들을 지나 냇가로 달려갔다
아치형 절벽 아래로 여지없이 굴러 떨어져
머리와 어깨를 온통 물속에 처박고
자갈 위에 완전히 뻗었다—귀는 웅웅거리고
물이 차가워 뜬 눈이 아픈데 송어 한 마리가 마주보고 있었다.

Pressure of sun on the rockslide
Whirled me in dizzy hop-and-step descent,
Pool of pebbles buzzed in a Juniper shadow.
Tiny tongue of a this-year rattlesnake flicked,
I leaped, laughing for the little boulder-color coil—
Pounded by heat raced down the slabs to the creek
Deep tumbling under arching walls and stuck
Whole head and shoulders in the water:
Stretched full on cobble—ears roaring
Eyes open aching from the cold and faced a trout. (10)

이 시속에 등장하는 방울뱀과 송어는 침착하고 당당한데 인간은 행동이 어설프고 우스꽝스럽다. 화자가 똬리를 튼 방울뱀의 모습을 보고 아마도 우습게 생겼다고 웃었지만, 오히려 실수하여 냇가로 굴러 떨어지는 화자를 보면서 방울뱀과 송어가 깔깔대고 웃어야 할 판이다. 비인간 자연과 인간의 위상이 역전된 상황이다. 이렇게 역전된 상황에서 인간이 인간중심주의적 언어의 의미를 방울뱀과 송어에게 덧씌운다면 그것은 더욱 우스꽝스러운 일이다.

「수면 위의 물결」(“Ripples on the Surface”)은 스나이더의 자연관이 가장 잘 드러난 시이다. 이 시는 스나이더 자신이 편집한 그의 시 모음집 『무성』(*No Nature*)의 마지막 쪽에 배치되어 있다. 그 만큼 스나이더는 이 시를 통하여 자신의 자연관의 속살을 종합적으로 내비치고 있다. 그는 마침내 이 시에서 ‘자연’이라는 추상적인 단어의 정의를 시도한다. 시인은 우선 수면 위에 일어난 물결들의 차이와 그 원인을 면밀히 관찰한다. 수중으로 은빛 연어가 지나가며 내는 물결은 미풍이 일으킨 물결과 다르다. 물결 위로 질주하는 지느러미가 보이면, 그것은 정어리 떼를 삼키며 혹등고래가 일으킨 물결이다. 즉, ‘자연은 한 권의 책이 아니고 하나의 행위예술'(Nature not a book, but a performance)이다. 자연은 지워지고 다시 사용되는 '끊임없이 새로운 사건'(Ever-fresh events)이고 들판 밑에 숨겨져 흐르는, 머리타래처럼 수많은 강의 지류들이다(381). 시인은 마침내 '야생'(wild)과 '집'(house)의 사이 곧, 자연과 문명 사이의 경계를 허물면서 둘은 '함께 하나의 텅 빈 집'이라고 선언한다. 자연은 '무성'(No nature)임을 인정하는 것이다. 인간의 언어로 자연의 본질적인 속성을 정의할 수 없다는 사실을 고백하고 있는 것이다.

자연의 본질을 인간의 언어로 포착할 수 없다는 인식은 인간이 비인간 자연에 투사하는 문화적 의미를 되돌아보게 한다. 자연의 본질에 대한 정의가 불가능하다면, 자연의 이름은 그것이 무엇이든 인간의 관념이 지어낸 허구일 수밖에 없다. 스나이더는 『무성』에 붙인 서문에서 관념이 지어낸 자연의 명명법을 해체한다.

> 그러나 우리는 자연을 쉽게 알지 못하며 우리 자신조차도 모른다. 자연의 실제 모습이 무엇이든지 자연은 우리의 생각과 가정에 들어맞지 않는다. 자연은 우리의 기대와 이론적인 모델을 회피한다. "자연계"이든 "사물의 속성"이든, 거기에는 단 하나의 혹은 고착된 "본성"이 없다. 우리가 자연에게 바치는 가장 큰 존중심은 자연을 붙잡으려 하지 않고, 자연은 우리를 회피하고, 우리 자신의 본성도 유동적이고 열려 있으며, 가정적이라는 점을 인정하는 것이다.
>
> But we do not easily know nature, or even know ourselves. Whatever it actually is, it will not fulfil our conceptions or assumptions. It will dodge our expectations and theoretical models. There is no single or set "nature" either as "the natural world" or "the nature of things." The great respect we can pay to nature is not to trap it, but to acknowledge

that it eludes us and that our own nature is also fluid, open, and conditional. (v)

자연의 이름은 공(空)이다. 위 인용문에서 삼라만상은 자성이 없다고 하듯이, 일본의 선불교에 영향을 받은 스나이더는 그의 시의 "구조와 이미저리 그리고 통사" 속에 공(*sunyata*)의 개념을 짓는다(Norton 41). 줄리아 마틴(Julia Martin) 역시 스나이더의 자연 시학은 선입견을 비우고 구체적인 경험을 토대로 사물의 개념을 형성하기를 주문하는 "부재의 시학"(a poetics of absence) 이라는 노튼의 언급에 동의한다(7). 두 비평가가 공감하는 대목은 자크 데리다(Jacques Derrida)류의 해체사상과 불교의 공사상이 만나는 지점이기도 하다. 다시 이 글의 주제로 돌아가자면, 인간의 자아를 포함한 삼라만상에 자성(自性)이 없다는 전제에 동의하는 스나이더의 시학이 역사적으로 특권화 된 문화가 명명한 자연의 이름을 거부하는 것은 당연한 논리적 귀결이다.

그렇다면 무자성의 자연관을 전면에 내세운 스나이더의 시학은 상대주의적 자연관이라는 공견에 빠져있는가? 그 답은 이른바 불교의 공사상과 데리다류의 해체사상이 공유하는 담론의 또 다른 한 축곧, 현존(presence)의 담론에서 찾아야 할 것이다. 데리다의 임무는 "[텍스트] 안에서 작동하는 형이상학적, 수사적 구조들을 거부하거나 폐기하기 위함이 아니고 그것들을 다른 방식으로 다시 쓰기 위하여 분해하는 것"이라고 언급한 스피박(Gayatri C. Spivak)이나 해체의 목적은 "현존과 부재, 말과 글, 철학과 문학, 글자 그대로의 뜻과 은유, 중심과 주변부" 사이의 계층적 이분법을 해체하고 그러한 관계들을 재정립하는 것이라고 말한 조나단 컬러(Jonathan Culler)는 모두 해체사상이 안고 있는 이중담론의 정치성을 지적하고 있다(Derrida xxv, Culler 150). 스나이더의 자연관 또한 부재의 담론과 함께 현존의 언어를 담지하고 있다. 그는 서양의 관념적 형이상학이 고착시킨 자연의 개념을 거부하는 한편, 자연의 관찰과 경험 그리고 그러한 관찰과 경험을 자양분으로 삼은 상상력이 포착한 자연의 의미 재건을 끊임없이 시도한다. 스나이더의 시학과 정치학은 머리타래처럼 갈라진 수많은 강의 지류들이 주변의 산과 들판들 그리고 거기에 거주하는 동식물들이 맺고 있는 연기론적 관계처럼 상호 침투한다. 같은 맥락에서, 마틴은 스나이더의 시학이 오히려 정치성을 보다 적극적으로 드러내고 있다고 본다. 불교의 연기론에 대한 스나이더의 해석은 불교나 시 어느 것도 그것들이 행해지고 써지는 사회적, 정치적 그리고 생태적 환경으로부터 분리되어 존재하는 것이 아니라는 지적이다(Martin 14). 스나이더는 자연에 선험적 의미를 투사하지 않지만 그렇다고 무성의 담론에 매몰되어 자연의 의미 찾기를 결코 방기하지 않는다. 그의 시가 공사상과 해체적 자연관에 한 쪽 발을 딛고 있지만 그리고 그의 무성의 시학이 강압적인 자연관에 저항하는 토대를 제공하지만, 그럼에도 불구하고 그는 보수적 자연관과는 거리가 먼 미국의 생태시인으로 인정받는 까닭은 바로 현존의 언어와 부재의 담론이 길항하는 그의 시학 때문일 터이다.

Ⅳ

로렌스와 스나이더의 자연시학은 궁극적으로 자연이 은유하는 바를 탐색한다는 점에서는 서로 닮아있다. 그러나 로렌스는 자연 상태의 동식물의 생태와 문화적 의미를 연역적으로 결합시켜 문화혁명을 도모한다면 스나이더의 자연 시학은 면밀한 자연 관찰과 자연 경험을 통하여 귀납적으로 빚어진 결과라는 점에서 유의미한 차이를 드러낸다. 환원하면, 로렌스가 밝음과 어둠의 요소가 혼융된 자신의 이상적인 문화모형을 창조하는 보완 수단으로서 어둠의 문화요소를 동식물에 투사한다면, 스나이더는 자연 자체로부터 온전한 문화모형을 탐색하기 위하여 동식물과 자연 현상을 관찰한다. 따라서 로렌스는 자신의 세계관 속에 고착된 자연의 개념과 부합하는 자연 현상을 찾아내는 과정에서 각각의 동식물은 하나의 제유다. 반면에 스나이더의 자연은 그의 세계관 속에서 늘 새로운 정체성으로 변용될 수 있는 가능성을 허용한다. 따라서 로렌스의 자연관이 강압적으로 느껴지는 한편, 스나이더가 제안하는 (무)자연은 자못 탄력적인 개념이 된다.

그렇다면 두 작가의 자연 시학의 차이가 야기할 수 있는 생태비평적 함의의 차이는 무엇인가? 주지하다시피, 작금의 생태철학이나 생태비평계의 가장 지난한 논쟁거리는 본질주의 자연관과 비본질주의 생태관의 대립이다. 서양 철학계에서 이른바 심층 생태학(Deep Ecology)이 전자를 대표한다면, 후자를 옹호하는 입장은 사회 생태학(Social Ecology)이나 생태여성주의(Ecofeminism) 혹은 제3세계의 정치경제적 상황을 배려하는 환경론일 것이다. 이들이 논쟁하는 핵심적인 내용을 간략하게 점검할 필요가 있겠다.

다양한 사회문화적 환경을 고려하지 않는 자연관은 자칫 권력과 재력을 선점한 특권층의 유익과 이해관계만을 옹호하는 이기적 논리로 전락하기 마련이다. 브래드포드(George Bradford)처럼 사회 생태학에 경도된 학자들이 심층 생태학을 비판하는 소이가 여기에 있다. 브래드포드는 심층 생태론자들이 환경파괴를 "사회 현상"으로 보지 못하고 "[인간] 종에 의하여 발생한" 문제로만 바라봄으로써 축소주의의 함정에 빠져있다고 주장한다(10). 샐리(Ariel Salleh)도 색깔은 다르나 결국 사회적 불평등 문제를 간과하는 심층 생태학을 질타한다. 심층 생태학은 부주의하게 로고스중심주의라는 본질주의 담론으로 회귀하면서 여성과 남성 사이의 문화적으로 형성된 차이를 간과함으로써 성차별의식과 생태계 파괴의 문제가 교묘하게 맞물려 있는 현실을 직시하지 못한다고 비판하고 있다(239). 그런가하면 구하(Ramachandra Guha)는 산업 선진국의 상황에서 태동한 심층 생태학의 규범을 오히려 일정한 정도의 산업화가 필요한 제3세계의 사회현실에 동일하게 적용하려는 경직성을 지적하고 있다(74). 예의 세 가지 비판의 표적은 역사적, 사회적 상황이 요구하는 인간 삶의 기본 욕구를 도외시하고 문화적, 경제적으로 특권을 누려온 백인-남성의 기득권에 봉사하는 본질주의적 자연관을 여의지 못하는 심층 생태학에 맞추어져 있다.

오늘의 생태학은 정치한 이론보다 그 실천력을 요구한다. 생태환경을 보호하고 보존하는 일은 논리의 요구라기보다는 오히려 인간들 사이의 다양한 이해관계의 조정과 타협의 문제다. 따라서 오늘의 생태론은 이론의 탄력성을 요구한다. 강압적인 자연관은 어느 특정한 이해집단의 이익에만 봉사하는 이론으로 전락하기 마련이기 때문이다. 생태론의 실천성이라는 관점에서 예의 두 작가의 자연관의 차이를 다시 들여다 볼 필요가 여기에 있다. 데이비즈(Paul Davies)는 오만한 인간주의적 영웅숭배와 초월적 기표를 추앙하는 본질주의보다 "생명애"(biophilia)에 착근한 로렌스의 본질주의 우주관을 선호한다고 언급하지만(86), 로렌스의 자연관 역시 인간의 다양한 사회문화적 역사성을 충분히 담아내지 못하고 있다는 비판을 수용할 수밖에 없다. 로렌스가 그의 『묵시록』(*Apocalypse*)의 말미에서 분명하게 언급하듯이, 개인은 땅이나 바다의 일부고 인류와 국가와 가족의 유기적인 일부이기 때문에(149) 그의 세계관은 생태적, 인간적 고립을 부추기는 죽임의 문화에 저항하고 있다고 볼 수 있지만, 그의 유기적 통합성의 개념은 전체주의적인 강압성을 띠면서 인간들 사이의(intrapersonal) 특수한 상황의 차이를 충분히 배려하지는 못한다. 즉, 로렌스의 생태중심주의는 현실 속의 인간중심주의를 대화의 파트너로 인정하지 못하는 경직성을 드러내면서 자연중심주의 곧, 또 다른 본질주의로 환원한다는 의미다. 그래서 스나이더가 제안하는, 보다 탄력적인 무성의 시학을 되짚어 볼 필요가 있을 터이다. 공(*sunyata*)에 그 뿌리를 둔 스나이더의 자연 시학은 현존의 언어와 부재의 목소리가 끊임없이 갈마들 수 있는 가능성을 허용함으로써 생태담론의 현실적 유효성을 한층 더 제고할 수 있을 법하다.

3-6. 인간과 자연의 틈새
— 마거릿 애트우드의 『오릭스와 크레이크』

I

애트우드(Maragret Atwood)는 독자가 『오릭스와 크레이크』(*Oryx and Crake*)를 공상과학 소설(SF)이 아니라 오늘의 사회상과 과학기술의 문제가 외삽되었으며 또, 그러한 사회와 기술을 비판하고 있다는 점에서 "명상 소설"(speculative fiction)로 읽어주기를 원한다고 말했다.[12] 무엇보다도 이 소설에서 묘사하는 인류의 대재앙이 지나치게 비현실적인 사건으로 비칠 수 있다는 작가의 우려에서 나온 언급일 터이다. 빗나간 과학기술의 발전이 결국 인류의 종말을 야기한다는 플롯의 결말만을 놓고 보면 과연 이 소설은 비현실적이고 황당한 이야기로 치부될 수 있다. 그러나 이 소설이 고발하고 있는 과학기술의 문제점 특히, 유전공학 자체의 한계와 유전자변형생물(GMO)[13]의 개발을 둘러싼 거대한 정치적, 경제적 음모와 수탈을 감안하면 이 이야기 속에서 일어나는 사건들이 황당한 공상으로 보이지 않는다.

나아가 이 소설이 다루는 중요한 주제 중 하나가 생태학적 문제라

12 애트우드의 "Writing Oryx and Crake" (http://www:randomhouse.com/features/atwood/essay.html) 참조.

13 GMO를 흔히 유전자조작생물(genetically manipulated organism)과 유전자변형생물(genetically modified organism)로 혼용하고 있다. 전자가 유전자 공학의 부정적인 측면을 강조하는 용어라면 후자는 그것을 보다 연성화한 용어다. 이 글에서는 일단 유전공학 자체에 대한 부정적인 선입견을 배제하는 취지로 후자의 용어를 사용하며 이후 GMO로 약칭함.

는 점에서도 충분히 오늘의 현실성을 획득한다. 바다 경치의 묘사로 이야기를 열고(Margaret Atwood, *Oryx and Crake* 3)[14] 다시 소설의 말미에서 대재앙 이후에도 여전히 아름다운 바다(354)를 묘사하고 있는 점만 보아도 이 작품에 실린 생태의식의 비중을 짐작할 수 있다. 주지하다시피, 유전자변형동식물이 인간의 건강을 해치고 생태학적 혼돈을 초래한다는 우려와 비판은 바로 오늘의 지구촌을 뜨겁게 달구는 논쟁거리다. 애트우드의 생태비평적인 입장이 무엇인지는 이 글의 본론에서 면밀히 논의하겠지만 적어도 이 소설은 분명히 우리 당대의 생태적 상황을 심각하게 짚어내고 있다. 이 소설의 두 주요 인물의 이름이 오릭스(Oryx)와 크레이크(Crake)로서 본디 동물의 이름이고 특히 오릭스는 동 아프리카에서 멸종한 암양이라는 점(311), 나아가 두 사람의 이름으로 소설의 제목으로 삼고 있다는 사실만 보아도 작가가 얼마나 생태환경문제에 큰 비중을 두고 있는지 짐작할 수 있다. 이 논문의 목적은 첨단 과학기술과 정치경제적 권력이 결탁하여 마치 통제 불가능한 신처럼 군림하면서 인간의 본성을 왜곡하고 지구 생태계를 해치는 현실적인 문제에 대한 작가의 입장을 탐구하는 것이다. 환언하면, 과학, 자본, 정치권력과 총체적으로 연루되어 있는 생태문제에 대한 서사를 오늘의 생태비평적 관점으로 되짚어보는 것이다.

Ⅱ

이 소설에서 특별히 문제로 삼는 첨단과학은 이식 유전학(transgenics)이다. 따라서 우선 이식 유전학의 결과물로 출현하는 GMO가 인간

14 이후 이 소설에서 인용한 부분은 쪽수만 표기함.

사회와 생태계에 미칠 수 있는 긍정적, 부정적 영향에 얽힌 소설 밖의 논쟁부터 점검할 필요가 있다. GM기술은 세균들이 염색체 DNA와 함께 플라스미드(plasmid)라는 고리 모양의 작은 DNA를 발견하면서 시작되었다. 이 플라스미드는 염색체 DNA와는 달리 다른 세균으로 이동할 수도 있고 다른 세균의 DNA를 받을 수도 있는데, 그러한 플라스미드의 특성을 이용하여 두 개체 사이의 유전자 재조합이 가능하게 되었고, GMO는 바로 유전자 재조합 기술을 통하여 개발된 변형생물인 것이다(박수철 외 50-51). 영국의 이안 윌멋(Ian Wilmut)이 1997년에 복제양을 탄생시킨 것은 바로 이러한 핵치환과 유전자 재조합 기술이 일구어낸 쾌거라고 할 수 있다.

유전공학이 새롭게 발견된 유전 정보를 이용하여 개발하는 GMO가 갖는 사회적인 순기능을 간과할 수는 없다. 예컨대, 유전정보과학기술을 이용하여 각종 질병을 진단하고, 범죄자의 신원 확인을 비롯하여 다양한 경우에 정확하고 편리하게 신원파악을 할 수 있다. 또한, 유전자 변형 기술을 이용하여 병충해에 강하고 수확량을 획기적으로 늘릴 수 있는 GM농작물을 개발하여 현재 지구촌 곳곳에서 GM작물을 대단위로 재배하고 있다. 2014년 기준으로 세계 전체 콩 재배 면적의 79 퍼센트와 옥수수 재배 면적의 32퍼센트를 GM작물이 차지하고 있다는 통계가 사실이라면(박수철 외 인 165-66) 이제 세계 어느 국민의 식탁도 GM작물 식재료로부터 자유로울 수 없는 상황까지 와버렸다.

GM기술을 옹호하는 과학자들은 대부분 GM작물의 폐해에 관한 확실한 과학적 증거는 없다고 주장하지만, 일단의 유전공학자들과 관련 사회운동가들은 GM기술과학의 위험성을 신랄하게 지적하고 있다. 자신이 생명공학자인 매완 호(Mae-Wan Ho)는 유전자변형 생명공학의 위험성을 과학적 관점에서 지적하고 있다. 호를 비롯한 반대론자들은 공통적으로 유전자 변형은 대표적인 과학적 환원주의에 빠져있다고 비판한다. 예를 들면, 호는 유전자 변형기술을 이용하여 제초제 저항성이 강한 GM작물을 개발하면 더욱 강력한 제초제를 매우 광범위하게 사용하게 되고 결국 수많은 토착 생물을 무차별적으로 죽여 버림으로써 유기적인 생태계를 대규모로 파괴하는 결과를 야기한다고 지적한다(208). 또한 호는 종의 경계를 뛰어 넘도록 설계된 인공 벡터(유전자 재조합 DNA 실험에서 자율적 증식능력을 갖는 소형의 DNA 분자)는 독성과 항생제 저항성을 가진 유전자들의 수평적 이동을 증가시킴으로써 이들이 재조합되어 뜻하지 않은 변종 병원균을 만들어 낼 가능성이 농후하다고 경고한다(43). 즉, GM작물을 개발하는 과학자들은 오직 독성에 강한 작물의 개발만을 생각할 뿐, 그들의 연구 결과물이 야기할 수 있는 다양한 부정적인 효과를 충분히 고려하지 못한다는 비판이다. 또한, 호는 "형질 전환 작물은 본질적으로 지속 불가능하며 생물 다양성과 인간 동물의 건강에 지극히 위험하다"(239)고 언급하면서 세계 곳곳에서 발생한 피해 사례를 들어 상당히 설득력 있게 유전자 변형 과학의 문제점과 한계를 지적하고 있다. 나아가 호는 생명공학의 꿈이 악몽으로 변하기 전에 "환원주의의 과학을 뛰어넘어 유기적 전체에 대한 보다 깊은 이해로 나가는 지식을 추구함으로써 유전공학 너머의 지속 가능한 미래를 선택하자"(423)고 제안한다. 이 소설『오릭스와 크레이크』에서 애트우드는 바로 호가 우려하는 악몽의 세계를 상상하고 있다. 캐나다의 유전공학자이며 브리티시컬럼비아 대학(University of British Columbia)의 교수로 재직하였고 1970년대 중반 이후부터 환경운동과 관련 방송인으로 수십 년 동안 활동한 데이비드 스즈키(David

Suzuki)도 다양한 과학적 맥락을 무시한 유전공학의 환원주의를 심각한 문제점으로 지적하고 있다(227).

한국 내의 관련 학자와 환경 운동가들도 호와 스즈키의 비판과 같은 맥락에서 생명 순환의 고리를 파괴하는 GMO의 위험성을 지적하고 있다(권영근 42, 허남혁 83). 이들은 생명공학은 단순히 생명현상에 대한 과학적 이해의 차원에 머무르지 않고 산업적, 사회적 차원의 여러 요소들이 개입된 복합적인 과정임을 직시하고 유전자 변형 기술을 옹호하는 지배담론에 대항하는 담론으로서 생태학을 기반으로 하는 전체론적 세계관의 활성화를 주문한다. 나아가 유전자 변형 과학기술의 확산을 막는 방안으로 시민 사회 측의 생명공학 감시운동 및 과학기술 민주화 운동과 함께 과학자의 윤리의식고취를 위한 사회적인 노력의 필요성을 호소한다. 물론 해외 학자들도 생명과학기술이 결코 사회로부터 독립된 '사물'이 아니라는 사실을 분명히 인식하고 위험한 과학기술을 민주적으로 통제할 수 있는 사회관계의 형성을 주문하고 있음은 주지하는 바다.

GM과학기술에 대한 옹호와 비판을 둘러싼 논란은 국내외를 막론하고 지금도 끊임없이 계속되고 있다. 그 이유는 사실 어느 쪽도 GMO의 유해성을 명확하게 증명하거나 반대로 유해성 논란을 완벽하게 종식시킬 수 있는 확실한 과학적 증거를 제시하지 못하고 있기 때문이다. 설령 위험성을 증명하는 실험 결과를 제시한다 하여도 막대한 자금 동원력과 정치력을 가진 GM산업 측에서 관련 과학자를 지원하여 유사한 실험을 수행하고 정반대의 결과를 발표하기 일쑤다.[15] 어느 쪽이나 완벽하게 신뢰할 수 있는 과학적 증거를 확보하

15 예컨대, 러시아의 이리나 에르마코바(Irina Ermakova) 박사가 GM콩을 먹인 쥐에서 태어난 새끼 쥐들의 55.6%가 태어난 후 3주 이내에 죽었으나 일반 콩을 먹인

기 어려운 까닭은 무엇보다도 GMO의 유해성이나 안전성을 과학적으로 증명하는 연구와 실험을 수행하는 데는 적어도 수십 년의 시간과 엄청난 규모의 재정지원이 요구되기 때문이다. 사정이 그렇다 보니 찬반양론이 모두 비과학적이고 비합리적인 추측과 편견으로 기울어지기 십상이다. 더구나 유전공학자가 갑자기 GMO의 위험성을 전파하는 환경운동가나 자연주의자로 돌변하는가 하면, 반대로 맹렬히 환경운동을 하던 사회운동가가 GMO의 안전성을 옹호하는 친유전공학자로 뒤바뀌는 사례는 유전자 변형 기술의 위험성과 안전성에 대한 일반인의 혼란을 가중시키고 있다. "과학과 기술의 이점을 굳게 믿고 있었던" 유전공학자 데이비드 스즈키는 유전학의 위험성을 방송과 언론 그리고 저술을 통해 대중에게 알리는 환경운동가로 변하였고(15), 본디 역사정치학을 전공한 영국의 환경운동가 마크 라이너스(Mark Lynas)는 1990년대 중반부터 치열하게 GMO 반대운동을 하였지만 2013년 1월 3일 옥스퍼드농민대회에서 자신의 반대운동이 과학을 무시한 과오이었음을 시인하고 공개 사과하면서 GMO 찬성론자로 돌변하였다(박수철 205). 이들 찬성론자들과 반대론자들의 엇갈린 주장을 접하면서 GM과학기술에 대한 전문 지식이 부족한 일반 대중의 판단은 더욱 어려워진다.

사실 인간은 '도구를 사용하는 동물'로서 과학기술은 인간의 정체성을 형성하는 일부다. 인간은 본디 언어적 동물인 만큼 기술적 동물이다. 생명과학기술도 예외가 아니다. 비록 인간 유전학은 윤리적인 논란을 야기하지만, 유전공학이 대두하기 전부터 보다 양질의 동

쥐의 새끼들의 폐사율은 9%에 불과하였다는 실험 결과를 발표하자, 곧 이어 몬산토(Monsanto)사와 다른 GMO회사들이 연합하여 유사한 실험을 수행하도록 기획하고 GM콩은 쥐는 물론 다른 동물들에게도 전혀 해가 없었다는 상반된 실험 결과를 언론에 발표하였다. (F. William Engdahl 245 참조)

식물 품종을 개발하기 위한 선택 교배와 선발 육종은 계속되었다. 그래서 쿠크(Grayson Cooke)는 "생명과학기술과 인간은 상호 그 개념 안에 상대방의 입김을 포함하고 있다."(124)고 말한다. 아무도 과학기술 자체를 문제시할 수는 없다. 우리는 기술을 완전히 배제한 인간의 삶을 감당할 수 없기 때문이다. 그러나 앞에서 살펴본 바와 같이 과학적 환원주의나 생명과학기술의 발전을 둘러싼 무분별한 욕망의 작동은 언제든 치명적인 인류의 재앙을 불러올 수 있다. 『오릭스와 크레이크』는 바로 그러한 위험성을 상상해본 소설이다.

Ⅲ

이 소설의 화자는 현재의 스노우맨(Snowman)과 과거의 지미(Jimmy)다. 동일인이 과거와 현재를 넘나들며 이야기를 전한다. 현재의 스노우맨은 그의 절친한 친구이자 탁월한 이식유전공학자인 크레이크가 개발한 행복제(BlyssPluss) 속에 감추어진 변종 바이러스의 확산으로 인하여 인간이 거의 멸종 상태에 이른 후 유전자 공학의 본거지인 정력재활단지(RejoovenEsense Compound) 안에 갇혀있다. 빗나간 유전공학의 산물이 인류의 대재앙을 초래한 후 이제 스노우맨은 크레이크가 창조한 크레이크인들(Crakers)을 돌보면서 크레이크가 꿈꾼 이상향을 실현할 것인가 아니면 아직도 생존 가능성이 있는 몇몇의 인간들을 찾아 재앙 이전의 세계로 환원할 것인가를 고민하면서 딜레마에 빠져있다. 사실 과거의 스노우맨 지미는 크레이크의 탁월한 자연과학적 재능에 경탄하면서도 물질의 가치만을 좇으면서 인간의 정신적 가치를 철저하게 거부하는 친구의 태도가 마뜩치 않다. 지미는 상대적으로 인문학 특히 언어 감각이 뛰어난 인물이다. 따라서 대조적인 기질과 재능을 가진 두 인물의 배치는 이 소설에서 주제의 한 축을 이루고 있는 물질주의 가치와 정신주의 가치의 대립을 암시하고 있다. 그리고 이 소설에서 묘사하는 GM과학기술의 실천은 물질주의 세계관의 최첨단을 표상하고 있다.

인간의 종말을 초래한 신종 바이러스의 출현은 바로 "바이러스 유전자를 가진 인공 벡터와 외부 환경 속의 다른 바이러스 사이의 유전자 재조합으로 새로운 바이러스가 잠재적으로 발생할 수 있다."(46-7)는 호의 언급을 상기시킨다. 즉, 치명적인 바이러스의 출현은 곧 과학적 환원주의의 한계와 위험성을 예증하고 있는 것이다. 과학 제일주의에 매몰되어 있는 크레이크마저도 지미에게 인간복제 기술을 설명하면서 과학적 환원주의의 한계를 분명하게 인정하고 있다.

> "육체적으로나 정신적으로 매수자가 원하는 어떤 모습의 아기든 완전히 선택된 아기를 만들 수 있을 거야. 현재 시행하는 방법으로는 장담 못해. 크레이크가 말했다. 어떤 유전병들은 제거할 수 있었어. 그러나 그 외에는 수많은 실패와 낭비가 있었지. 소비자들은 그들이 지불한 돈만큼 정확하게 얻은 것인지 아닌지 결코 몰랐어. 게다가 의도하지 않은 결과가 너무 많이 발생했지."
>
> "They'd be able to create totally chosen babies that would incorporate any feature, physical or mental or spiritual, that the buyer might wish to select. The present methods on offer were very hit-or-miss, said Crake: certain hereditary diseases could be screened out, true, but apart from that there was a lot of spoilage, a lot of waste. The customers never knew whether they'd get exactly what they'd paid for; in addition to which, there were too many unintended consequences." (304)

'의도하지 않은 결과'는 과학의 영역에만 한정해도 이 소설의 경우처럼 심각한 폐해와 위험을 초래할 수 있다. 특정한 과학기술의 개발이 야기할 수 있는 긍정적이든 부정적이든 그 총체적인 결과를 예상하지 못하는 과학자의 불완전하고 편협한 시각과 지식의 한계를 과학자가 스스로 인정하는 언급이다.

과학적 환원주의의 폐해는 비단 행복제의 개발이 가져온 재앙으로만 그치는 것이 아니다. 유전자 재조합 기술을 통하여 태어난 합성 동물들은 과학자들이 예상하지도 않고 의도하지도 않은 결과를 초래한다. 예컨대, 유전공학자들은 노래하는 새의 개체수를 늘릴 목적으로 그 천적인 들 고양이의 개체수를 줄일 필요가 있다고 생각하여 고양이삵(bobkitten)을 개발한다. 그러나 고양이삵은 들 고양이만 해치는 것이 아니고 작은 개와 갓난아기들을 잡아가고 어린애들을 난도질하는 심각한 폐해를 야기한다(164). 이제 고양이삵을 통제할 방법이 없다. 고양이삵 이외에도 이들이 합성한 늑대개(wolvogs)나 너구리스컹크(rakunks) 그리고 인간의 장기이식을 위하여 돼지와 개코원숭이(baboons)를 결합시킨 돼지원숭이(pigoons) 등의 유전자 변형 동물들은 생태계의 혼란을 초래할 뿐만 아니라 인간의 생명을 해치기 일쑤다. 지구에 대재앙이 덮친 후에 정력재활단지를 벗어나 평민촌(pleebland)을 탐사해 보려는 스노우맨이 가장 두려워하는 것은 평민촌에 만연한 신종 바이러스에 의한 감염과 늑대개의 습격이다. 살인 바이러스와 난폭한 늑대개를 비롯한 유전자 변형 동물들의 출현은 바로 수많은 GMO 반대론자들이 지적하는 과학적 환원주의의 한계를 여실히 예증하고 있다. 다시 스즈키가 언급하듯이, 과학자들은 자신의 기술력에 매료되어 자신의 연구가 사회나 환경에 미칠 영향을 진지하게 성찰하는 일이 거의 없는 것이다(241).

『오릭스와 크레이크』는 과학적 실험과 지식을 통해 물리적인 세계를 지배하려는 권력욕이 작동하는 소설이다(Somacarrera 55). 그러나 과학기술 엘리트 집단의 권력은 순수한 과학의 힘으로부터만 나오는 것이 아니다. 그것은 정치경제적 권력기관의 비호를 받아 통제가 불가능한 하나의 거대한 괴물로 군림한다. 시체군단(CorpSeCorps)은 막강한 정치권력과 자본의 힘을 동원하여 유전공학을 비호하고 관련 과학자들을 조종하는 권력집단으로서 '그들'(They)로 총칭된다. 그러나 '그들'은 권력에 대한 욕망과 그것의 상실에 대한 공포 사이에서 종말을 향해 치닫는 자신의 "무덤을 파는 자들"(273)이다. 크레이크는 지미에게 유전자 변형 커피(Happicuppa)를 비롯한 GM작물이나 복제인간의 거래에 엄청난 돈이 동원되고 있다는 사실을 털어놓는다(179, 289). 권력기관에 의한 생명과학기술의 통제는 결국 생태계를 교란시키고 파괴하는 결과를 초래할 뿐만 아니라 소수 엘리트 계층으로의 부의 편중을 더욱 심화시키는 심각한 사회문제를 야기한다. 그처럼 거대한 세력에 저항하는 자는 지미의 어머니나 크레이크의 아버지의 경우처럼 여지없이 시체군단에 의하여 제거 당한다. 개인의 삶은 예외 없이 권력 놀이와 권력 투쟁에 연루되어 있다는 애트우드의 언급("Notes on Power Politics", 7)은 이 소설 속에서 자행되고 있는 권력의 횡포를 잘 설명하고 있다.

주지하듯이, 오늘날 생태환경을 파괴하는 요인은 복합적이다. 인간이 지구 생태계를 떠나지 않는 한 인간중심주의 문화로부터 과학기술의 오남용과 자본의 횡포 그리고 전쟁에 이르기까지 인간의 의식과 활동이 모두 생태환경의 변화에 심대한 영향을 미치고 있는 것이다. 앞서 언급하였듯이, 이 소설은 궁색하지만 생태적 대안을 찾는 노력의 일환으로 읽을 수 있다. 오만한 과학이 대재앙을 일으켜 결국 인류는 종말을 맞이한다는 플롯의 결말은 헉슬리(Aldous L. Huxley)가 『멋진 신세계』(*Brave New World*)에서 상정한 디스토피아의 경우보다 한층 더 어둡지만, 생태학적 시각으로 보면 애트우드의 디스토피아는 유토피아일 수 있다. "인간의 제거는 단번에 환경위기의 문제를 해결해버리기"(Dunning 95) 때문이다. 대재앙 이후 인간으로서의 정체성 혼란을 겪는 한편, 생태적인 근심과 의무감을 느끼면서 마치 외계인처럼 평민지구를 순례하는 스노우맨은 예기치 않게 새롭게 안정된 생물지역 공동체를 목격한다(Rozelle 70). 적어도 인간의 자연수탈은 완전히 사라졌다. 크레이크의 유전공학이 창조한 크레이크인들은 모두 채식을 하며 흡사 천진난만한 어린아이와 같다. 유전자변형학을 이용하여 개발한 행복제를 세계적으로 확산시켜 인간을 멸종시키려는 범죄자 크레이크는 갑자기 생태적 구원자로 부상한다. 그래서 스노우맨이 갇혀있는 장방형의 정력재활단지는 노아의 방주를 연상시키며(279) 크레이크의 구원자 이미지는 더욱 강화된다.

그러나 크레이크가 인류와 지구의 파괴자인가 생태적 구원자인가를 판단하는 문제는 그리 간단하지 않다. 유전공학자인 아버지가 위험한 유전자변형기술의 개발에 저항하다 '그들'에 의하여 제거당하고, 더구나 어머니와 그녀의 정부 '피트 삼촌'(Uncle Pete)이 아버지의 살해 사건에 연루되어 있는 정황을 알고 있는 크레이크는 온 세상을 탐욕과 부패 그리고 음모의 소굴로 간주함 직하다. 따라서 크레이크의 파괴행위는 그의 개인적인 복수심의 발로일 수도 있다. 그러나 그의 사고와 행동은 사적인 차원을 넘어 생태적, 사회적 영역으로 나아가며 종교적, 예술적 차원으로까지 확장된다. 주목할 점은 크레이크는 무신론자로서 특히 기독교 신화에 뿌리를 두고 있는 문화 가치를 거부한다. 크레이크는 지미에게 자연과 인간 혹은 신과 인간 사이에 장벽이 필요하다고 말한다(206). 지미는 이 말을 인간이 감히 신의 영역을 넘보는 오만을 범해서는 안 된다는 뜻으로 받아들이지만, 크레이크는 반대로 인간은 인간의 관념이 지어놓은 신화로부터 해방되어야 한다는 주장을 하고 있는 것이다. 그러한 크레이크의 물질주의 세계관은 일견 친생태적으로 보일 수 있다. 그것은 신과 인간을 정점으로 기독교 신화의 계층적 세계관을 거부하기 때문이다. 기독교 교리는 인간의 자연수탈을 허용한다는 화이트(Lynn White)의 주장(10-12)이 옳다면, 크레이크의 기독교 신화 거부를 그의 친생태의식의 일환으로 볼 수도 있을 것이다.

크레이크는 기독신의 개념을 거부할 뿐만 아니라 모든 신화 속의 존재들을 단순한 허상으로 간주한다. 예컨대, 그는 유니콘(unicorns), 그리핀(griffins), 맨티코어(manticores), 바실리스크(basilisks) 등, 신화 속의 동물들의 육체적, 물리적 실체가 제시되지 않는다는 이유로 그것들의 명명 자체를 거부한다(7). 관념이 배제된 크레이크의 세계관으로 보면, 사랑은 허상이며 섹스는 임신과 출산의 수단일 뿐이고, 예술은 짝짓기 놀이에 불과하다(168). 자신의 유년시절에 겪은 학대와 함께 크레이크의 세계관에 영향을 받은 오릭스도 철저하게 관념을 배격하는 인물이다. 그녀는 상상 자체를 거부한다(92, 114). 하우웰즈(Howells)가 이 소설을 상상력과 열정이 결여된 두뇌의 문제를 다룬 작품(172)이라고 촌평할 때, 그는 바로 크레이크와 오릭스가 옹호하는 물질주의 세계관의 한계를 주목하고 있는 것이다. 요컨대, 관념을 배격하는 크레이크의 세계관이 친생태적로 여겨질 수도 있지만 그는 세상을 스스로 선택할 수 있는 타인의 권리에 대한 배려 없이 그의 이상을 강요하는 윤리적 과오를 범하고 있다(Glover 60).

나아가 인본주의 문화를 송두리째 부정하는 그의 사고와 행동이 실현가능하고 지속가능한 생태적 대안인지를 판단하는 문제는 보다 깊은 성찰을 요구한다.

이 소설은 과거의 지미와 현재의 스노우맨이 갈마들며 이야기를 서술하는 구조를 취하고 있다. 그리고 과학기술의 힘에 기댄 크레이크의 물질주의와 대재앙 이전의 인본주의 사회가 신봉하는 정신주의 사이에서 방황하는 인물이 지미-스노우맨이다. 그만큼 이 소설에 실린 모든 주제의 중심에 그의 서사가 위치하며, 생태적 담론 역시 예외가 아니다.

인간의 종말을 초래한 신종 바이러스가 평민지역(pleeblands)을 휩쓸어버리지만, 폐허가 된 인간의 거주지에서도 비인간 자연의 복원력은 신비스러울 만큼 강하다. 스노우맨은 자연의 강인한 생명력을 목격한다.

> 불타거나 폭발하지 않은 건물들이 비록 틈새마다 잡초가 솟아오르지만 아직 서 있다. 시간이 지나면 아스팔트에 균열이 생기고 벽과 지붕은 무너질 것이다. 이름 모를 넝쿨 식물이 도처에 자라면서 창문턱에 휘늘어지고, 깨진 창문을 통해서 창틀과 격자 모양의 창살로 기어오르고 있다. 이 지역은 이내 무성한 초목으로 뒤덮일 것이다. 그가 탐사여행을 훨씬 더 연기했더라면, 후미진 곳은 접근할 수 없었으리라. 곧, 인간이 거주한 흔적은 사라질 것이다.

> The buildings that didn't burn or explode are still standing, though the botany is thrusting itself through every crack. Given time it will fissure the asphalt, topple the walls, push aside the roofs. Some kind of vine is growing everywhere, draping the windowsills, climbing in through the broken windows and up the bars and grillwork. Soon this district

> will be a thick tangle of vegetation. If he'd postponed the trip much longer the way back would have become impassible. It won't be long before all visible traces of human habitation will be gone. (221-22)

이 장면은 자연에 대한 작가의 경외심이 잘 드러난 대목이다. 크레이크의 과학적 오만 혹은 과학적 환원주의의 오류가 출현시킨 신종 바이러스는 인간의 멸망만을 초래할 뿐이고 인간 이외의 자연 생태계의 존립 자체에는 그다지 해를 끼치지 않는다. 오히려 인간이 사라진 폐허는 생태 천국이다. 인간의 지식과 오만의 결과는 인간의 종말일 뿐, 자연은 인간의 문법을 초월하여 자연 자체의 법칙만을 따른다. 인간의 자연 수탈은 기껏해야 인간의 일시적인 변덕일 뿐이고, 인간은 연약하나 자연은 강하다는 역설이다. 지미-스노우맨은 시공간적 경계인(Rao 109)으로서 인간이나 자연 중 한 쪽을 선택해야 하는 기로에 서 있다. 혹은 스노우맨의 평민지대 탐사는 인간과 자연의 새로운 관계 모색이다.

지미는 돼지원숭이와 같은 유전자 변형 동물을 개발하면서 과학적 권력에 봉사하는 유전자지도학자(genographer)인 아버지와 반대로 유전자 변형 생물의 개발과 이용을 철저히 거부하며 환경보호운동을 펼치는 어머니 사이에 낀 경계인이기도 하다. GMO의 개발은 '자연 생태계'(building blocks of life)를 교란시키기 때문에 '부도덕'한 행위라는 어머니의 주장에 아버지는 GMO는 단지 단백질을 얻기 위해 개발할 뿐이고 결코 신성한 세포와 생체조직은 없는 것이라고 맞받는다(57). 두 인물의 주장은 고스란히 GM기술을 옹호하는 과학자들과 환경운동가들 사이에서 벌어지는 오늘의 논쟁을 반영하고 있다. 지미는 어머니와 아버지의 주장 사이에 끼어서 판단이 정지된 관찰자의 입장을 견지하고 있다. 나아가 지미가 마써 그레이험(Martha Graham) 대학 시절에 만난 '근본주의 채식주의자' 버니스(Bernice)와 이른바 '독수리 조각'(Vulture Sculptures) 프로젝트를 통해 전통적 사랑의 개념을 능멸하는 사진작가 어맨더 (Amanda)도 각각 급진적인 환경운동가와 정신주의를 거부하는 급진적인 물질주의자를 표상하는 인물들이며, 지미는 두 개의 상반된 급진주의 사이에서 어느 쪽으로도 귀속하지 못하는 "유목민"(Manning 73)이다. 이 소설의 메시지가 (탈)근대적 담론에 기울어져 있다고 보는 시각도 바로 서사를 이끌어가는 중심인물로서 지미-스노우맨의 불확실한 정체성을 주목하는 독법이다.

앞서 언급한 어맨더의 독수리 프로젝트는 인본주의적인 사랑과 낭만을 부정하는 크레이크의 예술관을 실천한 작품이다. 어맨더는 동물들의 사체를 모아 독수리의 먹이로 삼고 헬리콥터를 타고 공중에서 독수리들이 죽은 동물들을 쪼아 먹는 광경을 사진으로 촬영한다. 그리고 그 사진 작품에 '사랑'이라는 제목을 붙인다(247). 이 사진은 사랑과 낭만은 물론 자유와 정의와 평화 그리고 정신주의 등의 인본주의적인 가치 모두를 정면으로 거부하면서 대신에 약육강식의 먹이사슬이 지배하는 자연 생태계의 법칙을 솔직하게 인정하라는 메시지를 담고 있다. 지미는 여자 친구 어맨더의 섬뜩한 예술적 메시지를 감당하지 못하고 그녀와 헤어지지만, 이후에도 생태중심주의적인 세계관과 인본주의적인 삶 사이에서 그의 고뇌는 더욱 깊어간다. 즉, 지미-스노우맨은 인간의 이득을 취하기 위해 자연에 반할 것인가 아니면 비인간 자연을 포함한 타자에 대한 관심과 배려를 동반한 친생태적인 미래를 지향할 것인가의 갈림길에 선 방랑자다(DiMarco 170). 한편, 공적인 영역의 경계인으로서 지미의 처지는 그와 절친한 친구 크레이크 사이의 우정, 곧 사적인 관계와 중첩되면서 그의 입장은 더욱 모호해진다.

크레이크와 지미의 아버지가 '숫자 지향의 인간'이라면 지미는 '언어 지향의 인간'이다. 지미는 자신과 크레이크가 지닌 재능의 유형과 그 차이를 명확하게 인식하고 있다. 지미는 언어적 재능이 탁월한 인간으로서 크레이크와 같은 숫자형 인간이 결여한 전일적인 가치 판단력을 발휘할 수 있는 인물로 묘사된다. "네 친구는 지적으로 훌륭하구나. 그 애는 자신에게 거짓말을 하지 않아."라고 지미의 어머니가 크레이크의 재능과 솔직한 성격을 칭찬하자 지미는 질투심을 느끼면서 못마땅한 반응을 보이지만, 지미는 지적이든 아니면 또 다른 의미에서든 크레이크의 대단한 능력(honorableness)을 의심하고 있으며, 그가 어머니보다 크레이크를 더 잘 알고 있다는, 보다 신뢰할 수 있는 서사가 곧 바로 이어진다(69-70). 또한, 지미는 크레이크의 세계관에 철저히 매몰된 오릭스가 크레이크를 타락한 세상을 구원할 영웅으로 추겨 세우자 크레이크가 수행하는 모든 연구와 구원 프로젝트를 추동하는 동기는 그의 질투심이라고 폄하한다(321). 지미의 판단이 옳다면, 오릭스를 중간에 두고 형성된 사랑의 삼각관계는 차치하고라도, 아버지의 죽음에 피트 삼촌과 어머니가 관련되어 있다는 사실은 윌리엄 셰익스피어(William Shakespeare)의 『햄릿』(*Hamlet*)의 주인공 햄릿의 처지를 상기시킨다. 그러나 대재앙을 초래하는, 크레이크가 기획한 멸망 프로젝트의 동기가 온전히 그의 질투심에서 비롯되었다고 확신할 수도 없다. 지미는 익명의 다중에게 크레이크가 기획한 생물학적 테러의 진상과 그 동기를 알리는 편지를 쓰다가 포기해버리기 때문이다. 특히 이 편지의 말미에서 지미는 "크레이크의 동기에 대하여, 나는 그저 추측할 수 있을 뿐이다"(347)

라고 쓰고 있다. 지미는 크레이크가 기도하는 프로젝트의 위험성을 경고하면서도 스스로 크레이크의 동기에 대한 판단을 유보하고 있다.

크레이크가 홀로 계획하고 수행한 멸망 프로젝트의 동기는 실로 하나의 미스터리로 남는다. 크레이크의 궁극적인 동기를 찾으려는 지미의 상상은 끝없이 이어지면서 결국 특정한 하나의 동기는 해체될 수밖에 없고, 그에 따라 대재앙 프로젝트와 관련된 크레이크의 모든 행위에 대한 지미의 판단도 정지한다.

> 최악은 그가 일반 사람들, 그들의 공포와 고통 그리고 대규모의 죽음에 대하여 개의치 않는다는 것이었다. 크레이크는 신인류는 본래 사람의 수가 원시 종족의 숫자인 200명을 넘어가면 한 사람씩 개인화하여 알 수 없는 것이라고 말하곤 했다. 지미는 그 숫자를 2명으로 줄이고 싶었다. …
>
> 혹시 그는 시체군단이 요구하면 그 백신의 화학식을 알려주지 않을 수 없다는 것을 알았을까? 그는 얼마 동안 이것을 계획했을까? 피트 삼촌과 크레이크 자신의 어머니까지 가담했을까? 매우 위험해서 그는 실패가 두려웠나? 아니면 또 한 사람의 무능한 허무주의자였나? 아니면 질투심에 괴로웠나? 사랑에 푹 빠져서 복수였을까? *지미가 곤경에 빠진 그를 구원해주길 바랐을까?* 그는 정신병자였나? 아니면 만사를 심사숙고하여 논리적인 결론에 도달하는 지적으로 탁월한 사람이었을까? 그밖에 또 다른 뭐가 있었나?

> The worst of it was that those people out there – the fear, the suffering, the wholesale death – did not really touch him. Crake used to say that Homo sapiens sapiens was not hard-wired to individuate other people in numbers above two hundred, the size of the primal tribe, and Jimmy would reduce that number to two. …
>
> Or did he know he wouldn't be able to withhold the formula for

> the vaccine, once the CorpSeCorps got to work on him? How long had he been planning this? Could it be that Uncle Pete, and possibly even Crake's own mother, had been trial runs? With so much at stake, was he afraid of failure, or being just one more incompetent nihilist? Or was he tormented by jealousy, was he addled by love, was it revenge, *did he just want Jimmy to put him out of his misery?* Had he been a lunatic or an intellectually honorable man who'd thought things through to their logical conclusion? And was there any difference? (343, 이탤릭은 필자의 강조)

'지미가 곤경에 빠진 그를 구원해주길 바랐을까?'라고 상상하는 대목에 오면 이 인용부분은 어느새 지미의 서사를 넘어 작가 자신의 서사로 변한다. 그리고 크레이크의 동기에 대한 다양한 추측은 이 소설의 다양한 주제를 시사하고 그 주제들에 대한 다양한 해석의 가능성을 연다. 그 주제들 중 하나가 생태의식이고, 크레이크를 생태적 구원자로 볼 것이지 아니면 위험한 과학의 힘에 기대어 지극히 사적인 복수를 감행하는 좀생이로 간주할 것인지에 대한 작가의 판단 자체가 모호해진다. 이 소설의 끝에서 지미-스노우맨은 "가야 할 시간"임을 인식하지만 과거로 회귀할 수도 없고 미래를 향해 나아갈 수도 없는 "영시"에 갇혀있다(374). 만약 크레이크가 인간을 멸종시키고 대신 크레크인을 창조함으로써 생태적 이상향을 기대하였다면 스노우맨은 과연 크레이크가 꿈꾼 지상낙원을 건설하는 막중한 역할을 기꺼이 떠맡을 것인가, 아니면 크레이크를 한낱 개인적 욕망에 찌든 위험한 얼치기 과학자로 치부하고 대재앙 이전의 인간 세계로 되돌아 갈 것인가라는 선택의 문제를 해결할 수 없는 판단 정지의 상태에 이른다. 이 이야기의 끝은 서사의 종결이 아니고 생태학적 담론의 시작이다.

스노우맨의 실어증이나 언어 수정이 그의 판단정지를 암시하기도 한다. 언어의 해체는 그것이 생태중심주의든지 인간중심주의든지 고착된 문화와 가치의 개념을 해체한다. 스노우맨은 대재앙 후에 피폐해진 평민지역을 바라보면서 과거 식민지 시대의 고무 농장, 커피 농장을 기억해내지만 황마 농장을 잊어버린다. 황마의 의미를 기억할 수 없는 것이다(5). 또한 그는 죽은 오릭스를 회상하면서 "매춘부"라는 단어를 떠 올리다 곧 이어 "직업적인 섹스 기법 전문가"로 수정한다. 그는 지질학계에서도 어느 지층부터 중생대(mesozoic)층인지 분명하지 않다고 인정하고 있는 단어 'mesozoic'을 예로 들면서 이제 단어를 보고 들을 수는 있으나 그 궁극적인 의미를 파악할 수 없다는 것을 깨닫는다(39). '기의'의 해체다. 언어의 의미는 끊임없이 지미-스노우맨을 회피한다(Rao 111). 언어가 리얼리티를 포착하지 못한다는 인식은 인간의 문화와 언어가 고착시켜 온 가치나 주장의 근본주의적인 의미의 전복이다. 지미-스노우맨의 무상과 허망감이 강할 때 그의 언어의 의미는 더욱 약화된다.

쿠크는 스노우맨의 언어의 해체를 과학기술의 가치의 해체로 연결시키지만(120), 언어의 해체는 동시에 인본주의적인 전통 가치의 전복을 시사하는 이중 담론이다. '영시'에 머물고 있는 스노우맨은 이원론적인 두 가치를 부정하면서 긍정하고 긍정하면서 부정한다. 그리고 그의 이야기를 생태적 관점으로 읽을 때 그 결말은 자연과 인간, 생태중심주의와 인본주의, 그리고 과학과 종교 사이의 소통의 단절이 아니고 대화론적 관계모색의 시작이다. 같은 맥락에서 적어도 "스노우맨이 독자에게 그의 이야기를 전하는 만큼은 그는 언어의 사멸을 막는다."(80)는 윌슨(Wilson)말을 곱씹어 볼 필요가 있다.

Ⅳ

환경 담론에서 과학기술의 문제는 단골 메뉴다. 현재의 지구촌의 삶은 과학기술의 도움 없이 지속가능한가? 과학과 기술의 발전은 산업화만을 가속시키고, 그래서 그것은 생태계 파괴만을 초래할 뿐인가? 친환경적인 과학기술은 자본과 권력의 힘에 눌려 과연 그 개발이 불가능한가? 통제 불가능한 인간의 욕망만이 과학과 기술을 지배하는가 아니면 "공감심과 믿음과 자비"(Hengen 83)가 욕망과 미움의 해독제로서 인간의 본성에 내재하는가? 이러한 문제를 둘러싼 논의는 마치 이글의 전반부에서 점검한 GM과학논쟁처럼 뚜렷한 결론이 없다. 애트우드도 『오릭스와 크레이크』에서 대재앙의 플롯을 통하여 과학기술의 위험성을 분명하게 경고하고 있지만 예의 생태학적 주제들에 대한 분명한 해답이나 방향을 제시하기보다는 오히려 그러한 논의를 보다 넓은 경연장으로 끌어들이고 있다. 자유롭고 다양한 의사소통은 현안 문제의 해결을 더디고 더욱 어렵게 만들 수도 있지만, 또한 소통만이 심각한 위험을 줄일 수 있다는 믿음 때문이리라.

애트우드는 한 인터뷰에서 인간의 본성에는 파괴와 재건을 추동하는 미움과 욕망이라는 두 개의 강력한 도구가 있다고 전제하면서 크레이크의 미움이 도시를 파괴하고 스노우맨의 욕망이 도시를 재건한다고 말하고 있다. 다양한 해석이 가능한 이 소설 속의 두 인물을 의외로 단순하게 촌평하고 있지만, 그녀는 이어서 "인간은 [그러한] 강력한 도구를 잘 사용할 수 있는 성숙한 감성과 지혜를 가지고 있는가?"라고 자문하고 있다.[16] 이러한 물음은 과학과 기술의 문제에서도 되풀이될 수 있을 것이다. 오늘의 우리는 특히 GM기술을 비롯한 강력한 첨단과학기술을 잘 사용할 수 있는 '감성과 지혜'를 갖추고 있는가의 문제다. 첨단과학의 경우에 감성은 윤리적인 성숙을 의미하고 지혜는 냉철한 과학적 검증을 요구한다. 만약 과학적인 진실이 분명하게 밝혀진다면 윤리적인 고려가 떠안는 부하는 훨씬 가벼워질 수 있다. 그러나 안타깝게도 전술한 바와 같이 GMO 논쟁은 뚜렷한 결론 없이 현재진행형 상태다. 따라서 우리는 자연과 인간이 함께 보다 안전하고 평화로운 미래로 나아가기 위하여 GM과학기술에 관여하는 다양한 층위의 목소리로부터 윤리와 양심의 DNA를 확인하고 점검하는 활동이 매우 중요하다. 특히 관련 과학자들의 양심과 윤리의식은 아무리 강조해도 지나치지 않을 것이다. 그러나 정치와 자본의 권력으로부터 그리고 보다 근본적으로 인간의 지나친 탐욕으로부터 벗어나야한다는 주문은 오늘을 사는 우리 모두에게 요구되는 윤리다. 애트우드는 이 소설을 통하여 강압적인 환경담론을 지양하고 이중담론을 활성화함으로써 생태학적으로도 그처럼 '성숙한 감성과 지혜'를 당부하고 있다. 지미-스노우맨은 어찌하든 영시를 넘어 미래를 향해 걸어가야 하니까.

16 Atwood, Margaret. "An Interview with Margaret Atwood." Nov. 2005. (http://www.randomhouse.com/features/atwood/interview.html) 참조.

3-7. 공동체, 자연 그리고 여성 — 바바라 킹솔버의 『성하』

I

생태환경의 문제를 작품의 주제로 삼은 문학작품들은 수없이 많다. 그러나 그러한 시와 소설들 대부분이 단순한 자연찬미나 산업주의를 일방적으로 비판하는 작업으로 일관한 나머지 친생태적 대안문화의 개념을 구체화하지 못하는 한계를 지니고 있는 경우가 허다하다. 현실적 대안부재의 문학 텍스트는, 영어권 문학의 경우, 영국의 낭만주의 시인들이나 미국의 에머슨, 쏘로우로부터 시작하여 심층생태학의 자연관을 사상적 배경으로 한 최근의 작품들에 이르기까지 수많은 예를 찾아볼 수 있다. 물론, 쏘로우의 경우는 생태환경을 자연과학적으로 관찰하고 있으나 관찰로 머무를 뿐 지속가능한 현실적 대안문화를 제안하지 못하는 한계를 안고 있다. 바바라 킹솔버(Barbara Kingsolver)의 『성하』(*Prodigal Summer*)는 자연의 '본질적 가치'를 찬미하면서 논리의 미궁에 빠져버릴 뿐 현실적인 대안사회나 대안문화를 구현하지 못하고 마는 이전의 작품들과 차별화된다. 더구나 그가 천착하는 주제는 현재 이곳의 우리들의 삶의 방식을 새롭게 비판하고 그 대안을 제시하고 있기 때문에 매우 현실적인 설득력을 지니고 있다. 그리고 생물학과 생태학의 지식에 바탕을 두고 지속가능한 대안문화와 옛스러우면서도 새로운 삶의 양식을 제안함으로써 그의 통찰력에 현실성을 더하고 있다.

작가는 이 소설에서 지속가능한 대안문화의 중심축으로 새로운 공동체의 개념을 구현하고 있다. 그리고 그 공동체 개념의 핵은 '상호 의존성'(interdependency)이다. 사실, 자연계의 상호 의존성은 다른 수많은 사상가나 작가들(미국의 경우, 쏘로우로부터 시작하여 존 뮤어, 앨도 리오폴드, 레이첼 카슨, 개리 스나이더, 웬델 베리 등이 두드러진다)의 주요 탐구대상이 되어왔다. 그러나 킹솔버의 화자는 인간과 자연(비인간계) 혹은 자연과 자연 사이의 상호 의존성을 넘어 인간과 인간 사이는 물론 인간과 자연 그리고 신이 하나의 통합체로 의존하고 있음에 주목하고 있다. 따라서 인간은 물론, 풀 한 포기 혹은 주변화된 특정 문화권의 신들까지도 생태적 통합체로부터 고립될 수 없는 존재인 것이다. 그렇다면, 이 소설 속에 구현된 예의 상호 의존성의 개념이 어떻게 현실적인 대안으로 설득력을 지니며 그 생태비평적 의의는 무엇인지 면밀히 살펴볼 필요가 있다. 바꾸어 말하면, 연구의 초점은 작가가 다양한 문학적 장치나 서사를 통하여 그의 독특한 공동체의 개념을 어떻게 효율적으로 구현하는가에 모아질 것이다.

우선, 관심을 끄는 점은 언뜻 분리되어 보이는 세 개의 플롯이 소설의 종반에서 하나로 모아지는 독특한 구성이다. 「약탈자들」(Predators), 「나방의 사랑」(Moth Love), 「늙은 밤나무들」(Old Chestnuts)이라는 세 제목의 장들이 번갈아 배치되어 있는 440여 쪽 분량의 이 작품은 동일한 제목의 장들을 따로 모으면 그 자체로서 독립된 소설이다. 그러나 소설의 종반부로 넘어가면서 독자는 이들 별개의 소설 속에 등장하는 인물들이 기실 인척관계를 비롯한 다양한 인간관계는 물론 그들의 세계관과 삶의 방식에 의하여 상호 의존하고 있음을 깨닫게 된다. 즉, 디나(Deanna)는 내니(Nannie)와 사실상의 모녀관계이고, 루사(Lusa)에게 염소 사육에 관하여 소중한 도움을 주는 가넷(Garnett)

은 그녀의 죽은 남편의 먼 친척임이 밝혀지는데, 가넷과 내니가 이웃이니 결국 이들 모두의 인간관계가 상호 얽혀있는 것이다. 뿐만 아니라, 이들 주요 인물들은 모두 서로 다른 세계관이나 생태관 때문에 인간관계의 갈등을 일으키지만 결국 상호 화해에 이르고 있다. 이렇듯 작가가 분산된 플롯과 시점을 통하여 그의 독특한 공동체 개념을 제안하고 있는데, 본고에서는 그러한 공동체 개념을 면밀하게 점검하고자 한다.

생태여성주의는 종종 킹솔버의 작품을 분석하기에 적절한 방법론이다. 보다 넓은 안목으로 보면, 산문을 포함한 킹솔버의 주요 작품은 생태비평의 틀로 분석하기에 적합하다고 할 수 있을 것이다. 예컨대, 1996년에 발표한 『동물의 꿈들』(*Animal Dreams*), 1998년의 『포이즌우드 성경』(The Poisonwood Bible) 등, 일련의 소설들과 가장 최근의 산문집 『작은 기적』(*Small Wonder*)에 이르기까지 거의 모든 글쓰기에서 작가는 인간과 인간 사이의 평화로운 관계를 모색하는 한편, 생태환경의 문제에 깊은 관심을 보여주고 있다. 특히, 그의 본격적인 생태비평소설 『동물의 꿈들』의 경우, 여성의 억압과 자연의 파괴가 본질적으로 동일한 지배논리에 의하여 정당화되고 있다는 가정에 바탕을 두고 플롯이 전개된다는 점에서 작품분석의 틀로 생태여성주의가 설득력을 얻듯이, 『포이즌우드 성경』에서도 종속당하는 아내 올리나(Orleanna)의 지위가 인간의 침탈로 서식지를 빼앗긴 중앙아프리카의 토착야생동물인 오카피(Okapi)의 처지와 연상되기도 한다. 소설의 후반부에서 자아 정체성의 회복을 꿈꾸는 올리나와 예의 오카피의 연상이 반복될 뿐만 아니라, 프라이스(Price) 목사의 독선과 억압으로부터 그의 아내와 딸들이 해방된다는 스토리의 구도와 함께 서구 산업문화에의 종속상태로부터 친생태적 토착문화의 회복이라는 주제를 중심으로 전체적인 플롯이 짜여지고 있다는 점에서 과연 생태여성주의는 이 작품읽기의 유효한 틀임이 분명하다. 『성하』의 주요 등장인물들이 여성이며, 한결같이 자신의 생활을 자신이 주도하는 주체성 강한 성격임을 주목하고, 이들 여주인공들이 모두 생태중심사상을 당차게 실천하는 인물들이라는 점만 고려해도, 이 소설을 읽는 독자라면 생태여성주의가 이 작품을 잘 설명해주는 패러다임임을 쉽게 간파할 것이다. 다만, 생태여성주의 시각의 텍스트 읽기를 부추기는 문학작품들에서 "인종, 계층, 성별, 성적 경향, 육체적 능력 및 종별"(Gaard 1) 등의 차이에 기인한 차별을 문제시하고 있다면, 『성하』에서는 인간의 의식 혹은 무의식 속에 배어 있는 온갖 차등의식까지 문제시함으로써 생태적 평등을 도모한다는 점에서 그 주제의 범위가 보다 넓다. 모두에서 언급했듯이, 작가가 꿈꾸는 공동체는 먼지 한 톨, 풀 한 포기로부터 다양한 신들에 이르기까지 우주 전체가 필연적으로 연결되어 있는 우주 공동체다. 이 세상에 고립된 존재는 없다는 것이다. 따라서 본 연구자는 기본적으로 생태여성주의의 틀로 작품읽기를 시도하지만, 텍스트가 도식적인 시각을 초월하는 부분에도 각별히 주목할 것이다. 오히려 그러한 부분이 킹솔버의 대안문화의 포괄성과 현실성을 배가해주기 때문이다.

Ⅱ

심층 생태학이 추구하는 자연관의 핵심은 자연의 '본질적 가치'의 인정이다. 심층 생태학의 창시자인 네스(Arne Naess)가 제시하고 있는, 여덟 개 항목의 이른바 '심층 생태학의 강령' 중 그 첫 번째에서 비인간 자연의 고유한 가치의 존재를 가정하고 있다.

> 인간과 인간 이외의 생명체의 번성에는 그 자체의 고유한 가치가 존재한다. 인간 이외의 생명체들의 가치는 인간을 위한 유용성으로부터 독립적이다. (88)

네스는 자연자원의 보호와 관리를 통하여 궁극적으로 인간의 유익을 도모하려는 자연보존주의자들(conservationists)의 자연관으로부터 벗어나 비인간 자연의 '본질적 가치'의 인정을 제안하고 있다. 그의 자연관은 생태중심사상에 다름 아니다. 이 경우, 생태계는, 드발(Bill Devall)이 설명하고 있듯이, 인간과 비인간계의 문화를 포함하여 지구상의 모든 개체와 종 그리고 모든 인간과 그들의 서식지인 자연환경을 포괄하는 개념이다(70). 따라서 네스에게는 나무 한 그루, 풀 한 포기, 모기 한 마리가 생태계 내에서 인간과 동등하게 생존하고 번성할 본질적인 권리를 갖는 생명체들인 것이다.

킹솔버가 『성하』에서 구현하려는 자연관은 바로 네스의 첫 번째 강령과 본질적인 관련을 맺고 있다. 생태계에서 인간과 동등한 생존권을 가진 비인간 자연의 권리를 옹호하려는 작가의 일차적인 문학 전략은 소설의 제목과 소제목에서 인간이나 인간중심적 사회와 문화를 지칭하거나 연상시키는 어휘를 채택하지 않는다는 점이다. '성하'라는 제목이 그렇거니와, 번갈아 삽입되는 세 개의 소제목, '약탈자들'(Predators), '나방의 사랑'(Moth Love) 및 '늙은 밤나무들'(Old Chestnuts)에서도 인간중심적인 단어를 사용하지 않는다. 비록 비인간계의 자연물에게 서사의 주체성을 허용하고 있지는 않지만, 인간 본위의 서술방식에 스스로 저항하려는 작가의 의도를 엿볼 수 있는 대목이다. 또한, 인간(Eddie Bondo)과의 성애보다 코요테에 대한 사랑이 더 집요한 인물(Deanna)과, 작가 자신이 우려한 대로 비록 작품의 사실성이 침해받기는 하지만(Kingsolver, “Interview” 2), 나방과 환상적인 사랑에 빠지는 인물(Lusa)의 설정 등은 작가의 비인간중심주의적 자연관을 드러내는 또 다른 문학전략이라 할 수 있다. 이 소설에는 비교적 많은 인물들이 등장하지만 주인공이 없다는 사실도 같은 맥락에서 이해할 수 있을 것이다.

비인간 자연의 본질적 가치를 인정하려는 작가의 서술전략은 인반 생물학에서 무생물로 분류하는 비인간 자연의 의인화를 통해서도 드러난다. 루사는 남편 콜(Cole)과 함께 사는 고장에 위치한 지벌론 산(Zebulon Mountain)을 숨쉬는 생명체로 인식할 뿐만 아니라 그녀의 인생에서 “또 다른 한 남자”(*PS* 32)로까지 느끼고 있다. 디나 역시 에디를 만나기 전에는 늙은 밤나무가 자신의 연인이었음을 고백하고 있다.

> 그녀는 자신의 손목 등으로 얼굴의 눈물을 훔치고 다른 한 손을 내밀어 부드럽게 무너져 내리는 나무를 손끝으로 움켜쥐었다. 그녀는 윗입술에 손가락을 갖다 대어 그 나무에서 나는 흙내를 맡고 혀로는 그 나무의 맛을 보았다. 그녀는 이 고목을 무척 사랑했었다. 그 사랑을 인정하자니 당황스러웠다. 미물을 그토록 필사적으로 사랑하거나 분명하게 소유하는 것은 어린아이에게나 있음직한 일이었다. 그러나 그 미물은 그녀의 소유였었다. 이제는 그 마력이 사라졌다. 누구에게도 알려지지 않았었고, 그녀만의 소유였던 이 터의 마력은 사라져버렸다. (100)

디나에게 늙은 밤나무는 적어도 그녀의 연인에 값하는 인격체다. 떠나는 에디에 대한 아쉬움 보다는 늙어 죽어가는 고목에 대한 연민의 정이 더욱 애처롭기도 하다. 그런가 하면, 디나는 그녀의 거소를 간헐적으로 오가는 에디보다는 25개월 동안 찾아 헤맨 코요테 가족을 만났을 때 진정한 가족애를 느끼고 있다(203).

킹솔버의 주요 인물들은 비인간 생명체의 가치나 생존권을 인간의 그것과 동등하게 여기고 있는 듯하다. 다만, 작가는 심층 생태학에서 상정하는 비인간 자연계의 '본질적 가치'를 논리적으로 수용하기 보다는 생태 윤리적으로 인정하고 있다. 사실 비인간 자연의 본질적 가치의 논리적 근거를 찾기는 물론 윤리적으로도 인정하기가 녹녹치 않은 문제다. 논리적인 근거를 찾으려할 때, 본질적 가치라는 개념 자체가 안고 있는 담론의 전체성에 대한 탈구조주의자들의 비판을 감당하기가 버거울 수밖에 없다. 물론 해체적 자연관은 심층 생태학의 자연관에 배어있는 권력과 인간주의(humanism)의 제거(Quigley 306)에만 관심을 기울일 뿐 그 자체로서 대안을 제시하지 못하는 한계를 지니고 있다. 전체주의적 자연관의 논리적 근거의 취약성을 인정하고 논리보다는 믿음이나 종교적 직관에 의지하여 본질주의를 재건하려는 목소리도 있다. 캘리코트(J. Baird Callicott)는 비인간 생명체의 '본질적인 권리'를 정당화하는 논리적인 근거는 어느 것이나 취약하다고 평가한다. 그는 논리보다는 종교적인 믿음과 진화론자의 자연사에 근거하여 '본질적 권리'의 옹호를 시도한다. 그는 우선 신은 인간을 비롯한 모든 피조물에게 '본질적 가치'를 부여했다는 유대-기독교 세계관에 동조한다. 나아가 그는 J-Theism(the Yahwist version of Creation)에 바탕을 두고, 특히 창세기 2장 15절을 "아담이 피조물을 정복하고 지배하지 않고 정원을 관리하고 유지하라"는 의미로 재해석하고 있다(138). 동시에 도덕적 판단의 근거를 감정의 흐름으로 보는 흄(Hume)의 주장과 새끼들에게 느끼는 보호감정(affection)에 의해 추동되어 동물가족 나아가 보다 큰 집단을 형성하는 포유동물의 생태에 관한 다윈의 발견에 의존하여 비인간 생명체(그는 동물만을 지칭한다)에게 본질적 가치를 인정하자고 제안한다(Callicott 147-9).

캘리코트는 결국 비인간 동물에게 본질적 가치를 부여할 수 있는 논리의 개발을 포기하는 대신 종교적인 믿음과 과학적 발견의 융합을 통하여 본질적 권리의 옹호를 시도하고 있는 셈이다. 그러나 사실 그의 제안은 새로울 것이 없다. 삼라만상의 본질적 가치나 권리를 보다 명확하게 인정하고 있는 종교적 직관이나 세계관은 다른 문화권에서도 어렵지 않게 찾아볼 수 있기 때문이다. 그리고 개리 스나이더가 언급하듯이, 자연을 아우름으로써 윤리의식을 확장하려는 기독교인이나 유대교인들도 있긴 하지만, 구미인의 정신세계의 주류는 결정적으로 인간중심적이다(*Up River Down River* 12). 또한, 다윈의 과학적 발견이 동물의 세계에 국한하고 있으며 생태 공동체의 일원으로 포함시켜 마땅한 식물이나 대지를 제외하고 있다는 한계를 안고 있기도 하다.

오히려, 불완전한 논리를 포기하고 다양한 시각과 입장의 경합을 허용함으로써 대화론적인 자연관을 끊임없이 생성해내야 한다고 보는 실용주의자들의 자연관이 설득력을 지니는 소이가 여기에 있다. 웨스톤(Anthony Weston)은 '본질적인 가치'를 주장하는 논의는 '자립적'(self-sufficient)이고, '추상적'이며 '특수한 방식의 정당화'(special justification)를 요구할 수밖에 없기 때문에 결국 인간중심주의로 환원하고 만다는 점을 지적하면서 가치의 상호 의존성을 존중함으로써 오히려 생태적 상호 의존성의 건강을 담보할 수 있다고 본다(339). 본질적인 가치의 추구를 포기하고 다양한 인간들의 가치, 믿음, 욕구의 경합을 향하여 끊임없이 열려있는 담론을 제안하고 있다. 또한, 콜웰(Tom Colwell)은 가치 평가자의 평가로부터 독립된 '본질적 가치'의 상정에는 사실과 가치를 이원화하는 문제가 있다고 보고 듀이(John Dewey)의 실용주의에 기대어 인간의 역할을 아우르는 자연주의를 제안하고 있다. 그에게 자연의 가치를 정당화하는 논거는 인간과 비인간 자연, 인간과 인간, 비인간 자연존재들 사이의 교호작용을 거치며 끊임없이 진화한다는 사실이다. 그는 모든 가치는 기본적으로 도구적이라고 보면서 환경윤리와 관련한 가치판단의 중심은 '총체적 환경'(entire environmental complex)의 온전성 유지로 본다. 그가 언급하는 총체적 환경의 개념은 인간의 사고와 활동은 물론 비자연계의 생태적 변화의 영향에 대한 점검을 요구하는, 인간계와 비인간계를 아우르는 총체적 구조다(109). 이처럼 콜웰은 '본질적 가치'의 개념이 안고 있는 담론의 전체성을 비켜가며 동시에 총체적 생태환경의 다양한 구성원들의 집합적인 삶과 유익을 가장 잘 증진시킬 수 있는 실용적인 대안담론의 가능성을 제시하고 있는 것이다.

독선적인 자연관에 스스로 저항하려는 작가의 노력은 그의 독특한 인물배치에 잘 드러나 있다. 코요테 사냥꾼 에디와 코요테의 보호자 디나, 대지를 수단가치로만 보는 가족들과 나방과의 사랑을 (초)경험하는 루사, 그리고 화학농법을 고집하는 가넷과 자연농법의 절박성을 호소하는 내니 등의 이항 대립적 인물설정은 곧, 대화론적 자연관의 형성을 위한 문학전략이다. 이들 대립적인 인물들은 생태중심주의적 자연관과 인간중심주의적 사고를 둘러싼 수많은 갈등과 대화를 거쳐 타협에 이르고 있다. 디나의 열정적이고 논리적인 설득에 에디는 코요테 사냥을 포기하고, 디나는 임신한 후 숲을 떠나 마을로 귀환하며, 루사는 대지에 대한 열정어린 사랑과 강인한 실천력으로 농장을 경영하여 가족들을 감동시키고, 가넷은 화학농법을 포기하는 대신 내니와 이웃의 사랑을 얻는다. 주목할 점은 이들 인물들의 갈등은 목적론적 지향점에 의하여 해결되는 것이 아니고 끊임없는 설전과 의견충돌을 거친 후에 얻어지는 이해와 타협이라는 점이다. 그리고 그러한 화해에 이르는 길은, 테일러(Paul W. Taylor)가 언급하듯이, 등장인물들이 그들의 사고와 상상력을 인간중심주의적인 문화와 역사로부터 해방시키는 과정인 것이다(159).

'본질적 가치'의 인정과 비인간 자연의 의인화가 함의하는 생태학적 유의미성은 결국 인간중심적인 시각의 지양과 생태중심주의 시각의 지향이라는 윤리적 교훈에 있다. 주목할 점은 킹솔버의 생태중심사상은 신비주의로 흐르지 않을 만큼 그의 탄탄한 생물학적 지식에 의하여 추동되고 있다는 사실이다. 작가는 비록 비인간 자연물에게 서술주체를 직접 허용하지는 않지만 인간중심적인 생물학에 저항하는 인물들을 비인간 자연의 대리인으로 채택하고 있다. 그러한 대리인들을 동원하여 작가는 주류의 생물학적 지식의 전복을 도모하고 있는 셈이다. 인간중심적 생물학을 전복시키려는 시도는 무엇보다도 생태계에서 포식자의 지위를 차지하고 있는 동물들의 생태중심주의적 재평가를 통하여 이루어지고 있다. 국립공원관리인 디나는 특정의 조수 웅덩이에서 불가사리의 인위적인 제거가 홍합의 과도한 번성을 낳고 홍합은 주변 수중식물들을 과도하게 먹어치워 결국 이 웅덩이의 생태학적 다양성이 급격하게 떨어지는 현상을 관찰한 페인(R. T. Paine)의 실험에 근거하여 북미의 생물 다양성의 훼손도 결국 인간의 욕망이 야기한 포식자의 무분별한 남획이 그 원인임을 주목한다. 그녀는 자신이 거주하는 지벌론 카운티의 강에 서식하는 65종의 마합류 중에서 20개의 종이 멸종했는데, 그 원인은 살충제의 유입, 인근 경작지에서 흘러드는 침적토(沈積土)와 강 속까지 몰려드는 소떼에도 있지만 무엇보다 조개의 주요 포식자인 사향쥐의 과도한 번성에 가장 큰 원인이 있음을 간파하고 있다. 심각한 문제는 인근 생태계에서 사향쥐의 포식자인 밍크나 수달 혹은 붉은색 늑대가 인간욕망의 제물로 사라져버렸다는 점이다. 또한, 마합류 종의 감소는 먹이사슬에 의하여 생태적으로 관련을 맺고 있는 타 동식물의 생태적 변화를 초래하고 있는 것이다(62-3). 이렇듯 작가는 생태계의 파괴와 혼란을 야기하는 근본적인 원인 제공자는 궁극적으로 인간임을 따끔하게 꼬집고 있다.

작가는「늙은 밤나무」장의 두 인물 내니(Nannie)와 가닛(Garnett)이 벌이는 농법에 관한 논쟁을 통해서도 주류의 생물학을 전복하려는 의도를 드러내고 있다. 내니는 기존의 화학농법을 고수하려는 가닛에게 친생태적 농법의 필요성과 이점을 역설한다. 내니의 설명에 따르면, 무분별한 살충제의 살포는 해충의 천적을 함께 죽임으로써 종내는 해충의 번성만을 초래하고 만다는 것이다. 예컨대, 세빈(Sevin)이라는 살충제를 뿌리면 농작물의 해충과 그 해충의 천적을 함께 죽이게 되어 일정한 시간이 지나면 농작물을 먹는 해충은 다시 번성하지만, 일시적으로 먹이를 잃은 해충의 포식자는 사멸한다는 것이다(275). 밤나무의 품종개량을 위하여 인위적 도태(artificial selection)를 꾀하는 가닛에게 자연도태(natural selection)의 법칙에 순응하라는 내니의 충고에도 작가의 생태중심사상이 깃들어있음은 물론이다. 자연도태의 법칙에 의하여 열등한 식물은 사멸하고 우량한 식물은 살아남는다는 논리다. 예컨대, 태풍이나 허리케인 등 악천후에 의하여 약한 종이나 개체는 사멸하고 강하고 우량한 식물의 종이나 개체만 생존하고 번성하게 되어 자연 상태에서 품종개량도 이루어진다는 주장이다(280). 인근 교회의 벽에 붙어있는 벌집을 불태워 제거하는 주민들의 반생태적 행위를 채근하며 연기를 이용하여 벌들을 근처의 다른 벌집으로 유도하려는 내니의 제안도 자연 상태의 수분을 위한 친생태적 농법의 일환이다(334). 벌은 인근 과수원의 사과나무 꽃을 수분시켜주는 가장 중요한 매개자이기 때문이다.

예의 생물학적 지식의 전복은 기실 '생명의 그물망'(life-web)의 반문화적 수용일 뿐이다. 먹이사슬에 의한 삼라만상의 상호 의존성에 대한 인식이 생태학적으로 보편화된 듯하지만, 먹이사슬을 약육강식의 갈등관계로만 보던 시각이 공생과 상호 의존의 관계로 전환된 것은 최근의 일이다(Uhl 76). 어떤 하나의 종이나 인간 혹은 새로운 기술이 독립된 섬이 아니고 다양한 차원의 다른 존재들과 그물망처럼 연결되어 있는 상호 공생적, 의존적 관계인 것이다. 작가는 이러한 삼라만상의 상호 의존성을 화두로 던지면서 이 소설의 문을 열고 있다.

> 그녀[디나]의 몸놀림에는 평소의 외로움이 솔직하게 묻어있었다. 그러나 고독은 단지 인간의 지레짐작일 뿐이다. 조용한 발걸음 하나하나가 모두 발밑에 있는 딱정벌레의 삶에는 하나의 천둥이다. 어떤 선택이나 선택받은 존재에게는 새로워진 하나의 세상이다. 모든 비밀에는 목격자가 있다. (1)

숲 속에서 홀로 사는 디나는 인간의 자기중심적인 시각으로 보면 외롭지만 네스의 通覺(Self-realization)의 관점으로 보면 결코 고독하거나 고립된 존재가 아니다. 흥미로운 점은 이 오프닝과 일치하는 내용으로 소설을 마무리하고 있다는 사실이다.

> 그러나 그[예컨대, 총을 가진 남자]의 생각은 틀렸으리라. 고독은 인간의 추측이다. 조용한 발걸음 하나하나가 모두 발밑에 있는 딱정벌레의 삶에는 하나의 천둥이고, 짝짓기와 먹이활동을 가능케 해주는 가느다란 거미줄을 한번 세차게 잡아당기는 것이며, 시작이거나 종말이다. 어떤 선택이나 선택받은 존재에게는 새로워진 하나의 세상이다. (444)

소설의 시작과 끝에서 모두 생태학적 그물망의 개념이 제시되어 있다는 사실은 그만큼 이작품의 모티프가 생태중심주의적 세계관을 지향하고 있음을 반증하는 것이다. 하나의 자연물이나 자연현상이 그 밖의 자연물이나 자연현상과 필연적으로 연결되어 있듯이, 이 소설의 끝은 처음으로 되돌아오는 연결망의 구성을 이루고 있다. 살충제 사용 거부운동을 벌이며 자연농법으로 사과 농장을 경영하는 내니가 가닛에게 보내는 편지에서 만물은 "눈에 보이지 않는 미세한 끈"(216)에 의하여 상호 연결되어있다는 생태학적 진리를 역설하고 있는 점도 작가의 생태중심사상을 엿볼 수 있는 대목이다.

이러한 생명의 그물망에 대한 생태중심주의적 인식을 통해서 바로 네스의 '본질적 가치'의 윤리적 인정이 가능하게 되고, 본질적 가치의 상정은 결국 생태평등사상을 낳는다. 모든 생명체는 각기 고유한 가치를 지니기 때문에 어느 것도 도구나 수단으로써만 간주될 수 없고, "대체로 지구상의 생태적 변화과정은 [인간의 방해를 받지 않고] 온전히 진행되어야 한다"(Wellmer 86). 여기에서 만물은 그 존재 자체로서 존중되어야 한다는 심층 생태학의 생명윤리가 탄생하는 것이다.

Ⅲ

그렇다면 이 작품의 주제는 심층 생태학의 자연관이나 생명윤리만을 지향하고 있는가? 텍스트를 통해 이 문제에 대한 해답을 구하기 전에 심층생태학을 비판하는 논의들을 총체적으로 점검할 필요가 있을 것이다. 자연과학적 접근방식까지 포괄하려는 심층생태론자들의 자연관은 에머슨류의 낭만적 자연관을 극복하고 있지만 보다 효율적이고 실질적인 생태중심사상이나 환경보호론을 열망하는 목소리를 충분히 담아내지 못하고 있다는 비판을 받고 있다. 그 비판의 핵심은 심층생태학이 인간과 비인간 사이의 평등 관계의 회복에만 집착한 나머지 아직도 현대인의 삶의 현장을 심각하게 억압하고 있는 다양한 불평등의 요소들을 간과하고 있다는 사실이다. 그 결과 환경보호의식의 고취와 실천이라는 대중운동의 차원으로 나아가야 할 심층생태론은 그 전략적 한계를 노정할 수밖에 없다는 주장이다. 통각의 보편적 주체성을 상정하는 심층생태론자들의 인식론에 대한 탈구조주의자와 실용주의자들의 비판 이외에도 심층생태론을 포괄적으로 그리고 집요하게 비판하고 있는 입장이 있는데, 그 중에서도 사회생태학자들과 생태여성주의자들의 목소리가 가장 두드러진다. 조지 브래드포드(George Bradford)는 인간 주체성의 해체를 전제하고, 심층생태학의 자연관도 결국 "인간 사회의 방향을 제시하기 위하여 사회적, 역사적으로 진화된 인간의 통찰"(9)에 바탕을 두고 있다는 점에 주목한다. 그는 어느 자연관이건 그것이 개인의 특수성과 함께 사회적, 역사적 영향의 산물임을 인정한다면, 특정한 자연관에는 특정한 인간 활동의 외삽이 필수적이라는 결론을 얻는다. 바꾸어 말하면, 우리가 가지고 있는 자연이라는 관념도 결국 문화적으로 형성된 이념임을 인식하고 반생태적인 문화의 문제를 함께 아우르는 자연관의 형성이 필요함을 강조하고 있는 것이다. 그리고 브래드포드에게 생태환경의 파괴를 가속화시키는 가장 심각한 문화 요소는 자본과 기술 그리고 이것들과 결탁하는 국가 권력이다. 그러한 반생태적인 인간 활동의 폐해를 도외시 하고 인간과 자연 사이의 추상적인 평등 관계의 내면화에만 치중하려는 심층생태학은 환경보호라는 대중 운동으로 발전하기 어려운 전략적 취약성을 드러낼 수밖에 없다는 주장이다.

특히 생태여성주의자들의 비판의 목소리는 집요하다. 생태여성주의에서 문제 삼는 문화요소는 계급은 물론 성별, 인종, 연령, 성적인 성향 등의 차이에 기반을 둔 포괄적인 차별이다. 이러한 차이에서 오는 차별의 논리 구조는 궁극적으로 인간과 자연 사이의 차별을 정당화하는 논리와 그 맥을 같이 하고 있는데도 불구하고 심층 생태학은 인간 사이의 평등 관계의 회복을 위한 노력을 경시하거나 묵시적으로 폄하함으로써 생태환경의 보호를 위한 적극적인 대중운동을 견인해 낼 수 없는 한계를 지니고 있다고 보는 것이다. 브래드포드가 자본과 과학기술 및 국가의 상호 결탁이 인간 이외의 자연을 대대적으로 수탈하는 구조적인 모순임을 지적하고 있다면, 샐러(Ariel Salleh)는 심층생태학이 특히 여성과 소수 인종의 억압에 대하여 침묵하고 있음에 초점을 맞추어 비판한다. 샐러는 심층 생태학이 남성/여성의 서열의식을 묵시적으로 인정하고 있음을 신랄하게 공박한다. 심층생태학은 서구의 로고스중심주의로 되돌아가면서 문화적으로 형성된 남녀의 차등 관계를 자연 상태의 관계로 인정해버리는 혐의가 짙다는 것이다. 그리하여 그녀는 지속가능한 생태학적 변화를 효율적으로 도모하기 위하여, “생산과 재생산의 관계가 남성, 여성 그리고 자연 사이에 평등하게 재조정되어야 한다"(239)고 주장한다. 샐러는 또한 여성의 억압뿐만 아니라 인종차별, 계급차별 등이 종차별(speciesism)을 정당화하는 논리로 작용하고 있음을 강조하면서 생태계 평등을 향한 포괄적인 전략을 모색한다. 그녀는 특히 역사상 "여성과 유색인종을 하나의 자원으로 간주해 온 억압의 프로그램이 곧 자연을 수탈하는 이념의 역할을 해왔다"(204)는 점에 주목하면서 환경론자와 인종차별철폐론자 및 여권론자들의 전략적 공동 대처를 주문하고 있다(강용기 3-4).

살펴본 바와 같이, 최근의 환경론은 '대지의 윤리'를 넘어 인간 활동을 함께 아우르는 방향으로 진화하였다. 바꾸어 말하면, 최근의 환경론에서 지향하는 공동체의 구성원으로 인간과 함께 인간 이외의 자연이 평등하게 참여해야 할 뿐만 아니라 인간들 사이의 평등관계를 필수요건으로 하는 사회문화환경의 건강 회복을 통하여 생태적 평등의 확보가 가능하다는 인식에 이른 것이다. 물론, 에머슨-쏘로우를 시발점으로 하여 심층생태학으로 진화한 생태중심사상이 맹목적인 산업팽창주의로 치닫고 있는 현금의 생태위기를 극복하기 위한 대중의 환경보호의식을 고취하는 효과는 작지 않다. 그러나 의식의 개혁과 개인의 실천에 머무르지 않고 친 생태의식을 대중의 운동과 실천으로 한 차원 승화시켜야 하는 오늘의 환경론은 성별, 인종, 계급의 차이에서 유래하는 차별을 지양하려는 목소리들을 아우름으로써 그 정치적 입지를 강화할 수 있다고 보는 것이다.

킹솔버가 여성을 억압하는 논리나 정서가 비인간 자연의 수탈을 정당화하는 그것과 닮아있음을 주목하고 남성중심주의 언어에 저항하는 인물을 창조하고 있음은 물론이다. 누구보다도 아내의 "야외활동에 대한 선호와 역량"(19)을 싫어하는 남편과 이혼하고 국립공원

관리인으로 일하면서 특히 코요테의 보호에 진력하는 디나와 코요테 사냥꾼 에디 본도(Eddie Bondo)의 관계는 곧, 생태중심사상을 실천하는 여성과 인간중심주의에 경도된 남성의 이원론적 대립구도다. 친생태적 농법을 스스로 실천하고 권유하는 내니와 화학농법을 고수하려는 가넷의 관계도 마찬가지다. 에디가 디나의 집요한 설득과 감시에 져 코요테 사냥을 포기하는 결정이나 내니에 대한 온정을 잃지 않으면서도 논리적인 주장에 설득당하여 입장을 선회하는 가넷의 행위는 모두 맹목적인 남성중심주의 및 산업제일주의와의 결별이고 남녀평등사상과 생태중심주의로의 귀환이다.

성적인 지배와 피지배의 관계로 파악하려는 가부장적 남녀관계의 전복도 두드러진다. 디나는 에디와의 성적인 접촉에서 종속적인 관계를 의도적으로 거부하고 있다. 흥미로운 점은 지배와 피지배의 구조를 해체하려는 작가의 서술전략이 인간의 성행위와 야생동물의 교미를 동일시하는 생물학적 관찰을 통하여 작동되고 있다는 사실이다. 디나가 에디와의 첫 만남에서 성적인 욕구를 느끼는 순간에 갑자기 풀잠자리의 짝짓기 생태에 관한 묘사가 삽입되고 있다.

> 그녀는 나무들을 바라보았다. 나뭇가지 사이가 이제 막 부화된 풀잠자리의 알로 가득 차는 듯했다. 풀잠자리들이 지난번 비가 내린 후에 허물을 벗었을 수도 있었다. 사방천지에서 갑자기 몰려든 풀잠자리들이 햇빛이 비치는 나무 위쪽 부분에서 춤추며 하루 동안 햇빛을 받으며 교미해야 하는, 성충의 짧고 엄숙한 의무이행에 전율하고 있었다. 풀잠자리들은 포식자 애벌레로서의 느리고 참을성 많은 삶으로 시작하여, 그들의 등을 갈라 나뭇잎을 기어 다니던 포식자 허물들을 벗어, 그것들을 비스듬하게 달린 벌거벗은 다리로 진흙탕 속에 떨어뜨렸다. 한편, 새로 태어난 그들의 날개 달린 모습이 욕정어린 요정처럼 나타나 그들의 짝과 부화와 영원한 삶을 찾고 있었다. (15-6)

디나가 에디를 만나 행하는 성행위는 비인간 동물의 짝짓기처럼 지배-피지배의 관계와는 무관한 자연의 섭리일 뿐이다. 곧, 이어 개불알꽃이 꽃가루 향기로 벌을 유인하는 생태 역시 디나가 에디를 유혹하는 행위에 비유되고 있다(22).

페로몬(pheromone)의 생리적인 효과에 대한 루사의 믿음과 주장도 인간의 성행위가 본디 위계질서로부터 자유로운 자연의 섭리임을 암시하고 있다. 생물학을 전공한 루사의 설명에 따르면, 나방을 비롯한 모든 동물은 페로몬 향내를 발산하여 짝을 찾는데, 인간도 예외가 아니라는 주장이다(37). 물론, 인간의 성행위가 화학물질의 교호작용에 불과하다는 이러한 주장은 인간의 성행위를 유도하는 문화적, 심리적 요인을 간과하고 있다는 한계를 드러내고 있지만, 남녀의 성행위를 그 예로 들어 정당화하려는 남성지배이데올로기를 나름대로 전복하는 효과를 거두고 있다 할 것이다. 전술한 풀잠자리의 번식생태에 관한 묘사 역시 인간을 포함하여 생태계의 모든 동식물은 근본적으로 양성평등의 원칙에 종속하고 있음을 시사하고 있는 것이다. 바꾸어 말하면, 작가는 모든 생명체의 번식생태에서 발견되는 양성평등의 법칙을 드러내 보임으로써 아직도 계층적 남녀관계를 담보하고 있는 왜곡된 인간문화를 희화화하고 있다 할 것이다.

킹솔버의 다른 소설에서도 늘 그렇듯이, 『성하』의 여성인물들은 남성인물들 보다 성격이 비교적 더 강인하다. 강인한 만큼 여성인물들은 가부장적 문화나 인간중심주의적 사고에 집착하는 남성인물들을 집요하게 공박하거나 설득하여 그들의 의식을 개혁하는 일에 성공하고 있다. 성경의 종차별적 세계관과 화학농법을 신봉하는 가넷을 논리와 정으로 설득하여 생태중심주의적 공동체의 일원으로 변화시키는 내니나 코요테 사냥꾼 에디에게 생태계의 균형을 유지하기 위해서는 포식자의 존재가 절실함을 일깨워 사냥을 포기하도록 유도하는 디나(319)는 매우 슬기롭고 강인한 여성인물들이다. 남편 콜이 죽은 뒤에도 좌절하지 않고 더욱 강인하고 열정적으로 농장을 운영하면서 염소 사육에 성공하는 루사도 강한 인물이기는 마찬가지다. 예의 세 개로 분리된 각각의 플롯을 주도적으로 이끌어가는 인물도 여성이다. 에디나 가넷에게서 보듯이, 남성인물은 인간관계에서 오히려 수동적이고 여성인물의 논리적인 주장에 설득당하는 입장에 있다. 이들 당찬 여성인물들은 『동물의 꿈들』의 콜리(Collie)나 『포이슨우드 성경』의 올리나를 상기시키는 강인한 여성들이다.

킹솔버는 생태적 평등과 남녀평등을 동시에 주문하는 한편, 그의 평등서사는 초자연적인 영역에까지 이르고 있다. 이 소설에서는 귀신에 관한 묘사가 종종 보이는데, 작가 자신이 제안하듯이, 독자는 그러한 귀신들의 존재와 그들에 대한 묘사가 시사하는 문화적, 생태학적 의의를 심도 있게 되짚어보아야 한다. 루사가 조카 릭(Rick)에게 들려주는 귀신 이야기는 작가가 제안하는 귀신의 모습을 가장 잘 묘사하고 있다.

> "그들[귀신들]은 영화 속의 귀신들과는 달라. 그들은 집안의 실제 가족 같아. 정확하게 말하면, 애들이야. 그들은 대게 계단에서 놀지. 오늘 아침에 그들이 속삭이는 소리를 들었어. 내가 일어나서 난간을 내려다 봤더니 그들이 나에게 등을 돌린 채로 아래로부터 두 번째 계단에 앉아있더라고." (240)

이야기 속의 귀신들은 한 명의 소년과 소녀인데, 그들은 바로 루사의 죽은 남편 콜과 그의 누이 주얼(Jewel)의 어린 시절의 모습이다. 루사에게 귀신이 보이는 일은 그녀의 일상의 일부다. 귀신은 그녀의 생활 속에서 함께 했거나 일정한 터를 공유했던 사람들의 혼령이다. 그래서 그녀가 보는 귀신은 그녀의 농장을 일구고 지켰던 남편, 할아버지이며, 그녀도 알 수 없는, 특정한 집이나 터에 관련된 수많은 혼령들이다. 작가는 한 에세이에서 "지금 우리가 가진 모든 것은 공기, 시간, 햇빛, 그리고 특히 터의 봉헌이다."(*Small Wonder* 39)라고 언급하면서 터에 대하여 각별한 의미를 부여하고 있다. 루사가 늘 목격하는 귀신은 결코 그녀의 현재와 유리된 보편화된 절대자가 아니고 그녀의 삶 속에 녹아있는 초자연적 실재다. 루사에게 자연과 초자연을 분리하는 일은 마치 인간을 자연으로부터 독립된 존재로 보는 것과 같은, 로고스중심주의적이고 인간중심주의적인 이원론일 뿐이다. 일찍이 유산한 아이를 실제로 땅에 묻고 그 위에 나무를 심은 뒤 아이의 혼령이 그 나무와 함께 영원하리라고 믿고 있다는 작가 자신의 경험담도 상기해 볼 일이다(*High Tide in Tucson* 14).

킹솔버가 종종 귀신 이야기를 삽입하는 의도는 샤머니즘에 내재된 생태비평적 의의에 대한 오렌스타인(Gloria Feman Orenstein)의 분석에 의하여 잘 설명될 수 있다. 자신이 샤머니즘의 교육을 받은 그의 분석에 따르면, 샤머니즘은 인간과 비인간계의 자연이 함께 생명의 연결망을 이룰 뿐만 아니라 만물에 깃들어 있는 영혼도 그러한 연결망의 중요한 부분이라고 본다. 동시에 인간은 다양한 샤머니즘적 훈련을 통하여 다양한 신들은 물론 살아있거나 죽은 인간, 식물, 동물의 혼령들과의 접신이 가능하며 그러한 영혼들로부터 지구상의 생명체를 치유하는 방법에 대한 지혜를 얻을 수 있다고 믿는다. 나아가 샤머니즘은 여성의 지위를 남성의 지위에 종속시키는 논리를 허용하지 않는다. 영혼과 물질 사이의 우열을 인정하지 않기 때문에, 영혼과 물질을 분리시키는 서구의 종교들에 태생적으로 배어있는 가부장적 이원론을 흩뜨려버린다는 주장이다(Orentein 172). 그렇다면 귀신과 관련한 킹솔버의 서사는 자연과 초자연의 경계 허물기이며 나아가 영혼과 물질, 로고스와 파토스, 인간과 비인간계, 남성과 여성, 백인과 유색인종 등의 이항 대립적 분리를 상정하고 있는 주류의 문화적 가치와 믿음을 나름대로 전복시키려는 의도의 표현인 셈이다.

마치 북미 인디언의 영혼의 틀이 인간들 사이의 상호작용을 넘어 비인간계 자연의 영역으로 확장되듯이(Sanchez 222), 작가의 범신론적 기획 의도는 인간 귀신의 범주를 넘어 동물과 식물의 혼령과 교감하는 단계로까지 확장되고 있다. 디나는 코요테 새끼들을 만나기 직전 숲 속에서 뛰노는 한 쌍의 딱따구리를 목격하면서 동시에 이 붉은 도가머리가 있는 딱따구리의 사촌들의 귀신을 본다(202). 그런가 하면, 조부로부터 시작하여 대대로 밤나무 농장을 꾸려오고 있는 가넷은 자주 늙은 밤나무들의 귀신을 만난다. 그에게 밤나무 귀신들과의 조우는 마치 공원묘지에 가 자신의 죽은 친지들의 혼령과 교감하는 경험에 다름 아니다(128). 생태계는 그 구성원들 사이의

> … "다중 관계가 존재하는 일종의 만다라(mandala)이거나 Buddha-field다. 만다라(曼荼羅)에서 각각의 형상 곧, 조그만 쥐나 새 한 마리 (혹은 작고 귀여운 신이나 악마 의 모습)은 하나의 중요한 위치와 역할을 지니고 있다. 에너지 흐름의 관점에서는 생태계가 계층적이라고 할 수 있지만, 전체의 관점에서 보면 그 구성원 모두가 동등하다." (*Upriver Downriver* 10)

라고 언급한 적이 있는 개리 스나이더 역시 생태평등의 관점에서 자연과 초자연 사이의 경계를 무너뜨리고 있다. 루사는 물론 디나와

가넷에게도 그들이 목도하는 귀신들은 곧, 그들의 사랑의 방정식이다. 경험의 세계에서 교감된 사랑이 초자연적인 영역으로 확장되고 있는 것이다. 그 사랑은, 오렌스타인과 스나이더가 짚고 있듯이, 혼과 물질의 경계를 전복시키는 기제의 작동이 유효한 만큼 인간들 사이 그리고 인간과 비인간 자연 사이의 경계를 허무는 친생태사상의 새로운 등록이다.

Ⅳ

일찍이 북미 원주민의 문화나 불교, 힌두교, 자이나교 등, 역사가 가장 오랜 종교사상으로부터 생태적 상호 의존성의 시원을 찾을 수 있다. 예컨대, 생태적 관계의 그물망은 반힐(David Barnhill)에게 화엄불교의 인드라 망의 이미지를 떠올리게 한다.

> 우주는 잘 닦인 다면체 보석들의 거대한 연결망인 것으로 본다. 각각의 보석은 하나의 다중 거울의 역할을 한다. 어떤 의미에서, 각각의 보석은 하나의 독립체다. 그러나 보석을 하나씩 들여다보면, 각각의 보석은 다른 보석들의 반사체에 불과하며, 그 보석들 역시 다른 보석들의 반사체다. 그처럼 각각의 보석은 [다른 보석들을] 끊임없이 반사하는 상태에 놓여있는 것이다. 그리하여 각각의 보석에는 전체적인 그물망의 이미지가 들어있는 것이다. (Snyder, *A Place in Space* 67에서 재인용)

생태계는 각각의 구성원이 고유의 개체성을 유지하면서 동시에 먹이사슬이나 서식형태 등, 구성원 각각의 생존방식을 통하여 타자에게 영향을 미치고, 영향을 받는 하나의 거대한 통합체다. 인드라망의 보석에 비친 다른 보석들은 바로 나와 타자의 생태적 상호작용을 시사함은 물론이다. 먹이활동을 포함하는 생태적 상호작용은 인간중심의 세계관을 허용하지 않는다. 먹고 먹히는 건강한 관계의 회복을 통해서만 생태균형을 담보할 수 있기 때문이다. 디나와 내니가 생태균형을 위해서는 포식자의 역할이 중요함을 강조하는 행위는 바로 생태적 상호의존성에 대한 각성에 의하여 추동되고 있음은 당연하다.

생태적 상호 의존성에 대한 깨달음은 인류의 고대사로부터 시작되었지만, 그러한 '새로운 옛날'(New Old Ways)의 교훈을 현대의 생태중심사상으로 발효시킨 공은 아무래도 심층 생태학의 몫이라고 인정해야 할 것이다. 그러나 심층 생태학은 예의 '본질적 가치'와 아르네 네스의 '통각'(統覺, Self-realization)에 내재된 담론의 전체성(totality)을 극복해야 하는 과제를 안고 있을 뿐만 아니라, 전술한 대로, 인간과 비인간계 사이의 평등관계의 회복을 위한 노력에 치중한 나머지 자연의 수탈과 인간의 억압이 동일한 논리의 작동에 근거하고 있다는 사실을 간과함으로써 주변화된 인간들의 목소리를 아우르는 윤리성과 정치성을 발휘하지 못하고 있다는 비판을 피할 수 없다. 킹솔버는 『성하』에서 인간중심주의적 사고와 실천을 집요하게 비판하고 삼라만상의 내재적 평등을 강조하는 한편, 늘 강인하고 주체적인 삶을 이끌어가며 마침내 자신들의 생태여성주의적 이상을 성취하고 마는 디나, 루사, 내니 등의 여성인물들을 창조함으로써 생태위기에 대처하려는 자신의 목소리를 심층 생태론자들의 그것과 분명히 차별화하고 있다.

이 소설에서 가장 관심을 끄는 대목은 주요 등장인물들이 귀신을 자주 목도한다는 점이다. 작가 자신도 왜 세 명의 주요 화자들이 멸종된 동물들, 소외된 친지들, 미국 밤나무 등의 귀신에 관련한 강박 관념에 사로잡혀 있는지 독자들이 숙고해주기를 주문하고 있다 (“Interview” 1). 킹솔버의 신들은 기독교 근본주의나 이슬람 근본주의의 절대자로서의 신의 개념이 아니다. 그의 신은 죽었거나 살아있는 삼라만상의 혼령들이다. 따라서 그의 신은, 로즈메리 루써(Rosemary Radford Ruether)가 제안하듯이, 자연의 범주 밖에서 자연을 지배하는, 남성 이미지를 본뜬 신이 아니라 지구촌 곳곳에 편재하는 생명의 근원이며, 삼라만상의 상호 의존성을 유지시켜 주는 매트릭스다(21). 킹솔버는 그가 제시하는 귀신의 개념을 통하여 고립적이고 계층적인 이원론으로부터 벗어나 생명을 제공하고 유지시켜 주는 상호성의 담론을 향하고 있는 것이다. 물질로부터 분리되고 남성화된 절대신의 개념을 전복하려는 작가의 시도는 결국 여성의 억압과 자연의 지배를 정당화하는 이념의 근원지를 뒤흔드는 작업이며, 동시에 신들(gods)을 생태계의 평범하고 친근한 구성원으로 끌어들여 자연/초자연의 경계를 해체함으로써 일원론적 생태평등을 도모하려는 기도다. 킹솔버가 『성하』에 귀신 이야기를 종종 삽입하면서 초자연적인 존재로까지 생태공동체 구성원의 개념을 확장함으로써 적어도 소설분야에서 생태여성주의의 새로운 지평을 개척한 점은 유의미하게 평가받아 마땅할 것이다. 성하의 삼라만상에 ‘고립은 없다.’

4. 실용주의 환경론

I

뷰얼(Lawrence Buell)은 21세기에 접어들면서 환경비평[17]이 어느 거장이나 대 저술의 독점물이 아니고 "도전적인 지적 작업의 성단"(星團)이 될 것이라고 예언한 바 있다(133). 이러한 담론의 각축이 보다 실질적이고 유효한 생태론의 진화를 지향하고 있음은 물론이지만, 의도하는 바와는 달리 그것이 야기하는 폐해가 작지 않다. 자연과 인간의 정체성을 탐구하고 생태적으로 건강한 그들의 관계를 모색하려는 다양한 목소리들이 열망하는 공통적인 목표는 적어도 인간과 자연의 지속가능한 공존일 터이다. 그러나 수많은 자연기와 환경문학, 그리고 다양한 자연관, 생태비평 혹은 생태철학의 논의와 전망들이 쏟아낸 결과는 생태환경보호를 위한 에너지의 집중이라기보다는 분산과 해체로 다가오는 연유는 무엇일까. 이러한 무력감은 끊임없이 악화되고 있는 전지구적인 생태환경문제를 목도하면서 더

17 영어로 environ은 인간이 중심에 있고 비인간계 자연이 그 주변을 둘러싸고 있다는 어감 때문에 인간중심주의적 단어로 치부되어 생태비평(ecocriticism)이라는 용어를 선호해왔으나 뷰얼은 최근 생태비평 대신에 환경비평(environmental criticism)이라는 용어를 사용한다고 밝히고 있다. 그 이유는 'environment'라는 단어가 자연적인 것뿐만 아니라 도시적인 것을 포괄하고 어느 곳에서나 '형성된'(built) 영역과 자연영역이 결합되어 있음을 함의하고 지역적인 것과 지구적인 것이 상호 침투하는 의미를 지니고 있어서 'ecology'보다 한층 더 통합적인 개념을 담지하고 있기 때문이라고 설명하고 있다(12).

욱 심화된다.

과연 생태비평계는 그 길지 않은 역사에도 불구하고 친생태적인 문화변용과 실질적인 환경보호의식을 보다 효율적으로 고취하기 위하여 새로운 돌파구를 마련해야하는 시점에 도달한 듯하다. 새로운 출구를 모색하는 하나의 방안은 생태비평의 다양한 논의들 사이의 차이와 다름을 드러내고 증폭시키는 작업이 아니라 이제는 오히려 그들 간에 공유하는 목소리들을 찾아내어 부각시키는 일이다. 물론, 이러한 제안은 서로 다른 그들의 입장이 적어도 생태적 위기의식을 공유하고 있다는 긍정적인 전제에 바탕을 두고 있는 것이다. 예컨대, 한 때 환경윤리계와 생태비평계를 뜨겁게 달구었던 심층 생태론자들과 생태여성주의자들 사이의 날선 공방전은 그들 사이의 차이를 드러내는 점에서는 일정한 성과가 있었을지 모르나 정작 일반 대중의 생태보호의식을 얼마나 효율적으로 고취했는지에 대한 평가는 회의적이다. 그들 모두 어느 입장과 논의들 보다 인간과 자연의 공존을 위한 열망이 강렬했음에도 말이다.

본고에서는 언뜻 보면 가장 대립적인 입장 차이를 드러내고 있는 듯한 실용주의 생태론, 특히 존 듀이(John Dewey)의 자연관과 근본주의 생태론이 공유하는 입장과 논의들을 탐구하고자 한다. 그 동기는 전술한 대로 차이의 드러냄보다는 닮음과 공통점의 부각이 실질적인 변화를 견인할 수 있는 보다 유효한 방식이라고 믿기 때문이다.

Ⅱ

자연관과 관련하여 듀이의 실용주의 철학이 표방하는 기본가정을 점검하기 전에 우선 그의 독특한 (무)인식론을 살펴볼 필요가 있다.

듀이는 과거와 현재의 실제적 경험에 의거하여 형성되지 않은 지식이나 지식의 습득 방식은 신뢰하지 않는다. 인간의 경험을 떠난 지식이나 인식론 곧, 서구의 형이상학을 관통하는 추상적 관념에 의존하는 인식의 틀 자체와 그러한 인식의 틀을 채택함으로써 얻어진 결과(지식)는 인간의 현재적 삶과 의식에 상식과 습관을 형성하고 제도의 고착을 (재)강화한다는 것이다. 듀이는 고착적인 인식론의 예로서 우주론과 심리학을 지적한다. 즉, 고대에는 우주론이 인식론의 원천이었다면, 현재(듀이의 당대)는 그것이 심리학적 원천에 지배받는다는 것이다(*The Theory of Inquiry* 534-5). 그리고 그러한 인식론들은 한결같이 현재적 삶의 실천과정과 그 결과로부터 유리되어 있는 연유로 현재적 삶에 늘 강압적인 영향을 미칠 수밖에 없기 때문에 그러한 논리는 논리로서의 자치성(autonomy)을 상실한다고 본다.

서구의 전통적인 인식론을 포기한 듀이는 그 대안 논리로 '탐구'(inquiry)의 개념을 제안하고 있다. 마치 해체론자들이 절대적 진리의 형성과정과 그 형성과정에 얽힌 문화적, 정치적 권력 관계를 문제 삼듯이, 듀이는 진리를 고착된 실체가 아니라 끊임없는 탐구의 대상으로 여긴다. 따라서 그는 지식(knowledge)의 개념을 '알기'(knowing)로 대체하고, 진리의 개념을 '보장받은 주장'(warranted assertibility)이라는 표현을 사용하여 연성화하고 있다. 힉크만(Larry A. Hickman)의 설명에 따르면, 보장받은 주장의 의미는 진리의 과거성과 미래성의 융합이다. '보장받은'이라는 단어는 보장의 장애요인이었던 의혹과 어려움이 해소되었다는 의미에서 진리 형성의 과거를 지칭하고, '주장'은 진리가 형성되었던 과거의 경우와 유사한 미래의 진리에도 적용가능하다는 미래성에 관여하고 있다(*Pragmatism As Post-Postmodernism* 207, 이후 *PP*로 표기함). 그리하여 보장받은 주장으로 지위가 격하된 전통적 진리의 개념은 어느 것이나 확실하거나 영원하지 못하고 기껏해야 제한적, 일시적 안정성만을 확보할 뿐이라는 진단이다. 결국, 진리는 현재적 탐구의 대상이어야 하고, 그러한 탐구의 개념은 과거와 현재의 실제적 경험(듀이가 제안하는 경험의 개념이 반드시 관념이나 선험을 배제하지는 않는다. 이에 대하여는 뒤에서 보다 상세히 논의함)과 그 결과의 반추에 근거한 미래 예측을 포괄하는 희망의 활동들이다. 따라서 탐구는 해체의 정치적 무기력성을 극복해줄 수 있는 듀이식 '도모'(deliberation)[18]의 구체적 양상이라고 할 수 있다.

듀이의 실용주의 인식론이 그의 자연관에도 적용될 수 있음은 물론이다. 그러나 듀이가, 마치 심층 생태론자들이 그렇듯이, 비인간계 자연의 본질과 본질론에 대하여 직접적으로 언급한 내용은 찾아볼 수 없다. 다만 인간성(human nature)과 사물의 본질을 탐색하는 그의 언어에서 인간이 경험을 통하여 필연적으로 관계를 맺을 수밖에 없는 환경 중의 하나인 비인간계 자연에 대한 듀이의 실용주의 철학사상의 일단을 추적해 볼 수 있을 뿐이다. 듀이에게 인간의 주체성은 특정한 인간과 그가 처한 문화적 조건과의 상호작용을 통하여 끊임없이 (재)구성되는 존재다. 그래서 듀이는 인간성을 내재적 구성체로 보는 관념론자들의 인간관은 인간성의 구성요소들이 어떻게 "자극을 받고, 금지당하고, 강화되고, 약화되는지"(*Later Works* 13, 83. 이후 *LW*로 표기함)에 관한 근본적인 물음을 무시해버렸다고 비판

18 듀이는 인간의 행위(action)에 영향을 미치는 두 요소를 습관(habit)과 충동(impulse)으로 나눈다. 도모는 그러한 습관과 충동들의 다양한 조합을 시도하여, 그 결과 어떠한 행위가 가능한 지를 찾아내는 실험이다. 도모가 합리적으로 이루어지려면, 예견을 통하여 과거의 목적과 습관을 신축성 있게 재구성하고 새로운 목적과 행위를 지각하고 사랑해야 한다. (*HNC* 132-38 참조)

하고 있다. 한편, 인간성의 구성요소들은 외부환경과 자아 사이의 상호작용의 결과물이지 선험적인 산물이 아니다. 인간은 사물과 사건들을 자아에 동화시켜 그것들을 자아의 일부로 만들어버리는 경향이 있다. 심지어 사소한 인간의 소유물까지도 자아를 형성시키는 중요한 요소이다(*Human Nature and Conduct* 82, 이후 *HNC*로 표기함). 요약하면, 인간의 자아는 관념의 산물이거나 선험적인 실재가 아니고 경험의 결과라는 시각이다.

자연은 가변적인 인간성에 의하여 해석되는 대상이기 때문에 듀이에게 자연도 그 자체로서 하나의 완결체가 아니고 문화적 구성체로서 종교, 철학, 문학, 과학 등, 이른바 '도구들'(tools)에 의하여 끊임없이 재구성되는 개념이다. 마치 인간성(human nature)이 가소성(可塑性, plasticity)을 갖는 것처럼 자연도 변화하는 조건에 적응하기 위하여 간단없는 재평가와 재구성이 필요한 것이다. 문화적 구성체로서 자연은 시간과 사태의 변화에 따라서 끊임없이 변화하면서 동시에 환경에 변화를 일으키는 영원한 유동체일 뿐 그 개념이 결코 고착되지 않는다. 자연의 본질적 의미는 인간에 의하여 결코 정복되지 않고 상황의 논리에 종속할 뿐이기 때문에 인간은 해석의 오류를 피할 길이 없는데, 이러한 시각이 바로 듀이의 오류론(fallibilism)이다.

해석의 오류를 전제로 하는 듀이의 자연관은 초월주의적 자연관에 배치될 수밖에 없다. 자연의 정체성은 특정한 인간의 문화적 배경과 불가분의 관련을 맺으면서 형성된다는 입장을 견지하는 듀이가 자연의 가치는 인간의 관심으로부터 독립적으로 존재한다고 믿는 관념론에 거부감을 느끼는 것은 당연하다. 실용주의 생태론은 기본적으로 가치 평가자의 평가로부터 자유로운 가치는 없다는 전제하에 칸트의 관념론과 미국의 초월주의를 거쳐 심층 생태론(Deep

Ecology)으로 이어지는 일련의 철학 사상이 인간을 포함한 자연이 내재적으로 지니고 있다고 주장하는 고유한 가치의 존재를 부정해 버린다. 인간의 경험을 통하지 않고 형성된 가치는 어느 것이나 인정할 수 없다는 논리인데, 이렇듯 자연의 신성화에 대한 저항에 바탕을 두고 있는 실용주의 생태윤리는 종종 생태중심주의자들로부터 산업편의주의로 매도당해왔음은 주지의 사실이다.

듀이의 자연론의 또 하나의 특징은 반근본주의(anti-foundationalism)라고 할 수 있다. 이러한 특징은 전술한 오류론의 연장선에서 이해할 수도 있겠으나 오류론을 넘어서 탈근대 인식론으로 그 지평이 확장되고 있다. 힉크만이 언급하고 있듯이, 인간의 자아 자체가 유동적인 구성체이고, “자연은 하나의 [고착된]사물이 아니고 부분적으로는 새로운 유익과 속박(facilities and constraints)을 확장하는 원천으로 경험되면서도 인간의 탐구의 역사 안에서 구성되는, 복합적이고 풍부한 사물과 사건의 매트릭스다”(55). 그렇다면 자연의 의미에 원심력과 구심력이 동시에 작용하고 있는 셈이니 반근본주의라는 용어를 탈근본주의(post-foundationalism)로 대체해봄 직하다. ‘인간의 탐구의 역사’에는 경험론과 함께 관념론 나아가 초월주의와 같은 신비주의가 공존하기 때문이다. 초월주의 사상이 듀이의 인식론에 어떻게 편입될 수 있는지에 대해서는 다음 장에서 보다 상세히 논의할 것이다.

Ⅲ

실용주의가 표방하는 자연관은 흔히 근본주의 생태론자들이 비판하듯이 공리주의나 산업편의주의에 빠져있는가? 과연, 실용주의 자연관은 생태중심주의나 초월주의 자연관과 대립갈등만을 야기하는가? 무엇보다도 일원론에 빠진 환경철학자들만의 논쟁이 그들만의 유희로 전락하면서, 그러한 논의들이 예컨대, 환경과학자, 환경보호활동가, 혹은 정책입안자 등의 실질적인 변화를 유도해내지 못하는 교착상태로부터 벗어날 수 있는 돌파구는 없는가? 이러한 의문점들과 관련하여 특히 캐츠(Eric Kats)와 웨스톤(Anthony Weston) 사이의 논쟁을 점검할 필요가 있다.

실용주의 생태론에 대하여 캐츠가 우려하는 바는 실용주의 가치론과 윤리학은 오직 인간의 욕구와 이해관계(interests)를 바탕으로 형성되기 때문에 주관적이고 인간중심주의적인 한계를 벗어날 수 없다는 점이다(308). 그의 주장에 따르면, 비인간 자연의 '내재적 가치'의 개념이 롤스톤(Holmes Rolston)과 캘리컷(J. Baird Calliott) 이 표방하는 환경윤리의 궁극적인 토대를 이룬다고 보는 웨스톤의 진단은 오류다. 그는 롤스톤과 캘리컷은 물론 자신도 내재적 가치의 개념을 웨스톤의 주장과는 달리 그들의 환경윤리의 중심내용으로 인정하지 않고 다만 그것을 형성하는 방법론으로 활용하고 있을 뿐이라고 설명한다(310). 캐츠 역시 내재적 가치에 토대를 둔 환경윤리 논의는 어느 것이나 근본적으로 인간중심주의로 환원한다는 모순을 인식하고 있다. 그러나 예의 비인간 자연의 내재적 가치도 환경윤리를 구성하는 하나의 중요한 요소가 되어야 한다고 지적하고 있는 것이다. 만약 내재적 가치의 개념이 환경윤리의 형성에 관여하지 못하고 오직 인간중심주의적인 욕구와 이해관계에만 기반을 두고 진화한다면 그러한 환경윤리는 지구 생태계에 보다 심각한 절망을 초래하리라는 시각이 캐츠의 진단이다.

그러나 듀이는 욕구(desire)개념을 반생태적 탐욕이나 프로이드의 심리학이 상정하는 성적 욕구 등과 차별화하고 있다. 욕구는 그 자체의 정체성이 고착되어있지 않으면서 단지 생명체의 삶을 이끌어가는 "추동력"(forward urge)일 뿐이다(*HNC* 172). 그리고 그는 욕구를 충동(impulse, 제1 욕구)과 지적 활동(intelligence, 제2 욕구)으로 나누고, 지적 활동이 충동의 이상적인 발현을 도모해야 한다고 주장한다.

> 충동에 봉사하기 위한 지적 활동의 역할은 충동의 시종이 되는 것이 아니라 그것을 해명해주고 자유화시켜주는 일이다. 그리고 이러한 역할 수행은 최대한으로 *다양한 욕구와 욕구의 결합체들의 조건과 원인, 그 작동과 결과들에 대한 연구*를 통해서만 가능하다. 지적 작업을 통해서 욕구를 사실의 수집, 발생하는 사태의 보고, 그러한 사태의 주시와 분석에 바탕을 둔 계획, 곧 체계적인 계획으로 탈바꿈시키는 것이다.
>
> What intelligence has to do in the service of impulse is to act not its obedient servant but as its clarifier and liberator. And this can be accomplished only by *a study of the conditions and causes, the workings and consequences* of the greatest possible variety of desires and combinations of desire. Intelligence converts desire into plans, systematic plans based on assembling facts, reporting events as they happen, keeping tab on them and analyzing them. (*HNC* 175, 이탤릭 부분은 필자의 강조임).

예의 '체계적인 계획'은 다시 욕구로 환원되어 충동과 지적 작업의 형성조건에 변화를 초래하는 요소로 작용한다. 따라서 지적 작업은 물론 충동의 내용이 끊임없이 변하는 것이지 근본주의 생태론자들이 우려하는 것처럼 물질적 탐욕이나 반생태적 정서에 고착되어있지 않다. 더구나 오늘날 전 지구적으로 심각한 환경파괴의 문제가 욕구의 '작동과 결과들에 대한 연구'의 중요한 대상이 되고 있음은 자명하다. 더구나 듀이에게 지적 활동의 귀착점은 이상(ideal)이다. 비현실적인 이상은 현재의 해악과 오류를 외면하게 하는 도피처이지만, 진정한 이상의 도모(deliberation)는 미래의 가능성으로 현재를 확장하고 자유롭게 한다. 즉, 그는 수정과 개선을 위한 인간의 작은 노력들이 그 자체로서 고립되어있지 않고 주변의 거대한 세계의 변화와 긴밀히 연결되어있음을 인식해야 한다고 주장한다(*HNC* 180). 캐츠의 절망과 함께 수정과 개선의 희망이 공존하는 것이다.

듀이의 실용주의 자연관에 대한 바우어즈(C. A. Bowers)의 비판은 보다 포괄적이다. 첫째, 듀이의 실험적 탐구방식은 보다 친생태적인 서구문화 이외의 타문화권의 지식체계를 고려하지 않는다고 지적한다. 즉, 서구의 진화론의 틀에 갇힌 듀이의 인식론은 수많은 타 문화권의 자연 친화적인 세계관을 도외시하면서 결국 '변화'와 '성장'을 지향하고 있기 때문에 그 태생이 반생태적일 수밖에 없다는 것이다. 듀이의 자연주의 철학에서 예컨대, 미국 인디언의 문화전통과 같은 비선형적 세계관을 보다 적극적으로 아우르려는 노력이 결여되어 있음은 인정해야 할 것이다. 그러나 듀이가 사용하는 '성장'(growth)의 개념은 그것의 사전적인 정의와 차별화된다.[19] 그의 개인적, 문화적 '성장'의 개념은 개인이나 집단이 환경과의 상호작용(경험)을 통하여 '초기'(embryo) 단계로부터 '성숙'(maturity) 단계로 변화하는 것이다(*Art as Experience* 28, 이후 *AE*로 표기함). 여기에서 '성숙'이 바우

19 머레이 머피(Murray G. Murphey)는 듀이의 『인간성과 행동』(*Human Nature and Conduct*, 1922)에 붙이는 서문에서 이 저작을 읽으면서 독자들이 느끼는 어려움은 듀이가 사용하는 용어들 예컨대, '습관', '충동', '목적', '도덕' 등의 의미를 그것들의 전통적인 의미와 구분해서 써야했기 때문이라고 설명하고 있다.

어즈가 지적한 대로 반드시 서구의 산업팽창주의만을 함의하는 것일까? 그것은 오히려 산업제일주의 문화에 대한 반성과 비판을 토대로 한 개인적, 문화적 지향점일 수 있다. 예컨대, 특정한 개인이나 사회가 그들의 생존을 위협할 정도로 심각하게 파괴된 생태환경과 오직 맹목적인 산업주의에만 휘둘린 문화 속에 처해있다고 가정해 보자. 그들 개인이나 사회는 그들의 특수한 물리적, 문화적 환경과의 상호작용을 통해 보다 친생태적인 단계로의 변화(성숙)를 지향할 수 있지 않겠는가. 더구나 그러한 성숙은 단선형적으로 발전한다는 개념이 아니고 수많은 시행착오를 거쳐 가는 과정이기 때문에 끊임없는 지적 검증을 필수적으로 요구하는 열림의 언어다.

바우어즈의 실용주의 환경론에 대한 비판의 두 번째 화살은 듀이의 역사의식을 향하고 있다. 듀이와 그의 환경론 해설가들은 당대의 직접적인 경험만을 그들의 도덕관의 토대로 삼을 뿐 수많은 세대에 걸쳐 축적되고 다듬어진, 특히 다양한 문화권의 신화 속에 기호화되어 있는 인간과 자연 사이의 관계에 대한 지혜를 도외시하고 있음을 지적한다(Bowers 30). 바우어즈는 여기에서 한 걸음 더 나아가 듀이는 직접 경험과 지적 도모 사이의 왜곡된 관계를 피하기 위하여 언어에서 역사성을 비워내야 한다고 제안하고 있음을 환기시키고 있다(31). 현재의 언어에 내재한 역사성의 배제는 결국 자연친화적 경향을 띠고 있는 다양한 문화가치를 주변화하는 한편, 서구의 언어에 배어있는 가부장제적 은유의 틀을 인정하는 우까지 범하고 있다는 주장이다. 여기에서 우선 바우어즈의 자가당착적 논리를 지적하지 않을 수 없다. 만약 듀이의 실용주의 철학이 언어의 역사성을 배제하고 있다면, 서구의 가부장제 전통과 산업팽창주의도 역사적 사실이니, 듀이는 비주류 문화권의 친생태의식을 폄하하고 있는 만큼 서구 문화의 역사에 내재한 반생태의식과 가부장제를 배격하고 있는 셈이다. 사실, 이러한 형식논리의 모순 보다는 실용주의 철학의 근간인 '경험'의 개념에서 역사성은 결코 배제되지 않는다는 점이 부각되어야 한다. 주지하다시피 듀이는 그의 실용주의 사상을 전개하는 과정에서 목적과 수단의 이원화를 지양하고 있다. 목적은 차상위 목적을 위한 수단일 뿐이다. 따라서 한 때 목적이었던 과거의 경험은 현재의 경험을 형성하는 중요한 수단 가치를 지니고 있는 것이다. 다만, "우리에게 [중요한] 문제는 과거를 아는 것이 어떻게 미래의 효율적 도모를 위한 강력한 수단으로 해석될 수 있을 것이지를 알아내는 일이다"(*LW* 13, 9).

실용주의 철학은 인간의 유익만을 추구하는 사상이라는 시각에서 보면, 실용주의 자연관은 결코 인간중심주의를 여읠 수 없는 세계관이다. 실용주의 환경론의 인간중심성과 관련하여 자주 논의되는 주제는 인간을 포함한 자연의 '내재적 가치'의 유무에 관한 문제다. 내재적 가치에 관한 논쟁에서, 초월주의 자연관이나 심층 생태론 등의 근본주의 자연관을 옹호하는 입장과 실용주의 환경론자들이 동의하는 대목은 적어도 내재적 가치의 존재를 논리적으로 증명할 방법은 없다는 점이다. 이미 인간화되어 있는 언어로 자연을 설명(representation)할 수밖에 없다는 점에서 자연기(nature writings)는 어느 것이나 결코 인간화(anthropomorphizing)의 함정을 벗어날 길이 없다는 뜻이다. 그러나 인간화와 인간중심주의(anthropocentrism)는 명확하게 구분되어야 한다. 그렇지 않으면 오늘의 환경담론은 모두 무력감이나 회의론의 희생양이 될 수밖에 없기 때문이다.

자연의 내재적 가치의 문제를 둘러싼 근본주의 생태론자들의 논의가 인간중심주의를 벗어나지 못한다고 말할 때, 대부분의 경우 인간중심주의라는 용어는 인간화로 바꾸어 표현함이 마땅하다. 그렇다면 '실용주의 자연관은 인간중심주의적이다.'라는 명제는 어느 경우에나 참인가? 이 물음에 대한 해답은 다시 듀이의 경험의 개념에서 찾을 수 있다. 그는 경험을 두 개의 범주 즉, 일차적 경험과 이차적 경험으로 가르고 있다. 일차적 경험은 자연환경을 포함한 세계에 대한 인간의 직접적인 경험이고, 이차적 경험은 세계에 대한 과학적인 지식이다. 중요한 점은 이 두 가지의 경험이 분리되어 있지 않고 상호작용한다는 점이다.

> 일차적 경험의 내용이 문제점을 제기하고 이차적 경험의 대상이 되는 사유의 기초 자료가 된다는 사실은 분명하다. 그리고 이차적 경험의 검증은 오직 평범한 일상 속의 태양, 대지, 식물, 동물 등, 원초적 혹은 가시적 경험의 대상으로 환원함으로써 이루어진다는 점도 분명하다. … 사유를 통해 얻어진 결과[이차적 경험]는 일차적 경험의 결과를 *설명해주고*, … 우리는 이차적 경험의 결과를 통해 일차적 경험의 대상을 단지 감각적으로 접촉하는 대신에 *오성*(*understanding*)을 동원하여 이해하게 된다.

> That the subject-matter of primary experience sets the problems and furnishes the first data of the reflection which constructs the secondary objects is evident; it is also obvious that test and verification of the latter is secured only by return to things of crude or macroscopic experience … They *explain* the primary objects, they enable us to grasp them with *understanding*, instead of just having sense-contact with them. (*Experience and Nature* 4-5)

이차적 경험은 곧 지식이니, 지식은 일차적 경험의 산물이면서 동시에 그것에 되먹임하는 주체인 셈이다. 여기에서 어느 소나무 숲에 대한 우리의 동시대인의 서로 다른 일차적 경험을 가정해 보자. 그/녀는 첫 번째 일차적 경험으로 울창한 숲을 보고 감각으로 접촉하면서 숲이 생태적으로 건강하다고 생각(첫 번째 이차적 경험)한다. 불행이도 그 숲은 개발의 희생양이 되어 모든 나무들이 벌목된 후, 그/녀는 그 황량한 숲에 대한 두 번째 일차적 경험을 하면서 생태적 위기의식을 느끼게 되고(두 번째 이차적 경험) 급기야 예의 소나무 숲 보호운동에 적극적으로 뛰어들었다고 가정하자. 이 경우 숲이 생태적으로 건강하다는 생각이나 생태적 위기의식을 느끼는 이차적 경험들은 반드시 인간중심주의에 의하여 추동되는 반응일까? 물론 생태적 위기감은 궁극적으로 인간생존의 위기의식과 관련되어 있고, 이런 지식은 인간의 분별이지 벌목된 소나무의 반응이 아님은 분명하다. 그러나 같은 상황에 대한 판이한 반응을 상정해볼 수 있다. 예컨대, 벌목된 현장을 보면서 그곳에 들어설 공장이나 고층 건물을 상상하면서 흐뭇해하는 개발론자도 있을 것이다. 두 가지의 대조적인 반응이 모두 인간중심주의로 매도될 수 있는가? 비록 인간이 인간화된 언어로 자연을 대변할 수밖에 없는 노릇이지만, 전자는 후자와 구분되어야 마땅할 것이다. 같은 맥락에서, 전 지구적으로 자행되고 있는 심각한 환경파괴에 대한 일차적 경험을 바탕으로 형성된 이차적 경험과 그 진화의 결과일 수 있는 듀이의 *오성*의 변용은 오히려 현대문화를 생태중심주의로 이끌어 주는 지적 도모를 가능하게 할 수 있는 것이다.

위의 예 즉, 소나무가 벌목된 현장을 목격한 사람이, 스타인벡(John Steinbeck)의 소설 『미지의 신께』(*To a God Unknown*)의 주인공 조지프(Joseph)가 그렇듯이, 숲에 깃든 신성이 사라져버렸다고 느끼는 일차적 경험을 할 수 있다.[20] 이러한 신비스러운 체험은 바로 듀이가 인정하고 있는 비인지적 경험이다. 듀이의 급진적 경험론은 결코 초월적 가치를 인정하지 않지만 그렇다고 비인지적 인식론 자체를 거부하지는 않는다. 인지적인 경험이 비인지적인 경험에서 나올 수 있는데, 다만 이 경우에는 지적 작용이 관여한다. 즉, 초현실적, 비인지적 경험은 지적 작용의 여과(control)를 거쳐 인지적 경험으로 변용될 수 있다는 것이다. 비인지적 경험의 수용은 인간의 가장 직접적이고 기본적인 심미적 경험을 경험의 범주에 아우르는 것이고, 그러한 인식론적 포괄성은 실용주의 자연관이 생태중심주의와 맥을 함께 할 수 있는 발판을 마련해 준다. 예컨대, 에머슨(Ralph W. Emerson)의 대령(Oversoul), 네스(Arnes Naess)의 통각(Self-realization), 미국 원주민의 영성(靈性), 노자의 도(道) 등의 개념이 모두 초월적, 비인지적 경험을 지적 작용으로 걸러낸 결과로 볼 수 있기 때문이다.

흔히 철저한 생태중심주의자로 오인을 받는 레오폴드(Aldo Leopold)의 자연관도 기실 듀이의 실용주의 자연관과 그 맥을 같이하고 있다. 우선 엘슬래거(Max Oelschlaeger)는 레오폴드의 규범적 생태론에 의하면 인간은 자연의 일부로서 감각력을 지닌 생태계의 구성원이기 때문에 대지를 보존할 의무가 있다(206)고 언급하고 있는데, 이러한 진단은 레오폴드의 생태관의 복합성을 단적으로 보여주는 지적이다. 인간이 자연의 일부라는 인식은 곧 생태중심주의적 세계관이지만, 인간에게 생태계를 보존할 의무가 있다는 언명은 곧 인간에게 비인간 자연의 관리권을 부여하는 인간중심주의적 함의를 지니

20 이 소설의 주인공 조지프가 거대한 떡갈나무에 죽은 아버지의 영혼이 깃들어있다는 신비스러운 체험을 한다(19). 작가는 이 체험을 소재로 하여 전일적 세계관(holism)을 형상화한다고 볼 수 있겠는데, 그러한 체험이 바로 듀이의 비인지적, 일차적 경험의 한 예라고 할 수 있을 것이다.

기 때문이다. 이러한 복합성과 관련하여 엘슬래거는 레오폴드의 생태관이 근대적 생태관에서 탈근대적 생태관으로 변모하고 있음에 주목한다. 레오폴드는 삼림학 전문가로서 근대적 생태관으로 교육을 받았기 때문에 그의 인식론적 배경은 근대적 합리성에 토대를 두고 있다. 인간에게 자연의 관리권을 인정하는 레오폴드의 논거는 그러한 근대적 생태관에서 나온다. 한편, 레오폴드의 인식론의 한 축은 탈근대성과 맞닿아 있다. 탈근대적 자연관에 따르면, 인간과 자연의 관계는 지배-피지배의 고정된 틀에서 벗어나 상황의 논리에 지배를 받는다. 과학도 수많은 인간의 경험 중에서 하나의 경험일 뿐이며, 지식은 오류에 빠지기 쉬운 하나의 전망으로 상대적 지위만을 인정받을 뿐이고, 사실과 가치 혹은 문화와 자연 사이의 절대적 구분이 해체되어버린다. 그런데 이러한 탈근대적 자연관의 구성요소들은 곧 듀이의 실용주의 자연관의 그것들에 다름 아니다. 자연의 '내재적 가치'를 부정하고, 자연의 개념은 오류론을 전제로 한 문화적 구성체임을 역설하면서 자연과 문화의 이분법적 분별을 해체하는 실용주의 자연관은 레오폴드의 대지의 윤리가 생태중심주의로 인정받는 만큼 인간중심주의와 거리를 두고 있는 자연관으로 인정받아야 마땅할 것이다. 다만 듀이의 실용주의는 해체적 자연관이 태생적으로 안고 있는 정치적 무기력증으로부터 벗어나 있다는 점에 유의할 필요가 있겠다.

실용주의 환경론과 근본주의 생태론의 역동적 합류와 관련하여 전술한 웨스톤-캣츠 논쟁을 중재하려는 라이트(Andrew Light)의 논거는 각별한 의의를 지니고 있다. 그는 두 입장의 차이와 접점을 명료하게 부각시키기 위하여 우선 실용주의를 철학적 실용주의와 메타철학적(metaphilosophical) 실용주의로 구분한다. 메타철학적 실용주의는 이 글의 모두에서 설명한 듀이의 실용주의 인식론에 다름 아니다. 즉, 메타철학적 실용주의는 어느 자연관이건 그것을 이론화하는 과정에 관여하는 과거의 선입견을 배제하면서 인식론적 다원주의를 향한다. 그러나 이것은 도덕적 리얼리즘이나 근본주의의 가능성을 결코 인정하지 않는 탈근대적 상대주의와는 다르다. 다만, 메타철학적 입장은 근본주의의 논거를 마련하는 작업에 스스로 집착하지 않고 환경문제를 다루고 고민하는 활동가와 학자들이 그들의 경험과 탐구를 통하여 그러한 논거를 제공할 때까지 기다리는 것이다(Light 330). 실용주의 환경론과 근본주의 자연관이 만나는 지점으로 라이트가 지적하는 지점은 바로 메타철학적 실용주의다. 근본주의 생태론을 옹호하는 캣츠도 실용주의의 열린 인식론을 결코 거부하지 않는다는 것이다.

그러나 흔히 인간중심주의의 혐의가 씌워진 철학적 실용주의는 언뜻 근본주의 생태론의 대척점에 서 있는 듯하다. 실용주의 비판론자들은 실용주의는 공리주의적 결과론이나 조야한 도구주의에 빠져 있고, 천박한 효율성에 집착한다고 공박하며, 특히 러셀(Bertrand Russell)은 존재론적 근본주의를 부정하는 실용주의는 "우주적 불경"(cosmic impiety)을 저지르고 있다고 혹평하고 있지만(828), 이들 대부분의 비판들은 실용주의를 보다 포괄적으로 이해하지 못한 결과이다. 실용주의 철학이 과연 근본주의 자연관과 양립할 수 없는 사상인지를 확인하기 위해서 듀이의 철학사상을 보다 심층적이면서 동시에 포괄적으로 점검할 필요가 있다. 과학기술 문명과 관련한 그의 입장은 과학적 사실주의를 수용하면서도 자연의 낭만적 이상화를 전면적으로 거부하지 않는 양면성을 지닌다. 과학적 사실주의가 사실과 가치를 분립적인 요소로 보면서 사실에 방점을 둔다면, 이상론은 경험의 세계보다는 경험 밖에 존재하는 가치를 강조하면서 과학기술 문명에 대한 관념적, 정신주의적 비판을 가한다. 듀이는 이러한 갈등 관계를 극복할 수 있는 합리적인 방안을 제시한다. 그의 중재안은 두 입장에 대한 양비론적 비판을 전제로 한다. 듀이가 그 중요성을 각별히 강조하는 '지성'(intelligence)을 체득하는 방식을 경험으로부터 분립적으로 존재하는 객관적 세계를 포착하려는 시도만으로 축소할 수 없는 한편, 탐구를 통하여 확보할 수 있는 영역을 초월하는 범주에 존재하는 가치체계에 인간주체를 순응시키려는 시도로 축소할 수도 없다는 인식이다. 바꾸어 말하면, 두 입장의 실패 원인은 사실과 가치, 목적과 수단, 본질적인 것과 도구적인 것들이 이른바 '도모'(deliberation)에 비계층적으로 상호 관련되어 있다는 사실을 간과한 점에 있다. 과학적 사실주의는 특수한 경우의 사실을 보편화하고, 이상주의는 가치를 실제적 삶의 경험에서 생성되는 이상(선험적 이상과 구분할 필요가 있음)과 유리된 존재로 간주하는 우를 범하고 있는 것이다.

따라서 듀이는 각각의 입장이 함께 계층적인 이원론을 지양할 필요가 있다고 주장한다. 간략하게 전술한 바대로 어떤 특수한 상황에서 본질적인 가치는 다른 상황에서 다른 본질적인 가치들과의 양립이 불가능할 수 있다. 수단과 목적이 상대적 개념이듯이, '본질적'이라고 평가된 가치는 단지 "삶 속의 특수한 지점을 점하고 있을" 뿐이기 때문이다(*MW* 9. 24). 특수한 상황에서 본질적인 가치가 다른 상황에서는 도구적인 가치로 전락할 수 있다. 그리고 그러한 갈등상황 속에서는 선택이 요구될 수밖에 없으며, 그러한 선택을 하는 사고와 행위에 관여하는 개념이 바로 '도모'다. 그렇다면 상황과 교감된 도모를 통하여 사실과 가치, 수단과 목적, 과학적 사실주의와 낭만적 자연관의 실용주의적 접점이 가능하다고 보는 것이다.

근본주의-비근본주의 논쟁과 관련하여 듀이 철학의 기본 입장은 언어와 인간 주체의 자치성을 해체하려는 이른바 신실용주의자(Neopragmatist) 로티(Richard Rorty)의 입장과 비교함으로써 그 차이가 분명해진다. 로티에게 진리의 속성은 기실 단순하다. 진리는 문장에서 나오고, 문장은 단어들의 조합인데, 단어는 인간에 의하여 만들어지는 것이기 때문에 진리 역시 인간에 의하여 만들어진다는 논리다. "초언어적 의식"(prelinguistic consciousness)은 존재하지 않으며, 그러한 선험적 의식을 묘사하는 것은 곧 조상이 사용한 "은유의 시체"를 숭배하는 행위로 본다. 결국 로티가 궁극적으로 추구하는 지향점은 "우리의 언어와 양심 그리고 공동체를 시간과 우연의 산물"로 인식하는 것이다(Rorty 21-2). 로티의 언어 자치성의 해체는 그의 해체적 자아관의 기반이기도 하다. 언어는 본질적으로 조상의 소유물이고, 개인은 기껏해야 그것의 극히 일부를 부차적으로 소유할 뿐이기 때문에 궁극적으로 언어적 구성체인 인간 주체는 늘 불안정하다. 따라서 로티는 플라톤의 관념론적 인간 주체를 거부하는 한편, 니체의 자기 창조적 인간(초인)의 개념도 함께 비판하면서 인간의 삶은 항상 불완전할 수밖에 없음을 역설하고 있다(43).

로티는 언어적 의미와 자아의 완결성을 부정하는 대신 우연성이 지배하는 그것들의 끊임없는 변화를 받아들여야 한다는 논리를 펴고 있다. 로티의 해체적 자아관은 기실 전술한 듀이의 해체적 인간성의 개념에 다름 아니다. 그러나 듀이의 인간성의 개념을 상대주의 혹은 해체적 비근본주의의 틀 안에 가두면서 사회적, 도덕적 무책임을 부추기는 담론으로 간주하는 것은 듀이 철학의 전체적인 맥락을 간과하는 행위다. 무엇보다도 듀이는 철학 담론을 경험적 방법론의 중요한 국면으로 여기기 때문이다. 로티의 해체적 상대주의와는 달리 듀이의 경험 철학은 사회적, 정치적 개선을 향한 희망을 담보할 수 있다.

> 경험적 방법은 특정한 묘사의 내용들이 언제, 어디에서, 어떻게 얻어졌는지 지적해준다. 그것은 다른 사람들에게 [그러한 내용들의 얻어진] 로드맵을 제공함으로써 그들이 원한다면 그들 스스로 그 내용들을 알아보기 위하여 같은 과정을 다시 밟을 수 있다. 따라서 한 사람이 발견한 내용들이 다른 사람들의 발견 내용들에 의하여 확증과 확장 그리고 개선이 인력으로 가능할 정도만큼은 분명하게 수정되고 확장될 수 있다. 그리하여 철학적 사유는 경험적 혹은 지시적 방법론을 통하여 자연과학적 탐구의 특징인 합의를 향한 어느 정도의 협동을 확보하게 된다. 과학적 탐구자는 그럴싸한 정의와 변증법적 설득력이 아니고 그 과정의 결과로 어떤 내용들이 얻어진 탐구와 활동 및 발견의 구체적인 과정을 제시함으로써 다른 사람들을 납득시킨다. 그러한 과학자는 그/녀가 보고한 내용이 그들이 발견하는 내용과 어떻게 일치하는지 알아보기 위하여 다른 사람들이 유사한 과정을 밟도록 호소하는 것이다.

> The empirical method points out when and where and how things of a designated description have been arrived at. It places before others a map of the road that has been travelled; they may accordingly, if they will, re-travel the road to inspect the landscape for themselves. Thus the findings of one may be rectified and extended by the findings of others, with as much assurance as is humanly possible of confirmation, extension and rectification. The adoption of empirical, or denotative, method would thus procure for philosophic reflection something of that cooperative tendency toward consensus which marks inquiry in the

natural sciences. The scientific investigator convinces others not by the plausibility of his definitions and the cogency of his dialectic, but by placing before them the specified course of experiences of searchings, doings and findings in consequence of which certain things have been found. His appeal is for others to traverse a similar course, so as to see how what they find corresponds with his report. (*LW* 1, 389-90)

무엇보다도 듀이가 강조하는 탐구의 연계성은 탈근대적 상대주의 담론의 늪으로부터 실용주의를 구원해 주는 유의미한 논리다. 그러한 과학적 탐구의 연계성을 수용할 수 있는 만큼 실용주의는 로티의 '근거 없는 사회적 희망'(ungrounded social hope)을 넘어 사회적, 정치적 희망의 '근거 있는' 싹을 틔울 수 있는 담론이며, 나아가 근대-근본주의, 탈근대-상대주의라는 이원론을 극복하고 "완화된 상대주의"(modified relativism, 노양진 291에서 재인용)로 나아가는 사유방식이다. 히크만이 듀이의 실용주의를 '포스트-포스트모더니즘'으로 지칭하는 소이가 여기에 있다.

자연을 인간의 유익만을 위한 자원으로 간주하는 공리주의적 자연관이나 자연에 신성불가침의 권리를 부여하려는 근본주의 생태론이 각각 일원론적 한계를 벗어나지 못하고 있음은 주지의 사실이지만, 그들 두 입장이 실은 실용주의 자연관의 양 축을 형성하고 있는 것이다. 인간이 자연의 일부라면, 장기적인 안목에서 볼 때, 인간의 유익을 도모하는 행위는 곧 자연을 풍요롭게 하는 일이고, 자연의 가치를 존중함은 궁극적으로 인간의 유익을 위하는 길이기 때문이다. 듀이의 자연관은 노튼의 이른바 "접점론"(convergence hypothesis)으로 대변되는 다원론을 지향하고 있다(99). 따라서 듀이의 실용주의는 결코 서구문화중심주의에 빠져있다고 할 수 없으며 오히려 문화적 다양성을 경험의 대상으로 환영하는 열린 담론이다. 그러한 문화적 개방성은 웨스톤이 언급하듯이, “지성, 자유, 자율, 성숙 등, 듀이가 제안하는 모든 주요 덕목들”을 실현할 수 있는 선결조건이다(339). 동시에 그러한 문화적 개방성은 실용주의의 인식론적 포괄성과 함께 근본주의 생태론과 실용주의 환경론 사이의 갈등과 대립을 무력화시키는 힘으로 작용하는 것이다.

Ⅳ

배고픈 사람에게는 밥이 우선이고, 조는 사람에게는 잠잘 시간이 필요하다. 각자가 처한 상황에 따른 적절한 대응방식의 선택을 허용해야지, 조는 사람에게 밥을 주고, 굶주려 배고픈 사람에게 수면을 강요할 수는 없는 노릇이다. 양자의 욕구가 다름에도 불구하고 그 두 사람의 생존을 위하여 공통적으로 요구되는 조건이 있다. 예컨대, 숨을 쉴 수 있는 맑은 공기의 유지나 생명을 위협하는 환경으로부터 자신을 보호할 수 있는 기본적인 안전망의 확보 등이 밥과 잠보다 우선하는 가치일 것이다. 오늘날 생태환경보호의 문제는 근본주의 생태론자들부터 극단적인 개발론자들에 이르기까지 모두에게 숨 쉴 수 있는 공기를 확보하는 일만큼이나 절박한 지상명령이다. 특정한 개인과 집단이 처한 시간적, 공간적 상황에 따라 욕구와 이해관계가 다르기 때문에 그들의 인간관과 자연관이 각기 다를 수밖에 없다. 현대의 동물보호협회가 야생동물보호라는 잣대로 야생동물로부터 끊임없이 생명의 위협을 느끼면서 살아야 했던 고대인을 평가할 수는 없는 노릇이며, 그 반대 논리도 성립한다. 오늘날 환경보호를 위한 개발 선진국들의 목소리가 보다 크게 들린다. 목소리일 뿐이라는 주장은 차치하고라도, 그 목소리의 이면을 들여다보아야 할 필요가 있다. 개발 선진국의 풍요의 대가는 바로 국경 없는 물과 공기의 오염이 아니던가? 산업 선진국과 제3세계 도시 엘리트층의 과소비와 점증하는 군사력 증강이 환경파괴의 주범임을 환기시키면서 개발 선진국형의 환경윤리에 문제를 제기하는 구하(Ramachandra Guha)의 논리는 바로 개발 후진국과 선진국의 욕구와 이해관계가 다르다는 인식에서 출발한다(74). 여성과 남성, 주변과 주류의 입장이 다르다는 인식을 바탕으로 하는 생태여성주의와 종종 개발 선진국형이라는 비판을 감당해야 하는 심층 생태론 사이의 해묵은 공방도 기실 의식과 무의식 속의 욕구와 이해관계의 다름에서 기원하고 있다 할 것이다. 실용주의 자연관은 이러한 다양한 차이를 경험의 속성으로 삼아 끊임없이 진화하는 담론이다. 다른 경험을 아우른 결과는 공감과 배려다. 어느 생태론이나 자연기가 인간중심주의로 치부되거나 혹은 생태중심주의로 간주되건 간에 보다 긴 안목으로 그리고 보다 심층적으로 살펴보면 궁극적으로 인간과 자연의 지속가능한 공존과 풍요를 지향하고 있음을 어렵지 않게 간파할 수 있다. 다만 각기 강조점이 다른 것이니, 지금 우리에게 필요한 것은 내 입장의 강화가 아니라 상대방의 주장과 논리의 저변에 깔린 욕구와 이해관계에 대한 공감과 배려다. 환경보호를 위한 실질적인 변화를 도모하는 길은 이빨을 숨기고 입술을 모으는 것이다.

이 글의 모두에서 언급하였듯이, 생태비평계는 국내는 물론 국외에서도 심각한 무력감에 빠져있는 듯하다. 그 일차적인 원인은 나름의 노력에도 불구하고 더욱 심각해지는 작금의 환경파괴와 그 후유증을 목도하는 데서 오겠지만, 보다 심층적인 원인은 각기 다른 자연담론들 사이의 대립각이 불필요하게 첨예화됨으로써 그러한 논의들이 학술 회의장 내의 고담준론으로 끝나버리는 나머지 생태환경 보호를 위한 실질적인 변화를 견인하지 못함은 물론 자연기 문학의 진화를 위한 자극과 통찰을 제공하는 역할에서도 실패하고 있다는 지괴감에서 찾아야 할 것이다. 생태비평이 새로운 활로를 모색하는 길은 차이의 드러냄보다는 공유하는 논거와 가치를 찾아내는 일이다. 자연의 소중함을 깨닫고 자연보호를 보다 효율적으로 실천하는 길은 정치한 논의들을 분석하고 시시비비를 가르는 데 있다기보다는 오히려 상충하는 논의들에 배어있는 다양한 이해관계를 아우르는 동시에 자연에 대한 질박한 감성을 고양하는 일로부터 시작될 것이기 때문이다.

4-1. 존 스타인벡의 실용주의적 자연관
— 『미지의 신께』를 중심으로

I

1992년 5월, 매사추세츠주의 낸터킷 아일랜드(Nantucket Island)에서 개최된 "스타인벡과 환경"이라는 제하의 학회에서 문학과 철학은 물론 자연과학을 전공한 학자들까지 모여 존 스타인벡(John Steinbeck)의 생태사상을 다양한 각도에서 조명한 이래로 스타인벡의 자연관이 그의 산문과 소설 연구의 주요 관심사로 떠올랐다. 늘 그렇듯이, 스타인벡 연구자들은 현대의 생태론(특히 심층 생태론)의 시각으로 스타인벡의 자연관을 분석하면서, 비판이 전혀 없는 것은 아니나, 그들 대부분 찬탄과 옹호로 일관하고 있다. 카수토(David N. Cassuto)는 19세기 미국 남서부 지역에서는 물의 통제가 곧, 대지의 지배를 의미하기 때문에, 물의 유용성은 하나의 강력한 문화적 상징으로 작용했다고 전제하면서 『분노의 포도』(*The Grapes of Wrath*)의 중요한 사건들은 물론 그 플롯 전반에 물이 관여하고 있음에 주목한다. 오키들(Okies)이 토착농법을 버리고 소득중심농업으로 전환한 사실이 그들의 생태학적 무지와 함께 충분히 견디어낼 수 있는 주기적인 물 부족 현상을 재앙으로 만들었다고 지적한다. 로저샨(Rosasharn)이 굶주려 죽어가는 노인에게 젖(물)을 먹이는 행위는 톰과 존의 노력이 마침내 결실을 보게 되리라는 암시이며, 특히 소설의 말미에서 작가는 갑자기 물을 실체적 존재로 등장시킴으로써 노동자들의 단합과 그들의 잠재적인 힘을 암시하기도 한다는 것이다(71). 결국, 이 소설의 배경에는 물이 있음을 강조하고 있는데, 작가는 그 만큼 자연의 힘이 인간의 사회적, 경제적, 문화적 운명을 결정하는 요소임을 극명하게 보여주고 있다 하겠다. 씨더스트롬(Lorelei Cederstrom)은 마 조드(Ma Joad)와 로저샨(Rosasharn)의 인물설정을 근거로 조드 일가는 다산과 공감을 상징하는 대지의 여신 (Great Mother)의 기풍을 지니고 있다고 주장한다. 마 조드는 여가장제를 표상하고, 로저샨이 노인에게 젖을 먹이는 행위는 기독교적 사랑의 실천이라기보다는 대지의 여신이 표상하는 대지 중심의 가치를 함의한다고 본다(76-91). 맥킨타이어(Marilyn Chandler McEntyre)는 스타인벡의 인물 중 예언자들, 예컨대, 짐 케시(Jim Casy)나 『통조림 공장의 소동』(*Cannery Row*)의 독(Doc)같은 인물들의 통찰력은 자연에서 나온다고 전제하고, 짐 역시 자연에 대한 사랑을 통하여 새로운 믿음과 삶의 목적을 발견하고 대지에 삶의 근거를 둔 사람들의 일에 적극적으로 관여하고 있음에 주목한다. 나아가 그는 자연이 제공하는 통찰력이 스타인벡의 모든 소설의 모티프가 된다고 주장하고 있다(113-124).

해양생물학자인 친구 리케츠(Edward Ricketts)와 캘리포니아만을 탐사한 경험은 스타인벡의 생태관이 진화하는 중요한 계기기 된다. 글래드스타인(Clifford Eric Gladstein)에 의하면, 스타인벡은 리케츠와 함께한 해양탐사의 기록물 『코르테즈해의 항해일지』(*The Log from the Sea of Cortez*, 이후 『항해일지』로 표기함)에서 생태계에 대한 전일적 통찰력을 보여줌으로써 현대의 생태론과 그 괘를 같이한다는 것이다. 그는 스타인벡에 의하여 삼라만상의 상호 관련성(interconnectedness)의 개념이 제시된 후 한 세대가 지나서야 비로소 배리 콤먼너(Barry Commoner)는 그의 『닫히는 생태계』(*The Closing*

Circle, 1971)에서 '만물은 상호 연결되어 있다.'(Everything is connected to everything else.)라는 명제를 선보이고 있음에 주목한다(164). 또한, 그는 다른 종과는 달리 인간만이 대지를 무분별하게 파괴하고 자연의 리듬을 깨뜨리는 유일한 돌연변이 종임을 지적하면서 거대 상업어로에 의한 부분별한 해양 동물의 남획과 낭비는 해당 동물의 멸종은 물론, 특정한 종의 멸종이 야기하는 먹이사슬의 파괴로 인하여 또 다른 종의 멸종을 낳는다는 작가의 경고를 심각한 생태학적 메시지로 받아들이고 있다. 글래드스타인은 희귀종 풀모 산호초를 채취하고 동료 항해사 타이니(Tiny)가 작살로 쥐가오리를 붙잡으려는 잔인한 광경을 재미나게 관찰하는 스타인벡의 반생태적 면모를 그의 한계점으로 지적하면서도 스타인벡의 해양 생태계에 대한 관찰과 기록은 현대의 생태환경론의 시각에서 볼 때 전체적으로는 불후의 전위적 성과임을 인정하고 있다(170-72).

한편, 프렌치(Warren French)는 현대 생태론의 관점에서 볼 때 스타인벡의 생태의식에는 인간과 자연 사이의 지속가능한 조화를 지향하는 실질적인 대안이 없고 에머슨류의 관념적인 제안만 있을 뿐이라고 혹평하고 있다. 그는 특히 「민중의 지도자」에서 조디(Jody)의 할아버지가 강조하는 '서부개척'(westering)이 암시하는 진보의 개념이 할아버지는 물론 작가 자신에게도 보편적 가치로 인식되고 있음에 주목하면서 스타인벡은 진보가 함의하는 반생태적 사고와 활동을 스스로 허용하고 있다고 지적한다. 그리고 스타인벡의 이러한 대안 부재가 그의 베트남 전쟁의 참전 옹호와 무관하지 않다는 지적이다(290-92). 같은 문제에 대한 평가가 다르기도 하다. 하트(Richard E. Hart)의 관점에 따르면, 스타인벡은 "연성의 결정론자"(soft determinist)로서 전형적인 자연주의자인 듯 보이지만, 사실 그는 결정론과 자유의지의 조화를 추구하고 있다는 것이다. 즉, “과학적 기계론”과 “인본주의적 활력론”(humanistic vitalism)의 융합을 추구한다는 주장이다(48). 『생쥐와 인간』(*Of Mice and Men*)에서 자유의지의 실천을 보여주고 있는 조지(George)에게서 그러한 예를 찾기도 한다.

살펴본 대로, 지금까지 스타인벡의 자연관은 리케츠와 함께한 해양탐사를 통해 구체화된 그의 전일적 생태론을 한 축으로 그리고 자연주의 문학의 세계관과 차별화되는 그의 인간관을 다른 한 축으로 삼고 다양하게 논의되어 왔다. 바꾸어 말하면, 스타인벡의 세계관은 생태중심사상과 인간중심주의 사이의 역동적 갈등을 거듭하고 있다는 것이다. 특히 그의 초기 소설 『미지의 신께』(To a God Unknown)는 스타인벡의 역동적 자연관을 극명하게 구현하고 있는 작품이다. 본고에서는 이 소설을 중심으로 스타인벡의 우주관에 내재한 갈등의 치열함을 재점검하고 그러한 역동성이 시사하는 생태의식의 현대성을 제안하고자 한다.

Ⅱ

『미지의 신께』에서는 소설의 제목이 시사하듯이 신의 개념을 중심으로 플롯이 전개되고 인물이 설정되고 있다. 조지프 웨인(Joseph Wayne)이 추구하는 떡갈나무의 정령을 신으로 간주한다면, 작가는 전통적인 기독신과 떡갈나무 신을 이항 대립적으로 배치하면서 스토리를 전개하고 있는 셈이다. 그러나 작가의 관심은 두 신의 단순한 대립양상을 드러내는 종교적인 묘사에 머무르지 않고 각각의 신 개념이 함의하는 자연관에 쏠리고 있음에 주목할 필요가 있다. 1933년에 출간된 이 소설이 구현하고 있는 자연관은 1970년대에 대두한 심층 생태학이 추구하는 그것과 닮아 있을 뿐만 아니라 오히려 심층 생태학의 문제점으로 지적되는 전체주의적 담론의 한계를 극복할 수 있는 대안을 제시하고 있기 때문이다. 그 구체적인 논의는 뒤로 미루고 우선 예의 두 신의 개념을 되짚어 보자.

이 소설에서 스타인벡이 상정하고 있는 신의 개념 하나는 물론 기독신, 특별히 미국 청교도 전통에 기반을 둔 신교 정통파의 신이다. 이는 16세기 후반부터 17세기에 걸쳐 이른바 캘빈파 종교 개혁자들에 의하여 해석된 신이다. 오직 성경에 쓰인 신의 말씀(Word)만을 신봉하는 이들은 예수나 마리아의 조상彫像은 물론 색유리를 비롯한 온갖 시각적인 형상물까지 교회로부터 추방하고 파괴하였음은 역사적 사실이다. 이들에게 개인의 감각을 통해 직접 보고 만지며, 맛보고 냄새를 맡는 행위는 신의 뜻을 인식하는 수단으로서 그 신뢰성을 상실했다. 특히 물리적인 자연과 천주교도나 인디언 혹은 아프리카인 등, 캘빈파 교회 밖의 인간집단들은 악마의 손아귀에 붙잡힌 타락의 세계로 여겨졌으며, 캘빈교회 내에서도 여성은 마귀의 통로로 간주되었다(Ruether 18). 성경을 통해 본 자연관이나 인간관이 과연 그처럼 이원론적인지에 대한 논의는 또 하나의 논쟁거리지만,[21] 적어도 『미지의 신』에서 스타인벡이 구현하고 있는 신 개념의 한 축은 이항 대립적이고 계층적인 우주관을 담지하고 있다는 견해에는 이견을 없을 것이다.

21 특히 성경 속의 자연관을 보다 면밀히 점검하기 위하여 Eric Kats의 "Judaism and the Ecological Crisis," Michael Zimmerman의 "Possible Political Problems of Earth-Based Religiosity," Jay McDaniel의 "The Garden of Eden, The Fall, and Life in Christ" A Christian Mark Muldoon의 "Environmental Decline and Christian Contemplation"을 읽거나 필자의 졸고, 「'상실과 구원'의 이중주」. 『현대영미소설』 14.2(2007): 18-21쪽 참조.

이 소설이 상정하고 있는 또 하나의 신 개념은 조지프가 특정한 자연물, 예컨대 그의 집터에서 자라는 커다란 떡갈나무나 그와 주아니토(Juanito)가 종종 찾아가는 숲 속의 거대한 바위에 깃들어 있다고 믿는 정령이다. 기독신이 플라톤의 이데아처럼 물질과 육체를 초월한 궁극적인 정신세계를 지칭한다면, 조지프가 신봉하는 정령체는 물질과 영혼이 혼융된 개념이다. 그렇다고 일견 신비스러워 보이는 조지프의 믿음은 단순히 만물에 혼령이 깃들어 있다고 믿는 단순한 정령신앙이 아니다. 예의 떡갈나무는 조지프가 아버지 존(John)이 죽은 뒤 그의 혼령이 들어가 있다고 믿는 나무인데, 그는 아버지가 죽기 직전 아버지와 자신이 이주해 온 새로운 땅이 하나임을 느끼고 있으니(5), 이 나무는 소설의 도입부에서부터 인간과 대지를 포괄하는 거대한 상징으로 제시되고 있는 셈이다. 그렇다면, 이 떡갈나무는 그 정체성 안에서 인간과 자연(대지)의 이원론적, 계층적 가름이 해체되는 해방공간이기도 하다. 흥미로운 점은 조지프에 의하여 떡갈나무의 상징이 예수의 고통과 동일시되고 있다는 사실이다. "언덕 위에 두 팔 벌리고 서있는 한 인간[떡갈나무]"이 "인류의 모든 고통을 짊어진 자"일 수 있다는 것이다(54). 조지프가 떡갈나무에 투사하는 신의 개념은 적어도 캘빈주의 신학이 표방하는 이원론적 사유와 언어의 산물이 아님은 분명하다.

조지프가 신성을 느끼는 또 하나의 자연물은 숲 속 빈 터에 있는 집체처럼 거대한 바위다. 조지프는 이 바위와의 첫 대면에서 "마치 텅 빈 교회에 들어가 어떤 성인이 그의 손을 움직이거나 피투성이가 된 예수가 십자가에서 신음할까 두려워 성찬대 주변을 한 바퀴 넓게 돌아보고 그 성찬대를 빤히 쳐다보고 있는 꼬마 소년처럼 불길한 예감과 의심스러운 기미를 강렬하게 느꼈다"(72). 주아니토의 설명에 따르면, 이곳은 토착 인디언들이 임신과 같은 축복을 받기 원할 때 늘 찾는 신성한 터인데(32), 바위는 교회의 성찬대처럼 그 터의 중앙에 위치하고 있다. 조지프가 누에스트라 씨뇨라(Nuestra Senora)지역의 인디언들이 신봉하는 이러한 범신론을 가감 없이 받아들이고 있음은 이 지역에 대 가뭄이 오자 그가 이 신성한 터를 찾아와 바위를 뒤덮고 있는 이끼에 물을 뿌리며 끊임없이 기우제를 올리는 행위에서 충분히 확인된다. 조지프의 아내 엘리자베스(Elizabeth)가 이 바위 위에서 미끄러져 죽고, 조지프도 이 바위에 자신의 육체를 제물로 바쳐 기우제를 올리는 플롯의 전개에 주목하면, 조지프가 이 바위와의 첫 만남에서 느낀 '불길한 예감'은 적중한 셈인데, 작가는 이 바위에 얽힌 굵직한 사건들을 통하여 그 신성(sacredness)을 강화하고 있다 할 것이다.

떡갈나무나 공터의 바위 모두 버튼(Burton)이 추종하는 개신교의 입장에서 보면 이단자들의 우상들일 뿐이지만, 조지프에게 이러한 자연물이 상징하는 바는 버튼이 상정하는 기독신의 개념보다 훨씬 넓고, 그 정의는 끊임없이 열려있는 거대담론인데, 조지프의 이러한 신개념은 스타인벡이 『항해일지』에서 설명하고 있는 '무목적론적 사고'(non-teleological thinking)의 산물이라는 점에 주목할 필요가 있다. 사실 『항해일지』는 『미지의 신께』보다 18년 뒤에 출간되었으니, 이 소설을 쓸 무렵에 '무목적론적 사고'에 대한 스타인벡의 이해가 완숙한 단계에 도달했다고 보기는 어렵지만, 친구 리케트와 조지프 캠프벨(Joseph Campbell, 리케트의 이웃으로 당시 세계의 신화를 연구 중이었음)그리고 스타인벡이 '깨뜨리기'(breaking through)의 개념을 처음 선보인 로빈슨 제퍼스(Robinson Jeffers)의 시[22]에 매료된 것이 1932년 무렵이고 보면(Kelly 29), '무목적론적 사고'가 이 소설에 반영되었다고 보는 견해에도 무리는 없을 것이다.

'무목적론적 사고'의 근간은 '원인과 결과'(cause-effect methods)라는 합리주의적 인식론에 바탕을 두고 도출된 과학적 결론의 오류와 한계성에 대한 자각이다. '목적론적 사고'의 문제점은 인문사회과학이건 자연과학이건 과학적 결론을 내리기 전에 그 결론에 영향을 미치는 모든 변수들을 총체적으로 고려하지 못하고 "사안의 목적성"(『항해일지』 112)에 치우쳐 성급한 결론에 도달해버린다는 점이다. '목적성'은 개인적, 집단적, 문화적 맥락에서 다양하게 드러나지만, 스타인벡이 특별히 심각하게 여기는 목적성은 "정서적인 내용 곧, 믿음"(118)이다. 오직 성경에 기록된 신의 개념에 집착하는 버튼의 언행은 바로 이러한 정서적 목적성의 발로다. 그가 내린 신의 정의는 성경의 언어가 고정시킨 의미 이외의 변수를 추호도 고려하지 않기 때문에, 그의 신 개념은 조지프에게 오류로 여겨진다. 한편, '무목적론적 사고'에서는 결론에 영향을 미치는 모든 변수를 고려할 수 없다는 한계성을 인정하기 때문에 특정한 현상을 결과로 보지 않고 그러한 현상의 "생성과정과 표현과정"(112)으로 본다. 켈리는(James C. Kelly) 스타인벡이 설파하는 '무목적론적 사고'는 과학적 관찰과 연역적 논리를 초월하고 있다는 점에 주목하여 '깨뜨리기'를 "초월적 예지" transcendent understanding(30)로 재명명하고 있다. 그렇다

22 리케트는 '깨뜨리기'라는 개념이 제퍼스의 시 「얼룩말」("Roan Stallion")에서 유래하였음을 인정하고 있다(Kelly 31). 이 시는 "인간성은 부숴야 할 틀, 깨뜨려야 할/ 껍질, 불에 태워야 할 석탄,/ 쪼개져야 할 원자."("Humanity is the mould to beak away from, the crust to/ break through, the coal to break into fire,/ The atom to be split.")라는 비인간중심주의적 명제로 시작하고 있는데, 리케트는 이 시에서 인간중심주의적 지식의 한계성과 폐해를 꼬집고 있는 점에 주목하고 있다. 시 전문은 *The Selected Poetry of Robinson Jeffers*. New York: Random House, 1938. 140쪽 참조.

면 '무목적론적 사고'는 당위론이 아니고 존재론적 근원에 대한 비인간중심주의적 사유다.

스타인벡은 '무목적론적 사고'를 목적론적 논리보다 궁극적인(완벽한) 결론으로 안내하는, 보다 신뢰할 수 있는 인식론으로 본다. 목적론에 따라 내린 결론은 조건적으로 사용될 때를 제외하고는 단순화의 오류를 피할 수 없기 때문이다. 무목적론은 궁극적으로 관계론적 해답을 구하기 때문에 목적론적 해답까지 포괄한다. 목적론적 변수도 하나의 변수로 인정하는 것이다. "'절대적 진리'는 현존하는 적절한 오류(apropos errors)조차 모두 받아들이고 전체와 관련하여 그것들을 이해하고 그것들의 결과를 허용해야 하기"(119) 때문이다.

『미지의 신께』의 등장인물 중 조지프가 바로 '무목적론적 사고'를 실천하는 중심인물이다. 조지프는 동생 벤지(Benjy)를 살해한 주아니토에게 앙갚음이나 하등의 책망을 할 이유를 찾지 못한다. 그는 이른바 목적론적 선악관으로부터 자유롭기 때문이다.

> "이제야 [아버지의] 축복이 무엇이었는지 알겠다. 내가 어떤 사람이 되었는지 알겠다. 토머스와 버튼에게는 호오好惡의 감정이 주어졌다. 나만 예외다. 나에게는 행운도 불행도 그리고 선악에 대한 분별력도 있을 수 없다. 쾌락과 고통의 차이에 대한 당연한 느낌조차도 나에게는 없다. 삼라만상은 하나고, 만상은 나의 일부다. … 벤지가 죽었다. 나는 기쁘지도 섭섭하지도 않다. 나에게는 그럴 이유가 없다. 그냥 그렇다. …
>
> "I know what the blessing was. I know what I've taken upon me. Thomas and Burton are allowed thair likes and dislikes, only I am cut off. I can have neither good luck nor bad luck. I can have no knowledge of good or bad. Even a pure true feeling of the difference

between pleasure and pain is denied me. All things are one, and all a part of me. ⋯ Benjy is dead, and I am neither glad nor sorry. There is no reason for it to me. It is just so. ⋯ (63)

아내의 돌연사를 당하고도 슬퍼하지 않고, 아내가 죽은 날 밤에 라마(Rama)의 육체를 순순히 받아들이는 조지프의 냉정함도 같은 맥락에서 이해할 수 있을 것이다. 조지프의 실존주의적 심상으로 세상을 보면, 전체가 아니면 어떤 것도 현상의 일부만을 설명해줄 뿐이고, 무한한 전체는 그것과 하나 되기 전에는 알 수 없는 존재이니, 마치 동양의 도가사상에서처럼[23] 선과 악, 기쁨과 슬픔 등의 인간중심주의적 감정은 깨뜨려져야 할 오류인 것이다.

조지프에게 떡갈나무는 이원론적 가름이 분명하고 물질과 육체를 벗어난 버튼의 신보다 그 개념이 훨씬 포괄적인 신이다. 떡갈나무는 생물학적인 존재이면서 아버지의 혼령이 숨쉬고 있는 영혼이고, 조지프의 아들 존(John)에게 세례를 베푸는 신이다. 나아가 라머의 표현대로 "대지의 혼령"(69)을 상징하는 조지프 자신이기도 하다. 바꾸어 말하면, 떡갈나무는 비인간 자연과 인간 그리고 다양한 신의 개념이 함께 어우러진 총체적 실재다. 그것은 버튼의 목적론적 믿음을 아우르면서 동시에 그 경계를 초월하는, 조지프의 무목적론적 '깨뜨리기'를 통해 탄생한 새로운 신이다. 조지프가 떡갈나무에 제례를 행하고 축제를 벌인 후에는 비가 쏟아져 산천초목을 촉촉이 적시지만, 아들에게 떡갈나무의 세례를 주고 그 나무를 숭배하는 조지프를 우상숭배자로 간주한 버튼이 이 나무를 고의로 고사시키고 떠난 후,

23 켈리는 절대적 진리를 표현할 수 없는 언어의 무력함을 전제로 하는 도가사상과 선불교 등 동양의 형이상학과 '무목적론적 사고'의 유사성을 제안하고 있다(32).

조지프의 아내가 돌연사하고, 조지프의 거주지역에 대 가뭄이 찾아온다는 플롯의 설정만 보아도, 조지프가 떡갈나무에 얼마나 강렬한 신성을 투사하고 있는지 알 수 있을 것이다.

조지프의 무목적론적 사고를 통해 생성된 신관은 어떤 문화권의 신 개념에도 배타적이지 않고 통합적 입장을 견지하며 미물에서 신에 이르기까지 계층적 이원론을 허용하지 않는다는 점에서 심층 생태학의 종교관과 유사하다.[24] 서구의 지배문화는 타문화권의 종교나 정신적 수양법을 주관적인 미신으로 간주해왔으나, 심층 생태학은 심오한 문제의식과 명상과정 그리고 실천적 삶을 통하여 보다 객관적인 의식과 삶의 방식을 능동적으로 추구한다. 때문에 심층 생태학은 각 문화권의 종교적 차이를 인정하면서 예컨대, 기독교, 도교, 불교, 미국 토착민의 제의 등, 각각의 종교에 내재된 친생태의식을 추구하고 있다(Devall 66). 네스(Arne Naess)가 주창한 '통각'(Self- realization)의 개념도 대자아(Self)의 추구가 그 핵심 내용인데, 대자아도 기실 미물에서 신에 이르는 유기적 통합체의 개념이다. 조지프의 떡갈나무는 바로 이러한 유기적 통합체에 다름 아니다. 따라서 버튼이 이 나무를 고사시키는 행위는 졸론(Jolon)지역의 유기적 통합을 해치는 폭거이고, 그 암시적 결과는 이 지역의 대 가뭄과 떡갈나무의 동격체인 조지프 자신의 죽음이다.

한편, 유기적 통합체로서의 신개념은 심층 생태학은 물론 다양한 문화권의 고대역사로부터 찾아볼 수 있는 상호 의존적 자연관에서 그 기원을 찾을 수 있을 것이다. 스타인벡 자신이 이러한 상호 의존성

24 사실 조지프의 여성관과 심층 생태학의 그것이 계층적 이원론을 극복하고 있는지에 대한 논의는 또 다른 연구과제이다. 여기에서는 다만 종(種) 사이의 혹은 신과 여타 존재 사이의 관계만을 지칭한다.

을 내면화하고 있음은 물론이다. 특히 리케트와 함께 한 해양탐사의 경험은 그에게 예의 상호 의존성의 생물학적 증거를 제공해 주었다.

> 이상하게도, 우리가 종교적이라는 느낌의 대부분 즉, 가장 소중하고 친숙하며, 가장 절실하게 원하는 인간의 반응 중 하나는 인간이 삼라만상과 연결되어 있고, 인간에게 알려진 그리고 인간이 알 수 없는 모든 존재와 피할 도리 없이 상호 관련을 맺고 있다는 점이다. 이 말은 단순하다. 그러나 이 말이 주는 심오한 느낌이 예수, 성 아우구스티누스, 성 프랜시스, 로저 베이컨, 찰스 다윈과 아인슈타인과 같은 사람들을 있게 했다. 그들은 제 각각의 박자와 목소리로 만물은 하나고 하나는 만물 곧, 플랑크톤, 희미하게 반짝이는 바다의 인광, 돌고 도는 행성들, 팽창하는 우주 등이 탄력적인 시간의 끈에 함께 묶인 하나라는 경이로운 사실을 발견하고 재확인하였다. 조수 웅덩이로부터 별들을 바라보고, 다시 조수 웅덩이를 내려다보라고 권하고 싶다.

> it is a strange thing that most of the feeling we call religious, most of the mystical outcrying which is one of the most prized and used and desired reactions of our species, is really the understanding and the attempt to say that man is related to the whole thing, related inextricably to *all reality, known and unknowable*. This is a simple thing to say, but the profound feeling of it made a Jusus, a St. Augustine, a St. Francis, a Roger Bacon, a Charles Darwin, and an Einstein. Each of them in his own tempo and his own voice discovered and reaffirmed with astonishment the knowledge that all things are one thing and one thing is all things—plankton, a shimmering phosphorescene on the sea and the spinning planets and an *expanding universe*, all bound together by the elastic string of time. It is advisable to look from the tide pool to the *stars* and then back to the tide pool again. (*Log* 178-9, 이탤릭은 필자의 강조)

위 인용문에서 특히 관심을 끄는 대목은 '총체적 실재'는 인간이 이미 알고 있는 것뿐만 아니라 '알 수 없는'(unknowable) 영역까지 아우른다는 점이다. 무목적론적 신의 개념은 목적론적 신의 개념까지 포괄해야 한다(*Log* 119)는 작가의 언급을 상기해 보면, 심층 생태학에서 상정하는 생태적 상호 관련성(interconnectedness)은 곧, 무목적론적 신개념 자체다.

Ⅲ

지금까지의 논의는 조지프의 떡갈나무가 상징하는 무목적론적 신의 개념과 그 생태학적 의의를 규명하는 데 초점을 맞추어 진행되었고, 조지프가 추구하는 신개념이 바로 '무목적론적 사고'의 산물임을 밝히는 작업에 주력했다. 그렇다면 작가의 생태의식은 조지프의 그것과 일치하는가? 바꾸어 말하면, 적어도 『미지의 신께』를 통해 본 스타인벡의 자연관은 주인공 조지프의 비인간주의 자연관(inhumanism)으로 치환될 수 있느냐의 문제다. 이 문제는 중요하다. 이에 대하여 어떤 해답을 얻느냐에 따라 작가 자신의 생태의식의 현대성이나 현실성에 대한 평가가 달라질 수 있기 때문이다. 예컨대, 팀머먼(John H. Timmerman)은 스타인벡의 초기 소설로부터 말기의 에세이집에 이르기까지 거의 모든 글쓰기가 환경윤리에 의하여 추동되고 있음을 갈파하면서도, 『미지의 신께』에서는 부정적인 환경윤리를 보여준다고 평가하고 있다. 이러한 그의 평가는 조지프가 죽기 때문에 이 소설은 살아있는 사람의, 살아있는 환경윤리를 제시하지 못한다는 판단에 근거하고 있다(Timmerman 316). 팀머맨의 평가는 작가의 환경윤리를 소설 속의 주인공의 그것과 동일시한 결과다. 만약 작가의 환경윤리와 조지프의 자연관 사이에 일정한 거리가 있다면 그 평가는 달라질 수 있을 것이다.

조지프가 토머스(Thomas)와 함께 물을 찾아 로키 산맥을 넘어 태평양 연안으로 여행하다 우연히 묘령의 노인을 만나는데, 우선 이러한 인물설정의 함의를 점검할 필요가 있다. 스타인벡은 이 초기 소설을 쓸 무렵부터 이미 사실주의 기법과 담론에 집착하지 않겠노라고 선언했듯이(DeMott xii), 『미지의 신께』의 주제와 인물설정에는 상징주의와 신비주의의 요소가 편재하는데, 무엇보다도 아무런 복선 없이 소설의 말미에서 묘령의 노인을 등장시키는 등, 느닷없는 인물설정은 이 작품의 사실성을 가장 심각하게 훼손시키는 예다. 그러나 일견 무리하게 보이는 이러한 인물설정이 이 작품의 주제의 복합성을 강화시켜주고 있다는 점에 주목할 필요가 있다. 이 노인은 첩첩산중에 칩거하면서 매일 일몰 시각에 맞추어 자신이 붙잡은 야생동물을 태양신에게 제물로 바치는 은둔자다. 그의 삶과 의식은 신비의 극치다. 더구나 작가는 이 노인에게는 이름도 부여하지 않음으로써 인물의 신비성을 배가하고 있다. 주목할 점은 이 은둔자는 이른바 '무목적론적 사고'를 조지프보다 더욱 철저하게 실천하는 허황된 인물로 제시되고 있으며, 그 결과 그의 극단적인 삶의 방식이 희화화되고 있다는 사실이다. 노인은 한 때 태양은 생명체이기 때문에 생명체에게 생명체를 바치면서 일몰을 상징화하고 있다는 이성적 사고를 의도적으로 했었으나 그러한 이성을 포기했고, 이제 그는 다만 좋아서 이런 의식을 치를 뿐이라고 조지프에게 설명한다(151). 조지프는 이 노인의 사고방식에 대부분 공감하는 반응을 보이면서도 "저로서는 감히 아직 생각이 미치지는 못하지만 차이가 있습니다."(151)라고 대응하고 있으며, "우리에 갇힌 야수들에게 설교하는 편이 좋겠습니다. 그렇지 않으면 당신 자신이 우리 안에 갇힐 수도 있겠어요."(152)라는 우회적인 언사로 노인을 따끔하게 꼬집는다. 노인과의 조우는 조지프가 자신의 육신을 바쳐 기우제를 올리는 행동을 촉발하는 동기를 부여하는 역할을 하면서도, 예의 조지프의 목적론적 사고와 노인의 그것 사이에는 분명한 간극이 보인다는 점을 간과할 수 없다. 그 차이가 바로 작가 자신의 세계관을 들여다 볼 수 있는 통로이기 때문이다.

조지프와 앤절로(Angelo) 신부의 세계관 차이는 조지프와 노인 사이의 사고의 차이보다 한층 더 미묘하다. 조지프가 주아니토의 소개로 신부를 만나는 동기는 물론 기독신에 대한 기도가 비를 내리게 할 수도 있다는 지극히 단순한 믿음이다. 비가 내리지 않아 "대지가 죽어가고 있다"는 조지프의 언급은 "대지는 죽지 않는다"라는 신부의 혜안과 대조를 이루면서(176) 서사의 중심이 신부 쪽으로 기우는 듯하지만, 조지프가 떠난 후 안젤로 신부의 자성(自省) 속에서 이내 균형감각이 회복되고 있다.

> "하나님, 감사합니다. 이 사람에게는 메시지가 없습니다. 하나님, 감사합니다. 이 사람에게는 기억하고 믿을 만한 의지력이 없습니다."라고 신부는 혼자 생각했다. 그러다 그는 갑자기 이단이 되어, "아니면 혹시 이곳 서부에서 새로운 예수가 탄생한 것이지요."라고 생각했다. 그리고 앤절로 신부는 일어나 교회로 들어갔다. 그는 높은 성찬대 앞에서 조지프의 영혼을 위해 기도했다. 그리고 자신의 이단적인 생각을 용서해달라고 기도했다. 그리고 교회를 떠나기 전에 비가 빨리 내려 죽어가는 대지를 구원해주도록 기도했다.

> He thought, "Thank God this man has no message. Thank God he has

no will to be remembered, to be believed in." And, in a sudden heresy, "else there might be a new Christ here is the West." Father Angelo got up then, and went into the church. And he prayed for Joseph's soul before the high altar, and he prayed forgiveness for his own heresy, and then, before he went away, he prayed that the rain might come quickly and save the dying land. (176-7)

조지프는 창세기의 요셉(Joseph)을 암시하는 인물이지만[25] 이 소설 속에서는 예수와 동일시되는 인물이기도 하다. 신부를 만나기 전에 잠들어 있는 조지프의 모습은 주아니토에게는 십자가 위에 죽어있는 예수의 모습이다. 조지프의 얼굴에는 예수의 실망하고 지친 표정이 서려있다(173). 조지프와 예수가 동일시되고 있는 만큼 조지프의 범신론적 신의 개념과 기독신의 거리가 좁혀지고 있다. 더구나 위 인용문을 통해 알 수 있듯이, 앤절로 신부는 조지프가 떠난 후 비를 내려주라고 신에게 기도한다. 그리고 그는 비가 내리는 소리를 들으면서 "자신이 비를 내려달라고 기도했던 일에 대해 기뻐했다"(185). 그렇다면 비를 내리게 한 신비스러운 힘은 조지프의 육신을 희생한 기우제에서 나오는 것인가 신부의 기도에서 나오는가? 분명한 것은 이러한 해체적 인물설정과 사건전개가 두 신 사이에서 작가의 균형 감각을 강화하고 있다는 점이다.

신부의 기도의 힘은 죽음에 임박하여 "내가 대지다." "내가 비다. 잠시 후면 내 몸에서 풀이 자랄 것이다."라는 조지프의 독백에 의하여 상쇄되는데(184), 이러한 해체적 모호성은 신부의 독백으로 끝나

25 요셉은 야곱(Jacob)의 11번째 아들로 아버지의 총애를 받았으나 형제들의 질시와 배신 때문에 이집트의 노예로 팔려가지만, 그는 후에 막강한 이집트의 권력자가 되고, 죽어서 그의 뼈는 '약속의 땅'으로 들어간다는 점 등이 조지프의 축복과 고난을 닮아있다. 창세기 35:24, 37장 및 39-50장 참조.

는 소설의 말미에서도 반복되고 있다. 이번에는 지역주민들의 이단적인 축제에 대한 신부의 판단유보다. 기다리던 단비가 내리자 요란하게 기타를 치며 예의 벌거숭이 파티를 벌이려는 주민들에 대하여 앤절로 신부는 분노가 치밀어 파티를 저지하겠노라고 다짐하지만 이내 파티에서 들려오는 기타 소리를 들으면서 이상스럽게도 간섭하기 싫어진다(185). 그러나 앤절로가 이러한 이단자들을 교화해야 하는 신부로서의 그의 책무를 완전히 포기하지는 않고 일요일 설교를 통해 "그들을 좀 참회시키겠다."(186)라고 홀로 다짐하고 있다. 이단적 축제를 저지하기 싫어하는 앤절로의 신 개념은 버튼의 복음주의적 신개념과는 분명한 차이가 있다. 그러나 조지프의 신 개념과 앤절로의 신 사이에는 그 구분이 매우 모호하며, 작가는 이러한 모호성을 의도했음 직하다. 전술한 바와 같이, 조지프의 떡갈나무는 떡갈나무라는 생물학적 존재와 그 주변의 생태적 조건으로부터 시작하여 아버지의 혼령과 조지프의 영혼 나아가 인간의 역사에서 신의 개념이 문화권별로 분화되기 이전의 원초적 신 개념까지 아우르는 총체적 실재다. 따라서 조지프의 신 개념은 물질과 영혼을 가르는 이원론적 신이 아니고, 떡갈나무와 원초적 신 사이에 서열이 존재하는 계층적인 신도 아니다. 그것은 바로 심층 생태학에서 상정하는 '통각'을 통하여 인식할 수 있는 생태적, 우주적 상호 의존성의 형상화다. 문제는 조지프의 우주관과 행위에 대한 앤절로 신부의 반응이 모호하다는 점이다. 즉, 작가는 조지프의 죽음을 부정적인 자기희생이라고 비난하기 보다는 오히려 앤절로 신부의 모호한 반응 뒤로 숨어버리고 만다.

Ⅳ

이 소설에서 두 신의 개념은 곧, 두 가지의 대조적인 자연관과 관련되어 있음은 주지의 사실이다. 버튼의 기독교 근본주의에 내재한 자연관이 기껏해야 '자원보호주의'(conservationism)의 테두리를 못 벗어나는데 반하여, 조지프의 그것은 떡갈나무와 '바위 위의 이끼'의 내재적 생명가치를 인정하고 있다는 점에서 '자연보존주의'(preservationism)로 치환될 수 있다.[26] 그리고 작가의 모호한 신개념에서 추론되는 자연관 혹은 생태의식은 자원보호주의와 자연보존주의 사이의 역동적 반응으로 볼 수 있을 것이다. 그렇다면 서구의 심층 생태학이 태동하기 40여 년 전에 표명된 이러한 작가의 역동적 자연관은 오늘의 생태사상에 어떤 시사점을 제공하는가?

생태중심주의를 표방하는 심층 생태론이 오늘의 산업지상주의 문화에 저항하는 담론임은 분명하다. 그러나 심층 생태론이 안고 있는 한계와 문제점을 지적하는 목소리 또한 만만치 않다. 비판의 화살은 심층 생태론의 두 축, 생태평등과 통각의 개념을 향하고 있다. 두 개의 개념 모두 서구의 보편주의 담론으로 환원하면서 전체주의적 자연관으로부터 자유롭지 못하다는 지적이다. 그 결과 심층 생태학은 인간과 비인간 자연계와의 평등한 관계설정에만 관심을 기울임으로써 인간 내부의 문화적 불평등의 문제가 생태평등의 문제와 복합적

26 conservationism과 preservationism을 한국어로 옮기는 과정에서 상당한 혼란이 있어 보인다. 예컨대, 전자를 자연보호주의로 후자를 자연보존(전)주의 등으로 번역하면, 두 개념의 차이가 부각되지 않는다. 논자는 전자가 자연물을 인간의 유익을 위한 사용가치로 보는 입장이기 때문에 '자원보호주의'로 후자는 자연의 내재적 가치를 인정하는 시각이기 때문에 '자연보존주의'로 옮김으로써 용어의 혼란을 피하고자 한다.

으로 얽혀있다는 사실을 간과하고 있다는 것이다. 특히 샐러(Ariel Salleh)와 같은 생태여성주의자들은 심층 생태론이 서구의 로고스중심주의로 환원하면서 성별, 인종, 계층, 종교, 성적 기호 등의 차이에 기인한 문화적 차별이 종차별의 문제와 내밀한 관련을 맺고 있다는 사실을 무시함으로써 정치적으로 유효한 담론을 생산하지 못하는 한계를 드러낸다고 주장한다. 인간의 사회구조와 생산수단을 생태계 파괴의 주범으로 보면서 비판하는 사회생태학도 결국 문화적 차별의 문제를 아우르지 못하는 심층 생태학의 한계성을 지적하고 있다 할 것이다.

사실 심층 생태론에 내재된 담론의 전체성 문제는 생태여성주의나 사회 생태학보다 탈근대 자연관에 의하여 먼저 제기되었다. 해체적 자연관은 우선 자연의 재현(representation)을 문제시한다. 인간이 인간의 언어로 자연의 목소리를 재현하고자 할 때 인간의 언어 자체가 안고 있는 인간화의 함정을 벗어날 수 없다고 보는 입장이다. 언어의 인간중심성을 고려하면, 비인간 자연은 신뢰할 수 없는 언어에 의하여 해석되고 재해석되는 영원한 텍스트일 뿐이라는 주장이다. 해체적 자연관이 제기하는 두 번째 문제점은 자연을 읽는 주체의 보편화다. 마치 푸코가 진리의 주체를 문제시하듯이, 어느 특정한 인간의 사고와 언어를 통하여 번역된 비인간계 자연의 이름은 그 특정인의 특정한 욕구나(와) 제한된 통찰력에 의하여 채색된 자연일 수밖에 없다는 논리다. 때문에, 해체적 자연관의 시각으로 보면, 서구-백인-남성의 자연관이건 북미 인디언 여성의 자연관이건 비인간 자연을 특정인이 인간의 언어로 재현하는 일은 불가능하다. 그럼에도 불구하고 서구 형이상학의 역사는 특정한 자연관을 보편화해 왔고, 그러한 보편화는 실질적인 힘에 작용하면서 다양한 갈래의 문화적 불평등을 야기하고 (재)강화해 왔다고 진단한다. 다시 정리하면, 비자연계의 '본질적 가치'를 인정하고 생태평등과 '통각'을 그 논리의 축으로 삼으면서 보편주의 자연관으로 환원하는 심층 생태론의 자연관은 강압적이고 전체주의적인 담론일 수밖에 없다는 주장이다.

스타인벡의 생태관이 미국 초월주의자들의 자연관과 동일하다면, 그것은 마치 '생태중심주의적 평등'(biocentric equality)과 만물의 '내재적 가치'(intrinsic value) 그리고 '통각' Self-realization)의 원리를 표방하는 심층 생태학이 그렇듯이 해체적 자연관의 비판을 회피할 수 없을 것이다. 스타인벡의 자연관이 삼라만상의 본질적인 상호 의존성을 상정하는 심층 생태학의 그것과 닮아있음은 사실이다. 그러나 살펴 본 대로, 스타인벡의 생태의식은 초절주의자나 심층 생태론자들과는 달리 자연보존주의(preservationism)나 자원보호주의(conservationism)라는 이원론적 틀을 거부하는 경향이 있다. 때문에 그는 늘 자연('마음의 자연'을 포함하여)의 흐름에 변화를 야기할 수 있는 인간의 의도적인 개입을 허용하고 있다. 예컨대, 『분노의 포도』에서 등장인물들이 약육강식이라는 자연의 법칙에 휘둘리면서도 자신들의 의지로 정글의 법칙이 지배하는 현실에 대응하는 방식을 찾아가는 과정이나 「민중의 지도자」("The Leader of the People")에서 '서부개척'(westering)이 함의하는 가치론적 모호성 혹은 『생쥐와 인간』(*Of Mice and Men*)에서 자연주의적 운명에 대한 조지(George)의 저항 등을 통하여 작가는 늘 자연의 섭리에 인간의 의지가 개입할 수 있는 여지를 남겨두고 있다. 인간의 의지와 (초)자연의 힘이 상충하면서도 상호 의존하고 있다는 생태적 진리를 가장 극명하고 그리고 있는 작품이 바로 『미지의 신께』(*To a God Unknown*)이다. 비를 내리게 하는 인간(Joseph Wayne)의 능력이 신의 권능으로 격상되는 결말은 다분히 초월주의적 자연관의 전범을 보여주기도 하지만, 가뭄을 극복하려는 조지프의 처절한 노력은 자연현상의 공창자로서의 인간의 역할을 인정해야 한다는 작가의 메시지를 (적어도 앤절로 신부가 동의하는 만큼)전하고 있는 것이다. 더구나, 이 소설과 『항해일지』에서 제안하고 있는 무목적론적 사고는 목적론적 신개념과 자연관의 '대체'(substitute)이면서 '잉여'(surplus)로서 해체적 자연관의 일단을 보여주고 있기도 하다.[27] 이렇듯 스타인벡의 생태관이 초월주의나 심층 생태학의 자연관과 구분되어 마땅하다는 시각에서 보면, 그것은 관념론에 빠져있을 뿐 지속가능한 사회를 지향하는 실질적인 대안을 제시하지 못하고 있다는 프렌치의 혹평은 제고되어야 마땅할 것이다.

스타인벡의 인간관이 성차별주의를 보다 적극적으로 문제시하지 못하는 한계를 지니고 있음에도 불구하고 그의 총체적인 인간평등사상과 이원론적 가름을 지양하는 자연관은 그의 무목적론적 인식론과 함께 그 근저에 해체적 담론을 배경으로 삼고 있다. 그가 미국과 미국인의 정체성 탐구한 결과물이라고 할 수 있는 『찰리와 함께 한 여행』에서 끝내 예언자적 어조를 거부했다는 점도 같은 맥락에서 이해할 수 있을 것이다.[28] 주목할 점은 그의 해체적 자연관은 궁

27 주지하다시피 데리다(Jacques Derrida)의 해체론은 이중담론을 지향한다. 그의 '보충'(supplement)의 개념은 '현존'(presence)의 '대체'(substitute)이면서 동시에 현존의 '잔여'(surplus)이기도 하다. 대체를 배제한 잔여나 잔여를 배제한 대체는 이미 해체가 아니다. (*Of Grammatology* 144-145 참조)

28 미국인의 정체성과 미국의 사회, 문화, 자연환경을 탐구할 목적으로 캐나다와 미국의 국경선 지역을 따라 동에서 서로 여행한 후 텍사스 주를 거쳐 뉴욕으로 되돌아 온 여정을 묘사하고 있는 이 여행기의 말미에서 스타인벡은 자신의 거주지 부근에 당도한 직후 한 경찰관에게 "길을 잃었다"(210)라고 말함으로써 그의 탐구를 통한 미국의 정체성 정형화를 스스로 거부하고 있다.

극적으로 실용주의적 자연관으로의 초대라는 것이다.[29]

실용주의 비평의 기본 입장에 대하여 듀이(John Dewey)가 언급하듯이, 실용주의는 편견과 선입관으로부터 결코 자유로울 수 없는 개인성의 존재를 인정하고 특정한 판단에 직접 작용하는 요소는 물론 "무한히 다양한 다른 요소들과 반응방식들"(324)까지 아우르려는 다원주의적 세계관을 지향하고 있다. 그렇다고 실용주의적 세계관을 통하여 인간의 경험 밖에 초월적으로 존재하는 진리를 인식할 수 있다는 뜻은 아니다. 듀이가 언급하는, 고려해야 할 요소들의 무한성은 곧, 데리다가 제시하는 차연과 흔적(trace)의 개념을 떠올리게 한다. 실용주의 철학에서는 진리가 없다고 단정하는 것이 아니고, 다만 진리에 관한 형이상학적 논쟁은 결코 논리적인 결론에 도달할 수

29 실용주의는 해체사상과 맥을 같이 하는가의 문제는 사실 논쟁적인 주제다. 예컨대, 데리다의 탁월한 해설가인 조나단 컬러(Jonathan Culler)에 의하면, 해체는 "여성, 시인, 예언가, 그리고 광인 등의 감정 표현으로부터도 진리가 생성될 수 있다"는 가능성을 열어두고 있지만, '합의'라는 비이론적인 의사결정에 의존하는 실용주의는 주변화된 담론을 활성화하지 못한다는 점에서 두 입장을 차별화하고 있다(153-4). 그러나 콜러피에트로(Vincent M. Colapietro)는 그의 「현대 담론에서 사라지는 주체: 실용주의적 관점」이라는 논문에서 해체와 실용주의의 유사점을 보다 적극적으로 거론하고 있다. 그의 주장에 따르면, 실용주의자나 데리다, 푸코, 라깡, 료타르 등 탈구조주의 이론가들은 공통적으로 인간 주체의 자치성(autonomy)을 해체하고 혁신과 저항의 인간 주체를 제안하고 있다. "이들은 역사적, 제도적으로 결정된 인간 주체성의 특성에 대한 비타협적인 인식을 통하여 주체를 갈등과 모순이 투사되는 자막으로 폄하하지 않는다. 오히려, 이들은 자신들의 삶의 경험에 근거하여 인간의 자아를 구체화되고 [따라서] 결정되는 대리인으로 보기를 주장한다"(Colapietro 655). 이러한 콜러피에트로의 관점은 실용주의가 형이상학적 탐구를 포기한다고 해서 심사숙고와 연구를 부정하거나, "바위 위에 달라붙어서" 파도가 영양물질을 날라 오기만을 기다리는 "말미잘"같은 인간주체를 지향하지 않는다는 윌리엄 제임스(William James)의 언급을 상기시킨다(39). 제임스는 신비화되고, 보편화된, 바꾸어 말하면 특권화된 원인과 조건들의 탐구를 포기하고 '역사적 현재'(historical present) 속에서 경험을 이해하도록 주문하고 있는 것이다. 그렇다면, 실용주의적 합의는 결국 해체사상이 지향하는 지배담론의 전복과 불가능성에 기반을 두고 있는 것이다.

없기 때문에 그처럼 '무익한'(unprofitable) 논쟁을 포기하자는 입장이다(Rorty 8). 결국, 실용주의의 소통방식은 다양한 목소리들의 경합을 통한 '합의'의 도출일 수밖에 없다. 오늘의 우리가 전체주의적 자연관의 (로티의 이른바) '잔인성'을 극복하고 다양한 형태와 층위의 자연관들의 경합을 허용해야 하는 소이가 여기에 있다. 스타인벡의 생태의식은 자연의 '본질적 가치'를 상정하는 심층 생태학의 전체주의적 자연관과 거리를 두는 만큼 실용주의적 대화를 통해 끊임없이 열려있는 생성의 자연관을 지향하고 있다 할 것이다.

웨스톤(Anthony Weston)은 '본질적인 가치'를 주장하는 논의는 '자기-충족적'(self-sufficient)이고, '추상적'이며 '특수한 방식의 정당화'(special justification)를 요구할 수밖에 없기 때문에 결국 인간중심주의로 환원하고 만다는 점을 지적하면서 가치의 상호 의존성을 존중함으로써 오히려 생태적 상호 의존성의 건강을 담보할 수 있다고 본다. 본질적인 가치의 추구를 포기하고 다양한 인간들의 가치, 믿음, 욕구의 경합을 통하여 끊임없이 열려있는 담론을 지향하도록 제안하고 있는 것이다(324-6). 콜웰(Tom Colwell)도 가치 평가자의 평가로부터 독립된 '본질적인 가치'의 상정에는 사실과 가치를 이원화하는 문제가 있다고 보고 듀이(John Dewey)의 실용주의에 기대어 인간의 역할을 아우르는 자연주의를 제안하고 있다. 그에게 자연의 가치를 정당화하는 논거는 인간과 비인간 자연, 인간과 인간, 비인간 자연존재들 사이의 교호작용을 거치며 끊임없이 진화한다. 그는 모든 가치는 기본적으로 도구적이라고 보면서 환경윤리와 관련한 가치판단의 중심은 '총체적 환경'(109)인 것으로 본다. 그가 언급하는 총체적 환경의 개념은 인간의 사고와 활동은 물론 비자연계의 생태적 변화의 결과에 대한 점검을 요구하는, 인간계와 비인간계를 아우르는 총체적 구조다. 따라서 콜웰은 '본질적 가치'의 개념이 안고 있는 담론의 전체성을 비켜가며 총체적 생태환경의 다양한 구성원들의 집합적인 삶과 유익을 가장 잘 증진시킬 수 있는 가능성을 탐색하고 있다 할 것이다. 결국, 스타인벡의 생태의식이 실용주의적 자연관을 지향하는 만큼, 그것은 심층 생태학의 자연관과 비교하여 지속가능한 사회를 지향하는 보다 실질적인 담론일 수 있다. 자연관에 관련하여 다양한 입장들 특히, 자원보호주의와 자연보존주의 사이의 역동적 대화의 활성화를 도모할 수 있는 스타인벡의 실용주의적 생태의식이 시사하는 현대성은 바로 여기에 있다.

4-2. 마거릿 애트우드의 『홍수의 해』에서 실용주의적 환경 서사

I

마거릿 애트우드(Margaret Atwood)의 매드아담(MaddAddam) 삼부작을 일관하는 중심 주제가 생태환경의 문제임은 주지하는 바이다. 첫 번째 소설 『오릭스와 크레이크』(*Oryx and Crake*)의 서사가 생태적 재앙을 포함한 인류의 대재앙을 초래하는 근본적인 원인으로 권력과 물질을 향한 인간의 탐욕을 지목하고 있다면, 두 번째 소설인 『홍수의 해』(*The Year of the Flood*)에서는 그러한 탐욕에 찌든 인간중심주의 문화의 대안을 탐색하고 있으며, 마지막으로 『매드아담』(*MaddAddam*)의 서사는 생태적 대안 사회의 현실성을 타진하면서 동시에 종말론적 경고의 메시지를 담고 있다. 오늘날 생태적 재앙을 회피하기 위하여 과학과 산업기술로부터 예술과 종교에 이르기까지 다양한 분야에서 다양한 대안을 탐색하고 제안하기도 하지만, 어느 분야도 환경 문제의 근본 원인이 인간의 지나친 탐욕에 있다는 점은 부인할 수 없을 것이다. 그리고 생태적 파괴의 주범이 인간의 탐욕이라면, 생태적 대안 문화는 일차적으로 인간의 탐욕을 다스리는 사유와 삶의 방식으로부터 찾아져야 할 것이다. 애트우드는 『홍수의 해』에서 그러한 대안 문화의 가능성을 냉철하게 탐색하고 있다. 이 소설의 서사가 지향하는 방향이 이른바 '신의 정원사들'이 추구하는 세계관과 정확하게 일치하지 않아 보인다는 점에서 냉철하다. 이 글은 소설의 서사와 '정원사들', 더 정확하게 지칭하자면, '정원사들'의 지도자 아담 1(Adam One)이 지향하는 생태사상 사이의 틈새를 열어 보이는 작업이다. 그러나 두 입장을 대조하기에 앞서 우선 환경 담론의 현주소를 간략하게 점검할 필요가 있다.

Ⅱ

오늘날 영미문화권에서 논의되고 있는 다양한 환경 담론과 입장들을 대별하자면, 지구상의 모든 생명체의 본질적 가치를 인정해야 한다고 주장하는 쪽과 인간은 본디 '본질적 가치'라는 언어 자체의 무게를 감당할 수 없다고 보는 논의로 통약할 수 있다. 주지하듯이 전자의 대표적인 담론이 심층 생태론(Deep Ecology)이라면, 사회 생태론이나 생태여성주의, 혹은 과학적 지식과 방법론까지 포용하려는 실용주의 환경론 등이 후자에 속한다. 자연의 본질적 가치를 둘러 싼 양 측의 논리 공방은 이제 비본질주의적 담론이 지배하는 듯이 보인다. 그 연유는 본질주의 논리가 애초부터 강압성을 띨 수밖에 없는 현계를 지닐 뿐만 아니라 비본질주의 생태론은 생태중심사상과는 달리 개인과 공동체가 처한 시공간적 특수성을 허용하는 논리적 탄력성을 지니기 때문이다. 그러나 본질주의 자연관은 종종 지구촌 곳곳의 특수한 종교적 근본주의와 맞물려 여전히 거대한 담론의 힘을 발휘하고 있다. 애트우드는 『홍수의 해』에서 그처럼 종교적 근본주의로부터 생태중심사상의 논리를 끌어들이는 서사와 그에 저항하는 서사를 병치함으로써 환경 담론의 경연장을 구축한다. 이 소설의 서사는 특별히 실용주의적 자연관을 지향하고 있음에 주목할 필요가 있다.

물론 윌리엄 제임스(William James)나 존 듀이(John Dewey) 등, 이른바 미국의 실용주의 철학자들 자신이 '실용주의 환경론'(environmental pragmatism)이라는 용어를 사용하지는 않았다. 이 용어는 1996년에 말 앤드류 라이트(Andrew Light)와 에릭 캣츠(Eric Katz)가 환경 철학에 실용주의를 접목시킨 일단의 논문들을 모아 편집한 『실용주의 환경론』(*Environmental Pragmatism*)이 출판되면서 비교적 뒤늦게 주목을 받은 환경 철학의 방법론이다. 심층 생태학이나 사회 생태론, 혹은 생태여성주의와는 달리 실용주의 환경론은 그 자체로써 특정한 자연관을 상정하지 않는다는 점에서 하나의 철학적, 윤리적 방법론이다. 그리고 특정한 자연관을 지향하지 않는다는 것은 곧 모든 자연관을 '탐구'(inquiry)와 '공공숙의'(deliberation)의 테이블에 올려놓는다는 뜻이기 때문에 그것은 상황의 특수성과 역사성의 허용이고 다양한 입장과 욕구의 통합이다. 공동체 구성원들의 복잡하고 다양한 욕구와 이해관계를 조정하고 아우르는 일이 매우 어렵지만 구성원들이 가치나 입장을 공유할 수 있다고 믿는다는 점에서 실용주의 환경론은 낙관론이고 그래서 비판을 받기도 한다. 그러나 웨스톤(Anthony Weston)은 바로 실용주의적 접근법으로 절대주의 자연관의 위험성을 피할 수 있다는 점을 중시한다. 공동체 구성원의 모든 욕구와 이해관계를 민주적으로 아우르려는 실용주의적 의사결정 방식을 통한 의사결정은 끊임없이 표류할 수밖에 없다는 비판에 대하여 그는 자연의 가치를 포함하여 공동체가 추구하는 가치를 구성원들이 공유할 수 있다는 믿음이 있기 때문에 관련한 의사결정이 결코 방향키를 잃은 모터보트가 되지는 않는다고 주장한다(303). 실용주의 환경론 자체는 특정한 방향성을 지양하면서 다원주의적 자연관을 지향하지만, 그것은 구성원 사이의 활발한 의사소통과 예의 과학적 탐구 그리고 공공숙의의 과정을 거쳐 최선의 의사결정이 가능하다고 보는 것이다. 즉, 실용주의 환경론은 더딘 소통을 감수하는 대신에 근본주의 자연관의 강압성을 회피하려는 전략이다.

실용주의 환경론은 선험적(a priori) 진리나 가치를 오직 특정한 하나의 입장으로만 인정하는 실용주의 철학의 방법론에 상응하여 초월주의적인 자연관을 비롯하여 무엇이든 관념에 뿌리를 내린 세계관을 해체한다. 실용주의의 인식론은 관념 대신 경험에 기댄다. 실용주의 철학자들에게 물리적, 사회적 환경은 경험의 공간이고 나와 타자들의 삶이 존재하는 현장이다(Parker 23). 이들에게 환경 철학이나 환경 윤리는 논리적인 확실성을 담보하는 이론이 아니라 환경 문제의 해결에 실제적으로 도움을 주는 방법론이어야 한다. 그렇지 않으면, 철학적 "방법론이 오히려 도덕을 방해하고 교조(dogma)는 공공숙의의 적이 되며, 우리가 이론상으로 이루기를 열망하는 이상 사회[의 개념]이 실제로 성취할 수 있는 좋은 사회의 무서운 적이 되어버릴 것이라"고 예견한다(Sagoff 14). 이러한 주장은 바로 매드아담 3부작에서 인간의 종말을 기획하는 크레이크의 과학적 이상사회의 허상을 상기시키지만 동시에 아담의 종교적 교조주의가 야기할 수 있는 위험성을 경고하고 있다. 어찌하든 실용주의 환경론을 옹호하는 논자들은 인간의 경험과 유리된 자연관으로부터 일정한 거리를 유지하면서 환경 문제를 실제적으로 해결하기 위한 담론의 경합과 타협을 환영한다. 그래서 실용주의 환경론은 민주주의다. 그리고 그러한 민주적인 방식이 종종 봉착하는 의사결정의 교착 상태에서 벗어나기 위하여 실용주의 환경론은 특히 인문사회적인 숙의와 함께 과학적 탐구에 의지한다. 따라서 실용주의 환경론은 사회적 책임의 방기가 아니고 환경 문제를 해결하려는 인간의 고민과 노력의 역할을 믿는 낙관론이다. 무릇 그러한 낙관주의가 없다면 보다 좋은 사회를 성취하려는 인간의 모든 노력은 허사일 터이다.

Ⅲ

대재앙이 발생한 '홍수의 해'를 전후하여 끔찍한 디스토피아를 직간접적으로 초래한 탐욕의 인간들과는 달리 소박하고 친생태적인 삶을 실천하는 '신의 정원사들'의 공동체를 이끄는 아담의 설교를 실용주의 환경론의 관점에서 면밀히 들여다 볼 필요가 있다. 그러나 논의의 초점이 생태중심주의를 추구하는 아담의 논리가 오히려 위험한 생태적 재앙을 초래할 수 있다는 주장으로 모아질 것이기 때문에 우선 이 소설의 플롯과 서사가 넌지시 노출하는, 대재앙을 기획한 장본인이 바로 아담이라는 사실을 분명하게 확인할 필요가 있다. 물론 아담이 재앙을 일으킨 인물이라는 확실한 언급은 없지만, 그가 '물 없는 홍수'를 일으킨 당사자라는 암시는 많다. 재앙이 발생하기 15년 전에 아담은 이미 "어둠의 천사들"의 도움으로 물 없는 홍수가 지구를 멸망시킬 것이니 "코를 훌쩍이는 사람을 피하라."고 설교한다(*The Year of the Flood*, 110, 이후 이 소설에서 인용은 쪽수만 밝힘). 여기에서 '어둠의 천사들'은 치명적인 독극물이 숨겨진 행복제(BlyssPlus)를 개발한 크레이크는 물론이려니와 생명공학자인 크레이크의 아버지와 절친했던 필라(Pilar)를 비롯한 몇몇 '정원사들' 그리고 누구보다도 설교하는 아담 자신을 지칭한다. 천재적인 유전공학도인 크레이크가 행복제로 인류의 종말을 초래하고 매우 생태적인 크레이크인들(Crakers)을 창조하여 인간을 대체하려는 욕망은 다분히 청소년기에 부모를 잃은 상실감과 배신감이 초래한 복수심일 수도 있지만, 그보다는 온갖 탐욕에 매몰된 세상을 파괴하고 "새로운 에덴"(414)을 창조하겠다는 그의 공명심의 불길에 기름을 부은 아담과 필라의 교화 혹은 사주 그리고 특히 크레이크의 아버지가 개발한 독극물질을 아들 크레이크에게 전달하는 필라의 직접적인 공헌이 대재앙을 야기한 결정적인 원인이다. 필라는 토비에게 버섯에 대한 강의를 하는 도중에 독버섯도 신의 뜻에 따라 그 쓰임새가 있어 창조되었다고 말한다. 이 말에 토비가 "선생님은 누구도 독살하지 않으실 거죠?"라고 묻고 "언제 그래야 할지는 아무도 모르는 법이야."라는 필라의 섬뜩한 답변을 듣는다(121). 더구나 아담은 불과 일 년 전에 재앙을 예고하고(373), 인간이 종말을 맞이한 상황에서 깨끗한 공기를 들이 마실 수 있다는 사실에 기뻐하는 아담의 모습(443)이 더해지면, 대재앙을 야기한 중심인물이 바로 아담인 것으로 추정된다.

아담은 인류의 재앙을 기획한 중심인물로서 근본주의적 생태론자의 전형이다. 그의 생태의식은 철저하게 기독교 신화에 뿌리를 두고 있다. 따라서 선험적 진리나 가치를 무턱대고 신뢰하지는 않는 실용주의의 환경론의 입장에서 보면, 그의 생태중심사상은 그 역가가 떨어진다. 물론 그와 그의 생태사상을 추종하는 '정원사들'은 사립 보안대(CorpSeCorps)가 이해하듯이 극단적인 채식주의와 과격한 청교도주의에 빠져 반생태적 문화를 대놓고 비판하거나 전복시키려는 "뒤틀린 미치광이들"(58)은 아니다. 그러나 아담이 인간 타락의 요소로 "식육(cannibalism), 이성, 기술, 복잡한 문법, 인간성, 불, 무기, 끝없는 색욕, 근심 걱정" 등을 지칭할 때(224), 인간은 이성의 힘을 과신하지 말고 뱀의 직관을 신뢰하라, 즉 본능을 회복하라고 설교할 때(279, 282), 그의 세계관은 분명히 근본주의적인 생태론을 지향한다. 바다의 물고기보다 결코 우월하지 못한 인간은 죽을 때 자연에게 생명의 선물을 되갚고 가야한다고 말하면서(193) 인간과 비인간 자연이 평등한 관계를 맺고 있는 먹이 사슬 속에서 희생의 의미를 강조하는(149) 아담은 확실히 생태적 평등을 주장하는 급진적인 환경론자다. 그리고 그의 사상적 급진성은 오직 인간의 종말을 통하여 자연의 질서를 회복하려는 섬뜩한 그의 실행력에 값한다.

아담과 필라 그리고 그의 신조를 추종하는 과학자와 정원사들의 치명적인 파괴 행위를 정당화하는 논리와 가치는 모두 기독교 경전, 곧 선험의 세계로부터 나온다. 『홍수의 해』의 거의 모든 장의 서두를 차지하는 아담의 설교는 언뜻 기독교 신화를 재해석하고 있는 듯 보이지만, 그 재해석이 기실 신의 뜻을 더욱 낭만화 함으로써 관념의 유희를 벗어나지 못한다. 세상에 악이 존재하는 이유를 설명하는 아담의 논리는 전통적인 기독교 신학을 따른다. 아담의 설교에 따르면, 인간이 육식과 물질적인 부의 유혹을 뿌리치지 못하는 이유는 신이 인간에게 '자유의지'(free will)를 부여하였기 때문이다. 에덴동산의 아담도 자유의지가 주어졌기 때문에 신이 예견할 수 없는 행위를 할 수 있다는 논리다(14). 그러나 기독교의 창조 신화에 대한 이처럼 자의적인 해석은 그 논리가 궁색하다. 기독신은 전지전능하다는 것은 기독교 신학의 절대적인 믿음이다. 전지전능한 신이기에 신은 당연히 인간의 타락을 예견해야 한다. 만약 신이 인간의 타락을 예견하지 못했다면, 그 신은 전지전능한 신이 아니다. 그리고 만약 타락을 예견하였음에 불구하고 인간에게 선택권을 주었다면, 그 신은 악신이거나 인간을 상대로 장난을 하는 신이고, 세상은 하나의 거대한 농담이다. 인간의 타락을 '축복의 타락'(fortunate fall)으로 받아들이는 주장도 그 논리가 궁색하기는 마찬가지다. 신이 인간에게 선택권을 준 결과로 인간은 '자유롭도록 저주받았기' 때문이다.

아담은 기독신의 뜻을 충실히 실행하는 급진적인 근본주의자다. 그의 인간 종말 기획은 단지 "인간의 상상력은 어려서부터 사악하기 때문에, 나는 인간을 위하여 더 이상 땅을 저주하거나 [전에] 그랬던 것처럼 다시는 모든 생명체를 파괴하는 일이 없을 것이라"(109)는 신의 약속(창세기 8:21)을 대신 실천하는 행위다. 아담은 이러한 신의 약속을 염두에 두고 지구가 신이 아니라 인간에 의해 파멸을 맞이할 것이라고 예견하고 그 파멸을 은밀히 준비하는 것이다. 즉, 그의 종말 기획은 개인적, 집단적 경험에 바탕을 둔 민주적인 소통이나 탐구를 통하여 결정된 대안이 아니고 연역적인, 그래서 매우 강압적인 추론의 소산일 뿐이다. 작가 애트우드가 맥케이(Sinclair Mckay)와의 면담에서 인간의 본성은 "특정한 신앙체계를 갖도록 되어 있으며 … 그러한 믿음체계는 인간의 도구 상자의 일부분인 듯하다"[30]는 언급을 반증이라도 하듯이, 아담은 인간은 신을 믿도록 진화되었음으로 종교를 이용하여 생태중심주의를 이끌어내려는 의지를 드러낸다(288). 인간이 자연의 관리권을 위배하면 신의 징벌을 받는다는 관념의 활용이 다중의 생태의식을 고양하는 효과를 야기함에는 틀림없겠지만, 그러한 강압적 논리는 인간과 비인간 자연이 처한 특수한 상황과 역사성을 배제해버리는 한계를 드러낸다. 그리고 그러한 논리적 강압성과 전체성이 아이러니컬하게도 이 소설에서 묘사되는 끔찍한 재앙을 초래하는 근본 원인이다.

관념으로 지은 세계관은 스스로 그 강압성을 감당하지 못한다. 아담은 정신과 물질 그리고 인간과 비인간 자연 사이의 계층적 이원론을 버려야한다고 설교한다. 그러나 이원론적 사고를 비판하는 그의

---

30 http://www.telegraph.co.uk/culture/books/6061404/Margaret-Atwood.html

언어와 논리 자체가 종종 계층적 이원론을 노출하는 경우가 있다. 그의 설교에 의하면, 신은 순수한 혼령으로서 무(No-thingness)인데 그 무로 인하여 만물이 존재한다(62). 혼령으로부터 물질이 비롯되었다면, 그 둘의 관계는 원인과 결과의 관계이다. 즉, 아담은 정신이 물질의 우위에 존재한다는 계층적 우주론을 노정한다. 그와 같은 정신주의는 정원사들의 교육을 받은 렌(Ren)의 서사, "오직 정신만이 영원하다."(7)는 언사에 잘 반영되어 있기도 하다. 그러나 계층적 이원론에 빠진 듯 보이는 아담이 정신적 진리의 부조리성을 인정하고 인간은 결코 물고기보다 현명하다고 할 수 없다는 사실을 인정하자고 말하면서(234) 생태평등을 옹호하는 논리를 펼친다. 그렇게 종평등을 주장하던 그가 "우리는 저급한 종을 경멸하지 맙시다"(Let us not scorn our lowly birth)라고 말하면서 무의식중에 종차별주의적인 언어를 사용하는 부주의를 범한다. 즉, 그의 설교에서 인간 이외의 종은 모두 '저급한'(lowly) 존재로 전락해버린다. 그런가 하면 그는 종 차별주의를 비판하다 역차별의 우를 범하기도 한다. 예컨대, 그는 인간중심주의를 비판하기 위하여 "인간이 인간 이외의 만물에 속한다."(63)라고 주장하고 있는데, 이 말은 인간과 비인간 자연이 평등하게 상호 의존적인 관계를 맺고 있다는 시각이라기보다는 비인간 자연이 인간의 우위에 존재한다는 역차별적 종속 관계를 상정하는 언사다. 이처럼 종종 자기모순적인 논리를 노정하고 상황의 논리를 허용하는 아담을 이 소설의 중심인물로 설정함으로써 작가는 어느 누구도 하늘에서 떨어진 근본주의적인 세계관을 논리적으로 감당할 수 없다는 사실을 예증하고 있다. 따라서 애트우드는 선험적 자연관을 신뢰하지 않는 실용주의 환경론과 입장을 공유한다고 볼 수 있는 것이다.

토비는 아담의 관념적인 생태중심사상을 인간의 실제적인 삶이 감당하기 불가능하다는 사실을 예증하는 인물이다. 토비는 소설의 도입부에서 이미 생태중심주의의 급진성에 의문을 제기한다. 죽은 동물의 사체를 먹어치우는 독수리를 "몸을 해체하는 어둠의 천사들"이라고 부르는 정원사들의 언사에 토비는 "나는 아직도 이 말을 믿고 있는가? … 모든 것은 바로 가까이서 보면 다르다."라고 자문한다(4). 아담은 명분이 없으면 신의 피조물을 해치지 말라고 가르치지만, 토비는 농작물을 해치는 멧돼지를 총으로 쏜다. 더구나 채식주의를 맹세한 그녀이지만 멧돼지를 식량 자원으로 간주하는 유혹을 떨치기 어렵다. 토비는 비록 동물성 단백질은 섭생의 마지막 수단임을 인정하지만(22), 그녀가 식량 자원을 확보하기 위하여 무고한 생명을 해칠 수밖에 없는 현실을 피할 도리가 없다. 그녀는 당근을 해치는 애벌레를 울타리 밖으로 던져버리고 시금치에 붙어있는 무지개 색깔의 딱정벌레를 털어내 아예 짓밟아 죽이면서 자신의 "영혼의 자유를 위하여" 용서를 빈다(18). 섭생과 관련한 토비의 고뇌는 『매드아담』에서도 이어진다. 그녀는 모든 벌레도 "*인간만큼 숨을 쉴 권리를 지닌 신의 피조물*"이라는 아담의 말을 상기하면서도 정원에서 농작물을 해치는 민달팽이를 잡아 죽이고 인간이 제멋대로 이름을 붙인 잡초도 "*신성한 신의 풀*"이라는 아담의 설교를 떠올리면서 돼지풀을 뽑아 쓰레기 더미 위로 던져버린다(194-95).

사실 토비는 삼부작 전체를 통하여 생태적 평등이라는 이상과 현실의 삶 사이의 괴리를 극복하지 못한다. 그럼에도 불구하고 『홍수』와 『매드아담』의 서사를 이끄는 중심인물은 토비다. 그만큼 토비의 갈등과 고뇌는 삼부작을 통하여 작가가 제시하는 다양한 층위의 논쟁적인 주제와 맞닿아 있다. 그러한 주제들 중 하나가 바로 토비나 작가가 비인간 자연에 대한 관리권을 인간에게 허용하느냐의 문제다. 환원하면 그것은 보다 큰 틀에서 휴머니즘의 가능성을 타진하는 문제다. 이 주제와 관련하여 삼부작 모두의 서사는 섣부른 판단에 스스로 저항하고 있다. 그러나 그것은 적어도 아담을 비롯한 극단적인 이상론으로 치닫는 세력과 실제적인 인간의 삶과 특수한 상황을 아우르려는 서사의 힘 사이에서 그 역동성을 확보한다. 애트우드는 이를테면 토비의 정원 관리는 물론이려니와 심지어 트랜스휴머니즘(Transhumanism)까지도 포용하는 탄력적인 생태관을 염두에 두고 있다는 의미다. 특히 『매드아담』의 대단원에서 토비에서 블랙비어드(Blackbeard)로 넘어가는 서사의 이동을 감안하면, 애트우드는 "인간화된 기술을 포용하는 휴머니즘"(Bergthaller 741)을 지향한다는 진단에 공감할 수밖에 없다.

토비는 직접적으로 생태 문제에 관여하지 않는 문제에서도 이상론의 허상을 여지없이 짚어내면서 서사를 통합하는 역할을 충실히 수행한다. 예컨대, 아담은 모든 정원사들이 정신적으로 평등하다고 주장하지만, 토비는 이든클리프 정원(Edencliff Garden) 안에서도 마치 수도원의 경우처럼 물질적, 현실적 의미의 계층이 존재함을 감지한다(54-5). 아담의 이상에 부분적으로 공감하면서 동시에 정원사들의 "신성한 체함"(sanctimoniousness)에 역겨움을 느끼는 토비(56)는 '정원'의 엘리트들과 정원 밖의 평민들(pleeblanders) 사이에서 불안정한 정체성을 보여주는 중간자다.

> 토비는 정원사들을 떠나야겠다는 생각을 버렸다. 그녀는 사실 그들의 교조를 믿지도 않고 불신하지도 않았다. 한 계절이 다음 계절과 혼합되었다. … 그녀는 딱히 정원사는 아니었지만 더 이상 외부 세계의 평

민도 아니었다.

> Toby stopped thinking she should leave the Gardeners. She didn't really believe in their creed, but she no longer disbelieved. One season blended into the next ··· She wasn't quite a Gardener, yet she wasn't a pleeblander any more. (116)

급기야 『홍수』의 말미에서 토비는 대재앙과 그레이크인들의 출현을 두고 신에게 반문한다.

> 그 새로운 인간[크레이크인]이 당신이 생각한 개선된 인간인가요? 최초의 아담이 이 새 인간과 같았을까요? 그들이 우리를 대체할까요? 아니면 당신은 어깨를 으쓱거리며 현재의 인간들과 함께 할 것인가요? 만약 그렇다면 당신은 기괴한 구슬을 골랐네요. 한 때 과학자였던 몇 사람, 일단의 변절한 정원사들, 죽기 직전에 처한 한 명의 여인을 데리고 도망치는 두 미치광이들 말입니다. 제브를 제외하고는 적자생존이 전혀 가당치 않습니다. 이제 제브조차 지쳐있어요.

> Are the new people Your idea of an improved model? Is this what the first Adam was supposed to be? Will they replace us? Or do you intend to shrug your shoulders and carry on with the present human race? If so, you've chosen some odd marbles: a clutch of one-time scientist, a handful of renegade Gardeners, two psychotics on the loose with a nearly dead woman. It's hardly the survival of the fittest, except for Zeb; but even Zeb's tired. (497)

아담과 필라의 사주와 도움을 받아 크레이크가 탐욕 덩어리로서 개선의 희망이 없어 보이는 현대인의 종 청소를 감행하고 태생적으로 무욕의 유전자를 지닌 이른바 크레이크인을 창조한 행위를 두고도 토비는 역시 자신의 판단을 유보한다. 전술하였듯이, 『매드아담』의 말미에서 정원사들과 크레이크인들이 공존하는 새로운 세상은 생태적 인 이상사회라는 점에서 작가는 트랜스휴머니즘까지 포용하는 문화 변혁을 꿈꾼다고 볼 수 있다. 그러나 삼부작의 결말에 이르기까지 변함없이 중간자적인 입장을 유지하는 토비의 서사를 통하여 작가는 생태파괴적인 현대인의 인간중심주의 문화를 비판하면서 동시에 전통적인 휴머니즘에 대한 미련을 남긴다. 같은 맥락에서, 크레이크가 종교성과 예술성을 배제한 크레이크인들을 창조하였지만, 그들은 나름대로 노래를 부르고 크레이크를 신으로 숭배하면서 정원사들처럼 여전히 종교와 예술 활동을 한다는 사실에 주목할 필요가 있다. "(탈)재앙은 [실제로] 존재할 수 있는 이미지가 아니고 하나의 관점"일 뿐이다(Williams 158). 즉, 삼부작에서 설정된 문명의 종말은 생태적 죽임의 시대에 대한 하나의 급진적인 반응이다. 유토피아 형식의 변화는 제도적 대안이 불가능한 상황에서 "파괴와 단절을 생각하도록 한다."(232)는 제임슨(Fredric Jameson)의 언급은 삼부작을 쓴 애트우드의 창작 동기를 정확하게 꿰뚫는 말이다.

삼부작의 서사에서 휴머니즘, 곧 인간중심주의 사상에 저항하는 수단은 문자 언어의 통제다. 휴머니즘은 좁은 의미나 넓은 의미에서 모두 "문해(문해, literacy)의 결과"(Sloterdijk 12)라는 지적에 걸맞게 '신의 정원사들'은 문자에 대한 두려움을 드러낸다. 그 좋은 예가 정원사들이 아이들을 가르치는 방식과 내용이다. 렌은 문자가 전달하는 내용은 무엇이든 믿지 말라고 교육받는다. 그녀는 책을 불태우고 종이는 구겨서 버리며, 컴퓨터도 파괴하도록 교육받는다. 신의 정원사들이 문자사용을 경계하는 이유는 사립 보안대를 비롯한 적들의 추적을 피하기 위한 처사이기도 하지만(7), 문자 교육을 기피하는 그들의 내밀한 동기는 휴머니즘의 추방과 관련이 있다.

『홍수』에서 문자 언어를 가장 심각하게 문제 삼는 인물은 아담이다. 그는 인간의 비인간 자연 지배를 정당화하는 창세기 1장 28절을 꼭 집어 비판하고 있다. 천지 창조의 여섯 번째 날에 신은 모든 동식물을 창조한 후 마지막으로 자신의 형상을 본떠 인간을 창조하고 인간들에게 다른 모든 생명체들을 정복하고 관리할 수 있는 권리를 부여하였다는 글로 써진 신의 역사를 인간중심주의 문화의 원천으로 지목하고 거부하는 것이다. 그는 아직도 여섯 번째 날은 저물지 않았다고 외치면서 동물들에 대한 인간중심주의적인 명명을 철회하고 "피 흘림, 탐욕, 교만과 멸시"에 의하여 짓밟히지 않은 믿음을 회복하자고 설교한다(15). 그는 생태적 파괴를 허용하고 부추기는 문화의 기원을 서구의 로고스중심주의에서 찾고 있는 것이다. 인간중심주의적인 자연의 명명을 거부한다는 점에서 아담의 문자 언어 비판은 언뜻 반생태적인 문화의 대안 논리로 보이지만, 전술하였듯이 그의 급진적인 생태중심사상을 실제적인 삶의 현실이 감당할 수 없을 뿐만 아니라 그가 재정립하려는 생태주의 신학도 인간화의 한계로부터 자유로울 수 없다. 그는 침묵하는 자연을 인간의 언어로 재명명하는 인간화의 함정에서 벗어나지 못하기 때문이다.

문자 언어의 위험성 경계를 기준으로 삼부작의 주요 인물들을 분류하면, 작가의 생태의식이 보다 탄력적이라는 사실이 잘 드러난다. 우선 재앙을 직접적으로 야기한 크레이크 그리고 그의 죽임의 기획을 간접적으로 부추긴 아담과 필라를 비롯한 과격한 신의 정원사들은 모두 문자 언어의 생태적 위해성을 인식하고 문해가 초래했다고 믿는 죽임의 문화를 파괴하는 사명에 전념한다. 크레이크는 크레이크인들을 태생적으로 글을 읽지 못하도록 설계한다(*Oryx and Crake*, 41). 문자를 배우면 당연히 기독교 경전에 노출되고, 그 결과는 여지없이 인간중심주의 세계관의 노예가 되리라는 우려 때문일 터이다. 유전자 공학자인 남편의 비윤리적인 연구 행태와 탐욕에 반발하고 환경운동가를 자처하면서 아들 지미(Jimmy)를 버려두고 가출하는 샤론(Sharon), 현대인의 물질적인 탐욕을 신랄하게 질타하는 예술가 아만다(Amanda) 등이 철저하게 생태중심사상으로 교화된 인물들이라면, 물질적 탐욕의 화신 레브(Reb) 목사, 사립 보안대원들, 블랑코(Blanco)를 위시한 페인볼러들(Painballers)은 물론이려니와 대재앙 이전에 행복제를 즐겨 복용한 모든 선남선녀가 무의식적으로 인간중심주의 문화에 도취된 인간상이다. 『홍수』에서는 특히 블랑코가 인간중심심주의적 편견에 뿌리를 둔 종 차별주의와 성 차별주의를 표상하는 인물이다. 블랑코의 식인주의는 홀(Linda Hall)이 언급하듯이 북미 문화권에서 확인되는 "여성 소비의 은유"(28)이며 이기적인 개인주의와 부유한 엘리트의 탐욕이 낳은 제어 불가능한 폭력의 알레고리다(Bouson 16). 블랑코의 만행에 대한 독자의 증오심은 여성을 오직 살덩어리로만 치부해버리는 "오래된 여성 객체화의 전통"(DeFalco 779)을 청산하려는 욕구와 맞물려 있을 터이다. 그리고 남성본위의식이 기실 인간우월주의의 편견을 정당화하는 논리와 그 괘를 함께 한다는 것은 주지하듯이 생태여성주의의 해묵은 주장이다.

이렇듯 애트우드는 극단적인 생태중심주의를 드러내는 인물들과 반대로 인간의 이기적인 욕망에 집착하는 인물들을 병치함으로써 이 소설에서 보다 복합적인 환경 서사를 빚어내고 있는 한편, 삼부작 모두에서 채택하는 서사 전략도 작가의 생태의식을 연성화하는 효과를 높인다. 『오릭스와 크레이크』의 서술자인 지미는 사회변화의 가능성을 철저히 포기하는 '숫자 형 인간' 크레이크와는 달리 변화의 가능성을 담지하는 '언어 형 인간'이다(DiMarco 170). 행복제의 확산과 함께 종말을 맞이한 휴머니즘의 문화를 새롭게 재건할 것인가 아니면 전통적인 문화 가치를 완전히 포기하고 크레이크가 창조한 크레이크인들의 친생태적인 문화에 순응할 것인가의 갈림길에서 그의 미완의 서사는 끝을 맺는다. 『홍수』에 오면 토비의 서사와 렌의 서사로 분산되면서 휴머니즘과 생태중심사상은 더욱 치열한 각축전을 벌인다. 토비의 서사로도 작가의 탄력적인 생태관을 드러내기에 부족함이 없어 보일 법하지만 굳이 렌의 서사를 추가하는 이유는 작가가 토비의 서사마저 한 번 더 굴절시킬 필요성이 있다는 판단 때문일 것이다. 두 인물은 세대를 달리하는 공동체 구성원들이다. 동일한 사태를 보는 두 서술자의 입장이 다를 수 있다. 즉, 작가는 "제도와 집단성의 깊은 공간을 [주제에] 아우르기 위하여 서사를 확장하는 것"(Jameson, "Then" 7)이다. 토비는 누구보다도 충성스러운 신의 정원사이고 공동체를 이끌어 가는 중심 인물 중 한 사람이다. 그러나 렌이 이든클리프에서 사는 시기는 그녀의 유년기에서 사춘기에 이르는 짧은 기간에 해당한다. 렌은 어린만큼 휴머니즘이나 생태중심주의라는 선입견으로부터 자유롭다. 즉, 렌의 천진무구한 본능의 언어는 이미 기존의 (반)문화가치를 체득한 토비의 가치관을 측정하는 또 하나의 계측기 역할을 담당하고 있는 것이다. 신의 정원사들의 생각과 가르침은 종종 렌에 의하여 희화화되기도 하고 그들의 생태적 미덕이 드러나기도 한다. 예컨대, 렌과 그의 친구들은 종이는 나무의 살로 만들어졌기 때문에 그것을 사용하는 것은 죄악이라고 교육을 받고, 400 개가 넘는 성인의 날을 모두 암기하도록 강요받는다(73). 토비를 비롯하여 아이들을 훈육하는 성인 정원사들의 교육 내용에 투영된 그들의 세계관은 렌의 입장을 통하여 한 번 더 걸러져 독자에게 전달되는 것이다.

전술한대로 『매드아담』의 말미에서는 토비의 서사로부터 크레이크인 블랙비어드의 서사로 이동한다. 더구나 블랙비어드는 문자 언어를 배우고 그 문자로 자신의 일기를 써나간다. 토비는 크레이크인들에게 인간의 문자 언어를 가르치면 또 다시 인간중심주의적인 규범과 교리와 법칙 그리고 또 다른 성서(크레이크 성서)가 귀환하리라고 우려하면서도(250) 판도라의 상자를 여는 심정으로 블랙비어드에게 문자를 가르치는 것이다. 크레이크인들이 문자 언어를 습득하는 만큼, 블랙비어드가 삼부작의 마지막 서사를 이끌어가는 만큼, 그리고 아만다와 렌을 비롯한 젊은이들이 기꺼이 크레이크인들의 아이를 임신하고 출산하는 만큼은 삼부작의 서사가 전통적인 휴머니즘과 생태주의가 만날 수 있는 접점을 모색하고 있는 것이다. 『홍수』에서 행복제에 감추어진 바이러스가 은유하는 타락은 "폭력과 기업화, 상품화, 그리고 고삐 풀린 소비가 만연한 미국 문화로의 전락"(Jameson, "Then" 8)이고, 이 소설 속의 식민주의 수사는 "서구 유럽 사회의 중심부에 존재하는 억제할 수 없는 소비 의지를 환기시킨다."(Goldman 172)는 지적에 분명히 공감하면서도 애트우드의 궁극적인 환경 서사는 휴머니즘의 배제라기보다는 비인간 자연의 생명 가치를 포용하는 이른바 (탈)휴머니즘을 지향한다고 본다. 그리고 그처럼 연성화된 휴머니즘으로의 진화가 선험적인 가치 기준이 아니라 소설 속 등장인물들의 삶의 경험에 의하여 추동되고 있다.

마지막으로 『홍수』의 환경서사는 과학의 유용성을 부정하는가의 문제를 들여다 볼 필요가 있다. 글렌(Glenn)은 렌과의 대화에서 과학의 힘으로 신의 세계보다 더 완벽한 세상을 창조하겠다는 오만을 드러낸다(177). 그러나 전술한 바와 같이 그가 창조한 크레이크인들은 그의 의도와는 달리 나름대로 종교성과 예술성을 보여준다는 관점에서 과학의 한계를 노정한다고 볼 수 있다. 그리고 대재앙의 기획과 실행 이후에도 페인볼러들과 같은 악한들이 여전히 인간과 자연을 무자비하게 수탈한다. 따라서 소설의 서사는 분명히 과학, 특히 유전공학의 위험성과 한계를 지적하고 있다. 또한 아담도 인간이 이성적인 판단에 의존한 결과로 종말론에 빠지고 그 결과로 선행을 포기하기 때문에 인간은 상상력으로 신의 뜻을 알아야 한다고 설교하면서 과학을 거부한다. 아담은 신이 모든 동물을 창조한 후에 마지막으로 인간을 창조하였다는 창조 신화를 상기시키면서 기독교 신화도 진화론과 맥을 함께한다고 말하지만(14), 그의 논리는 창조의 순서와 하등 동물에서 고등 동물로 진화하였다는 진화의 과정이 유사한 점만을 들어 창조론의 입장에서 진화론을 포섭하려는 욕구를 드러낼 뿐이고 삼라만상의 창조 자체를 인정하지 않는 진화론의 근본 논리를 감당하지는 못한다. 물론 그 반대편의 주장과 논리도 가능하다. 결국 크레이크는 과학만능주의를 지향하고, 아담은 과학과 이성적 사고를 거부하는 인물을 표상하고 있다.

과학의 유용성에 관한 애트우드의 서사는 삼부작의 플롯이 제공하는 아이러니에서 확인할 수 있다. 크레이크의 과학주의와 아담의 신의론(神義論)이 공모하여 지구의 종말을 기획한다는 플롯의 설정은 서로 대립하는 양 쪽의 입장이 각기 극단적인 세계관으로 치달은 나머지 대재앙을 초래한다는 아이러니를 노정한다. 과학의 문제와 관련한 이 소설의 서사는 과학의 제한적 옹호라고 볼 수 있다. 그 좋은 예가 정원사들의 친생태적인 과학주의의 실천이다. 직접 꿀벌을 키우면서 토비에게 자연 양봉의 기술을 전수하는 필라나 이든클리프의 아이들에게 생태학을 가르치는 토비는 모두 나름대로 친생태적인 과학적 지식의 유용성을 분명히 인정하고 있는 것이다. 나아가 『매드아담』에서 확인되는 인조인간 크레이크인들에 관한 생태 서사가 결코 부정적이지 않다는 점이 더해지면 과학에 대한 애트우드의 서사는 보다 복합적인 차원을 지향한다. 애트우드의 입장은 "신석기 시대의 기술보다 약간 더 발전된 기술 수준으로 되돌아가는 것"(Duncan 223)일 수도 있고, "객관적인 자연 질서[과학적 사실]를 불신하는" 정치적 의사결정에 저항하면서 동시에 "주관적인 직관의 신비화"에 영향을 받은 정치적 의사결정에도 마음을 열어야 한다(Garrard 179)는 주장일 수도 있다. 어찌하든 과학의 유용성에 관련한 생태서사는 그리 단순하지 않다. 그것은 아무래도 실용주의적인 복합 서사다. 토비가 인간의 식량을 확보하기 위하여 해충을 죽여야 하듯이, 애트우드의 생태서사는 특수한 상황과 조건을 허용한다. "정원사들의 지적인 프로젝트가 휴머니즘과 과학의 화해"(Canavan 154)를 지향한다거나 서사의 중심축이 아담의 종교적 생태주의와 크레이크의 과학주의 사이를 갈마든다는 주장은 모두 애트우드의 환경서사가 강압적인 해결보다는 의도적으로 서로 다른 입장들의 경합을 유도하고 있다는 점을 인정하고 있다.

Ⅳ

실용주의 환경론을 이 글의 이론적 배경으로 설정하였지만, 사실 실용주의 철학자 누구도 비본주의 자연관을 직접적으로 언급한 적이 없다. 다만 실용주의 철학을 집대성한 존 듀이(John Dewey)가 인간성(human nature)을 논의하는 담론을 통해서 그의 자연관을 유추

할 수 있을 뿐이다. 듀이에게 인간성은 내재적 구성체가 아니고 개인이 경험하는 사물과 사태들을 끊임없이 자아에 동화시키는 과정일 뿐이다(Human Nature and Conduct, 82). 인간의 주체성 자체가 형성되는 과정일 뿐이기 때문에, 그처럼 유동적인 인간성으로 이해하는 자연관도 불안정할 수밖에 없다. 즉, 자연은 그 의미가 본질적으로 고착되는 개념이 아니고 종교, 철학, 문학, 과학 등을 필두로 하는 이른바 '도구들'의 영향을 받아 끊임없이 재구성되는 것이다. 그래서 실용주의 환경론에서는 초월주의 자연관이나 혹은 심층 생태학에서 말하는 통각(Self-realization)의 개념을 신뢰하지 않는다.

그 자체로 특수한 자연관을 내세우지 않는 실용주의 환경론은 인간중심주의를 지향한다거나 산업주의에 봉사하는 담론으로 매도당하기도 한다. 예컨대, 캐츠(Eric Katz)는 실용주의 환경론은 인간의 욕구와 이해관계에 따라 형성된 담론이기 때문에 인간중심주의로 빠질 수밖에 없다고 비판한다(308). 그러나 그는 듀이의 욕구 개념을 보다 면밀히 이해할 필요가 있다. 듀이의 욕구는 단지 삶을 이끄는 하나의 '추동력'(forward urge)이며, 그것은 제1 욕구인 충동과 제2 욕구인 지성으로 나뉜다. 그리고 지성의 작동을 통하여 충동의 이상적인 발현이 가능한 것이다(*HNC* 175). 대표적인 지성의 작동 과정이 탐구와 공공숙의 그리고 민주적 의사결정방식임은 물론이다. 실용주의 환경론은 서구문화중심주의에 빠져 타문화권의 친생태적인 세계관을 배제한다거나 자연관의 역사성을 외면한다는 바우어즈(C. A. Bowers)의 비판(30)도 기실 실용주의 철학의 포괄성을 충분히 이해하지 못한 결과이기는 마찬가지다. 실용주의 환경론도 여느 자연관이 그렇듯이 인간화의 함정을 회피할 수는 없다. 그러나 실용주의 환경론의 힘은 스스로 인간화의 오류를 인정하는 대목에서 나온다. 어느 자연관이든 그것은 인간이 인간의 언어로 재현한 자연의 의미일 뿐이라는 사실을 인정할 때 다양한 자연관 사이의 탄력적인 대화가 가능해진다. 본질주의적인 세계관 사이의 대립과 갈등이 다름을 극복하고 보다 좋은 세계로 나아가는 발걸음을 저해하는 가장 큰 걸림돌이라는 사실은 역사가 증명하고 있다. 애트우드가 『홍수』에서 문제점으로 부각시키는 주제도 생태중심주의와 인간중심주의, 혹은 종교적 근본주의와 과학만능주의 사이의 대립과 갈등에 다름 아니다. 그래서 그녀의 환경서사는 물질과 권력을 향한 인간의 탐욕을 질타하면서 동시에 아담과 일단의 정원사들이 빠져있는 근본주의적 생태관을 비판하고 있는 것이다. 마치 실용주의 환경론이 그 자체의 자연관을 주장하지 않듯이, 애트우드의 서사도 양비론적인 입장을 견지할 뿐이고 특정한 자연관이나 세계관을 배타적으로 옹호하지 않는다. 오늘날 환경 문제를 실질적으로 그리고 보다 효율적으로 풀어가는 열쇠는 특정한 자연관의 옹호가 아니고 오히려 비인간 자연을 포함한 공동체 구성원의 다양한 욕구와 이해관계를 조정하고 아우르는 과정에서 찾아질 것이라는 믿음 때문일 터이다.

4-3. 본질에서 실용으로
— 레슬리 마몬 실코의 『모래언덕의 정원』

I

실코(Leslie Marmon Silko)의 최근작 『모래언덕의 정원』(*Gardens in the Dunes*, 이후 『정원』으로 약칭함)은 실로 다양한 층위의 문화적 요소들이 갈마들고 상충하는 문화적 경연장이다. 북미 남서부의 토착민 샌드리자드(Sand Lizard)족 출신의 인디고(Indigo)가 고향을 떠나 미국의 동부와 영국 나아가 이탈리아까지 여행한다는 플롯의 전개나 그러한 플롯이 한편으로는 백인 여성 해티(Hattie)의 문화변용을 중심으로 짜인다는 점만 보아도 이 작품이 다양한 문화갈등의 주제에 착근하고 있음을 확인할 수 있다. 뿐만 아니라 소설의 곳곳에 산재한 토착민의 종교행위와 백인의 기독신앙과의 대립, 남성우월주의의 전복을 도모하려는 수많은 문학적 장치와 수사 그리고 자연현상과 자연물을 대하는 등장인물들의 태도와 관점의 차이 등도 같은 맥락에서 언급될 수 있을 것이다.

사실 실코의 이전 작품들 예컨대, 『의식』(*Ceremony*)이나 『죽은 자의 연감』(*Almanac of the Dead*) 읽기의 중심 코드도 문화갈등과 문화변용이었음은 주지하는 바다. 『정원』의 주제 역시 다양한 관점의 "문화적 접촉지대"(Ruoff 7)다. 때로 가부장적 문화에 대한 저항을 포함하는 그러한 문화적 복합성은 생태여성주의 읽기를 부추기는 요인이기도 하다. 그리하여 매골리크(Mary Magoulick)는 이 소설 전반에 걸쳐 여성 인물들은 남성들과는 달리 자연을 지배하거나 이용하지 않는다는 의식이 배어있다고 진단하고 있다(25). 보다 깊이 있는 주제의 복합성과 긴장감은 바브라 로빈스(Barbara K. Robins)에 의하여 포착된다. 그녀는 서쪽에서 동쪽으로 향하는 인디고의 여행은 동에서 서로 향했던 식민지시대의 침략여행을 되풀어내는 정치적, 문화적 함의를 지닌다고 전제하면서(38), 인디고의 여행과 귀향에는 언니 시스터 솔트(Sister Salt)가 겪은 외부세계의 경험과는 달리 생물학적, 문화적 혼종성의 수용을 통한 생존전략이 배태되어있음을 지적한다. 즉, 인디고는 그녀가 가지고 귀향하는 씨앗과 식물을 통한 유전자적 혼종성의 힘과 그녀의 여행 이야기들이 야기한 정신적, 문화적 혼융의 힘을 동시에 배가하고 있다는 것이다(Robins 43). 로폴로(Kimberly Roppolo)는 특히 이 소설에서 묘사되고 있는 유령무(幽靈巫, Ghost Dance)의 종교적 혼융성에 주목한다. 그녀에게 유령무는 삶과 죽음의 이원론을 초월하는 패러다임이며 기독교와 인디언 전통신앙의 융합이다(83). 한편, 상기한 비평가들이 주로 인디고의 입장에서 문화혼융의 의의를 탐색하고 있다면, 콜텔리(Laura Coltelli)는 백인여성 해티의 자기인식이 함의하는 문화적 전복성에 주목한다. 그녀에게 해티의 영국행은 궁극적으로 기독교 이전의 고대유럽종교의 교리인 "여성성의 원리"(female spiritual principle)로의 회귀다(201). 인디고가 백인문화를 수용하는 정도만큼 해티는 백인의 남성중심문화를 떠나고 있는 것이며, 이것은 그들이 중간지대에서 만나는 데 요구되는 필요조건이다.

살펴본 대로, 『정원』에 대한 근간의 비평은 생물학적, 종교적, 문화적 혼융을 중심 주제로 삼아 이루어졌다. 이들 비평가들이 로빈스를 제외하면 주로 등장인물들의 의식변화에 초점을 맞추어 문화변용의 주제를 논의하고 있으나, 정작 이 소설의 제목으로 사용된 '정원'에 천착하여 주제의 복합성을 드러내는 작업은 없었다. 로빈스의 연구도 정원의 역사에 대한 근원적인 탐구는 미흡하다. 이 글에서는 우선 역사적 맥락에서 정원의 미학과 정치학을 점검하고 그러한 정원의 역사와 관련하여 실코가 『정원』에서 재현하는 '정원'이 오늘날 어떠한 문화적 함의를 지니는지 논의하고자 한다.

Ⅱ

인간에게 정원은 무엇인가? 넓은 의미의 정원은 마치 단 한 순간도 멀리할 수 없는 공기처럼 그것 없이는 우리 인간의 존립 자체가 불가능한 존재다.[31] 그러함에도 불구하고 문화담론이나 철학에서 정원의 주제가 소외되어왔다는 사실은 의아한 일이다. 최근의 인문사회학적 담론에서도 자연, 자연환경, 자연생태 등의 문제가 그렇듯 빈번하게 거론되면서도 정작 인간의 실제적인 삶과 가장 밀접한 관계를 맺고 있는 정원의 주제에 대한 탐구는 인색했다. 그 원인은 다양한 시각에서 분석이 가능하겠지만,[32] 생태비평의 입장에서 보면

31 정원은 사실 개인의 사적인 공간을 의미할 뿐 아니라 공원이나 공용 주차장은 물론 선남선녀의 온갖 일터까지 포함하는 공간의 총체적인 개념이다(Francis and Hester, Jr. 5). 따라서 정원은 야생지대의 상대적인 개념인데, 온전한 의미의 야생지가 사라져버린 오늘날 지구촌 전체가 하나의 커다란 정원이라 해도 과언이 아닌 셈이다.

32 예컨대, 쿠퍼(David E. Cooper)는 현대의 서양미학이 정원의 주제를 간과한 네 가지 이유를 들고 있다. 첫째, 정원은 주변의 자연환경에 대한 의존성이 강하기 때문에 그 자체로서 현대의 미학원리의 중요한 요소인 예술의 '자치성'(autonomy)을 결여하고 있다. 둘째, 19세기까지 박물화된 예술 개념이 예술관을 지배했다. 그 결과장식이나 정원 가꾸기 등의 미학적 중요성은 주변화 되었다. 셋째, 헤겔을 필두로 하는 근대 철학자들이 정원을 예술품으로 인정하지 않았다. 그 논거인즉 자연과 예술은 명확히 구분되어야 하는데, 정원과 정원 가꾸기는 그 둘의

정원이라는 단어에서 느껴지는 인위적인 혹은 왜곡된 자연이나 산업주의(이 경우에는 농경산업) 등의 정서가 온전한 자연의 보존을 지향하는 자연주의자들이나 환경론자들에게는 단순한 공리주의로 비치기 때문일 것이다. 한편, 개발론자나 자원보호주의자의 시각에서 보면 정원은 그들의 자원이용을 제한하는 개념이기도 하다. 인간은 단순히 정원이 필요로 하는 물리적인 관리만을 제공하는 것이 아니고, 그러한 관리를 통하여 "가장 심오하고 소중한 존재" 곧, 지구별과의 신비로운 결합이 이루어지기 시작하기 때문이다(Marcus 32). 은유적 의미까지를 포함하는 정원의 의미는 결국 자연보존주의와 개발론 양측 모두의 입장을 충족시키지 못하는 무기력한 단어로 치부되어 온 것이다.

현대의 철학이나 미학에서 도외시되어 온 정원과 정원 가꾸기의 주제는 환경위기의식이 그 어느 때보다도 고조된 20세기 말에 이르러 새로운 활력을 찾고 있다. 특히 1987년 5월 캘리포니아대학교 데이비스 캠퍼스(UC, Davis)에서 개최된 '정원의 의미 학회'(Meanings of the Garden Conference)는 인문학적 정원연구의 큰 획을 그었다. 이 학회는 비로소 정원에 대한 자연과학적, 공학적 접근은 물론 역사학자, 심리학자, 예술가, 철학자 등이 참여하는 인문학적, 사회학

융합으로 그 정체성이 모호하여 예술품이나 예술행위로 인정할 수 없다는 것이다. 마지막으로 정원 가꾸기를 예술로 보지 않는 일반적인 인식 때문에 예술계가 정원을 예술로 아예 언급조차 하지 않는다는 점이다. 이와 같은 네 가지 이유 이외에도 쿠퍼는 미학과 철학에서 정원을 예술로 인정하지 않게 된 총체적인 원인을 진단하고 있다. 즉, 고대철학에서 정원은 이른바 '행복'(eudaimonia)을 지향하는 '좋은 삶'(good life)의 필수적인 요소로서 철학의 중심소재이었으나 전문화된 현대철학에서는 좋은 삶을 개인의 취향의 문제로 치부하면서 철학행위의 대상에서 제외시킴에 따라 정원도 미학과 철학의 대상에서 멀어졌다는 주장이다(Cooper 8-11).

적 연구가 활성화되는 계기가 되었다.

그렇다고 동서양의 문화사에서 정원의 문화적 은유가 결여되었었다는 뜻은 아니다. 오히려 동서양을 불문하고 인류문명의 시원으로부터 정원은 물리적, 생태적 실체이면서 동시에 은유의 주체였다. 서양의 경우, 매슈즈(Robin Matthews)와 해리슨(Robert Porgue Harrison)의 주장에 따르면, 에덴동산의 타락은 생태학적으로 '행운의 타락'(fortunate fall)이다. 잃어버린 낙원을 인간이 주체적으로 복구할 수 있는 기회를 부여받은 셈이기 때문이다. 잃어버린 과거의 낙원이 신이 아닌 인간이 조종하고 관리하는 미래의 낙원으로 대체되었다는 것이다. 바꾸어 말하면, 이처럼 의기양양한 관리권의 신화는 초월적 정원의 지위를 지상으로 끌어내렸다는 진단이다(Mattews 47). 그러나 매슈즈가 언급하는 인간의 정원을 초월성과 결별한 개념으로 파악하는 것은 섣부른 판단이다. 오히려 신화 속에 존재하는 실낙원은 세속적인 일상 속에서 잃어버린 근원적인 인간성을 회복시켜주는 역할을 할 수도 있다고 보기 때문이다. 즉, 초월성과 인간성이 공존하는 현실의 정원은 오히려 급진적인 성단으로서의 정원의 개념을 확장시킴으로써 인간을 거듭나게 하고 인간이 타락의 원죄와 화해하도록 유도한다는 것이다(52).

해리슨 역시 인간은 낙원의 상실을 통해 정원의 관리권을 확보했다는 점에서 예의 타락을 긍정적으로 받아들인다. 해리슨의 정원 가꾸기와 매슈즈의 그것 사이의 차이는 해리슨이 '돌보기'(care)의 생태학적 의의를 한층 더 강조하고 있다는 점이다. 그는 기독교 신화와 함께 호머와 단테 등의 고전 속에서도 돌보기는 인간이 어떠한 "수양을 통해서도 극복하거나 변형시킬 수 없는, 피할 도리 없는 본성"(13)임을 독자에게 확인시켜주고 있다. 심지어 해리슨에게 인생은 정원 가꾸기의 부분집합인 듯하다. 그는 기꺼이 인류의 미래를 정원사에게 맡겨야 한다고 주장한다. 비록 역사는 정원사가 반드시 최선의 길을 걸어왔다고 증명하고 있지는 못하지만, 그럼에도 불구하고 인간의 미래가 의지할 바는 바로 정원사의 손밖에는 없다고 확신한다(37). 해리슨의 정원은 우리의 거주지고 일터이며 우리의 자연환경과 문화를 총칭한다. 그리고 그의 정원사는 바로 우리 자신이다. 따라서 그는 인간이 신으로부터 정원의 관리권과 함께 정원 가꾸기의 엄중한 자기책임과 의무를 동시에 물려받았다는 점을 분명하게 지적하고 있는 것이다.

정원의 은유에 대한 서양인의 논의와 묘사 속에는 상기한 두 경우에서처럼 실낙원을 전제한다는 점에서 서양문화중심주의가 배어있다는 비판을 면하기 어렵다. 예컨대, 자크 브누아 메상이 그의 『정원의 역사』에서 "정원은 기나긴 세월을 통해 인류 문명이 행복의 개념을 자연 속에 새겨 넣으려 한 수단이며, 그것이 공간 또는 시간 속에서 계속 변화하는 이유는, 인류가 잃어버린 낙원의 이미지를 상기하며 스스로 구축해 온 지상 낙원의 모습을 끊임없이 내보이려 하기 때문이다(354-5)."라고 언급할 때도 메상의 정원개념은 기독신화의 틀을 벗어나지 못하고 있다. 그러나 정원의 신성성과 세속성이라는 양면적 은유는 서양문화만의 전유물이 아니다. 동양의 유교가 정원에 투사하는 은유에 대한 투안(Yi-Fu Tuan)의 분석에 따르면, 인간은 야생자연에 인위를 가하여 그 변덕을 순치시킬 자격이 있다. 따라서 창조주와 유가는 자연의 공창자(共創者)이다. 즉, 인간과 하늘은 신성한 초월성을 공유한다(Tuan 248). 같은 맥락에서 불교 생태학이 제안하는 삼라만상에 내재한 상호 의존성의 개념을 되짚어볼 수 있을 것이다. 자연에 대한 인간의 인위적인 관리는 초월적이며 동시에 실제적인 자연과 인간의 상호 의존성을 전제로 한 상호작용일 뿐이기 때문이다.

인간에게 자연의 관리권을 인정하는 정원의 은유에 모든 논자들이 동의하는 것은 아니다. 급진적인 자연보존주의자들에게 정원은 왜곡되거나 손상된 자연일 뿐이다. 맥하그(Ian L. McHarg)는 정원의 가치를 전면적으로 부정하지는 않지만, 그에게 정원은 "불완전한 믿음, 단순한 질서, 심지어 시간과 변화의 배제"를 재현할 뿐이다. 그에게 가장 아름다운 정원은 인간의 손길로부터 완전히 자유로운 남태평양의 원시 산호초다. 그는 불완전한 정원보다 기꺼이 자연의 온전함(integrity)을 선호하면서 그만큼 정원의 지위를 폄하하고 있다.

> 그러나 나는 지상에서 자연을 택한다. 자연은 물질, 생명체 그리고 인간의 진화사를 간직하고 있다. 자연은 과거, 현재, 미래의 경연장이다. 자연은 삶의 법칙을 나타내 보인다. 자연은 인간이 물을 수 있는 모든 의문점을 간직하고 있다. 자연은 인간이 알고 싶어 하는 중요한 모든 이야기를 들려준다. 바로 이런 점에 자연의 풍요와 신비와 아름다움이 있다.

> However, in terrestrial environments, I prefer nature. Nature contains the history of the evolution of matter, life and man. It is the arena of past, present, and future. It exhibits the laws that obtain. It contains every quest that man can pursue. It tells every important story that man would know. Therein lies its richness, mystery, and charm. (McHarg 37)

맥하드의 자연관은 19세기 미국 초월주의의 선구자 에머슨(Ralph W. Emerson)의 낙관론과 뮤어(John Muir), 레오폴드(Aldo Leopold),

네스(Arne Naess)로 이어지는 심층생태론의 전통에 맞닿아 있다.[33] 이들 근본주의 자연주의자들은 정원이 제공하지 못하는, 그래서 온전한 자연만이 선물할 수 있는 "보다 심오한 탐구와 보다 거대한 성취"(McHard 37)를 지향한다.

살펴본 바와 같이, 정원의 생태비평적 은유는 결국 인간에게 자연의 관리권(stewardship)을 인정하는가, 그렇지 않은가의 문제를 중심으로 생성되고 있다. 그렇다면 정원의 개념과 정원 가꾸기를 둘러싼 논의도 자연보존주의와 자원보호주의 사이의 해묵은 논쟁에 다름 아니다. 오늘날 생태환경문제를 우려하고 고민하는 논의들이 대부분 자연보존주의의 입장을 견지하고 있다. 사실 도덕적으로 정당하고 합당한 환경정책의 입안에 영향을 미치기 위한 시도로서 환경문제를 둘러싼 다양한 입장과 이론들이 출현했다. 그러나 그러한 수많은 논의와 시각들이 관련된 학문의 깊이를 더하고 정교한 논리를 개발하는 데 공헌했음은 분명하지만 정작 환경문제를 다루는 과학자나 환경운동가 혹은 정책 입안자들에게 유의미한 영향을 미쳐서 얼마나 실질적인 변화를 유도하였는가? 그 답변은 회의적이다. 오늘날 지구촌 곳곳에서 일어나고 있는 온갖 형태의 파괴와 갈등이 심화되고 있는 현실을 목도하면서, 때로는 환경보호주의를 자처하는 기관과 사회 지도층이 오히려 무분별한 개발과 환경파괴를 자행하는 세력에게 법적, 도덕적 면죄부를 주는 역할을 담당하고 있다는 아이러니를 상기할 때, 관련 학문의 한 축을 담당하고 있는 생태비평의 실

33 노튼(Bryan G. Norton)은 레오폴드의 『샌드카운티 연감』(*A Sandcounty Almanac*)을 실용주의 환경론의 시각으로 읽기도 한다. 즉, 레오폴드의 자연관도 인간중심주의의 혐의로부터 자유로울 수 없다는 주장이다(98-100). 그러나 여기에서 노튼은 인간화(anthropomorphism)와 인간중심주의를 구분하지 않고 있기 때문에 대부분의 레오폴드 독자들과 그 입장을 달하고 있어 보인다.

효성 제고를 향한 진화를 심각하게 고민하지 않을 수 없다. 생태비평이 무기력증에 빠져가는 가장 큰 원인 중 하나는 바로 자원보호주의와 자연보존주의, 인간중심주의와 생태중심주의, 혹은 실용주의 환경론과 근본주의 생태학 등의 이항대립적인 논쟁과 대립에 있다고 해도 무리는 아닐 것이다. 엄밀한 의미에서 인간의 섭생과 생존 자체가 생태환경의 파괴로부터 결코 자유로울 수 없다는 실존적 상황에서 논의를 시작한다면 예의 이분법을 피할 수 없는 바도 아니다. 그리고 정원의 은유를 보다 심도 있게 점검할 필요성도 여기에 있다할 것이다.

Ⅲ

『정원』에서 실코가 묘사하는 정원은 몇 가지 유형으로 분류할 수 있겠는데, 그것들은 인디고가 고향 샌드리자드(Sand Lizard)를 떠나기 전에 살았던 '옛날의 정원'(old gardens), 에드워드(Edward)의 농장, 수전(Susan)의 '푸른 정원'(Blue Garden), 영국과 이태리의 정원, 그리고 인디고가 옛날식 정원으로 돌아온 후에 가꾸어갈 미래의 정원이다. 이 소설의 플롯은 주로 인디고의 여정을 중심으로 짜여있고, 그녀의 여정은 예의 정원들을 차례로 경험해 나가는 과정이기 때문에, 소설의 플롯과 주제는 곧 이 정원들의 문화적 은유를 비교·분석하는 과정을 통하여 확인할 수도 있을 것이다. 그리고 정원들의 비교는 '정원'이라는 이 소설의 제목에 값하는 작품분석이기도 하다.

인디고와 그녀의 언니 솔트(Sister Salt)가 태어난 미국 남서부에 위치한 샌드리자드의 정원(모래언덕의 정원)은 사막과 별로 다를 바 없는 야생지다. 이 옛날의 정원은 인간의 손길보다는 자연의 섭리와 생태에 따라 관리되는 생태학적으로 온전한 터전이다. 인디고의 할머니(Grandma Fleet)를 비롯한 샌드리자드의 선조들은 자손들에게 공유의 미덕과 자연농법의 지혜를 가르쳤다.

> 욕심을 버려라. 추수기마다 맨 처음 익은 과일은 비가 되어 우리에게 오시는 사랑하는 우리 조상님들의 영혼께 바쳐라. 두 번째로 익은 과일은 파종기에 씨앗과 새싹을 다 먹어 치우지 않고 참아준 고마운 새와 야생동물들에게 주어야한다. 세 번째 과일은 꿀벌과 개미와 버마재비 그리고 식물들을 돌봐준 그 밖의 다른 곤충들에게 주어라. 가장 좋은 호박과 콩은 말라서 땅 속으로 들어가도록 어미 덩굴 밑의 모래밭에 그냥 두었더니, 다음 해 비가 내린 후에 이전 해의 마른 줄기와 잎들 사이에서 콩과 호박의 싹이 돋아났다. 샌드리자드의 조상들은 인간들은 믿고 의지할 수 없기 때문에 그런 방법으로 정원에 씨를 뿌리라고 했다. 인간은 파종의 적기를 잊어버리거나 다음 해에는 살아있지 못할 수도 있기 때문이다.

> Don't be greedy. The first ripe fruit of each harvest belongs to the spirits of our beloved ancestors, who come to us as rain; the second right fruit should go to the birds and wild animals, in gratitude for their restraint in sparing the seeds and sprouts earlier in the season. Give the third ripe fruit to the bees, ants, mantises, and others who cared for the plants. A few choice pumpkins, squash, and bean plants were simply left on the sand beneath the mother plants to shrivel dry and return to the earth. Next season, after the arrival of rain, beans, squash, and pumpkins sprouted up between the dry stalks and leaves of the previous year. Old Sand Lizard insisted her gardens be reseeded in that way because human beings are undependable; they might forget to plant at the right time or they might not be alive next year. (15)

사실 위 인용문 속에는 샌드리자드라는 북미 원주민의 농법은 물론 자연관과 종교관까지 드러나 있다. 식량생산의 주체는 인간이라기보다는 대지와 동식물들이고, 인간은 오히려 그러한 생산주체들에게 기생하는 존재일 뿐이다. 정원 가꾸기와 관련하여 인간은 가장 무능하고 신뢰할 수 없는 동물이다. 생산에 참여하는 인간이 있다면, 그것은 원주민들의 조상이다. 그들의 조상은 식량생산의 조력자이며 동시에 그들의 신이다. 조상신을 숭배하는 인디언의 전통은 그들의 유령무(Ghost Dance) 풍습에 잘 드러나 있기도 하다(유령무에 관련한 논의는 뒤로 미룬다). 여기서 주목할 대목은 위 인용문을 통해 본 인디언의 정원이 은유하는 자연관, 종교관 및 생활방식이 서양의 그것들과 극명하게 대조를 이룬다는 점이다. 토착문화를 말살하려는 백인사회의 앞잡이격인 경찰이 유령무 의식을 행하는 현장을 덮치고 백인시설에 수용하기위하여 인디고와 시스터 솔트를 체포하러 왔을 때에도 할머니는 손녀들을 옛날의 정원으로 도피시켜 화를 면한다. 작가는 옛날의 정원을 마치 토착민의 성소인양 문화적 배타성이 강한 공간으로 묘사하고 있는데, 원주민의 전통적인 삶의 터전은 그만큼 자연의 섭리가 온전히 지배하는 정원이며 야생지에 다름 아니다.

곧 이어 소개되는 에드워드의 농장은 토착민의 그것과 대조를 이루는 정원이다. 이 정원은 본디 에드워드의 아버지가 상업용 감귤류를 재배하기 위해 조성한 농장으로 그 안에는 당시 재배열풍이 영국을 휩쓸었던 난을 기르는 온실이 갖추어져 있다.[34] 에드워드의 농장

34 이 소설의 시대배경은 19세기 말에서 20세기 초에 이르는 영국의 빅토리아 시대에 해당한다(Ruoff 17). 당시 영국의 귀족사회에서 난 재배의 열풍이 불었다는 것은 역사적 사실이다. 다양한 희귀종 식물을 얼마나 소유하고 있느냐는 곧 사회경제적 지위를 측정하는 수단이어서 개인이 수집한 식물이 수천 종에 이르기

이 함의하는 상업성은 그의 숨겨진 물질적 탐욕과 함께 재고될 필요가 있다. 해티와 결혼하기 전에 이미 20년 동안 희귀식물을 수집해 온 에드워드의 야망은 식물학자로서 그의 이름에 값하는 새로운 희귀식물을 발견하는 것이었으나, 그는 차츰 물욕의 화신으로 변해간다. 로우앤컴퍼니(Lowe & Company)사의 재정지원을 받아 희귀종 야생난을 채취하기 위해 떠난 브라질 북부의 파라강(Para River)탐사의 실패로 입은 재정적 손실과 신체적 장애를 만회하기 위해 차후 코르시카(Corsica) 탐사와 운철(meteor irons)사업 등을 더욱 무리하게 추진한 결과 마침내 폐렴에 걸려 죽는다. 한편, 과도한 물질적 탐욕은 징벌 당한다는 작가의 메시지는 그 강도는 다르나 캔디(Candy)에게도 적용된다.[35] 사실 에드워드의 리버사이드(Riverside) 농장은 백인사회의 평범한 과수원에 불과하지만, 이 소설에 등장하는 남성인물들이 예외 없이 자연을 파괴하거나 수탈하는 악행을 담당하고 있으며, 그 중심인물은 바로 에드워드라는 점을 감안하면, 에드워드의 농장은 인디고네의 옛날식 정원과는 달리 인간의 부를 축적하는 수단으로 이용되는 생산의 현장일 뿐이다.

자연은 흔히 인간의 물질적 탐욕 때문에 파괴되지만 인간의 심미

도 하였다(Riley 71).

35 흑인 사업가 캔디는 콜로라도강에서 로스앤젤레스까지 수로를 내는 건설현장에서 현장 노동자들을 상대로돈벌이가 되는 사업을 시작하여 번창한다. 그는 시스터 솔트와 그녀의 친구들인 쉐미휴비(Chemehuevi)인디언 소녀 메이싸(Maytha)와 베드나(Vedna)를 고용하여 세탁업을 벌이는 한편, 술집을 겸한 도박장을 열어 대도시에서 근사한 레스토랑을 운영할 수 있을 만큼의 큰 돈을 벌지만 결국 멕시코의 저항운동에 관여하는 델레나(Delena)에게 속아 감추어둔 돈을 모두 잃고 델레나를 추적하지만 아리조나의 사막에서 갈증으로 사경을 해매다 비를 만나 겨우 목숨만 부지한다. 따라서 남성인물인 에드워드와 캔디의 징벌은 남성중심주의와 자연수탈 그리고 과도한 물질적 탐욕에 대한 징벌이라는 생태여성주의 비평가들의 시각은 여기에서 각별한 의미를 지닌다. 특히 Magoulick와 Roppolo의 글 참조.

적 쾌락과 권력을 극대화하기 위한 수단으로 수탈당하기도 한다. 양쪽 모두 자연에 대한 인간중심주의적 폭거이지만, 후자는 수전의 정원에서 보듯이 종종 엘리트주의와 인종중심주의가 결합된, 보다 영악한 형태의 자연파괴이며 자연왜곡이다. 수전은 자신의 르네상스식 정원을 빅토리아식 정원으로 개조하고 아예 정원의 명칭을 빅토리아로 부른다. 르네상스 정원이 신과 인간의 엄격한 분별을 지양한다는 점에서 평등과 개방성의 은유를 지닌다면, 빅토리아 정원은 "사회적인 신분, 권력, 특권의 뉘앙스"를 지닌 폐쇄적 공간이다(Riley 71, Harrison 107-8). 수전의 인위적 정원 가꾸기의 극단성은 정원의 색깔을 수련천(睡蓮泉)을 제외하고 모두 푸른색으로 바꾸는 작업에서 드러난다. 수전은 이 정원에서 개최할 예정인 가면무도회 (Masque of the Blue Garden)에 참석하는 손님들이 일 년 전에 보았던 식물들의 모습에 식상하지 않도록 푸른색을 내는 식물들로 바꾼다. 심지어 그녀는 영국으로부터 60 피트에 달하는 거대한 너도밤나무 두 그루를 수입하여 심고 스코틀랜드 정원사(Stewart)를 고용함으로써 인위적 정원 가꾸기의 극치를 보여준다.

이 정원을 통해 드러나는 수전의 엘리트주의 혹은 인종중심주의는 정원의 중앙을 차지하고 있는 수련천에 대한 그녀의 각별한 관심과 애정에 반영되어 있다.

> 그[에드워드]는 발걸음을 멈추고 그의 누이의 자랑거리인 열대수련을 보면서 경탄해 마지않았다. 수련은 겨울에는 유리온실의 재배통 속에 넣어서 특별히 관리할 필요가 있었다. 다른 어떤 푸른 꽃 혹은 하얀 꽃의 식물들이 제아무리 아름답다 하더라도, 푸른 정원의 중심부를 차지하고 있는 것은 수련천이었다. 밤에 피는 빅토리아 수련이 찻병만큼 커다랗고 향기로운 꽃으로 연못의 중앙을 지배하고 있었다. …

> He paused to admire the tropical water lilies that were his sister's pride. They required special care in the winter, in tubs in the glass house. No matter how clever the paintings of blue flowers or white, the water lily pool was the heart of the blue garden. The huge night-blooming Victoria lily dominated the center of the pool with perfumed white blossoms as big as teapots; … (161)

정원의 중심이라는 개념 자체와 함께 수련의 하얀 색깔은 수전과 에드워드의 문화중심주의 코드로 볼 수 있는데, 해티가 내심 이 정원에서 행해지는 가면 무도회에 참여하는 것을 꺼리는 연유도 수전의 정원에서 느껴지는 인위성과 문화중심주의에 불편함을 느끼기 때문이다. 흥미로운 점은 옛날의 정원과 극명한 대조를 보여주는 수전의 푸른 정원에 대하여 강한 거부감을 느낄 법한 인디고는 해티와는 달리 담담한 반응을 보이며 오히려 호기심어린 눈으로 그녀의 주변을 관찰할 뿐인데, 사실 퍼디가 지적하듯이 인디고의 순진무구한 눈에 수전이 그녀의 부를 이용하여 권력을 행사하려는 도덕적 과오와 과도한 탐욕이 여과 없이 비친다(158). 수전이 정원사 스튜어트와 벌이는 애정행각이 우연히 인디고에 의하여 발각되는 장면도 같은 맥락에서 볼 수 있다.

영국의 배쓰(Bath)에서 은둔생활을 하며 영국과 유럽의 선사 고고학을 연구하는 해티의 대이모 브론윈(Bronwyn)의 정원과 정원관리 그리고 그녀의 자연관은 이 소설의 주제와 관련하여 각별한 의미를 지니고 있다. 무엇보다 독자의 주목을 끄는 점은 브론윈이 안내하는 정원의 은유가 문화적 공존을 지향한다는 점이다. 이 소설에는 실로 다양한 층위의 문화적 공존의 문제 예컨대, 인간과 자연의 조화, 남성성과 여성성 사이의 계층적 관계의 시정, 그리고 기독교 세계관과 북미 인디언의 종교관 사이의 통합적 공존 등의 도전적인 주제들이 상호 얽혀있다. 특히 브론윈의 정원이 시사하는 문화적 공존은 토착민의 유령무에 내재된 종교적 통합성과 직접적인 관련을 맺고 있으므로 브론윈의 영국정원을 논의하기 전에 작가가 상당한 지면을 할애하고 있는 유령무와 관련한 묘사들을 먼저 점검할 필요가 있다.

소설의 핵심적인 발단으로 작용하는 유령무 사건의 전모를 추적하기보다는 유령무의 종교적 융합성을 잘 드러내는 대목을 우선 인용한다.

> 그 파이우트족 여인은 예수가 온다는 소식을 들은 수백 명의 파이우트인과 쇼손네인들 그리고 또 다른 부족의 인디언들에 의해 둘러 쌓여있는 예수를 보았었다. 예수는 연홍색 줄무늬가 진 하얀 코트를 입고 마커신 신발을 신고 있었다. 검고 잘 생긴 얼굴에 눈은 검고 광채가 났다. 턱수염이나 구레나룻은 없지만, 눈썹은 짙었다. 사람들은 커다란 모닥불을 지펴서 그의 얼굴을 비추었다. 그러자 예수는 노래를 부르고, 그의 주변에 둘러 선 수백 명의 사람들은 춤을 추기 시작했다. 그들은 예수가 멈추라고 할 때까지 밤늦게 춤을 추었다. 다음날 아침 예수는 그 사람들에게 설교했고 하루 종일 설교를 계속했다. 그는 인디언들은 어디에서나 춤을 추어야 하고 끊임없이 춤을 추어야 한다고 말했다. 그 춤을 추면 그들의 소중한 사람들과 사랑하는 조상들을 만날 수 있을 터였다. 조상의 혼령이 그곳에 임하여 그들을 도울 것이었다. 그들은 계속 춤을 춰야한다. 싸우지 말고 서로 친절하게 대해야 한다. 그들이 끊임없이 춤을 추면, 거대한 폭풍이 지구의 파괴자들을 추방할 수 있을 터였다. 맑게 흐르는 물과 나무들 그리고 들소와 사슴이 가득한 초원이 되돌아 올 터였다.
>
> The Paiute woman had seen Jesus surrounded by hundreds of Paiutes and Shoshones and other Indians who heard Jesus was coming. Jesus

> wore a white coat with bright red stripes; he wore moccasins on his feet. His face was dark and handsome, his eyes black and shining. He had no beard or whiskers, but thick eyebrows. The people built a big fire to throw light on him. Then, Jesus sang, hundreds and hundreds of people began to dance in a circle around him. They danced until late at night, when Jesus told them to stop. The next morning Jesus talked to them, and talked all day. He told them all Indians must dance, everywhere, and keep on dancing. If they danced the dance, then they would be able to visit their dear ones and beloved ancestors. The ancestor spirits were there to help them. They must keep dancing. They must not quarrel and must treat one another kindly. If they kept dancing, great storms would purify the Earth of her destroyers. The clear running water and the trees and the grassy plains filled with buffalo and elk would return. (23)

이 대목에는 북미 남서부 토착민의 조상숭배사상과 자연친화적인 세계관이 잘 드러나 있지만, 그들의 전통의식을 주재하는 이를 예수로 등장시켰다는 점에 주목할 필요가 있다. 유령무의 주재는 당연히 인디언 주술사의 몫이어야 하지 않은가. 그러나 작가는 여기에 예수라는 허구적 인물을 등장시키고 있는데, 이러한 변주는 기독신앙의 절대성을 허물기 위한 패러디임과 동시에 종교적 공존을 향한 작가의 급진적인 열망이 함께 느껴지는 대목이다.

북미 인디언들에게 유령무는 그들의 문화전통의 핵이지만, 유령무와 관련한 역사는 그들의 문화적 고뇌와 시련을 잘 대변해주고 있다. 사실 이 소설 속에서 유령무와 관련한 묘사는 1890년 12월 29일에 일어난 사우스다코타(South Dakota)의 운디드니(Wounded Knee)강의 인디언학살사건이라는 역사적 사실을 소재로 삼고 있다. 소설 속의 와보카(Wovoka)는 인디언의 메시아로 추앙받았던 실재인물 잭 윌슨(Jack Wilson)의 파이우트어 이름이다. 역시 소설 속에서 묘사하는 와보카의 죽음과 메시아와의 만남 그리고 환생(22)의 이야기는 잭 윌슨이 1889년 1월 1일에 혼절한 후 신의 메시지를 받고 환생하였다(Kehoe 5)는 일화와 일치한다. 중요한 점은 윌슨의 종교관이 결코 기독교의 영향을 받지 않았다는 사실에도 불구하고, 실코의 허구 속의 유령무는 예수가 주재하고 있다는 점이다.

그렇다면 실코는 역사적 사실을 왜곡하고 있는가? 그 해답은 윌슨과 동시대를 산 또 다른 토착민 주술사인 블랙 엘크(Nick Black Elk)의 삶과 종교에서 찾을 수 있다. 라코타 주술사인 블랙 엘크는 운디드니의 학살사건이 일어난 후 윌슨과는 달리 기독교를 받아들인다. 그는 기독교 교리상의 전능한 신과 라코타 세계관 속의 우주적인 힘이 하나임을 인식하고 1904년 12월 6일 니콜라스(Nicholas)라는 이름으로 세례를 받기에 이른다(Kehoe 64). 그는 교리문답교수자로 활동하였으며, 그의 집은 마침내 천주교의 중심지가 된다. 그렇다고 블랙 엘크가 라코타의 토착신앙을 포기한 것은 아니었다. 케호가 언급하듯이, 그는 기독교적인 상징들과 라코타의 토착종교가 공명하는 하나의 우주적인 종교를 스스로 창조한 것이다(68). 주목할 점은 북미 토착민의 영적인 지도자로서 블랙 엘크의 업적이 잭 윌슨의 그것보다 오히려 더 긍정적인 평가를 받고 있다는 사실이다. 즉, 이질적인 종교(기독교)를 아우르는 새로운 종교로의 진화는 결과적으로 오직 유대-기독교 사상에 갇혀 있는 서양인들에게 오히려 라코타의 토착종교를 인정하고 존중하는 중요한 계기를 마련해주었다는 진단이다(Kehoe 72). 블랙 엘크의 문화변용이 오히려 토착종교를 현재 속에서 되살리는 막중한 임무를 감당했다는 것이다. 이제 예의 두 명의 인디언 지도자들의 대조적인 대응방식이 바로 실코의 유령무 장면의 묘사에 함께 녹아있음을 알 수 있다. 와보카(Jack Wilson)가 등장하는 유령무에 예수가 등장하는 모순은 바로 윌슨과 블랙 엘크의 상반된 문화적 대응이 작가의 상상력 속에서 융합된 결과이다.

이러한 작가의 문화공존에 대한 열망은 브론윈의 정원을 묘사하는 언술에도 드러나 있음은 물론이다. 문화공존의 담론이 이 단계에 오면, 세계의 모든 문화는 역사 속에서 침략을 주고받았다는 사실을 보편화하고 있다. 고대 영국의 원주민 켈트(Celt)족에 대한 로마의 침입의 흔적을 묘사하는 대목은 식민지시대의 북미 인디언들에 대한 영국인들의 침탈을 상기시킨다. 로마인들은 켈트족의 수호신 설리스(Sulis, 브론윈이 사는 Bath의 온천을 수호하는 토속여신)을 모시는 세 곳의 성스러운 온천 가까이에 그들의 주거지를 세웠는데 그 토속신을 두려워하여 그 주거지역의 명칭을 'Aquae Sulis'라고 불렀다. 그러나 로마인들은 켈트의 토속신이 자신들의 주거지를 계속 지배하도록 허용할 수 없는 노릇이어서 그 온천들 옆에 커다란 연못을 갖춘 사원을 지어서 설리스와 로마의 여신 미네르바(Minerva)에게 바쳤고(234), 그 결과 이 온천의 여신은 'Sulis Minerva'로 불리게 되었다. 이 대목의 삽입을 통하여 작가는 켈트족의 토착종교가 로마의 왜래종교와 융합되어가는 과정을 겪었다는 역사적 사실을 독자에게 상기시킴으로써 문화변용이 어느 문화권에서나 보편적인 현상임을 예증하고 있다.

온천여신의 예를 들어 작가가 문화변용의 정당성을 옹호하는 속내를 내비치는 듯하다. 그러나 브론윈의 시각에서 주류문화가 서구의 인간중심주의 문화라면, 작가의 문화변용은 결코 주변문화의 주류문화로의 편입이나 포섭이 아니다. 돌이 스스로 움직인다고 믿는 브론윈의 인지방식(237)을 허황한 동화적 차원으로 폄하할 수 없는 이유는 그녀가 자신이 사는 지역 배쓰의 자연생태계를 보호하기 위하여 무분별한 개발과 파괴를 자행하는 세력과 맞서왔다는 실천적 노력 때문이다(235). 그녀가 기르는 소떼와 소통하는 방식도 주류문화권의 선남선녀로서는 선뜻 이해가 되지 않는 부분이다. 그녀는 노래와 흡사한 목소리를 내어 소떼를 부르고, 소들은 이내 그녀의 노랫소리에 반응하여 모여든다. 그리고 이 광경을 지켜보는 인디고는 곧바로 고향의 정원과 잃어버린 가족들을 떠올린다(238). 원숭이와 앵무새의 절친한 친구인 인디고와 브론윈이 서로 각별한 친근감을 느끼는 이유는 그들이 느끼는 문화적 동질감 때문이라고 일반화하여도 무리는 아닐 법하다. 문화공존을 지향하는 브론윈의 의지는 배쓰를 떠나는 인디고에게 주는 선물을 통해서도 암시되어 있다. 그녀는 인디고에게 녹색비단으로 표지를 한 공책을 한 권 선물하는데, 그 안에는 약초들의 이름과 그 재배법이 육필로 적혀있다. 그리고 공책의 나머지 부분은 인디고가 원하는 내용을 적어 넣을 수 있도록 텅 비어두었다(267). 적혀있는 식물들의 이름이 현존이라면, 인디고가 채워 넣을 식물들의 이름은 부재다. 그리고 현존과 부재의 역동적인 상호작용은 문화공존의 필요조건이다.

유럽의 고대문화와 인디고의 옛 정원이 공유하는 문화요소를 보다 포괄적으로 보여주는 정원은 브론윈과 친분이 두터운 이탈리아의 여교수 로라(Laura)가 가꾸는 정원이다. 에드워드가 코르시카에서 감귤삽목을 구하기 위한 목적으로 떠난 이탈리아 여행에서 경험한 로라의 정원이 은유하는 바는 해티에게 각별한 자기인식의 계기를 제공한다. 이탈리아 여행이 시사하는 역식민주의 수탈의 요소들 예컨대, 비록 실패로 끝나지만, 유럽의 식물(감귤삽목)을 미국(캘리포니아의 리버사이드)으로 밀반출하려는 에드워드의 기도, 로라의 글라디올러스 교배종 육성, 인디고가 로라로부터 씨앗봉지와 글라디올러스 구근을 선물로 받는 것 등의 일화는 생물학적 혼종성을 보편화하는 한편, 문화적 혼융에 대한 저항감을 연성화하는 전략으로 파악할 수 있다.

로라의 정원을 소개하는 7 장에서 문화혼융을 실존적 상황으로 보편화하려는 서사는 '검정색'과 '뱀'의 문화적 은유를 묘사하는 대목에 잘 드러나 있다. 로라의 정원의 색깔은 수전의 정원과는 달리 주로 검정색이고, 정원 곳곳에 각종 형상의 뱀 조각품들이 널려있다. 문화적으로 편협한 에드워드의 눈에 검정색은 '밤과 죽음의 상징'일 뿐이다. 그러나 로라의 설명에 따르면, 고대유럽인들에게 검정색은 다산과 출생을 의미하며 '위대한 어머니'(Great Mother)의 색깔이었다(296). 그리고 검은 지빠귀도 하얀 학이나 왜가리, 황새처럼 그 위대한 어머니의 자식이라는 로라의 보충설명이 이어진다. 여기에서 위대한 어머니는 당연히 대지 어머니(Mother Earth)를 지칭하기 때문에, 작가의 서사는 생물학적 다양성의 찬미로부터 문화적 포용성의 옹호로 옮겨가는데, 그 매개체가 뱀이다. 다시 로라의 설명에 따르면, 뱀을 숭배하는 문화는 고대유럽에도 있었다.

> 로라는 흑해와 아드리아해 연안의 시골마을들에서 아직도 볼 수 있는 뱀 숭배의 흔적에 대하여 설명했다. 그런 곳에 사는 사람들은 검정색이나 녹색 뱀이 그들의 소나 집을 보호해주는 혼령을 지녔다고 믿었다. 그녀는 여행 중에 집의 수호신으로 뱀 문양을 새겨 넣은 지붕과 창문들을 보았다. 왕관을 쓰고 있는 커다란 흰색 뱀을 만난 사람은 누구나 큰 행운을 얻었다. 왕관을 쓴 뱀은 물새여신의 언니이고, 생명의 물과 젖의 소유자이며 수호신이었기 때문이었다.

> Laura described the remnants of snake devotion still found in rural villages of the Black and Adriatic Seas. There, people believed black or green snakes bore guardian spirits who protected their cattle and their homes. In her travels, Laura saw ornamental snakes carved to decorate the roofs and windows for protection. Great good fortune came to anyone who met a big white snake wearing a crown; the crowned snake was the sister of the waterbird goddess, owner and guardian of life water and life milk. (297-8)

실코에 의하면, 구약성경이 사탄으로 낙인을 찍기 전에 뱀은 아메리카와 아프리카에서 담발라(Damballah) 혹은 케찰코틀(Quetzalcoatl)로 불리며 숭배의 대상이었다. 흔히 볼 수 있는 뱀들도 신령한 존재와 대지 어머니의 영적인 전령이다(Silko, *Yellow Woman* 147). 인디고와 시스터 솔트가 마침내 옛 정원에 돌아와 안정을 되찾았을 때 갑자기 물웅덩이 가에 나타난 상서로운 방울뱀의 묘사로 이 소설을 마무리하는 작가의 의도만 보아도 이 작품 속에서 뱀이 암시하는 문화적 은유의 중요성을 가늠해볼 수 있다. 위 인용문 속에서 고대유럽에도 뱀을 수호신으로 숭배하는 풍습이 존재했었다는 진술은 뱀 숭배의 문화를 세계의 다양한 문화권이 공유했다는 점을 강조하고 있는 것인데, 이러한 문화적 포용성이 사실 실코의 모든 작품을 관류하는 주제이기도 하다. 그리고 브론윈의 정원과 로라의 정원은 그러한 문화적 포용성을 수용해야 할 근거를 은유하는 공간이다.

로라의 정원이 함의하는 문화공존의 정치학은 해티의 심리적인 변화를 통하여 그 위력을 발휘한다. 이 소설은 인디고의 백인문화 경험담이지만, 한편으로는 해티의 심리적, 문화적 변화의 여정이기도 하다. 해티가 초대교회의 여성관에 대하여 쓴 학위논문이 남성중심주의적 편견에 사로잡힌 심사위원들에 의하여 거부당한 경험과 관련이 있음직한, 성적인 부부관계가 배제된 결혼생활(물론 남편 에드워드의 육체적 불능이 그 원인이기도 하다) 그리고 내심 인디고와 오래도록 함께하고 싶어 하는 욕망으로부터 벗어나는 계기는 바로 로라의 정원을 방문한 경험이다. 로라의 정원 도처에서 발견되는 검정색깔과 뱀의 이미지가 해티에게 선사한 생명력과 다산성(fertility)의 영향은 에드워드에 대하여 느끼는 육체적 욕망과 인디고를 옛 정원으로 곧장 보내주어야 한다는 자기인식으로 나타난다. 동시에 해티는 물질적인 탐욕의 노예가 되어버린 에드워드에 의하여 속아왔다는 사실을 깨닫고 내심 결별을 결심한다. 특히 인디고를 하루 빨리 자신의 고향으로 보내려고 다짐하는 해티는 이제 백인문화우월주의라는 편견으로부터 완전히 벗어나 문화공존의 정치학을 실천하고 있는 것이다.

Ⅳ

인디고의 정원 순례는 옛 정원으로의 귀환으로 끝나지만, 정원의 은유는 끝나지 않았다. 브론윈이 선물한 빈 공책 안에 인디고가 채워 넣을 정원의 은유는 무엇인가, 그리고 인디고의 미래의 정원이 시사하는 생태학적 의의는 무엇인가라는 두 가지 물음에 답할 차례다. 인디고가 샌드리자드를 떠나기 전에 할머니와 어머니에 의하여 가꾸어지던 옛 정원의 생물지역적 온전성은 인디고의 귀환 후에도 끊임없이 지속될 듯 보이지 않는다. 옛 정원의 생태적 변화는 인디고가 지니고 귀향하는 씨앗봉지, 난, 글라디올러스 구근, 그리고 인디고와 동반한 원숭이(Linneaus)와 앵무새(Rainbow) 등에 의하여 예고되어 있다. 또한 브론윈의 정원과 그녀의 비인간중심주의적 세계관, 로라의 문화 포용적인 정원은 물론 수전의 푸른 정원에 이르기까지 인디고가 경험한 다양한 정원들의 은유는 미래의 옛 정원을 풍요롭게 하는 자양분이 될 것이다. 그리고 브론윈과 로라로부터 배운 생태학적, 문화적 포용성은 인디고 자신의 미래가 제안하는 새로운 정원의 은유와 함께 옛 정원의 역사는 늘 새롭게 써질 터이다. 각별히 주목할 점은 그러한 역사변동의 한 가운데에 인디고가 서있을 수밖에 없다는 사실이다. 인디고의 자연관이 있다면, 그것은 인간중심주의나 생태중심주의 등의 이원론적인 재단을 거부한다. 바꾸어 말하면, 인디고가 동반한 동식물이 함의하는 바는 작가가 인디고에게 정원의 관리권을 부여한 것이며, 그러한 작가의 권리행사에 독자가 선뜻 이의를 제기할 수도 없는 노릇이다. 지상낙원의 건설과 그 과실을 인디고의 손에 맡길 수밖에.

생태비평계의 가장 뜨거운 논쟁거리 중 하나는 근본주의 생태론과 실용주의 환경론 사이의 공방일 것이다. 흔히 실용주의 환경론은 실용주의라는 단어가 연상시키는 개발론의 혐의 때문에 인간중심주의로 치부되어 왔다. 여기서 실용주의 환경론이 지향하는 자연관을 구체적으로 논의하기 위하여 지면을 할애할 수는 없다. 다만 실용주의 환경론에 대한 일반적인 오해의 원인만을 간략하게 지적하면, 그것은 실용주의 환경론의 비판론자들이 흔히 인간중심주의와 인간화(anthropomorphism) 사이의 생태학적 차이를 명확하게 구분하고 있지 않다는 점이다. 주지하다시피, 이 주제와 관련한 논의는 자연의 '내재적 가치'와 관련된 해묵은 논쟁과 맞물려 있다.[36] 근본주의 생

36 자연의 내재적 가치와 관련한 논쟁을 비교·점검하기 위하여 웨스톤(Anthony Weston)의 "Beyond Intrinsic Value: Pragmatism in Environmental Ethics"와 캐츠(Eric

태론과 실용주의 환경론의 입장이 서로 차이를 드러내면서도, 양 측이 동의하는 대목이 있다, 그것은 어느 쪽에서도 자연의 내재적 가치의 존재를 논리적으로 증명할 방법이나 논거가 없다는 점이다. 그러한 논거가 취약한 만큼 예의 논의들이 인간화의 함정을 벗어날 방법은 없다. 그러나 인간화를 피할 수 없다는 사실 때문에 모든 논의들이 인간중심주의를 여윌 수 없다는 주장은 개발론을 정당화하는 논리로 이용될 위험성을 안고 있다. 엄밀한 의미에서 인간의 언어로 표현된 인간의 모든 논의들은 인간화의 운명을 피할 길이 없다. 그러나 모든 인간화의 언어가 인간중심주의에 봉사하지는 않는다는 점에 주목해야 한다. 특히 인간화된 담론이 야기하는 정치적인 결과는 인간중심주의나 생태중심주의 어느 한 쪽으로 치우칠 수밖에 없다. 인디고의 정원으로 돌아가서 이 논의를 계속 진행하자면, 이질 문화에 대한 인디고의 경험과 그녀가 동반한 동식물은 인디고를 인간중심주의자로 낙인찍게 하는 근거가 되는지에 대한 해답을 찾아야 한다. 작가는 확실히 인디고에게 정원의 관리권을 부여했다. 관리권을 인정했으니 작가는 인간중심주의자인가? 그 답은 인디고의 관리권 행사의 실천적인 결과에서 찾아져야 한다. 다만 인디고는 난을 재배하여 영국의 귀족들에게 팔아 치부할지, 원숭이, 앵무새 친구들과 함께 정원 순례를 통해 습득된 은유들을 아우르며 옛 정원을 할머니의 방식으로 가꾸어나갈지는 능히 짐작이 되는 바다.

Katz)의 "Searching for Intrinsic Value: Pragmatism and Despair in Environmental Ethics" 참조.

4-4. 선험적 추론과 과학적 경험 — 바바라 킹솔버의 『비상』

I

킹솔버(Barbara Kingsolver)는 종종 그녀의 소설 플롯을 두 겹 혹은 세 겹으로 짠다. 예컨대, 그녀의 초기 작품인 『동물의 꿈』(*Animal Dreams*)에서 주인공 코디(Codi)와 그녀의 아버지 사이의 갈등을 추적하는 플롯은 황산으로 생태환경을 오염시키는 블랙 마운틴(Black Mountain) 광산에 맞서 싸우는 공동체의 이야기와 병치된다. 최근에 쓴 『라꾸나』(*The Lacuna*, 2009)도 범인(凡人)이라고 볼 수밖에 없는 해리슨(Harrison)의 일대기와 레닌과 함께 러시아 혁명을 주도하였던 트로츠키(Leon Trotsky)의 망명사가 갈마드는 플롯을 취하고 있다. 이렇듯 애써 이중구조를 채택하는 작가의 의도는 무엇보다도 개인의 삶은 공동체의 문제와 결코 유리될 수 없다는 확고한 인식의 반영일 터이다. 『비상』(*Flight Behavior*, 2012)에서도 예의 이중 플롯을 활용하고 있다. 주인공 델라로비아(Dellarobbia)의 개인사는 (아마도 지구온난화의 영향으로) 애팔래치아(Appalachia) 남부의 한 시골마을의 숲속에 불시착한 미국 왕나비(monarch)떼를 둘러싼 일련의 사건과 유기적인 관련을 맺으면서 함께 플롯의 두 축을 이루고 있다.

흥미로운 점은 『비상』의 경우에는 플롯의 구성뿐만 아니라 작중 인물들이 천착하는 인식론까지도 이중 구조를 띠고 있다는 것이다. 킹솔버가 그녀의 소설과 시, 에세이를 통하여 서양철학의 한 축인 관념적 인식론이 정당화하는 철학적, 정치적 왜곡과 차별에 끊임없이 저항하고 있음은 주지의 사실이다. 코디의 아버지 호머(Homer)의 외고집은 기실 관념적 윤리의 소산이고, 해리슨을 죽음으로 몰아가는 동인도 궁극적으로 이념에 억매인 국가권력과 그에 영합하는 대중의 관념적 공포이다. 『포이즌우드 성경』(*The Poisonwood Bible*)에 등장하는 프라이스(Nathan Price)의 문화적 아집과 우월감도 결국 선험적 추론에 근거한 문화제국주의의 재현이다(Strehle 414, Koza 288). 환언하면, 킹솔버는 『비상』 이전의 작품들에서 개인의 의식과 공동체적 삶의 내용과 방향을 지배하는 문화적 관념을 신랄하게 공박하였던 셈이다. 『비상』의 주제도 레더(Leder)가 언급하듯이 자연세계의 예찬과 인간 다양성의 옹호(1)라는 관점에서 보면 예전의 작품과 다르지 않다. 그러나 그 주제는 등장 인물들이 사물과 사태를 인식하는 방식의 차이를 병치시키는 전략을 통하여 진화한다. 환언하면, 주제의 초점이 인식론으로 옮겨간다는 것이다.

본고에서는 『비상』의 주요 인물들이 비정상적인 왕나비의 이동과 기후변화의 문제를 인식하는 방식에서 어떤 차이를 드러내는지 살펴보고, 그러한 차이의 인정이 생태학적으로 어떤 함의를 지니는지 판단하고자 한다. 이 소설에서는 동일한 사태를 놓고 인물들의 선험적 추론과 과학적 판단이 경합한다는 점을 고려할 때 외삽(外揷)하고자 하는 철학적 방법론으로는 듀이(John Dewey)의 경험론이 적절해 보인다.

Ⅱ

실용주의 철학의 핵심은 선험(a priori)에서 경험으로의 인식론적 전환이다. 그렇기 때문에 플라톤의 관념이나 데카르트의 이성 혹은 칸트의 순수이성에 착근한 철학적, 윤리적 가치는 경험의 한 양상으로는 가능하지만 논리적으로는 수용되지 않는다. '텍스트의 밖에는 아무 것도 없다'는 해체론자의 명제는 '경험의 밖에는 아무 것도 없다'는 실용주의의 기본가정에 상응하고 있는 것이다. 듀이는 과거와 현재의 실제적 경험에 의거하여 형성되지 않은 지식이나 지식의 습득 방식을 신뢰하지 않는다. 인간의 경험을 떠난 지식이나 인식론 곧, 서구의 형이상학을 관통하는 추상적 관념에 의존하는 인식의 틀 자체와 그러한 인식의 틀을 채택함으로써 얻어진 결과(지식)는 인간의 현재적 삶과 의식에 상식과 습관을 형성하고 제도의 고착을 (재)강화한다는 것이다. 듀이는 고착적인 인식론의 예로서 우주론과 심리학을 지적한다. 즉, 고대에는 우주론이 인식론의 원천이었다면, 현재(듀이의 당대)는 그것이 심리학적 원천에 지배받는다는 것이다 (*The Theory of Inquiry* 534-5). 그리고 그러한 인식론들은 한결같이 현재적 삶의 실천과정과 그 결과로부터 유리되어 있는 연유로 현재적 삶에 늘 강압적인 영향을 미칠 수밖에 없기 때문에 그러한 논리는 논리로서의 자치성(autonomy)을 상실한다고 본다. 인식론은 다양한 경험이 고려된 유기론적 탐구의 결과이어야 하기 때문이다.

한편, 실용주의 환경론은 해체적 자연관의 유의미한 대안일 수 있다. 우선 실용주의 철학의 기본가정을 점검할 필요가 있다. 실용주의 인식론은 데리다류의 해체적 인식론과 본질주의를 거부한다는 점에서 기본입장은 유사하나 전통적인 인식론을 전복시키는 방식이 다르다. 데리다가 언어의 불안정성과 각종 유파의 형이상학이 배태하고 있는 논리적 자기모순을 드러내 보임으로써 인식론의 신뢰성을 허물어뜨린다면, 실용주의는 각각의 인식론을 거부하기 보다는 그것들의 상대적인 가치를 오히려 인정하고 있으며 그 결과 인식론적 다원주의(pluralism)를 지향한다. 따라서 해체사상이 철학의 폐기라면, 실용주의는 철학의 재건이다. 듀이(John Dewey)는 '[해체의] 길 끝에서 기다리고 있었다'는 로티(Richard Rorty)의 재치 있는 언급은 바로 실용주의와 해체철학의 차이를 잘 지적한 것이다.

서구의 전통적인 인식론을 포기한 듀이는 그 대안 논리로 '탐구'(inquiry)의 개념을 제안하고 있다. 마치 해체론자들이 절대적 진리의 형성과정과 그 형성과정에 얽힌 문화적, 정치적 권력 관계를 문제 삼듯이, 듀이는 진리를 고착된 실체가 아니라 끊임없는 탐구의 대상으로 여긴다. 따라서 그는 지식(knowledge)의 개념을 '알기'(knowing)로 대체하고, 진리의 개념을 '검증된 주장'(warranted assertibility)이라는 표현을 사용하여 연성화하고 있다. 힉크만(Larry A. Hickman)의 설명에 따르면, 검증된 주장의 의미는 진리의 과거성과 미래성의 융합이다. '검증된'이라는 단어는 검증의 장애요인이었던 의혹과 어려움이 해소되었다는 의미에서 진리 형성의 과거를 지칭하고, '주장'은 진리가 형성되었던 과거의 경우와 유사한 미래의 진리에도 적용가능하다는 미래성에 관여하고 있다(207). 그리하여 검증된 주장으로 지위가 격하된 전통적 진리의 개념은 어느 것이나 확실하거나 영원하지 못하고 기껏해야 제한적, 일시적 안정성만을 확보할 뿐이라는 진단이다. 결국, 진리는 현재적 탐구의 대상이어야 하고, 그러한 탐구의 개념은 과거와 현재의 실제적 경험과 그 결과의 반추에 근거한 미래 예측을 포괄하는 희망의 활동들이다. 따라서 탐구는 해체의 정치적 무기력성을 극복해줄 수 있는 듀이식 '공공숙의'(deliberation)[37]

---

37 듀이는 인간의 행위(action)에 영향을 미치는 두 요소를 습관(habit)과 충동(impulse)으로 나눈다. 공공숙의는 그러한 습관과 충동들의 다양한 조합을 시도하여, 그 결과 어떠한 행위가 가능한 지를 찾아내는 실험이다. 공공숙의가 합리적으로 이루어지려면, 예견을 통하여 과거의 목적과 습관을 신축성 있게 재구성하고 새로

의 구체적 양상의 하나라고 할 수 있다.

기후변화를 둘러싼 논란을 핵심 주제로 삼고 있는 『비상』을 인식론적 관점으로 조명하려는 이 글의 목적에 비추어 듀이가 제안하는 탐구의 패턴을 점검해 볼 필요가 있다. 그는 『탐구론』에서 우선 오류를 피하기 위하여 탐구의 논리가 갖추어야 할 세 가지 조건을 제시한다. 첫째, 객관적인 관찰이 가능한 탐구의 내용(subject-matter)을 확보하기 위하여 주관적이고 '관념적인'(mentalistic) 상태와 과정을 제거해야 한다. 과학자는 자신의 이해관계나 편견을 배제하고 오직 과학적 탐구의 결과에 근거하여 과학적 판단을 도모해야 한다는 조건이다. 둘째, 탐구 논리의 영역은 경험 자료의 단순한 해석에만 제한하지 않고 [본디 경험 자료를 토대로 확립된] 예컨대, 예술논리나 법적 논리와 같은 특별한 논리 형식의 존재와 성격을 인정한다. 탐구는 자연과학적 탐구를 넘어 예술적, 인문사회학적 영역까지 아우르는 유기적, 총체적 탐구이어야 한다는 것이다. 세 번째 조건은 탐구의 논리는 어떤 경우에도 선험적 논리로부터 자유로워야 한다는 제안이다(*Later Works* 12:107, 이후 *LW*로 표기함). 듀이는 나아가 다섯 가지의 탐구 패턴을 명시하고 있는데, 특히 마지막 패턴은 해결 방안을 찾는 과정에 관한 것이어서 주목할 필요가 있다. 다섯 번째 패턴에 의하면, 해결 방안을 찾는 과정에서 '사실들'(facts)과 '의미들'(meanings)의 상호작용은 필수적이다. 사실은 해결 방안의 아이디어를 검증하는 수단이다. 검증이 가능하려면 사실들끼리 상호작용을 통하여 조직화되어야 한다. 바로 관찰이 가능한 사실들이 가능한

운 목적과 행위를 지각하고 사랑해야 한다. 그리고 예견을 가능하게 하는, 그리하여 목적과 습관(지식)을 형성하는 데 결정적으로 관여하는 인간 활동이 과학적 탐구이다. (*HNC* 132-38 참조)

해결 방안을 제시해 주는데, 그러한 해결 방안의 아이디어는 보다 많은 사실들에 대한 새로운 관찰을 고취하고, 관찰된 새로운 사실들의 해석을 바탕으로 아이디어가 수정된다. 곧, 계속되는 사실의 관찰과 아이디어의 수정이 반복되면서 제시된 해결 방안들이 검증되는 것이다(*LW* 12 : 117). 그리고 그러한 검증들을 거치는 과정에서 시공간적으로 제한된 의미의 이른바 해결 방안의 '완결'(consummatory close)이 가능한 것이다.

Ⅲ

소설의 발단은 애팔래치아(Appalachia) 지역에 거주하는 델라로비아 턴바우(Dellarobbia Turnbow)가의 인근 계곡에 몰려든 왕나비(*danaus plexippus*) 떼를 둘러싼 주민들의 반응이다. 예전에 이 지역에서는 결코 목격된 적이 없었던 아름다운 나비 떼에 대한 주민들의 일치된 반응은 신이 이 지역을 축복하였다는 환상이다. 환원하면, 주민들은 왕나비 떼가 느닷없이 그들의 거주지 인근에 출현한 생태학적 원인을 탐구하기보다는 신의 축복이라는 관념적 추론에 집착한다. 그러한 추론은 나비 떼를 맨 처음 목격한 델라로비아의 성자화(canonization)로 이어진다.

> 오글 목사는 마치 어떤 사람이 안고 있는 커다란 부케를 들어 올려 다른 사람에게 안겨주듯이 헤스터에게 주던 눈길을 델라로비아에게로 옮겼다. 교회에 잘 오셨습니다. 그는 참석한 모든 사람들에게 우리 주님의 풍요로운 정원에서 일어난 아름다운 광경을 축복할 것을 그와 함께 맹세하도록 요청하였다.

> Pastor Ogle beamed first at Hester, then Dellarobbia, as if lifting a big bouquet from the arms of one to the other. Welcome to the fold. He asked all those present to covenant with him in celebrating a beautiful vision of our Lord's abundant garden. (72)

이 지역에서는 오글(Bobby Ogle) 목사의 침례교가 표상하는 전통적인 기독교의 교리와 의식에 순응하지 않는 델라로비아는 자신이 마치 신의 은총을 받았다고 인식하는 가족과 교구민들에 의하여 성자화되어 가는 상황에 '역겨움'(queasy)을 느낀다(71). 사실, 이 소설의 플롯과 내러티브를 세심하게 점검하면 델라로비아가 반드시 반기독교적인 성향의 인물이라고 치부하기 어려운 대목들이 있는데, 그 구체적인 내용은 이 글의 뒷부분에서 논의할 것이다.[38] 델라로비아는 다만 나비를 목격했다는 물리적인 사실이 선험적 관념에 의해서만 해석되고 있는 상황에 불편해하고 있을 뿐이다.

왕나비의 불시착에 대한 관념적 반응은 델라로비아의 주변 인물들에 머무르지 않고 전국적인 규모로 번진다. 대중의 거짓 반응을 대규모로 그리고 급속도로 부추기는 힘의 중심에 언론이 존재한다. 델라로비아의 실제 모습에는 관심이 없고 오직 "미래를 내다볼 수 있는 예지력을 지니고 있으며, 아마도 죽은 꽃 위에 오줌을 누어 살

---

38 델라로비아의 종교관은 곧 작가 자신의 그것으로 환치해도 무리가 없어 보인다. 킹솔버는 스스로 자신을 범신론자(pantheist)로 인정하며(Kasinec 134), 『포이즌우드 성경』과 『성하』(*Prodigal Summer*)에서도 전통적인 기독교 사상과는 차별화되는 종교관을 드러낸다. 전자에서 침례교의 교리에 집착하는 프라이스 목사의 선교활동은 토착민들을 개종하기보다는 그들의 건강증진, 섭생의 개선, 여권신장 등, 초월적 신앙의 포교보다는 사회적, 윤리적 실천에 집중하는 파울즈 수사(Brother Fowles)의 열린 선교와 병치된다(Purcell 94-5). 후자에서는 벤더(Bert Bender)의 주장에 따르면, 킹솔버는 마치 잭 런던(Jack London)이 그렇듯이, "전통적인 종교와 창조론을 거부하고 진화론"으로 기운다(131).

려낼 수 있는" 기적의 여인을 면담하고 취재하려는 지역 신문사의 기자로부터 면담 중에 "모든 것을 버릴 준비가 되어"(199)라고 표현한 델라로비아의 언급을[39] 자살할 결심을 하고 산행하던 중 나비 떼를 목격하고 구원받았다고 보도하는 CNN의 기자 티나(Tina)를 거쳐 거대한 왕나비의 두 날개 사이에 벌거벗고 앉아있는 델라로비아의 모습을 YouTube에 올리는 익명의 게시자에 이르기까지 언론과 대중매체에 의하여 정보는 왜곡되고, 그 왜곡은 확대 재생산된다. 정보의 왜곡은 정보 전달자의 욕구의 반영인 것이다.

대중매체에 의한 실재의 왜곡은 전달자의 비양심적이고 무책임한 행동에 그 일차적인 원인이 있지만, 보다 심층적인 원인은 획일적인 문화의 향수자인, 이 소설 속의 대중으로부터 찾을 수밖에 없다는 점이 더욱 심각하다. 대중의 환상과 취향에 영합하기 위하여 언론은 종종 정보를 왜곡한다면, 더구나 그러한 대중의 관념이 고착되고 획일화되어 있다면, 거짓 정보 확산의 근본적인 책임은 상당 부분 대중의 몫으로 남는다. "대중은 자신들이 동의한다고 생각하는 뉴스"에만 선택적으로 귀를 기울이는 경향이 있기 때문이다(230). 동의하는 이유는 무엇보다도 뉴스의 내용에 관여하는 시청자의 욕구와 이해관계로부터 생성된다. 언론 매체를 통하여 더욱 악화된 미국 대중의 편협함과 이기심에 대한 바이런 박사(Dr. Byron)의 일침을 주목할 필요가 있다.

---

39 이 소설의 플롯은 미숙한 17세에 결혼하여 남녀 두 아이를 둔 30대 중반의 델라로비아가 둔감하고 무기력한 남편 커브(Cub)와 턴바우(Turnbow)가의 종교적인 보수성에 짜증나 새로운 삶의 돌파구를 찾으려는 과정에서 지미(Jimmy)라는 청년을 만나게 되고 그와 밀회할 장소를 찾아 산행하는 중에 왕나비 떼를 목격하는 장면으로 시작된다. 나비와의 조우는 일탈을 향한 델라로비아의 욕망을 잠재우는 계기가 되고, 그녀는 지미와의 밀회를 단념하고 가정으로 돌아온다.

> 진정 자력으로 의사결정을 하는 사람은 없었지요. 정보가 너무 많았어요. 사람들은 사실 [그 많은 정보들을] 죽 훑어보고, 그저 누가 자신들의 편을 들고 있는지를 결정하고, 수많은 토픽에 관한 비망록에 서명하여 참가하는 것이었습니다.
>
> Nobody truly decided for themselves. There were too much information. What they actually did was scope around, decide who was looking out for their clan, and sign on for the memos on a wide array of topics. (166)

정보왜곡의 근원이 다분히 의사결정의 자립성을 포기하고 변화를 수용하지 못하는 다중의 문화적 획일성과 폐쇄성에 있다는 진단이다.

한편, 서구 대중의 문화적인 욕구와 이해관계는 흔히 관념에 그 뿌리를 두고 있다는 점에 유의할 필요가 있다. 전술한 대로, 킹솔버가 그녀의 초기 저작에서부터 끊임없이 제기하는 문제는 움직이지 않는 신의 개념이다. 『포이즌우드 성경』에 등장하는 프라이스 목사는 "항상 포이즌우드 성경을 질타하면서 자신은 오직 진리만을 말한다고 믿었던 사람"이다(533). 유일신의 개념에 관하여 델라로비아와 바이런이 공유하는 바는 삼라만상은 움직이는데, 신의 개념은 요지부동이라는 인식과 그러한 고착화된 신의 개념이 문화적 폐쇄성의 근원이라는 진단이다(351). 그리고 이 두 인물의 종교관은 바로 선험적 형이상학을 지양하고 (1차적 경험을 통하여 형성된 관념 즉, 2차적 경험을 포함한) 실제적 경험에 착근한 추론(inference)만을 수용하는 듀이의 인식론을 닮아있다. 경험에 의하여 형성된 추론은 개인적, 집단적 경험의 변화에 따라 함께 변할 수밖에 없기 때문이다.

이 소설 속에서 경험이라 함은 곧 과학적 탐구를 의미한다. 따라서 경험에 착근한 추론은 과학적 탐구를 통하여 '형성되는 지식'(knowing)이라고 할 수 있다. 왕나비 이동의 의미에 관하여 델라로비아의 가족으로부터 CNN의 시청자에 이르기까지 온통 관념적 추론에 빠져있다면, 그러한 추론으로부터 분명한 거리를 유지하면서 오직 과학적 진실만을 궁구하는 인물은 바이런과 그의 연구 프로젝트에 동참하는 그의 제자들이다.

과학적 진실에 대하여 작가가 제기하는 논란거리는 두 가지다. 하나는 기후변화의 원인은 자연의 사이클인가 아니면 인간의 환경파괴인가이고, 다른 하나는 예의 왕나비의 불시착은 과연 기후변화에 그 원인이 있는가이다. 우선 바이런은 기후변화의 과학적 원인에 대하여 수백만 년에 걸쳐 진행되어온 자연적 변화를 인정하지만 최근 수십 년 동안에 일어난 급격한 변화는 인간에게 그 책임을 돌릴 수밖에 없다고 정리한다(281). 사실 기후변화의 원인에 관하여 바이런은 관련 과학계의 일반적인 의견을 따르고 있다.[40] 그러나 바이런은 기후변화라는 과학적 진실 자체를 인정하는 차원을 넘어 급속한 기후변화가 야기할 인류의 재앙을 강렬하게 경고하고 있다.

40 기후변화에 관한 불확실성의 문제는 지금도 과학계의 논란거리다. 불확실성의 근본적인 원인은 "지구 기후체계의 작동원리에 대한 이해가" 불완전하기 때문이다(정회성 32). 그러나 기후관련 과학자들의 견해는 거의 일치하는 경향이 있다. 지구 온난화는 최근 20여 년 동안의 급격한 온도상승을 의미하며, 현재는 공기 중 이상화탄소의 양이 150년 전보다 30% 이상 많다(Simon 5, 10). 엘러트(Emily Elert)는 20세기 말의 기온이 20세기 초에 비하여 꾸준하게 높았던 이유는 온실효과 때문임이 자명하다고 언급한다(53). 한편, 기후 전문가들을 대상으로 조사한 설문에 의하면, 응답자 100인 중 97명은 인간이 지구의 온도를 변화시키고 있다고 본다(Fletcher 96). 결국, 기후변화의 원인이 인간에게 있다는 것이 기후관련 과학자들의 거의 합치된 의견이다.

"티나, 지금 과학자들의 의견이 서로 다른 부분은 충격을 표현하는 방식에 있어요. 북극[의 빙하]은 진짜로 무너지고 있어요. 과학자들은 이러한 현상을 광산 속의 밀고자(informer)라고 부르곤 했지요. 이제 그들은 그 밀고자가 죽었다고 합니다. 티나, 우리는 카누를 타고 나이아가라 폭포의 꼭대기에 있는 것입니다. … 우리는 표류하면서 여기에 이르렀어요. 그러나 우리가 마침내 [지구] 망치기를 멈춘다 해도 게으른 노 젓기로는 [본래의 상태로] 되돌아갈 수 없어요. 우리는 폭포의 포효를 듣고 있습니다."

"What scientists disagree on now, Tina, is how to express our shock. … The Arctic is genuinely collapsing. Scientists used to call these things the canary in the mine. What they say now is, the canary is dead. We are at the top of Niagara Falls, Tina, in a canoe. … We got here by drifting, but we cannot turn around for a lazy paddle back when you finally stop pissing around. We have arrived at the point of an audible roar." (367)

듀이의 이른바 '주관적이고 관념적인 상태와 과정'을 배제한 탐구를 수행한 과학자라면 기후변화의 심각성을 통감할 수밖에 없다는 주장이다. 그리고 기후 온난화를 저지하기 위한 확고하고 절박한 조치가 이루어지지 않으면 지구 생태계는 급속도로 그 종말을 향해 치달을 수밖에 없다는 경종이다.

논의한 대로 현재의 지구 온난화는 인간의 탐욕과 무분별한 생태계 파괴에 그 원인이 있다는 과학적 증거를 찾는 일은 비교적 어렵지 않은 탐구다. 보다 논쟁적인 문제는 생태계에서 일어나는 특정한 이상 현상이 작금의 기후변화에 그 원인이 있는지를 규명하는 것이다. 최근에 빈발하는 초강력 태풍, 허리케인, 국지성 호우, 식생구계

(植生區系)와 동물구계의 이동, 전대미문의 맹추위와 살인적인 무더위 등, 생태학적, 기상학적 이변들이 과연 기후변화에 그 원인이 있는가? 사실 개별 이상 징후에 대한 다양한 가설들이 경합하고 있는 것이 과학계의 현실이다. 왕나비의 비정상적인 이동에 대한 바이런의 가설도 예외가 아니다.

멕시코에서 월동해야 할 왕나비가 겨울에 애팔래치아의 한 계곡에서 발견되는 생태학적 이상 징후에 관한 바이런의 가설은 세 가지로 요약된다. 첫 번째 가설은 지구 온난화의 영향으로 멕시코의 월동지가 북쪽으로 이동하고, 왕나비 애벌레의 먹이가 되는 밀크위드(milkweed, 유액을 분비하는 식물)의 식생대 역시 이동하였다는 가정이다. 두 번째 가설은 왕나비를 숙주로 하는 OE 기생충의 과도한 증식에서 원인을 찾는 설명이다.[41] 즉, 록키 산맥(the Rockies)의 서부 지역에 서식하는 왕나비가 온난화의 영향으로 증식된 OE 기생충에 과도하게 감염되어 월동기에 멕시코까지 날아가지 못하고 캘리포니아 해안을 따라 곳곳에 흩어져 겨우살이를 한다는 가설이다(349). 이러한 가설들이 과학적 개연성은 있으나, 델라로비아에게는 왕나비가 왜 다른 곳이 아니고 자신이 거주하는 특정 지역에서만 출현하였는지에 대한 충분한 답변이 못된다(350). 바이런의 세 번째 가설 역시 왕나비의 불시착은 기후 온난화가 그 근본 원인이다. 멕시코에서 봄철 생식기(spring range)를 지낸 왕나비는 텍사스주 일대로 날아와 막 피어난 밀크위드 잎에 알을 낳고, 태어난 왕나비 애벌레들은 성충이 되어도 가뭄과 불 볕 더위 때문에 월동을 위하여 멕시코로 이동할 필요성을 느끼지 못하고 텍사스의 주경계선을 따라 캐롤라

---

41 OE(*ophryocyctis elektroscirrha*) 기생충은 왕나비에 필수적으로 기생하는 원생동물 기생충이다. (www.uga.edu/monarchparasites/whatisOE/index.html 참조)

이나 주에 이르기까지 미국 남동부 지역에 머문다는 설명이다(350). 그러나 소설의 화자는 이 가설 역시 불완전하기는 마찬가지라고 평가한다. 무엇보다도 겨울을 지탱해줄 왕나비의 먹이 문제가 의문이기 때문이다.

이처럼 바이런의 과학적 탐구는 가설들 사이의 경합일 뿐이다. 과학적 탐구는 조건의 제약을 받을 수밖에 없는데, 모든 조건을 고갈시킬 수 없다면 그 탐구의 결과는 고착된 지식(knowledge)이 아니고 하나의 알아가는 과정(knowing)일 뿐이다(244). 따라서 바이런은 과학적 지식은 결코 완결되지 않는 하나의 과정이며, 과학자들이 모든 것을 안다고 가정한다면, 그것은 그들이 아무것도 모른다는 사실을 가정하는 것이라고 분명하게 언급한다(351). 그러나 언뜻 과학적 탐구의 의미를 폄하하는 듯 보이는 바이런의 이러한 언급은 탐구의 방식에 대한 재고를 주문하는 것이지 결코 과학적 탐구의 필요성을 부정하는 것이 아니다. 그는 문제 상황의 해결방안을 끊임없이 연기하기 보다는 탐구과정에서 새롭게 관찰된 사실들을 새로운 조건으로 수용하면서 새로운 탐구를 수행해나가는 과정을 통하여 해결방안의 완결에 이를 수 있기 때문에 이른바 듀이의 '보장된 주장'을 획득할 가능성을 결코 배제하지 않는다. 과학적 탐구에 대한 그의 신뢰는 기후변화의 징후에 관한 대중의 불신, 특히 대중매체의 호도와 왜곡에 짓눌려 독립적인 판단이 마비된 TV 시청자들의 의혹을 대변하는 티나를 격렬하게 질타하는 모습에도 깊게 배어있다.

지금까지 이글의 논의는 예상하지 못한 왕나비의 출현을 둘러싸고 관념적 추론과 과학적 경험이 이원론적으로 대립하는 양상을 점검하였다. 델라로비아의 주변 사람들로부터 CNN의 시청자로 확장되는 일반 대중은 선험적 추론을 통하여 나비 출현의 의미를 찾는 반면에, 바이런과 그의 제자들은 묵묵히 과학적 진실만을 추구한다. 그렇다면 과연 작가는 그러한 이원론적 인식의 병치만을 그녀의 메시지로 삼고 있을 뿐인가? 사실 킹솔버는 그녀의 문화관이 종종 이분법적 구도를 벗어나지 못한다는 비판을 받아왔다. 예컨대, 시걸(Lee Siegel)은 『포이즌우드 성경』에서 에이즈 바이러스, 병정개미, 혹은 고열과 내출혈을 일으키는 에볼라바이러스(Ebola virus) 등의 활동을 자연의 청소행위로 간주하는 콩고 문화에 대한 작가의 단순한 묘사를 꼬집으며 마치 작가 자신이 그러한 토착문화만을 옹호하는 편협성을 보여준다고 비판하고 있다(36). 그러나 킹솔버는 프라이스의 문화제국주의를 질타하면서 동시에 콩고문화의 잔인성을 고발하고 있다. 무엇보다도 CIA에 의한 루뭄바(Lumumba) 수상의 제거가 독자에게 야기하는 제국주의에 대한 적개심은 부두교의 주술사 쿠부둔두(Kuvudundu)의 루쓰 메이 살해사건에 의하여 그 강도가 훨씬 약화되어버린다. 그런가 하면, 쌍생아가 태어나면 숲 속에 버려야한다는, 토착신앙에 바탕을 둔 습속이 넬슨(Nelson)에 의하여 설명되는데(211), 이러한 토착문화의 불합리성은 프라이스 목사의 복음주의에 대한 집착의 이면임을 암시하고 있다. 그리고 언어장애가 있으나 등장인물 중 누구보다도 지혜로운 프라이스의 딸 아다(Adah)는 바로 에이즈 바이러스와 에볼라바이러스를 연구하는 의학자가 된다는 스토리 전개만 보아도 작가의 문화적 균형감각을 감지할 수 있다. 킹솔버의 초기작인 『콩 나무』(*The Bean Trees*)에서도 작가는 "개인주의라는 서구남성중심의 내러티브와 북미 토착민의 여성중심 소통신화"의 균형을 도모한다는 힘멜라이트(Catherine Himmelwright)의 언급도 되새겨볼 일이다.

『비상』의 경우에도 결론부터 말하자면 작가는 선험론적 관념과 과학적 경험의 인식론적 혼융을 지향한다. 그러한 융섭적 지향은 우선 델라로비아와 바이런의 조우라는 플롯의 설정 자체에 녹아있다. 델라로비아는 비록 정통 기독교 교리는 물론 교회 공동체 구성원들의 종교적 비전과 실천에도 공감하지 못하고 바이런과의 만남을 계기로 과학적 시각으로 사물과 사태를 새롭게 파악하기 시작하지만, 그렇다고 그녀의 인식 방식이 과학적 탐구만을 신뢰하는 방향으로 완전히 바뀌는 것은 아니다. 이 소설의 초입에서 델라로비아의 일탈을 멈추게 한 계기는 나비 떼의 목격인데, 주목할 점은 나비와 그녀의 조우를 그녀 스스로 관념화, 신비화하고 있다는 것이다. 나비 떼의 광경은 "불의 호수 즉, [불과 물] 어느 한 쪽의 요소보다 훨씬 더 강렬하고 불가사의한 어떤 것"(a lake of fire, something far more fierce and wondrous than either of those elements alone)이다(16). '불의 호수'는 구약성경에 언급된 소돔(Sodom)과 고모라(Gomorrah)의 멸망을 연상시키는 한편, 마치 불가의 공(空)이나 도가에서 신봉하는 음양의 조화처럼 이분법적 요소의 일원론적 혼융을 표상한다. 델라로비아는 그녀의 일탈을 단념하게 하는 힘을 관념화된 왕나비 떼에서 찾는다. 그것은 과학적 실증을 초월하는 관념과 실재의 "불가능한 혼융"(the impossible, 16)이다. '불과 물'(fire and flood)의 이미저리의 사용이 단발성으로 그치지 않고 소설 전편에 산재하며 특히 델라로비아가 홍수와 사투를 벌이는 대단원에서도 "불과 물의 혼융"(a merging of flame and flood)이라는 전일적 비전이 여지없이 등장한다(433). 그만큼 작가는 다양한 층위에서 델라로비아라는 매우 복합적인 인물을 설정함으로써 그녀가 이전의 작품들에서 늘 그러하였듯이 성별, 계층, 인종 및 종의 차이에 기인한 차별에 저항하는 한편, 관념적 추론이나 과학적 경험 중 어느 한 쪽으로 편향된 인식론을 지양하면서 두 극단의 조화로운 융합을 꿈꾸고 있다.

기후변화에 관한 과학적 탐구의 결과에 대한 바이런의 신뢰는 확고부동하다고 전술하였다. 그러나 그의 신뢰는 과학적 경험에 국한한다. 그의 이른바 '지역적 차이론'(the theory of the territorial devide)에 의하면, 동일한 자연현상에 대한 이해는 문화적, 지역적 차이를 보인다. 기후변화의 부정은 종종 그러한 지역적 차이론에서 유래한다. 바이런의 아내 줄리엣(Juliet)의 설명에 따르면, 지역적 차이론은 '적하 숭배'(cargo cult)[42]처럼 다분히 이윤추구를 목적으로 하는 다국적 기업과 보수언론의 공모를 통하여 외부로부터 유입된 미신에 불과하다(395). 그렇다면 델라로비아의 주변인들이 맹신하고, 그녀 자신도 미련을 떨쳐버리지 못하는 기독교도 이 미신에 포함된다. 그러나 과학적 경험만을 신뢰하는 듯 보이는 바이런 부부의 입장과 적어도 한 발은 종교적 관념의 세계에 딛고 서있는 델라로비아의 인식 사이의 긴장감은 쉽사리 무너지지 않는다. 말하자면, 델라로비아의 "일상과 무의식과 영혼을 지배하는 초월적 존재 자체"는 살아있는 것이다(유정완 93). 지역적 차이론에 관한 세 사람 사이의 논의를 마무리하는 바이런의 짧은 고백은 시사하는 바가 크다.

> "델라로비아, 나는 이 이론[지역적 차이론]이 참 마음에 걸려요. 그러나 당신이 틀리다고 말할 수 없네요. 나는 그 주제에 대하여 쓴 수많은 논문을 읽었어요. 그러나 나는 당신이 하는 말에 더 공감합니다."라고 오비드는 말했다.

42 남태평양 멜라네시아(Melanesia) 원주민들은 2차 대전 당시 군인들을 위해 비행기에서 물자를 투하하는 일이 자신들에게도 일어날 것이라고 믿고 매일같이 하늘을 보며 기다렸지만 원주민들이 얻은 것은 아무 것도 없었다. 즉, 본질을 이해하지 못한 채 모방만을 하는 것을 일컫는 말이다. (wikipedia.org/wiki/Cargo_cult 참조)

> "I am troubled by this theory, Dellarobia," Ovid said, "but I can't say you are wrong. I've read a lot of scholarly articles on the topic, but you make more sense." (395)

기후변화나 생태계의 이상 징후의 원인에 관한 과학적 가설들이 어느 것이나 완벽한 조건을 충족시킬 수 없다는 한계 때문에 제한적 규명에 그칠 수밖에 없다는 바이런의 진솔한 고백이 참인만큼 델라로비아의 관념적 설명이 끼어들 여지가 마련된다.

과학자는 오직 과학적 진실만을 추구하고 양심적인 판단은 유보할 수밖에 없다고 주장하는 생물학자 바이런은 왕나비 떼의 동사(凍死)를 확신하고 실험실을 철수하고 떠나면서, 작가의 메시지는 델라로비아의 행동과 비전으로 그 중심축이 이동한다. 환언하면, 바이런의 과학적 교화를 통하여 관념으로부터 일정한 거리를 유지하면서 한층 탄력적으로 진화한 델라로비아의 예지 속에서 이 소설의 심층적인 주제를 찾아야 한다는 뜻이다. 바이런의 과학으로는 불가능한 성취가 델라로비아의 믿음과 열정 그리고 관념과 경험이 융합된 예지의 힘으로 가능하다. 기후 온난화로 인해 갑자기 눈이 녹아 야기된 겨울 홍수에 휩쓸려 생사의 기로에 놓인 상황에서 그녀의 융합적 비전 성취는 그 절정에 이른다. 죽은 새끼 양을 소생시키는 능력을 보여준 델라로비아의 열정과 믿음 속에서 왕나비 떼는 추위를 이겨내고 살아나 비상한다.

> 그녀는 서있는 곳에서 눈을 들어 멀리 바라보기가 조심스러웠다. 그러나 눈길을 똑바로 위로 향하고 머리 위로 날아가는 나비 떼를 바라보았다. … 그다지 멀지 않은 곳에서 나비들은 마치 높이가 다른 지대를 흘러가는 홍수처럼 높은 위치에서 산 아래쪽을 향하여 같은 방향으로

날아갔다. … 놀랍게도 대략 백만 마리는 되어보였다. … 헤아릴 수 없이 긴 시간이 지나고 때마침 태양이 비추었다. 대탈출이었다. 나비들은 다른 곳에 모여 아마도 그녀 자신의 고난에 버금가는 또 다른 위험을 감수해야 할 터였다.

She was wary of taking her eyes very far from her footing, but she did that, lifted her sights straight up to watch them passing overhead. … In the middling distance and higher up they all flowed in the same direction, down-mountain, like the flood itself occurring on other levels. … Their numbers astonished her. Maybe a million. … Now the sun blinked open on a long impossible time, and here was the exodus. They would gather on other fields and risk other odds, probably no better or worse than hers. (433)

비상의 이미저리는 나비의 물리적인 이동을 의미하면서 동시에 델라로비아의 현재적 삶으로부터의 탈출을 함의한다. 뿐만 아니라 위에 인용한 구절에는 '노아의 홍수'와 '출애급기' 등, 구약 성경에 등장하는 사건들을 암시하는 내용이 왕나비 떼가 날아가는 자연 현상과 혼융되어 있다. 곧, 델라로비아의 예지 속에서는 그녀의 1차적 경험(물리적 현상)과 2차적 경험(관념)이 융합한다.[43] 환언하면, 델라

43 일차적 경험의 내용이 문제점을 제기하고 이차적 경험의 대상이 되는 사유의 기초 자료가 된다는 사실은 분명하다. 그리고 이차적 경험의 검증은 오직 평범한 일상 속의 태양, 대지, 식물, 동물 등, 원초적 혹은 가시적 경험의 대상으로 환원함으로써 이루어진다는 점도 분명하다. … 사유를 통해 얻어진 결과[이차적 경험]는 일차적 경험의 결과를 *설명해주고*, … 우리는 이차적 경험의 결과를 통해 일차적 경험의 대상을 단지 감각적으로 접촉하는 대신에 오성(*understanding*)을 동원하여 이해하게 된다.

That the subject-matter of primary experience sets the problems and furnishes the first data of the reflection which constructs the secondary objects is evident; it is also obvious that test and verification of the latter is secured only by return to things of

로비아의 인식론은 과학적 경험과 선험적 추론의 상호 보완적 혼융이고, 그러한 혼융이 "완벽한 여성"(perfect female, 411)의 인간조건이다.

델라로비아의 세계관 속에서 과학적 경험은 선험적 추론과 혼융되어 있다는 진단은 그녀가 이분법적인 인식론을 초월하여 제3의 일원론적 비전을 성취한다는 뜻이라기보다는 과학의 한계를 관념(선험적 추론)으로 보완하고 관념의 맹목성과 강압성을 과학적 경험으로 수정한다는 의미이다. 그러한 보완과 수정은 곧 과학적 경험과 선험적 추론의 끊임없는 상호작용이다. 따라서 델라로비아의 예지는 이른바 듀이의 유기론적 '완결'(consummation)을 끊임없이 지향할 뿐이지 결코 관념과 경험사이의 대화의 종결을 의미하지 않는다.

Ⅳ

생태비평이 본격적으로 영미문학비평의 한 장르로 등장한 지도 20년 가까이 되었다. 관련 학회도 1996년에 미국에서 태동하여 유사한 취지를 도모하는 학회가 유럽은 물론이려니와 일본, 인도, 한국, 중국 등, 세계 각국으로 확산되고 있는 추세다. 관련 학자들은 환경문학과 생태비평의 융성에 '환경보호'라는 21세기의 가장 큰 화두에 값하는 기대를 걸었음직하다. 그러나 현실은 녹녹하지 않았다. 특히 인도, 한국, 중국 등의 개발 신흥국들은 여전히 산업발전의 신화를 맹신할 뿐이고, 개발에 저항하는 논리와 담론은 늘 주변으로 밀려나

---

crude or macroscopic experience … They *explain* the primary objects, they enable us to grasp them with *understanding*, instead of just having sense-contact with them. (Dewey, *Experience and Nature* 4-5)

기 마련이다. 사정이 그렇다 보니 환경보호나 생태중심주의는 산업 선진국들의 논리일 뿐이라는 주장이 설득력을 얻기도 한다. 먼저 산업화된 나라들의 사정은 좀 더 나은 듯하다. 적어도 관련 학회들은 활성화되어 있고, 관련 저작물들이 적잖이 쏟아지고 있는 분위기다. 그러나 문자 그대로 생태비평과 환경보호라는 시대의 소명과 대의를 충족시키기에는 이들의 힘도 턱없이 부족하다. 모름지기 그 힘은 사람들의 호응을 먹고 자란다. 그렇다면 호응이 이 부족하다는 뜻인데, 왜 호응과 맞장구가 약할까? 그 이유는 오히려 단순하다. 그것은 '너'의 주장과 조율을 거치지 못하고 '나'의 주장이 쏟아지기 때문이다. 담론의 자위행위 때문이다.

소설 『비상』의 주인공은 관념적 추론과 과학적 경험이라는 인식론의 두 축이 혼융을 이루면서 자연현상을 이해하고 분석한다고 논의하였다. 무릇 관념과 경험은 인간의 형이상학이 존속하는 한 영원한 맞수일 터이다. 기실 생태비평의 두 가지 중심축도 관념과 경험이다. 생태중심주의와 인간중심주의, 자연보전주의(preservationism)와 자연보호주의(conservationism) 등의 가름이 그러한 이분법적 인식론에 착근하고 있다. 델라로비아의 의식과 영혼은 예의 가름을 거부한다. 가름의 거부는 호응을 부른다. 관념이 옳은가, 경험이 옳은가? 믿음이 그른가, 논리가 그른가? 어느 철학자가 어느 편이 옳다고 확실하게 증명하였을까? 나름의 논리로 증명하였더라도 그것이 시공을 초월하는 보편논리로 증명된 바는 없다. '검증된 주장'일 뿐이다. 델라로비아의 유기적, 총체적 비전은 타(otherness)의 인정이다. 그리고 타자성을 인정하는 담론이 힘을 부른다.

4-5. 실용주의 환경론은 인간중심사상인가?

I

생태철학, 환경윤리, 생태비평 등의 학계에서 생태중심사상과 인간중심주의 사이의 해묵은 논쟁은 지금도 끊임없이 계속되고 있다. 자연관의 역사에서 두 입장 사이의 대립이 특별히 두드러진 예는 무엇보다도 1970년대에 태동한 이른바 심층 생태학과 이전의 공리주의적 자연관 사이의 정면충돌일 것이다. 생태환경파괴의 문제를 어느 때보다도 더 심각하게 인식하게 된 20세기 후반부를 지나면서 인간중심사상을 대체할 수 있는 담론을 지구촌의 다양한 문화권에서 찾으려는 노력도 그 열기를 더해가고 있다. 대안담론을 찾으려는 노력은 서양철학은 물론 동양의 불교, 유교와 도가사상, 그리고 힌두교, 기독교, 이슬람교 혹은 아프리카의 부두교와 북미 인디언의 토착사상, 나아가 세계 각지에 다양한 형태로 분포되어 있는 무속신앙에 이르기까지 그 영역이 확산되고 있다. 이들 대안담론이나 대안문화가 향하는 지점은 비인간 자연과 인간이 조화롭게 공존할 수 있는 사유방식과 삶의 형태일 터이다. 그렇기 때문에 대안문화의 지향점은 늘 생태중심사상이었다. 그리고 인간 개체보다는 생태계 전체의 "균형, 안정, 그리고 온전함"(Leopold 203)을 담보하는 이론과 문화에 열광하는 이들의 의식 밑바닥에는 인간중심주의라는 단어에 대한 강한 저항감이 자리하고 있다. 오직 군사정치권력과 면전의 경제적 이득만을 추구함으로써 지구촌을 황폐화시켜 온 인류의 역사를 정당화하는 논리가 인간의 편익만을 옹호하는 이기적인 인간중심주의이고 보면, 현재까지 인류가 행한 인간중심사상의 실천은 지탄을 받아 마땅하다.[44] 그렇다면 당연히 생태중심주의가 비인간중심사상으로서 오늘의 자연관을 선도할 법하다. 그러나 생태중심주의는 그 태생에서부터 논리적인 한계를 노정한다. 그것은 '생태중심주의'라는 언어 자체에 내포된 인간화의 함정은 차치하고라도 현실에서 인간과 자연의 조화로운 삶을 담보하지 못한다는 결정적인 취약성을 드러낸다. 예컨대, 맹수가 어린 아이를 해치려는 상황에서 아이의 부모는 어떤 행동을 취해야 할까? 혹은 내 다리에 붙어서 피를 빨고 있는 거머리를 떼어내야 하는가? 끔찍한 생각이지만, 생태계의 균형을 위해서 부모는 맹수의 공격을 방관하고, 피는 거머리에게 빨려야 하지 않겠는가. 생태중심주의를 선도하는 심층 생태학의 답변은 오히려 간명하고, 저돌적이다. 무릇 모든 생명체는 "생명유지욕구" (vital needs)를 충족시켜야 하기 때문에 예의 맹수와 거머리는 물리치거나 죽여야 한다고 정리할 것이다(Devall 65). 그렇다면 그 생명유지욕구를 충족시키는 활동은 어느 정도까지 확장되어야 하는가? 나의 생명유지를 위하여 향후 20년 분량의 식량을 저장해두는 것도 생명유지를 위하여 필요한 활동인가? 문제는 생명유지욕구가 본질적으로 인간의 다른 모든 욕구와 관련을 맺고 있기 때문에 그 한계가 분명하지 않을 뿐 아니라 인간 주체의 욕구충족이라는 테제 자체는 인간중심주의적인 태도를 허용하고 만다는 점이다. 더구나 주지하듯이, 생태중심주의는 (탈)근대적 자연관의 벽을 넘어야하는 또 다른 과제를 안고 있기도 하다.

44 '인간중심사상'이라는 단어 대신에 굳이 '인간중심사상의 실천'이라는 용어를 쓴 이유는 이 글의 후반부에서 상세히 논의할 것이다.

이렇듯 생태중심사상과 인간중심주의적 자연관 사이의 경합과 논쟁은 아직도 그 끝이 보이지 않는다. 문제의 심각성은 친생태적 문화변용과 자연친화적 사회체제구축에 쏟아야할 에너지와 열정이 담론의 전쟁 속에 매몰되어버린다는 아이러니에 있다. 그리고 바로 그러한 아이러니가 실용주의 환경론(environmental pragmatism)에 대한 작금의 긍정적이거나 혹은 부정적인 높은 관심을 허용하고 있다. 실용주의 환경론의 경우에도 예외 없이 (비)인간중심주의 자연관을 둘러싼 논쟁이 치열함은 물론이다. 본고에서는 특히 듀이(John Dewey)의 실용주의 철학이 함의하는 자연관을 (비)인간중심주의 논쟁을 중심으로 점검하여 정리한 후 그의 자연관과 철학적 방법론이 어떻게 현실적으로 유효한 환경론으로 치환될 수 있는지 그 근거를 밝히고자 한다.

Ⅱ

환경론의 입장에서, 특히 근본주의 생태론의 시각에서 듀이의 실용주의 철학을 비판하는 목소리는 궁극적으로 그의 인간중심주의적 자연관을 향한다. 비판의 내용을 세분하면 두 가지로 정리할 수 있는데, 하나는 듀이의 자연주의에서 비인간 자연은 수단으로 간주될 뿐이라는 주장이고, 다른 하나는 듀이의 세계관과 '탐구'(inquiry) 방식은 서구문화중심주의에 매몰된 나머지 이른바 주변화된 문화권들의 친생태적 의식을 제외해버리는 오류를 범하고 있다는 비판이다. 전자의 대표적인 예는 테일러(Bob P. Taylor)와 캣츠(Eric Katz)의 비판이고, 후자는 바우어즈(C. A. Bowers)의 질타가 두드러진다.

테일러의 비판의 초점은 듀이는 기본적으로 사회적, 정치적 철학자이지 순수한 자연주의자가 아니라는 것이다. 그리하여 듀이의 자연주의는 인간과 원시적 순수자연(precultural nature) 사이의 관계에 대한 이해가 결여되었다는 주장이다. 그리고 듀이의 과학에 대한 관심도 과학을 결국 인간의 이해관계와 목적만을 위하여 환경을 재정립하는 수단으로 이용하려는 의도에 의하여 추동된다는 것이다(Taylor 180). 물론 테일러도 듀이가 반환경론자는 아니라는 점을 인정한다. 그러나 "인간과 인간의 특수한 환경은 여타 피조물들의 우위에 있다."라고 언급하고 있는 듀이의 자연관의 기본가정은 인간중심주의를 벗어나지 못한다고 진단한다(181).

듀이에 대한 테일러의 비판은 편향되어 있거나 듀이 철학의 전체적인 맥락을 오도하고 있다고 볼 수 있다. 우선 대부분의 듀이 학자들이 동의하듯이, 듀이의 자연주의는 다윈(Charles Darwin)의 진화론에 영향을 받았다. 듀이는 진화론적 관점에서 인간과 인간의 경험을 정의한다. 곧, 인간과 경험은 일차적으로 자연 속에 있고, 자연에서 나오며, 자연 안에서 진화하는 존재다. 인간성(human nature) 역시 일차적으로 자연의 성향을 반영한다. 듀이의 논리는 인간성과 자연의 분리를 허용하지 않는다. 인간은 그 본성이 "자연 안에서 정의되는 것이지 초자연적 외삽에 의하여 규정되는" 존재가 아니다(Dewey, Experience and Nature 163). 나아가 인간의 마음(mind)은 그 자체로 자연의 존재인 몸(body)으로부터 유리되어 있지 않고, 몸과 하나다. 마음은 사회적, 문화적 상호작용을 하는 주체이기도 하지만, 그것은 기본적으로 몸과 자연환경의 상호작용(경험)을 통하여 형성되는 존재이다. 테일러는 듀이가 인간 주체를 자연으로부터 분리시켰다고 주장하지만, 사실 인간성과 자연의 유기적 계속성을 강조하는 철학자가 바로 듀이인 것이다.

듀이의 가치철학이 비인간 자연의 '내재적 가치'(intrinsic value)를 인정하지 못한다는 점에 주목하여 실용주의 환경론 전체를 비판하는 대표적인 목소리는 캣츠의 경우이다. 캣츠의 주장에 따르면, 실용주의는 "그 가치가 인간의 욕구와 이해관계를 벗어날 수 없기 때문에" 유효한 환경윤리의 배경 철학을 제공하지 못한다는 것이다(308). 인간의 유익만이 가치를 결정하는 유일한 준거이기 때문에, 비인간 자연은 수단 가치만 부여받을 뿐이지 결코 본질적인 가치를 인정받지 못한다는 주장이다. 실용주의 자연관의 더 큰 문제점은 궁극적으로 상대주의적 가치론에 빠져 결코 친생태적 사고와 의사결정으로 유도하는 방향제시를 할 수 없고 급기야는 허무주의를 조장할 수도 있다는 지적이다. 즉, 인간의 유익 추구만을 옹호하는 실용주의는 필연적으로 개인 이기주의와 상대주의적 세계관을 정당화하는 논리로 이용되고, 그 결과는 종과 생태계 나아가 인간 공동체 자체의 파괴를 야기할 것이라는 우려다. 나아가 캣츠는 내재적 가치 모형 자체를 환경윤리의 토대로서 그다지 신뢰하지 않는다. 내재적 가치의 척도는 기실 '유정성'(有情性 sentience)과 '합리성'(rationality)이라는 인간중심주의적 가치이기 때문이다(Katz 311). 그러나 아쉽게도 캣츠는 근본주의 생태론의 대안을 명확하게 제시하지 못한다.

듀이가 일관되게 부정한 선험적 가치와 그의 철학의 전일적(holistic) 성격을 고려할 때, 내재적 가치의 척도 자체에 대하여 문제를 제기한 캣츠와 듀이는 오히려 일정 지점을 공유한다고 볼 수 있다. 그러나 듀이의 인식론을 인간의 이기적인 욕구실현에만 경도된 개인주의나 주관주의로 매도하는 캣츠의 논거에는 선뜻 동의하기가 어렵다. 우선 듀이가 제안하는 경험의 개념은 일차적 경험('즉자적 경험')과 이차적 경험('사유를 통하여 얻어진 결과')의 전일적 혼융이다.[45] 바꾸어 말하면, 경험은 일차적 자연 경험과 경험의 주체인 인간 사이의 상호작용을 통하여 얻어지는 일원론적 활동이다. 따라서 그의 경험의 개념에서는 "행위와 자연물, 주체와 객체" 혹은 사고와 사물이 분립하지 않고, 그것들이 "쌍발식"(double-barreled)의 통합체로 존재한다(Experience and Nature 18-19). 주목할 점은 듀이식의 이차적 경험이 개인의 이기적인 욕구나 이해관계에 의해서만 얻어진다기보다는 개인과 집단의 복합적인 삶의 활동이라는 맥락에서 생성되고 발현되는 실체라는 점이다. 곧, 나의 이해관계는 다른 개인이나 집단의 이해관계와 상호 연결되어 있기 때문에, 그런 다양한 이해관계들을 조율하는 기능이 필요한데, 듀이는 그것이 바로 인간의 가치화의 능력이라고 본다. 인간에게 다양한 이해관계를 조화시키는 의지와 능력이 있다는 전제는 다소 낙관적으로 들리지만, 듀이는 모든 가치가 동일한 자격을 지닌다는 주장은 그러한 가치화의 포기이고 이해관계를 서로 분리시키는 결과(subjectivism)를 초래하기 때문에 오류라고 분명하게 언급하고 있다(*The Later Works*(이후 *LW*로 약칭함) 13:207). 유사한 맥락에서 '탐구'를 불확실한 문제 상황이 안고 있는 차이와 관계들을 명확하게 파악하여 문제 상황의 구성요소들을 하나로 "통합"(a unified whole)하는 활동이라고 정의한다(*LW* 12:108). '문제 상황의 구성요소들'에는 물리적, 자연적 환경 요소들뿐만 아니라 개인과 집단의 이해관계도 포함됨은 물론이다. 듀이의 실용주의에 대한 보다 신랄한 비판은 문화다원주의자들의 몫이다. 앞에서 지적하였듯이, 진화론은 듀이의 인간관에 영향을 미쳤을 뿐만 아니라 그의 진보사상과 '성장'(growth) 개념의 골격을 이루

45 듀이의 경험의 의미를 탐구한 필자의 졸고 「실용주의 환경론과 근본주의 생태론의 접점 모색」. 『영어영문학』 56.1(2010): 47-64. 55-56쪽 참조.

고 있다. 바우어즈는 진화론이라는 서구의 특수한 문화현상에 그 뿌리를 두고 있는 듀이의 철학적 방법론은 본질적으로 서구문화중심주의에 빠진 결과로 인하여 세계 각지의 친생태적 문화 요소를 배제해버리는 우를 범하고 있다고 강변한다. 프린스턴 대학의 분자 생물학자인 실버(Lee Silver)는 유전공학이 지배하는 미래 사회의 인구 분포는 10%의 유전자 합성에 의한 "인조인간"(GenRich)과 90%의 "자연인"(Naturals)으로 구성되고, 전자는 경제와 문화의 상징적 기능을 창조하고 관리하는 기능을 제공하고 후자는 노동과 서비스만을 담당하게 될 것이라는 우려 깊은 전망을 내놓고 있는데, 바우어즈는 실버의 그러한 우려에 기꺼이 동조하고 있다(Bowers 171). 바우어즈의 비판의 내용을 요약하면, 과학적 탐구를 포함한 듀이류의 방법론은 지식의 형성과정에서 지역 간의 혹은 세대 간의 문화적 차이에 대한 고려를 배제하였다는 점이다. 그렇다면 바우어즈의 비판은 경제적 이득만을 앞세우는 서구의 산업문화와 소비문화를 정당화하는 듀이의 편향된 경험철학을 내려놓고 생태적 파괴의 최소화를 지향하는 주변화된 문화전통과 지역사회로 환원하자는 제안에 다름 아니다(Bowers, "The Case Against Dewey" 38). 달리 말하자면, 바우어즈의 비판은 듀이 철학이 인간중심주의 중에서도 서구인중심주의에 천착하고 있다는 지적이다.

전술한 대로 듀이의 철학은 진화론의 영향을 받은 만큼 서구문화중심주의로부터 자유롭지 못하다는 비판이 가능하다. 그렇다면 소외된 문화에서 친생태적 대안사회의 모형을 찾자는 바우어즈의 주장 자체는 매우 건강하고 유의미한 제안일 수 있다. 그러나 듀이가 그의 철학사상과 윤리관을 피력하는 저술서 곳곳에서 문화요소의 중요성을 충분히 강조하고 있다는 점을 상기하면, 바우어즈의 비판은 그 근거가 취약하다고 볼 수밖에 없다. 듀이는 우선 인간의 모든 활동 자체가 인간의 유기체적 구조와 육체적 유전은 물론 문화적 유전에 의하여 결정된다는 기본가정을 하고 있다. "전통과 제도, 그리고 전통과 제도가 전달하고 고취하는 관습과 목적과 믿음에 바탕을 둔 문화적 유전의 영향"은 듀이의 어떠한 철학담론의 형성과정에서도 배제되지 않는 요소이다(*LW* 12:49). 그리고 예의 인용문에서 언급하는 전통과 문화는 서구의 그것들이라는 함의나 암시를 듀이의 글 어디에서도 찾아볼 수 없다. 그는 오히려 주류의 문화의 영향으로 고착된 '습관'(habits)을 수정하기 위하여 원시문화의 순수성으로 복귀하기를 제안하고 있다.

> 우리가 우리 자신의 시간과 공간에 [제한된] 문화에 동화되어 있을 때는 우리가 고수하고 있는 지적인 습관에서 영원히 벗어날 수 없다. 그러나 문화에 대한 심층적인 이해를 도모하기 위해서는 그러한 습관들 중 어떤 것들은 버리고, 습관들이 어떻게 구성되어 있으며 그러한 습관들을 고수하는 것이 우리에게 무엇을 의미하는지 비판적으로 점검할 필요가 있다. 우리는 원시적인 순진무구함을 회복할 수는 없다. 그러나 *오직 엄격한 사고의 훈련에 의하여서만 성취할 수 있는, 교화를 통하여 순수해진 눈과 귀와 생각은 존재할 수 있는 것이다.*
>
> We cannot permanently divest ourselves a kind of intellectual habits we take on and wear when we assimilate the culture of our own time and place. But intelligent furthering of culture demands that we take some of them off, that we inspect them critically to see what they are made of and what wearing them does to us. We cannot achieve recovery of primitive naivete. But *there is attainable a cultivated naivete of eye, ear and thought, one that can be acquired only through the discipline of severe thought.* (*LW* 1:40, 이탤릭은 필자의 강조임)

여기에서 '교화'는 서구문화로의 동화가 아니라 오히려 '문제 상황'(problematic situation)이 발생한 주류의 문화를 면밀하게 탐구하여 대안문화를 창조할 것을 요구하는 단어로 보인다. 본고의 논의와 관련시킨다면, 탐구의 과정에서 세계 각지의 토착문화에서 생태적 예지를 찾지 말라는 주문은 듀이의 글과 강의 어디에서도 찾아볼 수 없다. 과학적 탐구를 통하여 문제를 해결하는 활동은 기존의 습관적 도덕이나 사고방식이 "붕괴되거나 새로운 문제 상황을 해결하는 과정에서 도움이 되지 못하는 경우"에 한정하고 있다(Ethics 171). 사실 문제를 해결하기 위하여 과거의 문화와 전통에서 예지를 찾는 활동 자체도 듀이식 탐구의 한 과정이라고 보아도 무리는 없다. 또한, 듀이에게는 인간성 자체도 자연과 문화전통이 상호작용하여 형성되는 것이지 선험적인 논리에 의하여 태어난 개념이 아니다(Freedom and Culture 29). 인간성은 특정한 인간과 그가 처한 문화적 조건과의 상호작용을 통하여 끊임없이 (재)구성되는 존재다. 인간성의 구성요소들은 외부환경과 자아 사이의 상호작용의 결과물이지 선험적인 산물이 아니다. 듀이는 외부환경의 주요 구성요소를 자연과 문화로 본다. 인간성을 정의하기 위하여 자연적 속성과 문화적 요소를 전일적으로 아우르려는 듀이의 철학을 서구문화중심주의로 간명하게 폄하할 수는 없는 노릇이다. 사실 듀이에게는 지식 자체도 '즉자적'(immediate) 결과물이 아니고 자연과 문화가 상호작용하는 과정(knowing)이며, 그렇기 때문에 진리는 '검증된 주장'(warranted assertibility)의 지위만을 보장받을 뿐이다.

Ⅲ

듀이의 자연관을 비판하는 목소리는 듀이의 철학을 오히려 유효한 환경론으로 옹호하는 입장들과 공존한다. 근간에 후자의 두드러진 경우는 맥도널드(Hugh P. McDonald)와 웨스톤(Anthony Weston)의 실용주의 환경론이라고 할 수 있다. 맥도널드는 듀이가 자신의 철학을 '자연주의적 형이상학'(naturalistic metaphysics)으로 명명하였다는 사실에 주목하면서 듀이는 자연의 '내재적 가치'를 충분히 인정하고 있다고 역설한다. 맥도널드는, 듀이에 따르면 인간의 본성도 자연과 문화의 통합체임을 지적하면서, 특히 듀이의 관계론적 가치론으로부터 비인간중심주의적 세계관을 이끌어내려는 논거를 찾아내려고 시도한다. 그는 가치론에 관여하는 관계라 함은 듀이가 '공간, 시간, 사물 그리고 사람' 등, 다른 요소들의 다양한 시공간적 관계맺음이라고 언급한 대목에 주목하면서, 인간은 예의 관계의 망 속에서 하나의 요소에 불과함으로 듀이의 가치론은 인간중심주의를 벗어난다는 논리를 펴고 있다(McDonald 83). 가치화의 주체로서 인간의 지위를 부정하지는 않지만 가치의 관계망에서 차지하는 그(녀)의 위치는 반드시 중심이라고 할 수 없다는 주장이다. 나아가 맥도널드는 듀이의 자연주의적 담론은 인간 이외의 유기체에게도 가치화의 주체로서의 자격을 허용한다고 강변한다. 그 근거는 인간은 "살아 있는 다른 유기체들과 '생계'나 생존 그리고 사회적 행동을 위한 성장과 활동을 공유하기" 때문이라는 것이다(88). 결론적으로 듀이의 형이상학과 가치론은 인간중심주의를 거부한다는 진단이다.

맥도널드는 듀이의 철학에 대한 폭 넓은 이해를 바탕으로 듀이의 비인간중심주의적 자연관을 이끌어내려고 노력하지만, 듀이의 가치론에 대한 그의 해석 자체가 주관주의 곧, 또 하나의 인간중심주의로 환원하고 있다. 관계의 망 속의 다양한 구성요소들 곧, '공간, 시간, 사물과 사람'이 동일한 자격과 양상으로 가치화의 작업에 참여할 수 없기 때문이다. 사람 이외의 참여 요소들은 기껏해야 인간의 대변을 통하여 그 지위를 인정받을 수 있을 뿐이다. 비인간 자연은 '정감의 오류'(pathetic fallacy)나 '유추의 오류'(fallacy of analogy) 등, 오류투성이인 인간의 해석을 거쳐서 의사를 표현할 수 있을 뿐이지 어떤 경우에도 가치 논쟁에 직접 참여할 수는 없다. '시간'과 '공간'의 경우에도 예외가 아니다. 예컨대, 뜨거운 여름날 현대의 대도시 한 복판에서 행인들에게 시원한 그늘을 제공하고 서 있는 소나무 한 그루와 산업화 이전 아프리카의 밀림지대에 있었던 나무 한 그루에 대하여 당대의 인간들이 투사하는 가치와 해석은 다를 수밖에 없다. 인간의 해석을 통한 가치화의 과정을 거치기 때문에 비인간적 요소는 결코 "가치의 유일한 중심"(McDonald 85)을 차지하지 못한다는 뜻은 아니다. 듀이의 논리에 따르면, "실험이 완결된 상황에서" 바꾸어 표현하면, 특수한 상황에서 제한적으로 "객관적인 진리"의 생성 가능성이 보장되듯이, 상황에 따라서 비인간 요소가 가치화의 중심축으로 작용할 수 있는 것이다(Hickman 13). 그러나 그 경우에도 비인간 자연은 인간의 대변을 통하여 [가치화가 아니고] 가치의 중심축으로 인정받을 수밖에 없다. 비인간 유기체와 인간이 '성장과 활동'을 공유한다는 사실이 가치화의 과정에서 비인간 유기체의 자립적인 참여를 담보하지는 못한다.

맥도널드가 애써 자연의 내재적 가치를 허용하는 담론으로 듀이의 '자연주의적 실용주의' 혹은 '실용주의적 자연주의'를 비틀어 해석하고 있는 것과는 대조적으로 웨스톤은 내재적 가치를 정당화하려는 근본주의 생태론자들의 논의 자체의 비논리성을 지적하면서 우회적으로 실용주의 환경론의 유효성을 옹호한다. 내재적 가치는 신의 명령이나 초자연적 존재에 그 뿌리를 두지 않는 한 그 존립이 불가능하다는 것이다. 그것은 가치화의 주체(valuer)로부터 독립적이고 '자족적'(self-sufficient)으로 존재해야 하기 때문이다. 내재적 가치의 인정은 바로 선험적 경험의 허위성을 거의 공통적으로 비판하는 실용주의 철학자들의 기본가정에 정면으로 배치되는 주장이다. 웨스톤 역시 내재적 가치론을 거부하면서 이른바 관계론적 가치론에 동조한다. 그는 환경 가치와 인간의 다른 가치들을 아우르려는 시도를 한다(299).

그러나 웨스톤의 문제점은 그처럼 다양한 가치들의 원천은 기실 개인의 욕구와 믿음 그리고 선택일 뿐이며, 그럼에도 불구하고 가치의 공유는 가능하다는 이율배반적인 가정이다(294). 그래서 인간은 자연의 가치를 공유한다는 그의 낙관적 환경론은 공허하게 들린다.

> 사람이면 대부분 무언가 자연의 가치를 인정한다. 벽걸이 달력과 교회 주보에서 우리는 자주 자연경관을 본다는 점을 생각해 보라. 모터보트를 타는 사람조차 숲의 경치를 좋아한다. 특수한 상황에서 다른 가치를 중시하는 사람들에게 야생 자연의 가치는 덜 중요할 수도 있다. [그러나] 공유하는 지점은 존재한다. … 우리는 다른 사람들의 입장을 [절대론자가 아니라] 복합적 상호관계론의 시각으로 접근할 수 있다. 그렇게 하면 가치의 공유는 이루어질 수 있으나 대신 대안의 문제가 심각하게 부각된다. 이것은 양쪽 모두에게 분명히 실제적인 문제이며 동시에 타협이 가능한 문제이다. 모터보트가 방향을 잃는 것은 아니다. …
>
> 실용주의는 진정으로 매우 개방적이고 다양한 문화를 찬미한다. 그것은 듀이가 제안하는 모든 주요 미덕들 예컨대, 지성, 자유, 자치 그

리고 성장의 전제조건이다. 우리가 인정해야 하는 것은 그러한 문화의 비확정성과 개방성, 그리고 우리가 다른 사람의 가치와 희망에 마음을 닫지 않으면서 우리 자신의 가치[실현]를 위하여 애써야 한다는 요구이다.

> Nearly everyone recognizes some value in nature; think of how often natural scenes turn up on wall calendars and church bulletins. Even motorboaters like to see woods. Wilderness values may just seem to them less significant than other values at stake in the particular situation. Common ground remains. … we can instead approach them from a standpoint of complex mutuality. Then, though, if some shared values can indeed be agreed upon, the real issue shifts to the question of alternatives, and this is a recognizably factual issue on both sides and also negotiable. Motorboats don't have to go everywhere. …
>
> Pragmatism, indeed, celebrates a wide-open and diverse culture; it is the prerequisite of all the central Deweyan virtues: intelligence, freedom, autonomy, growth. What we have yet to accept is its inconclusiveness and open-endedness, its demand that we struggle for our own values without being closed to the values and the hopes of others. (Weston 302-3)

웨스톤은 대표적인 실용주의의 환경론자이고, 위 인용문은 그의 대표적인 관련 논문의 결론 부분이어서 다소 장황하게 인용하였다. 물론 문제 상황에 대처하는 최선의 대안 가치를 찾고 공동체의 합의에 도달하기 위하여 필요한 전제 조건 중 하나는 문화적인 개방성을 견지하는 태도이다. 그러나 서로 다른 문화가치가 충돌할 경우에 그 문화가치들이 공유하는 지점을 찾기란 흡사 살아있는 미꾸라지를 일렬종대로 세우기보다 더 어려울 수 있다. 웨스톤도 그러한 어려움을 의식하기 때문에 대안 가치를 찾는 일이 대단한 난제임을 인정하고 있다. 그러나 그는 이 심각한 문제를 해결하기 위하여 실용주의 철학이 구체적으로 어떤 방법론을 제안할 수 있는지에 대한 답변을 내놓지 않고 있다. 그는 이질적인 문화 가치들 사이에 '타협이 가능하다.'는 희망만을 토로하고 있을 뿐이다.

웨스톤은 우리가 문제 상황에 직면하면 탐구와 실험의 유효성보다는 타협과 합의의 가능성을 보다 신뢰해야 한다고 보는 듯하다. 따라서 개인의 욕구와 믿음에 근거한 선택은 필연적으로 주관주의(subjectivism)라는 한계를 노정하고, '합의'에 대한 그의 믿음과 의존은 과도한 낙관주의의 위험을 안고 있다는 비판을 피할 수 없다. 그도 자신의 주장의 한계점을 의식한 듯, 예컨대, 환희를 불러일으키는 자연경관처럼 자족적인 가치 경험이 존재할 수 있다고 언급하기도 하는데, 이는 모든 가치의 상호 관련성을 스스로 부정하고 내재적으로 가치 있는 경험의 존재를 인정하는 셈이다(296). 아이러니컬하게도 웨스톤의 실용주의 옹호는 의도와는 달리 실용주의는 주관주의와 가치의 상대주의를 조장한다는 캣츠의 우려를 상기시킬 뿐만 아니라 오히려 실용주의 환경론의 유효성을 폄훼하는 결과를 야기할 수 있다.[46] 웨스톤은 무엇보다도 듀이가 제안하는 '탐구'와 '공

---

46 실용주의 환경론의 유효성은 실용주의 철학이 강압적 담론을 회피하면서도 상대주의적 가치론에 매몰되지 않는다는 판단에 근거한다. 그러나 사실 듀이의 철학 전체를 둘러 싼 유효성 논란은 명쾌하게 정리되지 않고 있다. 논란의 대표적인 예는 듀이의 철학이 구성주의(constructivism)의 한계인 (탈)근대적 상대주의에 빠지느냐 혹은 보편주의의 가능성을 담보하느냐에 초점을 맞춘 라이크(Kersten Reich)와 히크만(Larry A. Hickman)의 논쟁이다. 라이크는 우선 듀이의 철학을 후자와 유사한 담론으로 해석하는 부류의 학자들의 대열에 푸트넘(Hilary Putnam), 번스타인(Richard J. Bernstein), 히크만을 넣는 클로펜버그(James T. Kloppenberg)의 분류에 동의하면서 피시(Stanley Fish)와 로티(Richard Rorty)를 전자로 분류한다(107). 듀이의 철학에 대한 라이크 자신의 평가는 부정적이다. 즉, 듀이의 인식

공숙의'의 중요성을 간과하고, 개인들 사이나, 개인과 공동체, 혹은 공동체들 사이의 욕구나 이해관계에는 가치를 공유하는 지점이 존재하기마련이라는 지나친 낙관론에 경도되어 있기 때문이다. 사실 듀이의 실용주의는 문제 상황에 대처하는 구체적인 치유 방법을 제시한다는 점에서 서구의 형이상학을 전복하려는 총체적인 기획에도 불구하고 데리다류의 해체사상과 차별화된다는 점에 주목할 필요가 있다.[47] 그렇다면 마지막으로 듀이가 방법론으로 제시하는 '과학적

론은 상대주의를 극복하지 못한다는 진단이다. 참여자의 역할에서 다원주의를 환영하는 듀이식의 과학적 실천과 담론으로는 다른 입장들의 미래지향적 통합이 현실적으로 불가능해보이기 때문이다. 예컨대, "탐구는 이해관계, 권력다툼, 정치나 경제에의 예속, 신속한 업적에 대한 압박과 그 밖의 과학외적 동기로부터 자유롭지 못하기" 때문에, 그러한 탐구에 의존한 의사결정은 오히려 "위험한 사회"의 출현을 야기하기 쉽다는 주장이다(121). 즉, 듀이의 탐구 이론은 과학적 담론이 다루어야 하는 온갖 권력관계, 이해의 상충, 모순대립을 충분히 표명하지 못하는 공동체를 상정하고 그러한 공동체의 이상화를 전제하고 있다는 진단이다. 따라서 듀이의 철학 담론에서는 보편주의의 가능성을 담보하는 목소리를 들을 수 없다는 결론이다. 히크만의 듀이 독법은 라이크의 그것과는 사뭇 다르다. 그는 듀이 자신이 실제 예로 든 표준 대기압 하에서의 주석의 용해점, 혹은 π의 가격이나 태양중심우주관 등의 '검증된 주장'에 대한 관점의 분산을 보장할 필요가 없다고 단언하면서("Pragmatism, Constructivism, and the Philosophy of Technology" 152) 그러한 자연과학적 '보편화 가능성'(universalizability)을 인문사회과학에도 적용할 수 있다는 사실을 분명히 하는 듀이의 언급을 주목하고 있다(161). 요컨대, 히크만은 탐구나 공공숙의(deliberation) 등, 듀이의 과학적 방법론은 물론 그의 인식론이 결코 상대주의나 주관주의의 함정에 빠지지 않는다고 보는 것이다.

47 로티(Richard Rorty)가 언급한 대로, 사실 듀이의 딜레마는 한편으로는 "치유적 입장"을 취하고 다른 한편으로는 "진지하고 체계적이며, 중요하고 건설적인 무언가"를 확보하려는 이중적 태도에 기인한다(73). 로티가 보기에 듀이는 그렇듯 불가능해 보이는 이중의 임무를 동시에 수행하는 과정에서 논리적인 틈새와 모순을 극복하지 못한다. 그리고 그는 듀이의 논리적인 모순을 지적한다. 로티는 몇몇 다른 학자들의 견해에 동조하면서 차라리 논리 실증주의(logical positivists)들이 듀이보다 서구의 형이상학에 배어있는 이원론을 보다 더 명확하게 비판할 수 있는 입장에 있다고 주장한다. 논리 실증주의자들은 과학적 방법론에만 집착하기 때문에 사회문학적 맥락으로부터 자유로울 수 있고, 그만큼 형이상학적 오류를 범할 가능성으로부터 멀다는 논리다. 달리 표현하자면, 듀이는 그의 광범

탐구'를 이 글의 주제와 관련시켜 점검할 필요가 있겠다.

Ⅳ

지금까지 듀이의 실용주의 자연관을 둘러 싼 논쟁의 초점은 서론에서 언급한 바와 같이 듀이 철학의 인간중심성 여부이다. 특별히 환경문제에 천착하는 예의 다섯 학자들의 논의를 검토하였지만 사실 어느 입장의 주장이 옳고 타당한 것인지 가늠하기가 어렵다. 어느 주

위한 철학의 범주와 각각의 철학 전통을 하나의 관점으로만 인정하는 그의 능력 때문에 오히려 "데카르트-흄-칸트류의 [이원론적] 사고"에 대한 비판을 간과하는 반면에, 논리 실증주의자를 포함하여 논리적 경험론자들은 그들 자신의 이원론 즉, 그들의 도그마와 인위성 때문에 아이러니컬하게도 서구 철학의 이원론을 보다 더 잘 들여다 볼 수 있는 입장에 있다는 것이다(75-6). 로티의 비판을 요약하면, 과학적 탐구와 보통 사람들의 현실적인 갈등을 해결하려는 방법론을 포함한 듀이식의 광대하고 '부드러운'(fuzzy) 형이상학은 전통적인 서양 철학의 부조리를 비판하기에 부적절할 뿐만 아니라 이른바 '모든 존재의 총체적[유기적] 성격'(general traits of all existence)을 포착하려는 불가능한 시도에 매몰되어 결국 보편주의로 환원하고 만다는 진단이다. 따라서 로티는 듀이가 경험론적 형이상학을 포기하고 이원론을 회피하기 위하여 문화 비판으로 일관하기를 주문한다.

그러나 로티는 듀이의 실용주의 철학의 가장 큰 미덕을 무시하거나 폄하하고 있다. 예컨대, 로티가 조언한 대로 듀이가 그의 경험론적 형이상학을 포기한다고 가정해 보자. 주지하다시피, 자신의 관계론적, 유기적 형이상학의 근간을 흔드는 논리들 예컨대, 선험적 논리, 초월주의, 혹은 초월적 존재에 착근한 논리적 정당화 등을 포함하는 서양 철학의 이원론을 비판하였다. 그렇다면 듀이의 형이상학은 데리다류의 해체사상과 어느 대목에서 차별화되는가. 두 입장이 모두 서구의 전통 철학이 안고 있는 현존의 담론과 계층 의식을 전복하려는 시도를 공유한다. 그러나 현존을 특권화하려는 형이상학에 저항하는 막중한 임무와 업적에도 불구하고 데리다류의 해체론자들이 앉은 자리에는 풀이 자라지 못한다. 로티 자신이 언급하듯이, 듀이는 "단순히 회의적 진단만을 한 것이 아니고 동시에 건설적인 형이상학의 구축을 원했다"(85). 듀이 철학의 임무는 그의 경험론적 형이상학에 의지하여 이원론을 극복할 수 있는 형이상학을 재건하는 것이었다. 요컨대, 듀이의 실용주의 철학은 철학자 중심의 이원론을 치유하면서 동시에 보통 사람들이나 공동체가 문제 상황에 대처하는 방법과 방향을 분명하게 제시하기를 원한다.

장이 듀이의 자연관을 정확하게 대변하는 지를 판단할 수 없다는 뜻이다. 판단이 어렵고 혼란스러운 원인은 일차적으로 듀이 철학의 포괄성과 해체적 글쓰기 방식에서 찾을 수도 있을 것이다. 그러나 앞에서 점검한 논의들만 놓고 보면 '인간중심주의'라는 용어 사용 자체가 혼란을 야기하고 있다. 대부분의 경우에 인간중심주의는 인간의 이기주의라는 뜻으로 사용되거나 아니면 '인간화'(anthropomorphism)와 동의어로 쓰이고 있다. 드물게 인간중심주의라는 용어를 정의하여 그 의미를 제한적으로 사용하려는 시도를 하지만 그 경우에도 혼란스럽기는 마찬가지다. 예컨대, 맥도널드는 "인간중심주의적이라는 의미는 인간의 경우에 해당하고 인간에 관한 가치론이나 가치 철학이다."라고 정의하고 있는데(2), 이 정의 자체로 보면, 인간중심주의는 인간의 근시안적인 유익만을 추구하는 의미의 인간 이기주의가 결코 아니다. 그것은 오히려 '인간화'를 의미하고 있다. 인간이나 인간의 문제에 대한 가치론이 반드시 인간의 이기주의 실현을 위한 이론적 방편은 아닐 터인데도, 본고에서 다룬 네 명의 학자들은 물론 그 의미를 제한적으로 사용하려던 맥도널드까지도 인간화와 인간의 이기주의라는 의미를 뭉뚱그려서 인간중심주의라는 용어로 표현하고 있다. 용어에 관한 논의를 정리하면, 듀이의 실용주의 환경론이 인간의 이기주의를 정당화하는 철학인지 아니면 담론의 인간화를 피할 수는 없으나 결코 인간의 근시안적 유익만을 부추기는 사상이 아닌 것인지를 해명하는 작업이 필요하다는 의미이다.

생태철학이 추구하는 궁극적인 지향점은 지구가 당면한 생태계 파괴의 문제를 풀어가는 지혜와 실천의 도모에 있다. 본고에서 거론한 생태중심주의나 인간중심주의 모두 환경보호라는 목적을 공유한다고 믿는다.[48] 그렇다면 생태철학에 관련한 모든 담론의 가치는 생태환경보호라는 실천을 얼마나 효율적으로 고양하는가를 따져서 평가되어야 마땅하다. 앞에서 점검한 생태 철학자들이 간과하고 있는 점이 실천의 문제이다. 듀이의 실용주의가 실천을 강조하는 철학임을 상기하면 아이러니가 아닐 수 없다. "행동으로부터 유리된 사상"이 최고의 선(善)을 확실하게 담보할 수 있다고 보는 관념은 "[결과가 의존하는 조건들의] 통제(regulation)에 관한 지적 방법의 발전이라는 핵심적 문제에 공헌하지 못한다."라고 언급하면서, 그의 저술 전체를 통하여 실천과 이론을 일원론적으로 아우르려는 방법론을 제안하는 철학자가 바로 듀이이다(*LW* 4:29). 여기서 생태보존과 관련한 의사결정의 실제적인 예를 들어볼 필요가 있겠다. 요즘 국내외, 도시와 농촌을 막론하고 인가에 멧돼지가 출몰하여 농작물을 해치는 일은 물론 종종 인간의 생명을 위협하는 사례가 빈번히 발생하고 있다. 사례의 단순성을 피하기 위하여 굶주린 멧돼지가 산에서 내려오면 사람은 해치지 않고 농작물 피해만 일으킨다고 가정하자. 야생동물의 '내재적 가치'를 믿는 근본주의 생태론자는 당연히 멧돼지의 행동을 저지해서는 안 된다고 주장해야 할 것이다. 그럴싸한 견해이다. 생태계는 인간과 비인간 자연이 공존하는 터전이라고 보기 때문이다. 그러나 야생동물의 내재적 가치를 인정하는 농부가 자신이 경작하는 농산물의 절반 이상을 멧돼지가 먹어치웠다면 그 농부는 어떤 반응을 보여야 할까? 동일한 상황에서 이 농부뿐만 아니라 인간이면 누구라도 의사결정의 딜레마에 빠질 수밖에 없다. 이러한 곤경과 유사한 문제 상황에 지혜롭게 대처할 수 있는 방법론을 찾으려는 시도가 바로 듀이의 실용주의 철학이고, 그 구체적인 과정

48 이후 본고에서 사용하는 인간중심주의라는 용어는 '인간화'의 의미로 제한한다.

이 ‘과학적 탐구’와 ‘사회적 탐구’라고 할 수 있다.

듀이의 철학이 인간의 이기주의를 부추기는 사상인지를 점검하기 위하여 그가 문제해결의 방법론으로 제안하는 ‘탐구’의 패턴을 점검해 볼 필요가 있다. 그는 『탐구론』(Logic: The Theory of Inquiry)에서 우선 오류를 피하기 위하여 탐구의 논리가 갖추어야 할 세 가지 조건을 제시한다. 첫째, 객관적인 관찰이 가능한 탐구의 내용(subject-matter)을 확보하기 위하여 주관적이고 ‘정신적인’(mentalistic) 상태와 과정을 제거해야 한다. 예의 멧돼지 출몰이라는 문제 상황에 적용하면, ‘멧돼지는 배가 고파 농작물을 해친다.’와 ‘농부가 농작물의 피해를 입는다.’는 점은 객관적인 탐구 내용이고, ‘그 농부는 동물 중에서 특히 멧돼지의 모습을 혐오한다.’는 주관적인 내용이기 때문에 후자는 탐구 내용에서 제거되어야 한다. 둘째, 탐구 논리의 영역은 경험 자료의 단순한 해석에만 제한하지 않고 [본디 경험 자료를 토대로 확립된] 예컨대, 예술논리나 법적 논리와 같은 특별한 논리 형식의 존재와 성격을 인정한다. 멧돼지 사냥을 금지하는 사회라면, 그러한 법의 논리도 탐구 내용에 포함될 수 있다고 보겠다. 세 번째 조건은 탐구의 논리는 어떤 경우에도 선험적 논리로부터 자유로워야 한다는 제안이다(*LW* 12:107). 선험적 논리의 예는 [멧돼지를 포함한] ‘자연을 정복하라.’ 혹은 ‘소를 신성시하라.’ 등의 종교적인 이념을 포함할 것이다. 주목할 점은 듀이가 제안하는 논리의 조건들을 종합적으로 보면 인간화의 함정을 피할 수는 없으나, 그 논리들 자체가 결코 인간 이기주의의 소산이라고 볼 수는 없다는 사실이다.

듀이는 나아가 다섯 가지의 탐구 패턴을 명시하고 있는데, 마지막 패턴은 해결 방안을 찾는 과정에 관한 것이다. 이 다섯 번째 패턴만 예의 멧돼지 출몰의 문제에 적용해 보아도 듀이의 방법론이 결코 인간 이기주의적인 해결 방안을 도모하지 않고 오히려 생태중심주의적 결과도 도출할 수 있는 탄력성을 보여준다. 다섯 번째 패턴에 의하면, 해결 방안을 찾는 과정에서 '사실들'(facts)과 '의미들'(meanings)의 상호작용은 필수적이다. 사실은 해결 방안의 아이디어를 검증하는 수단이다. 검증이 가능하려면 사실들끼리 상호작용을 통하여 조직화되어야 한다. 바로 관찰이 가능한 사실들이 가능한 해결 방안을 제시해 주는데, 그러한 해결 방안의 아이디어는 보다 많은 사실들에 대한 새로운 관찰을 고취하고, 관찰된 새로운 사실들의 해석을 바탕으로 아이디어가 수정된다. 곧, 계속되는 사실의 관찰과 아이디어의 수정이 반복되면서 제시된 해결 방안들이 검증되는 것이다(*LW* 12:117). 그리고 그러한 검증들을 거치는 과정에서 시공간적으로 제한된 의미의 이른바 해결 방안의 '완결'(consummatory close)이 가능한 것이다. 예컨대, 멧돼지의 접근을 막기 위한 방안으로 농작물 주변에 철조망을 설치하였다고 가정하자. 이 경우에 '농작물 수확으로 보전이 불가능할 만큼 비용이 많이 든다.' 혹은(그리고) '멧돼지가 철망을 부수고 침입한다.'는 사실이 관찰될 수 있다. 농부는 관찰된 사실에 근거하여 해결 방안으로 새로운 아이디어를 실천할 수 있다. 예컨대, 멧돼지의 먹이인 도토리와 상수리 등, 야생 열매의 채취를 금지할 수 있다. 그 결과 멧돼지의 출몰이 사라지고, 도토리를 팔아 벌어들인 수입보다 철조망 설치에 드는 비용이 더 크다는 사실이 관찰되었다고 가정하면, 그 상태에서 해결 방안의 완결이 성취되었다고 볼 수 있다. 물론 이 완결된 방안은 장차 부정적인 혹은 긍정적인 새로운 사실들의 관찰을 거쳐 다시 수정될 가능성을 담지하고 있다. 분명한 점은 듀이의 탐구 방식을 통하여 오히려 생태중심주의적 해결방안이 도출될 수도 있다는 것이다. 상황에 따라서, 특히 탐구 방법의 매트릭스가 매우 복합적인 '사회적 탐구'의 상황까지 고려하면 인간의 유익만을 고려한 해결 방안이 제시될 수도 있음은 물론이다.

듀이의 실용주의가 인간중심주의 사상이라면, 그리고 '인간중심'이라는 용어가 '인간화'를 의미한다면, '듀이는 인간중심주의자이다.'라는 주장을 기꺼이 수용할 수 있다. 그러나 그것이 '인간의 이기주의'를 뜻한다면, 듀이의 저서와 강연 어디에서도 그 근거를 찾을 수 없다. 듀이의 철학을 재해석하고 논의함에 있어서 인간중심주의라는 용어는 반드시 분명하고 제한적인 의미 규정이 필요하다. 그리고 듀이의 실용주의를 인간의 이기주의로 전락시키느냐 아니면 생태중심주의적 실천을 정당화하는 탐구의 방식으로 활용하느냐는 그의 이론을 전용하는 자의 몫이지 듀이가 해결할 과제는 아니다. 다만 비인간중심주의를 표방하면서 자연의 인간화로 환원하는 근본주의 생태론자들의 자가당착을 피하면서도 충분히 친생태적 이론과 실천의 도모를 지향할 수 있는 철학사상이 듀이의 실용주의임을 인정할 필요가 있다.

5. 나가면서

모든 과학이 모름지기 서로 다른 가정과 전제 그리고 각각의 다른 탐구과정을 환영해야 하듯이 생태환경의 문제와 관련한 인문학적 논의에서도 다름과 차이를 인정해야 할 것이다. 다양한 관점과 입장들의 제시 자체가 '탐구'와 '공공숙의'의 과정이기 때문이다. 이 책에서도 생태계 파괴를 정당화하는 반생태적 문화가치로 인간중심사상을 지목하지만 동시에 인간은 자연을 정의하면서 결코 인간화의 함정을 회피할 도리가 없다고 주장하였다. 누구도 완벽한 환경론을 제안할 수는 없다. 그렇다고 모든 관점과 입장들이 동등한 지위와 정당성을 가지고 있으니 굳이 시시비비를 가릴 이유도 없다고 주장한다면, 그것은 무책임이거나 자연의 파괴와 수탈만을 지향하는 욕망의 표출일 뿐이다. 따라서 생태비평과 관련한 다양한 목소리와 입장들은 상호 차이를 포용하면서 적어도 한 가지는 공유할 필요가 있다. 자연과 인간의 조화와 공존을 담보하는 삶이 그것이다. 지속가능한 삶의 추구를 전제로 한 세계관이라면 무엇이든 배타할 일이 아니다. 오히려 서로 다른 관점과 믿음 그리고 이해관계의 차이를 아우르고 조정하는 것이 보다 건강하고 효율적인 자연관을 생성해내는 필수적인 과정으로 보인다. 민주주의의 실천은 더디고 힘들지만, 그것만이 가장 안전하고 신뢰할 수 있는 방식이다. 생태환경보호의 문제에서도 예외가 아니다.

아쉬움이 남는다. 지구촌의 생태위기가 본디 서양의 인간중심주의 철학과 문화로부터 야기되었다고 본다면, 우리는 그 대안을 동양의 사상과 철학에서 찾을 수 있을 법하다. 인도의 불교철학이나 중국의 노장사상은 생태중심주의나 친생태적 사유방식에 충분히 값한다. 그러나 이 책에서는 생태철학을 논의하는 과정에서 불교사상을 간헐적으로 언급하였을 뿐이고 생태철학의 대안으로서 동양사상을 본격적으로 논의하지는 못했다. 주지하듯이, 사실 이 분야에 관한 국내외의 연구도 상당히 축적되어 있다. 누군가 이 영역을 좀 더 개척하고 종합하여 한 권의 책으로 엮어주기를 기대하면서 아쉬움을 달랜다.

6. 참고문헌

3. 심층생태론 비판

김종욱. 『불교 생태철학』. 서울: 동국대학교출판부, 2004.

———. 「지식기반사회와 불교생태학」. 『지식기반사회와 불교생태학』. 동국대학교 불교문화연구원 편. 2006. 147-75.

노양진. 『상대주의의 두 얼굴』. 파주: 서광사, 2007.

무비 編. 『화엄경華嚴經』. 서울: 민족사, 1994.

박수진. 「동북아의 생태위기와 환경협력」. 『지식기반사회와 불교생태학』. 104-46.

원효. 『대승기신론소·별기』. 은정희 역주. 서울: 일지사, 2006.

——. 『금강삼매경론』. 이기영 역해. 서울: 한국불교연구원, 1996.

용수. 『中論』. 정화 역해. 서울: 도서출판 법공양, 2007.

윤영해. 「포스트모더니티와 생태불교학」. 『지식기반사회와 불교생태학』. 236-62.

이영호. 『선적(禪的) 깨달음과 생태학적 각성」. 『지식기반사회와 불교 생태학』. 549-78.

황태연. 「지식기반사회와 생태이성의 신지평」. 『지식기반사회와 불교 생태학』. 3-58.

Abe, Masao. *Zen and Western Thought*. Honolulu: U of Hawaii P, 1985.

Birkeland, Janis. "Ecofeminism: Linking Theory and Practice." *Ecofeminism: Women, Animals, Nature*. Ed. Greta Gaard. Philadelphia: Temple UP, 1993: 13-59.

Bookchin, Murray. "Cities, Councils and Confederations." *Turtle Talk*. Ed. Christopher Plant and Judith Plant. Philadelphia: New Society

Publishers, 1990. 124-32.

Bowers, C. A. "The Case against John Dewey as an Environmental and Eco-Justice Philosopher." *Environmental Ethics* 25.1(2003): 25-42.

Bradford, George. *How Deep Is Deep Ecology?* Hadley, Mass.: Times Change P, 1989.

Buell, Lawrence. *The Future of Environmental Criticism.* Malden: Blackwell Publishing, 2005.

Callicott, Baird J. *In Defense of the Land Ethic.* New York: State U of New York, Albany, 1989.

Cheney, Jim. "Postmodern Environmental Ethics: Ethics as Bioregional Narrative." *Environmental Ethics* 11(1989): 117-34.

Colwell, Tom. "The Ethics of Being Part of Nature." *Environmental Ethics* 9(1987): 99-113.

Cronon, William. *Changes in the Land: Indians, Colonists, and the Ecology of New England.* New York: Hill and Wang, 1993.

Culler, Jonathan. *On Deconstruction.* London: Routledge, 1983.

Derrida, Jacques. *Margins of philosophy.* Trans. Alan Bass. Chicago: U of Chicago P, 1968.

______________. *Of Grammatology.* Trans. G. C. Spivak. Baltimore: Johns Hopkins UP, 1976.

______________. *Dissemination.* Trans. Barbara Johnson. Chicago: U of Chicago P, 1981.

______________. "Signature, Sign, and Play in the Discourse of Human Sciences." *Writing and Difference.* Trans. Alan Bass. Chicago: U of Chicago P, 1978. 278-94.

Devall, Bill and George Sessions. *Deep Ecology.* Salt Lake City: Gibbs Smith, 1985.

Dewey, John. *John Dewey: The Later Works 13, 1925-1953.* Ed. Jo Ann Boydston. Carbondale & Edwardsville: Southern Illinois UP, 1991.

__________. *Human Nature and Conduct 1922*. Ed. Jo Ann Boydston. Carbondale & Edwardsville: Southern Illinois UP, 1988.

__________. *Art as Experience*. New York: Perigee Books, 1980.

__________. *Experience and Nature*. New York: Dover Publications, 1958.

__________. *The Theory of Inquiry*. New York: Henry Holt and Company, 1938.

__________. The Quest for Certainty: A Study of the Relation of Knowledge and Action. New York: Minton Balch & Company, 1929.

Dogen. "Mountains and Waters Sutra." *Moon in a Dewdrop*. Ed. Kazuaki Tanahashi. New York: North Point Press, 1985. 97-107.

Guha, Ramachandra. "Radical American Environmentalism and Wilderness Preservation: A Third World Critique." *Environmental Ethics* 11(1989): 71-83.

Hickman, Larry A. "Nature as Culture." *Environmental Pragmatism*. Ed. Andrew Light and Eric Katz. London & New York: Routledge, 1996. 50-72.

Foucault, Michel. *The Archaelogy of Knowledge*. Trans. A. M. Sheridan Smith. New York: Pantheon, 1972.

____________. "Truth and Power." *Power/Knowledge*. Ed. Colin Goron. New York: Pantheon, 1980. 109-33.

Fordeman, Robert. "Radical Environmentalism and the Political Roots of Postmodernism: Differences that Make a Differences." *Environmental Ethics* 14(1992): 305-19.

Fox, Warwick. "The Deep Ecology-Ecofeminism Debate and Its Parallels." *Deep Ecology for the 21st Century*. Ed. George Sessions. Boston: Shambhala, 1995. 269-89.

Fraser, Nancy. "The Uses and Abuses of French Discourse Theories for Feminist Politics." *Boundary* 2-17.2(1990): 82-101.

French, Williams C. "Against Biospherical Egalitarianism." *Environmental*

Ethics 17(1995): 39-57.

Gaard, Greta. "Living Interconnections with Animals and Nature." *Ecofeminism: Women, Animals, Nature.* Ed. Greta Gaard. Philadelphia: Temple UP, 1993. 1-2.

Gare, Arran. "The Postmodernism of Deep Ecology, the Deep Ecology of Postmodernism, and Grand Narratives." *Beneath the Surface.* Ed. Eric Katz, Andrew Light, and David Rothenberg. Cambridge: The MIT Press, 195-214.

Gouinlock, James. *John Dewey's Philosophy of Value.* New York: Humanities Press, 1972.

Goulet, Dennis. "Development Ethics and Ecological Wisdom." *Ethics of Environment and Development.* Ed. J. Ronald Engel and Joan Gibb Engel. Tucson: U of Arizona P, 1990. 36-49.

Griffin, Susan. *Woman and Nature: The Roaring Inside Her.* New York: Harper & Row, 1978.

Grim, John A. "Native North American Worldviews and Ecology." *Worldviews and Ecology.* Ed. Mary Evelyn Tucker and John A. Grim. Lewisburg: Bucknell UP, 1993. 1-54.

Harrison, Robert Pogue. *Forests: The Shadow of Civilization.* Chicago: U of Chicago P, 1992.

Hassan, Ihab. "Making Sense: The Trial of Postmodern Discourse." *New Literary History* 18(1987): 437-59.

Hickman, Larry A. "Nature as Culture." *Environmental Pragmatism.* Ed. Andrew Light and Eric Katz. London & New York: Routledge, 1996. 50-72.

________________. *Pragmatism as Post-postmodernism.* New York: Fordham UP, 2007.

Hutcheon, Linda. *The Politics of Postmodernism.* New York: Routledge, 1989.

Huth, Hans. *Nature and the American: Three Centuries of Changing Attitudes.*

Lincoln: U of Nebraska P, 1957.

James, William. *William James: Writings 1902-1910*. Ed. Bruce Kuklick. New York: The Library of America, 1987.

____________. *Essays in Radical Empiricism*. New York: Cosimoclassics, 2008.

Jay, Paul. "Bridging the Gap: The Position of Politics in Deconstruction." *Cultural Critique* 0882-4371(1992): 47-75.

Johnson, Barbara. *A World of Difference*. Baltimore & London: Johns Hopkins UP, 1987.

Katz Eric. "Searching for Intrinsic Value." *Environmental Pragmatism*. 307-18.

Naess, Arne. "The Third World, Wilderness, and Deep Ecology." *Deep Ecology for the 21st Century*. Ed. George Sessions. Boston: Shambhala, 1995. 395-407.

King, Ynestra. "Toward an Ecological Feminism and a Feminist Ecology." *Machina ExDea: Feminist Perspectives on Technology*. Ed. Joan Rothschild. New York: Pergamon P, 1983. 118-29.

Koller, John M. *Oriental Philosophies*. New York: Charles Scribner's Sons, 1986.

Lacan, Jacques. *Ecrits: A Selection*. Trans. Alan Sheridan. New York: Norton, 1977.

____________. *Speech and Language in Psychoanalysis*. trans. Anthony Wilden. Baltimore: Johns Hopkins UP, 1968.

Laptev, I. "Raising the Biosphere to the Noosphere." *Ethics of Environment and Development*. Ed. J. Ronald Engel and Joan. G. Engel. Tucson: U of Arizona P, 1990. 117-26.

Lee, Donald C. "On the Marxian View of the Relationship Between Man and Nature." *Environmental Ethics* 2(1980): 3-16.

Leff, Enrique. "Marxism and the Environmental Questions: From the Critical Theory of Production to an Environmental Rationality for Sustainable Development." *Capitalism Nature Socialism* 4.1(1993): 44-66.

Leland, Stephanie. "Feminism and Ecology: Theoretical Connections." *Reclaim the Earth*. Ed. Leonie Caldecott and Stephanie Leland. London: The Women's Press, 1983. 67-72.

Leopold, Aldo. *A Sand County Almanac*. New York: Ballantine Books, 1991.

Magliola, Robert. *Derrida on the Mend*. West Lafayette: Purdue UP, 1986.

Martin, Julia. "Practicing Emptiness: Gary Snyder's Playful Ecological Work." *Western American Literature* 21.1(1992): 3-19.

Miller, Allan S. *Gaia Connections*. Savage, Maryland: Roman & Littlefield Publishers, 1991.

Murphy, Patrick D. *Literature, Nature, and Other: Ecofeminist Critiques*. Albany: State U of New York. 1995.

________________. "Sex-Typing the Planet: Gaia Imagery and the Problem of Subverting Patriarchy." *Environmental Ethics* 10(1988): 155-68.

Nash, Roderick. *Wilderness and the American Mind*. 3rd ed. New Haven: Yale UP, 1982.

Norton, Bryan G. "The Constancy of Leopold's Land Ethic." *Environmental Pragmatism*. 84-102.

O'connor, Martin. "On the Misadventures of Capitalist Nature." *Capitalism Nature Socialism* 4.3(1993): 7-40.

Odin, Steve. *The Social Self in Zen and American Pragmatism*. Albany: New York UP, 1996.

Oelschlaeger, Max. *The Idea of Wilderness*. New Haven: Yale UP, 1991.

Orr, David W. *Ecological Literacy: Education and the Transition to a Postmodern World*. Albany: State U of New York P, 1992.

Ortner, Sherry B. "Is Female to Male as Nature Is to Culture?" *Woman, Culture, and Society*. Ed. Michelle Rosaldo and Louise Lampnere. Stanford UP, 1974. 67-87.

Owens, Craig. "The Discourse of Others: Feminists and Postmodernism." *The Anti-Aesthetic: Essays on Postmodern Culture*. Ed. Hal Foster. Port

Townsend: Bay Press, 1983. 57-82.

Plumwood, Val. "Nature, Self, and Gender: Feminism, Environmental Philosophy, and the Critique of Rationalism." *Hypatia* 6.1(1991): 3-27.

Quigley, Peter. "Rethinking Resistance: Environmentalism, Literature, and Poststructural Theory." *Environmental Ethics* 14(1992): 291-306.

____________. *The Ground of Resistance: Nature and Power in Emerson, Melville, Jeffers, and Snyder*. Diss. Indiana U of Pennsylvania, 1990.

Racevskis, Karlis. "Genealogical Critique: Michel Foucault and the Systems of Thought." *Contemporary Literary Theory*. Ed. G. Douglas Atkins and Laura Morrow. Amherst: U of Massachusetts P, 1898. 229-45.

Roach, Catherine. "Loving Your Mother: On the Woman-Nature Relation." *Hypatia* 6.1(1991): 46-59.

Rolston, Holmes, III. "Can and Ought We to Follow Nature?" *Environmental Ethics* 7(1985): 23-48.

Rorty, Richard. *Contingency, Irony, and Solidarity*. Cambridge: Cambridge UP, 1989.

____________. *Philosophy and Social Hope*. New York: Penguin, 1999.

____________. *Consequences of Pragmatism*. Minneapolis: U of Minnesota P, 1982.

Rose, Ellen Cronan. "The Good Mother from Gaia to Gilead." *Ecofeminism and the Sacred*. Ed. Carol J. Adams. New York: Continuum, 1993. 149-67.

Routley, Val. "On Karl Marx as an Environmental Hero." *Environmental Ethics* 3(1981): 234-44.

Rowe, John Carlos. "Postmodernism Studies." *Redrawing the Boundaries*. Ed. Stephen Greenblatt and Giles Gunn. New York: MLA, 1992. 179-208.

Ruether, Rosemary Radford. "Ecofeminism: Symbolic and Social Connections of the Oppression of Women and the Domination of Nature."

Ecofeminism and the Sacred. 13-23.

Russel, Bertrand. *A History of Western Philosophy.* New York: Simon & Schuster, 1972.

Ryan, Michael. *Marxism and Deconstruction.* Baltimore: Johns Hopkins UP, 1982.

Sale, Kirkpatrick. *Human Scale.* New York: Coward, McCann & Geoghegan, 1980.

Salleh, Ariel. "Class, Race, and Gender Discourse in the Ecofeminism/Deep Ecology Debate." *Environmental Ethics* 15(1993): 225-44.

__________. "The Ecofeminism/Deep Ecology Debate: A Reply to Patriarchal Reason." *Environmental Ethics* 14(1992): 195-216.

__________. "Deeper than Deep Ecology: The Eco-Feminist Connection." *Environmental Ethics* 6 (1984): 339-45.

__________. "Living with Nature: Reciprocity or Control?" *Ethics of Environment and Development.* 245-53.

Sessions, George. "Deep Ecology as Worldview." *Worldviews and Ecology.* Ed. Mary Tucker and John Grim. Lewisburg UP, 1993. 207-27.

Snyder, Gary. *The Practice of the Wild.* San Francisco: North Point P, 1990.

__________. *A Place in Space.* Washington, D. C.: Counterpoint, 1995.

Spurr, David. *The Rhetoric of Empire.* Durham: Duke UP, 1993.

__________. "Naturalization: The Wilderness in Human Form." The Rhetoric of Empire. Durham: Duke UP, 1993. 156-69.

Steinbeck, John. *To a God Unknown.* New York: Penguin Books, 1995.

Suzuki, David. and Peter Knudtson. *Wisdom of the Elders.* New York: Bantam Books, 1992.

Tolman, Charles. "Karl Marx, Alienation, and the Mastery of Nature." *Environmental Ethics* 3(1981): 63-74.

Tu Wei-ming. "Beyond the Enlightenment Mentality." *Worldviews and Ecology.* 19-29.

Vizenor, Gerald. *Manifest Manners: Postindian Warriors of Survivance*. Hanover: Wesleyan UP, 1994.

Warren, Karen J. "A Feminist Philosophical Perspective on Ecofeminist Spiritualities." *Ecofeminism and the Sacred*. 119-32.

Warren, Karen J. and Jim Cheney. "Ecological Feminism and Ecosystem Ecology." *Hypatia* 6.1(1991): 179-97.

Weedon, Chris. *Feminist Practice and Poststructuralist Theory*. New York: Basil Blackwell, 1987.

Weston, Anthony. "Beyond Intrinsic Value: Pragmatism in Environmental Ethics." *Environmental Ethics* 7(1985): 321-339.

Zimmerman, Michael E. *Contesting Earth's Future*. Berkeley: U of California P, 1994.

3-1. 자연개념의 해체 — 헨리 쏘로우의 『월든』

Buell, Lawrence. *The Environmental Imagination: Thoreau, Nature Writing, and the Formation of American Culture*. Cambridge, Massachusetts: The Belknap Press of Harvard UP, 1996.

____________. "Toxic Discourse." *Critical Inquiry* 24 (1998): 639-65.

____________. "Thoreau and the Natural Environment" in The *Cambridge Companion to Henry Thoreau* Ed. Richard Schneider. New York: Cambridge UP, 1995.

Callicott, J. Baird. *In Defense of the Land Ethic*. Albany: State U of New York P, 1989.

____________. "Rolston on Intrinsic Value: A Deconstruction." *Environmental Ethics* 14 (1992): 129-43.

Devall, Bill, and George Sessions. *Deep Ecology: Living as if Nature Mattered*. Salk Lake City: Gibbs Smith, 1985.

Ehrlich, Gretel. *The Solace of Open Spaces*. New York: Penguin Books, 1985.

Emerson, Ralph W. *Ralph Waldo Emerson: Essays and Lectures*. Ed. Joel Porte. New York: The Library of America, 1983.

Lebeaux, Richard. "The Many Paths to and from *Walden*" in *Approaches to Teaching Thoreau's Walden and Other Works* Ed. Richard Schneider. New York: The Modern Language Association of America, 1996.

Meisner, Mark S. "Metaphors of Nature: Old Vinegar in New Bottles?" *Trumpeter* 12:1 (1995): 11-8.

Murphy, Patrick D. *Farther Afield in the Study of Nature-Oriented Literature*. Charlottesville and Lodon: UP of Virginia, 2000.

Nash, Roderick. *Wilderness and the American Mind*. New Haven and London: Yale UP, 1982.

Oelschlaeger, Max. *The Idea of Wilderness*. New Haven: Yale UP, 1991.

Payne, Daniel G. *Voices in the Wilderness: American Nature Writing and Environmental Politics*. Hanover: UP of New England, 1996.

Snyder, Gary. *The Practice of the Wild*. San Francisco: North Point Press, 1990.

Schneider, Richard J. "*Walden*" in The *Cambridge Companion to Henry Thoreau* Ed. Richard Schneider. New York: Cambridge UP, 1995.

Thoreau, Henry D. *Walden and Other Writings*. Ed. William Howarth. New York: Random House, 1981.

_______________. *Faith in a Seed*. Ed. Bradley P. Dean. Washington: Island Press, 1993.

_______________. *Maine Woods*. New York: Harper and Row, 1987.

Walls, Laura Dassow. *Seeing New Worlds*. Madison: U of Wisconsin P, 1995.

Weedon, Chris. *Feminist Practice and Poststructuralist Theory*. New York: Basil Blackwell, 1987.

Weston, Anthony. "Beyond Intrinsic Value: Pragmatism in Environmental Ethics." *Environmental Ethics* 7(1985): 321-39.

3-2. 에드워드 애비의 모호한 환경서사 — 『몽키 렌치 갱』 다시 읽기

Abbey, Edward. *Desert Solitaire*. New York: Touchstone, 1990.

_____________. *The Monkey Wrench Gang*. New York: HarperCollins, 2000.

_____________. *The Journey Home*. New York: Plume, 1991.

Bookchin, Murray. *The Philosophy of Social Ecology: Essays on Dialectical Naturalism*. Montreal: Black Rose Books, 1990.

Bradford, George. *How Deep is Deep Ecology?* Hadley, Mass.: Times Change Press, 1989.

Buell, Lawrence. *The Future of Environmental Criticism*. Malden: Blackwell Publishing, 2005.

Cahalan, James M. *Edward Abbey: A Life*. Tucson: UP of Arizona, 2001.

Devall, Bill and George Sessions. *Deep Ecology*. Salt Lake City: Gibbs & Smith, 1985.

Griffin, Susan. *Woman and Nature: The Roaring Inside Her*. New York: Harper & Row, 1978.

Guha, Ramachandra. "Radical American Environmentalism and Wilderness Preservation: A Third World Critique." *Environmental Ethics* 11(1989): 71-83.

McClintock, James I. *Nature's Kindred Spirits*. Madison: UP of Wisconsin, 1994.

Meltzer, Albert. *Anarchism: Arguments For and Against*. Sanfrancisco: AK Press, 2000.

Nash, Roderick. *Wilderness and the American Mind*. New Heaven: Yale UP, 1982.

Nelson, Barney. *The Wild and the Domestic*. Reno: U of Nevada P, 2000.

Payne, Daniel G. *Voices in the Wilderness: American Nature Writing and Environmental Politics*. Hanover: UP of New England, 1996.

Pozza, David M. *Bedrock and Paradox: The Literary Landscape of Edward*

Abbey. New York: Peter Lang, 2006.

Ronald, Ann. *The New West of Edward Abbey*. Reno: U of Nevada P, 2000.

Salleh Ariel. "Deeper than Deep Ecology: The Ecofeminist Connection." *Environmental Ethics* 6(1984): 339-45.

__________. "Class, Race, and Gender Discourse in the Ecofeminist/Deep Ecology Debate." *Environmental Ethics* 15(1993): 225-44.

Scheese, Don. *Nature Writing: The Pastoral Impulse in America*. New York: Routledge, 2002.

Slovic, Scott. *Seeking Awareness in American Nature Writing*. Reno: UP of Utah, 1992.

Taylor, Bron. "Resacralizing Earth: Pagan Environmentalism and the Restoration of Turtle Island." *American Sacred Space*. Eds. David Chidester and Edward T. Linenthal. Bloomington: Indiana UP, 1995. 97-151.

http://en.wikipedia.org/wiki/Anarchism

http://en.wikipedia.org/wiki/jack.Mormon

3-3. N. 스캇 마머데이의 (탈)근대적 자연관

Bhabha, Homi K. "Postcolonial Criticism." *Redrawing the Boundaries: The Transformation of English and American Literary Studies*. Ed. Stephen Rosenblatt and Giles Gunn. New York: MLA, 1992. 437-65.

Bradford, George. *How Deep Is Deep Ecology?* Hadley, Mass.: Times Change Press, 1989.

Derrida, Jacques. *Of Grammatology*. Trans. G. C. Spivak. Baltimore: Johns Hopkins UP, 1976.

Devall, Bill, and George Sessions. *Deep Ecology: Living as if Nature Mattered*. Salk Lake City. Gibbs Smith, 1985.

Gates, Henry Louis, Jr. *Loose Canons*. New York: Oxford UP, 1992.

Huntington, Samuel P. *The Clash of Civilizations and the Remaking of World Order*. New York: Touchstone, 1996.

Krupat, Arnold. *The Voice in the Margin*. Berkeley: U of California P, 1989.

Littlefield, Daniel, Jr. "American Indians, American Scholars and the American Canon." *American Studies* 33.2 (1992): 95-111.

Momaday, N. Scott. "A MELUS Interview: N. Scott Momaday – A Slant of Light." Bettye Givens. *MELUS* 12.1 (1985): 79-87.

________________. *House Made of Dawn*. New York: Harper & Row, 1968.

________________. *The Ancient Child*. New York: Harper Perennial, 1990.

________________. *The Way to Rainy Mountain*. Albuquerque. U of New Mexico P, 1969.

Murphy, Patrick. D. "Badlands and Borderlands: the Nature of Ecological Multiculturality." A Paper Presented at the ASLE Conference, 1995.

Nelson, Robert M. *Place and Vision: The Function of Landscape in Native American Fiction*. New York: Peter Lang, 1993.

Owens, Louis. *Other Destinies: Understanding the American Indian Novel*. Norman: U of Oklahoma P, 1992.

Porter, Richard E. and Larry A. Samovar. "An Introduction to Intercultural Communication." *Intercultural Communication: A Reader*. Ed. Larry Samovar and Richard Porter. Belmont: Wadsworth, 1994. 4-26.

Quigley, Peter. "Rethinking Resistance: Environmentalism, Literature, and Poststructural Theory." *Environmental Ethics* 14 (1992): 291-306.

Scarberry-Garcia, Susan. *Landmarks of Healing: A Study of House Made of Dawn*. Albuquerque: U of New Mexico P, 1990.

Schubnell, Matthias. *N. Scott Momaday*. Norman: U of Oklahoma P, 1985.

Suzuki, David, and Peter Knudtson. *Wisdom of the Elders*. New York: Bantam Books, 1992.

Tu Wei-ming. "Beyond the Enlightenment Mentality." *Worldviews and Ecology*. Ed. Mary Evelyn Tucker and John A. Grim. Lewisburg:

Bucknell UP, 1944.
Vizenor, Gerald. *Manifest Manners: Postindian Warriors of Survivance*. Hanover: Wesleyan UP, 1994.

3-4. 본질적 자연관의 해체와 그 환경 정치학 — 개리 스나이더의 「수면의 물결」

Abe, Masao. *Zen and Western Thought*. Honolulu: U of Hawaii P, 1985.
Culler, Jonathan. *On Deconstruction*. London: Routledge, 1983.
Derrida, Jacques. *Dissemination*. Trans. Barbara Johnson. Chicago: U of Chicago P, 1981.
_____________. *Of Grammatology*. Trans. G. C. Spivak. Baltimore: Johns Hopkins UP, 1976.
_____________. "Signature, Sign, and Play in the Discourse of Human Science." *Writing and Difference*. Trans. Alan Bass. Chicago: U of Chicago P, 1978. 278-94.
Magliola, Robert. *Derrida on the Mend*. West Lafayette: Purdue UP, 1986.
Molesworth, Charles. "The Political and Poetic Vision of Turtle Island." *Critical Essays on Gary Snyder*. Boston: G. K. Hall, 1991. 144-56.
Murphy, Patrick D. *Understanding Gary Snyder*. Columbia: U of South Carolina P, 1992.
Quigley, Peter. "The Ground of Resistance: Nature and Power in Emerson, Meville, Jeffers, and Snyder." Diss. Indiana U of Pennsylvania, 1990.
Snyder, Gary. *Axe Handles*. San Francisco: North Point Press, 1983.
___________. *Earth House Hold*. New York: New Directions, 1969.
___________. *Mountains and Rivers Without End Plus One*. Bolinas: Four Seasons Foundation, 1979.
___________. *No Nature: New and Selected Poems*. New York: Pantheon 1992.

__________. *The Practice of the Wild.* San Francisco: North Point Press, 1990.

__________. *The Real Work.* New York: New Directions, 1980.

__________. *Turtle Island.* New York: New Directions, 1974.

3-5. 투사와 관찰: D. H. 로렌스와 개리 스나이더의 자연시학 비교

김영수. 「블레이크의 사회 전복적 가치관」. 『현대영어영문학』 58-1(2014): 145-65.

Bradford, George. *How Deep Is Deep Ecology?* Hadley, Mass.: Times Change Press, 1989.

Ebbatson, Roger. *Lawrence and the Nature Tradition.* Atlantic Highlands(NJ): Humanities Press, 1980.

Culler, Jonathan. *On Deconstruction.* London: Routledge, 1983.

Davies, Paul. "Cosmos as Metaphor: Eco-spiritual Poetics." *The Environmental Tradition in English Literature.* Ed. John Parham. Hampshire: Ashgate. 75-86.

Derrida, Jacques. *Of Grammatology.* Trans. G. C. Spivak. Baltimore: Johns Hopkins UP, 1976.

Guha, Ramachandra. "Radical American Environmentalism and Wilderness Preservation: A Third World Critique." *Environmental Ethics* (1989): 71-83.

LaChapelle, Dolores. *D. H. Lawrence Future Primitive.* Denton: U of North Texas P, 1996.

Lawrence, D. H. *The Complete Poems.* New York: Penguin Books, 1993.

__________. *Apocalypse.* New York: Penguin Books, 1931.

Martin, Julia. "Practising Emptiness: Gary Snyder's Playful Ecological Work." *Western American Literature* 27-1(1992): 3-19.

Murfin, Ross C. "Lawrence and Shelley." *D. H. Lawrence*. Ed. Harold Bloom. Philadelphia: Chelsea House Publishers, 1986. 239-54.

Norton, Jody. "The Importance of Nothing: Absence and Its Origins in the Poetry of Gary Snyder." *Contemporary Literature* 28-1(1987): 41-66.

Pinto, V. de S. "D. H. Lawrence: Poet without a mask." Introduction in *The Complete Poems*. 1-21.

Pritchard, R. E. *D. H. Lawrence: Body of Darkness*. Pittsburgh: U of Pittsburgh P, 1971.

Salleh, Ariel. "Class, Race, and Gender Discourse in the Ecofeminism/Deep Ecology Debate." *Postmodern Environmental Ethics*. Ed. Max Oelschlaeger. Albany: State U of New York P, 1995. 79-100.

Snyder, Gary. *No Nature*. New York: Pantheon Books, 1992.

__________. *The Real Work: Interviews & Talks 1964-1979*. New York: New Directions, 1980.

__________. *Turtle Island*. New York: New Directions, 1974.

Scott McLean. New York: A New Directions Book, 1980.

Sword, Helen. "Lawrence's Poetry." *The Cambridge Companion to D. H. Lawrence*. Ed. Anne Fernihough. Cambridge: Cambridge UP, 2001. 119-36.

3-6. 인간과 자연의 틈새 — 마거릿 애트우드의『오릭스와 크레이크』

Atwood, Margaret. "Notes on Power Politics." *Acta Victoriana* 97-2 (1973): 1-12. Print.

__________. *Oryx and Crake*. New York: Random House, 2004. Print.

__________. "Writing Oryx and Crake." (http://www:randomhouse.com/features/atwood/essay.html). Web.

__________. "An Interview with Margaret Atwood." Nov. 2005.

(http://www.randomhouse.com/features/atwood/interview.html). Web.

Cooke, Grayson. "Technics and the Human at Zero-Hour: Margaret Atwood's *Oryx and Crake*." *Studies in Canadian Literature-New Brunswick* 31-2(2006): 105-25. Print.

DiMarco, Danette. "Paradice Lost, Paradise Regained: Home Faber and the Makings of a New Beginning in *Oryx and Crake*." *Papers on Language and Literature* 41-2 (2005): 170-95. Print.

Dunning, Stephen. "Margaret Atwood's *Oryx and Crake*: The Terror of the Therapeutic." *Canadian Literature* 186 (205): 86-101. Print.

Engdahl, F. William. *Seeds of Genetic Destruction: The Hidden Agenda of Genetic Manipulation*. Quebec, Canada: Global Research, 2007. Print.

Glover, Jayne. "Human/Nature: Ecological Philosophy in Margaret Atwood's *Oryx and Crake*." *English Studies in Africa* 52-2 (2009): 50-62. Print.

Gwun, Young-Guen. "The Philosophy of Genetic Manipulation." *Dangerous Future: The Warning of GM Food*. Ed. Gwun Young-Guen. Seoul: Dangdae, 2000. 33-49. Print.

[권영근. 「유전자 조작의 철학」. 『위험한 미래: 유전자 조작 식품이 주는 경고』. 권영근 편. 서울: 도서출판 당대, 2000. 33-49.] Print.

Hengen, Shannon. "Margaret Atwood and Environmentalism." *The Cambridge Companion to Margaret Atwood*. Ed. Coral Ann Howells. Cambridge: Cambridge UP, 2006. 72-85. Print.

Her, Nam-Hyeuk. "Discourses Over Genetic Manipulation: Dominant Discourse and Opponent Discourse." *Dangerous Future: The Warning of GM Food*. Ed. Gwun young-Guen. Seoul: Dangdae, 2000. 50-86. Print.

[허남혁. 「유전자 조작을 둘러싼 담론: 지배담론과 저항담론」. 『위험한 미래: 유전자 조작 식품이 주는 경고』. 권영근 편. 서울: 도서출판 당대, 2000. 50-86.]

Ho, Mae-Wan. Genetic Engineering. Trans. Hyeu-Gyeung Lee. Seoul: Dangdae, 2005. Print.

[호, 매완.『나쁜 과학: 근본적으로 위험한 유전자조작과 생명과학』. 이혜경 역. 서울: 도서출판 당대, 2005.]

Howells, Coral Ann. "Introduction." *The Cambridge Companion to Margaret Atwood*. Ed. Coral Ann Howells. Cambridge: Cambridge UP, 2006. 1-11. Print.

Manning, Erin. *Ephemeral Territories: Representing Nation, Home, and Identity in Canada*. Minneapolis: U of Minnesota P, 2003. Print.

Park, Su-Chul and Two Others. *Knowing True GMO*. Seoul: Siganyun, 2015. Print.

[박수철외 2인.『GMO 바로 알기』. 서울: 도서출판 식안연, 2015.]

Rao, Eleonora. "Home and nation in Margaret Atwood's later fiction." *The Cambridge Companion to Margaret Atwood*. Ed. Coral Ann Howells. Cambridge: Cambridge UP, 2006. 100-113. Print.

Rozelle, Lee. "Liminal Ecologies in Margaret Atwood's Oryx and Crake." *Canadian Literature* 206 (2010): 61-73. Print.

Somacarrera, Pilar. "Power Politics: Power and Identity." *The Cambridge Companion to Margaret Atwood*. Ed. Coral Ann Howells. Cambridge: Cambridge UP, 2006. 43-57. Print.

Suzuki, David and Holly Dressel. From Naked Ape to Superspecies. Trans. Gyeung-Hee Han. Seoul: Gomdungso, 2009. Print.

[스즈키, 데이비드와 홀리 드레슬.『벌거벗은 원숭이에서 슈퍼맨으로』. 한경희 역. 서울: 우리교육 검둥소, 2009.]

White, Lynn. "The Historical Roots of Our Ecological Crisis." *The Ecocriticism Reader: Landmarks in Literary Ecology*. Ed. Cheryll Glotfelty and Harold Fromm. Athens and London: U of Georgia P, 1996. 3-14. Print.

Wilson, "Blind and Survival in Margaret Atwood's Major Novels." *The Cambridge Companion to Margaret Atwood*. Ed. Coral Ann Howells. Cambridge: Cambridge UP, 2006. 176-90. Print.

3-7. 공동체, 자연 그리고 여성 — 바바라 킹솔버의 『성하』

강용기. 「19세기 여성문학과 생태의식」. 『현대영어영문학』(한국현대영어영문학회. 50.1 (2006): 1-42.

Bradford, George. How Deep Is Deep Ecology? Hadley, Mass.: Times Change Press, 1989.

Callicott, J. Baird. In Defense of the Land Ethic. Albany: State University of New York Press, 1989.

Colwell, Tom. "The Ethics of Being Part of Nature." Environmental Ethics 9 (1987): 99-113.

Devall, Bill, and George Sessions. *Deep Ecology: Living as if Nature Mattered.* Salk Lake City: Gibbs Smith, 1985.

Gaard, Greta. "Living Interconnections with Animals and Nature." Ecofeminism. Ed. Greta Gaard. Philadelphia: Temple UP, 1993. 1-12.

Kingsolver, Barbara. "Interview." http://www.kingsolver.com/fag/answers.asp: 1-17.

________________. Prodigal Summer. New York: HarperCollins, 2000.

________________. High Tide in Tucson. New York: HarperCollins, 1900.

________________. Small Wonder. New York: HarperCollins, 2002.

Naess, Arne. "Sustainable Development and Deep Ecology." Ethics of Environment and Development. Ed. Ronald Engel and Joan Gibb Engel. Tucsan: U of Arizona P, 1990. 85-96.

Orenstein, Gloria Feman. "Toward an Ecofeminist Ethic of Shamanism and the Sacred." Ecofeminism and the Sacred. Ed. Carol J. Adams. New York: Continum, 1993. 172-90.

Quigley, Peter. "Rethinking Resistance: Environmentalism, Literature, and Poststructural Theory." Environmental Ethics 14 (1992): 291-306.

Ruether, Rosemary Radford. "Ecofeminism: Symbolic and Social Connections of the Oppression of Women and the Domination of N ature."

Ecofeminism and the Sacred. 13-23.
Salleh, Ariel. "Class, Race, and Gender Discourse in the Ecofeminism/Deep Ecology Debate." Environmental Ethics 15 (1993): 225-44.
Sanchez, Carol Lee. "Animal, Vegetable, and Mineral." Ecofeminism and the Sacred. 207-28.
Snyder, Gary. A Place in Space. Washington: Counterpoint, 1995.
__________. "A Village Council of All Beings." Upriver Downriver 16 (1993): 10-15.
Taylor, Paul W. "Are Humans Superior to Animals and Plants?" Environmental Ethics 6 (1984): 149-60.
Uhl, Christopher. Developing Ecological Consciousness. New York: Rowman & Littlefield, 2004.
Wellmer, Albrecht. The Persistence of Modernity. Trans. David Midgley. Cambridge: The MIT Press, 1991.
Weston, Anthony. "Beyond Intrinsic Value: Pragmatism in Environmental Ethics." Environmental Ethics 7(1985): 321-39.

4. 실용주의 환경론

노양진. 『상대주의의 두 얼굴』. 서울: 서광사, 2007.
Bowers, C. A. "The Case against John Dewey as an Environmental and Eco-Justice Philosopher." *Environmental Ethics* 25.1(2003): 25-42.
Buell, Lawrence. *The Future of Environmental Criticism*. Malden: Blackwell Publishing, 2005.
Dewey, John. *John Dewey: The Later Works*13, *1925-1953*. V13. Ed. Jo Ann Boydston. Carbondale & Edwardsville: Southern Illinois UP, 1991.
__________. *John Dewey: The Later Works*1, *1925-1953*. V13. Ed. Jo Ann Boydston. Carbondale & Edwardsville: Southern Illinois UP, 1991.

__________. *Human Nature and Conduct 1922.* Ed. Jo Ann Boydston. Carbondale & Edwardsville: Southern Illinois UP, 1988.

__________. *The Middle Works of John Dewey, 1899-1924.* V9. Ed. Jo Ann Boydston. Carbondale & Edwardsville: Southern Illinois UP, 1991.

__________. *Art as Experience.* New York: Perigee Books, 1980.

__________. *Experience and Nature.* New York: Dover Publications, 1958.

__________. *The Quest for Inquiry.* New York: Henry Holt and Company, 1938.

Guha, Ramachandra. "Radical American Environmentalism and Wilderness Preservation: A Third World Critique." *Environmental Ethics* 11 (1989): 71-83.

Hickman, Larry A. "Nature as Culture." *Environmental Pragmatism.* Ed. Andrew Light and Eric Katz.London & New York: Routledge, 1996. 50-72.

______________. *Pragmatism As Post-Postmodernism.* New York: Fordham UP, 2007.

Katz, Eric. "Searching for Intrinsic Value." *Environmental Pragmatism.* 307-18.

Light, Andrew. "Environmental Pragmatism as Philosophy or Metaphilosophy: On the Weston-Katz Debate." *Environmental Pragmatism.* 325-38.

Norton, Bryan G. "The Constancy of Leopold's Land Ethic." *Environmental Pragmatism.* 84-102.

Oelschlaeger, Max. *The Idea of Wilderness.* New Haven: Yale UP, 1991.

Rorty, Richard. *Contingency, irony, and solidarity.* New York: Cambridge UP, 1989.

Russell, Bertrand. *A History of Western Philosophy.* New York: Simon & Schuster. 1972.

Steinbeck, John. *To a God Unknown.* New York: Penguin Books, 1995.

Weston, Anthony. "Beyond Intrinsic Value: Pragmatism in Environmental ethics." *Environmental Ethics* 7(1985): 321-39.

4-1. 존 스타인벡의 『미지의 신께』

강용기. 「'상실과 구원'의 이중주: 바바라 킹솔버의 『포이즌우드 성경』. 『현대영 미소설』 14.2(2007): 7-28.

Cassuto, David N. "Turning Wine into Water: Water as Privileged Signifier in *The Grapes of Wrath.*" *Steinbeck and the Environment.* Ed. Susan F. Beegel, Susan Shillinglaw and Wesley N. Tiffney, Jr. Tuscaloosa: U of Alabama P, 1997. 55-75.

Cederstrom, Lorelei. "The 'Great Mother' in *The Grapes of Wrath.*" *Steinbeck and the Environment.* 76-91.

Colapietro, Vincent M. "The Vanishing Subject of Contemporary Discourse: A Pragmatic Response." *The Journal of Philosophy* 87 (1991): 644-55.

Colwell, Tom. "The Ethics of Being Part of Nature." *Environmental Ethics* 9 (1987): 99-113.

Culler, Jonathan. *On Deconstruction.* London: Routledge, 1983.

DeMott, Robert. "Introduction." *To a God Unknown.* vii-xxxvii.

Derrida, Jacques. *Of Grammatology.* Trans. G. C. Spivak. Baltimore: Johns Hopkins UP, 1976.

Devall, Bill and George Sessions. *Deep Ecology.* Salk Lake City: Gibbs Smith, 1985.

Dewey, John. *Art as Experience.* New York: Perigee Books, 1980.

French, Warren. "How Green Was John Steinbeck." *Steinbeck and the Environment.* 281-92.

Gladstein, Clifford Eric and Mimi Reisel Gladstein. "Revisiting the Sea of Cortez with a 'Green' Perspective." *Steinbeck and the Environment.* 161-175.

Hart, Richard E. "Steinbeck on Man and Nature: A Philosophical Reflection." *Steinbeck and the Environment* 44-52. *Holy Bible.* Chicago: Consolidated Book Publishers, 1976.

James, William. *Some Problems of Philosophy*. Harvard: Harvard UP, 1979.

Jeffers, Robinson. *The Selected Poetry of Robinson Jeffers*. New York: Random House, 1938.

Kats, Eric. "Judaism and the Ecological Crisis." *Worldviews and Ecology*. Eds. Mary Evelyn Tucker and John A. Grim. Lewisburg: Bucknell UP, 1944. 55-70.

Kelly, James C. "John Steinbeck and Ed Ricketts: Understanding Life in the Great Tide Pool." *Steinbeck and the Environment*. 27-42.

McDaniel, Jay. "The Garden of Eden, The Fall, and Life in Christ: A Christian Approach to Ecology." *Worldviews and Ecology*. Eds. Mary Evelyn Tucker and John A. Grim. Lewisburg: Bucknell UP, 71-82.

McEntyre, Marilyn Chandler. "Natural Wisdom: Steinbeck's Men of Nature as Prophets and Peacemakers." *Steinbeck and the Environment*. 113-124.

Muldoon, Mark. "Environmental Decline and Christian Contemplation." Environmental Ethics 10.2(2003): 75-96.

Rorty, Richard. *Contingency, Irony, and Solidarity*. Cambridge: Cambridge UP, 1989. Ruether, Rosemary Radford. "Symbolic and Social Connections of the Oppression of Women and the Domination of Nature." *Ecofeminism and the Sacred*. Ed. Carol J. Adams. New York: Continuum, 1993. 13-23.

Steinbeck, John. *The Log from the Sea of Cortez*. New York: Penguin Books, 1995.

____________. *Of Mice and Men*. New York: Penguin Books, 1995.

____________. *To a God Unknown*. New York: Penguin Books, 1995.

____________. *Travels with Charley in Search of America*. New York: Penguin Books, 1997.

Timmerman, John H. "Steinbeck's Environmental Ethic: Humanity in Harmony with the Land." *Steinbeck and the Environment*. 310-322.

Weston, Anthony. "Beyond Intrinsic Value: Pragmatism in Environmental

Ethics." *Environmental Ethics* 7 (1985): 321-39.
Zimmerman, Michael E. "Possible Political Problems of Earth-Based Religiosity." *Beneath the Surface*. Eds. Eric Katz, Andrew Light, and David Rothenberg. Cambridge: MIT Press, 2000. 170-94.

4-2. 마거릿 애트우드의 『홍수의 해』에서 실용주의적 환경 서사

Atwood, Margaret. *MaddAddam*. London: Virago Press, 2014.
________________. *Oryx and Crake*. New York: Random House, 2004.
________________. *The Year of the Flood*. London: Virago Press, 2010.
Bergthaller, Hannes. "Housebreaking the Human Animal: Humanism and the Problem of Sustainability in Margaret Atwood's *Oryx and Crake and The Year of the Flood*." *English Studies: A Journal of English Language and Literature* 91-7 (2010): 728-43.
Bouson, J. Brooks. "'We're Using Up the Earth. it's Almost Gone': A Return to the Post-Apocalyptic Future in Margaret Atwood's *The Year of the Flood*." *Journal of Commonwealth Literature* 46-1 (2011): 9-26.
Bowers, C. A. "The Case against John Dewey as an Environmental and Eco-Justice Philosopher." *Environmental Ethics* 25.1(2003): 25-42.
Canavan, Gerry. "Hope, But for Us: Ecological Science Fiction and the End of the World in Margaret Atwood's *Oryx and Crake* and *The Year of the Flood*." *Literature Interpretation Theory* 23 (2012): 138-59.
DeFalco, Amelia. "Haunting physicality: Corpses, Cannibalism, and Carnality in Margaret Atwood's *Alias Grace*." *University of Toronto Quarterly* 75-2 (2006): 775-91.
Dewey, John. *Human Nature and Conduct 1922*. Ed. Jo Ann Boydston. Carbondale & Edwardsville: Southern Illinois UP, 1988.
DiMarco, Danette. "Paradise Lost, Paradise Regained: homo faber and the

Makings of a New Beginning in Oryx and Crake." *Papers on Language and Literature* 41 (2005): 70-95.

Duncan, Richard C. "The Olduvai Theory: Sliding Towards a Post-Industrial Stone Age." 15. Aug. 2011. <http://www.dieoff.org/page125.htm>

Garrard, Greg. *Ecocriticism*. London: Routledge, 2004.

Goldman, Marlene. "Margaret Atwood's Wilderness Tips: Apocalyptic Cannibal Fiction." *eating Their Words: Cannibalism and the Boundaries of Cultural Identity*. Ed. Kristen Guest. Albany: State University of New York, 2001. 170-91.

Jameson, Fredric. *Archaeologies of the Future: The Desire Called Utopia and Other Science Fictions*. New York: Verso, 2007.

______________. "Then You Are Them: Review of *The Year of the Flood* by Margaret Atwood." *London Review of Books* 31-17 (2009): 7-8.

Katz, Eric. "Searching for Intrinsic Value." *Environmental Pragmatism*. Eds. Andrew Light and Eric Katz. New York: Routledge, 1996. 307-18.

Parker, Kelly A. "Pragmatism and Environmental Thought." *Environmental Pragmatism*. Eds. Andrew Light and Eric Katz. New York: Routledge, 1996. 21-37.

Sagoff, Mark. *The Economy of the Earth*. Cambridge: Cambridge UP, 1988.

Soterdijk, Peter. "Rules for the Human Zoo: A Response to the Letter on Humanism." *Environment and Planning D: Society and Space* 27 (2009): 12-28.

Weston, Anthony. "Beyond Intrinsic Value: Pragmatism in Environmental Ethics." *Environmental Pragmatism*. Eds. Andrew Light and Eric Katz. New York: Routledge, 1996. 285-306.

Williams, Evan Calder. *Combined and Uneven Apocalypse*. Hants, UK: Zero Books, 2010.

http://www.telegraph.co.uk/culture/books/6061404/Margaret-Atwood.html

4-3. 본질에서 실용으로 — 레슬리 마몬 실코의 『모래언덕의 정원』

브누아 메상, 자크. 『정원의 역사』. 이봉재 옮김. 서울: 도서출판 르네상스, 2005.

Coltelli, Laura. "The Gardens of Memory Between the Old and the New World: 'All Who Are Lost Will be Found.'" *Reading Leslie Marmon Silko: Critical Perspectives through Gardens in the Dunes*. Ed. Laura Coltelli. Pisa: Pisa UP, 2007. 185-205.

Cooper, David E. *A Philosophy of Gardens*. Oxford: Oxford UP, 2006.

Francis, Mark and Randolph T. Hester, Jr. "The Garden as Idea, Place, and Action." *The Meaning of Gardens*. Eds. Mark Francis and Randolph T. Hester, Jr. Cambridge, Mass: MIT Press, 1990. 1-20.

Harrison, Robert Porgue. *Gardens*. Chicago: U of Chicago P, 2008.

Katz, Eric. "Searching for Intrinsic Value: Pragmatism and Despair in Environmental Ethics." *Environmental Pragmatism*. 307-18.

Kehoe, Alice Beck. *The Ghost Dance*. Long Grove, IL: Waveland Press, 2006.

Magoulick, Mary. "Landscapes of Miracles and Matriarchy in Silko's *Gardens in the Dunes*." *Reading Leslie Marmon Silko: Critical Perspectives through Gardens in the Dunes*. 21-36.

Marcus, Clare Cooper. "The Garden as Metaphor." *The Meaning of Gardens*. 26-33.

Matthews, Robin. "In the Trail of the Serpent: A Theological Inquiry." *The Meaning of Gardens*. 46-53.

McHarg, Ian L. "Nature Is More Than a Garden." *The Meaning of Gardens*. 34-37.

Norton, Bryan G. "The Constancy of Leopold's Land Ethic." *Environmental Pragmatism*. 84-102.

Purdy, John. "Water As Leitmotif in Silko's Gardens in the Dunes." *Reading Leslie Marmon Silko: Critical Perspectives through Gardens in the Dunes*.

149-63.
Riley, Robert B. "Flowers, Power, and Sex." *Meaning of Gardens*. 60-75.
Roppolo, Kimberly. " 'We've Got to Get Ourselves back to the Garden': Indigenous Views of the Life-Death Cycle as Resistance in Leslie Marmon Silko's *Gardens in the Dunes*." *Reading Leslie Marmon Silko: Critical Perspectives through Gardens in the Dunes*. 73-89.
Ruoff, A. La Vonne Brown. "Leslie Marmon Silko's Gardens in the Dunes: Contact Zones and Cross Currents." *Reading Leslie Marmon Silko: Critical Perspectives through Gardens in the Dunes*. 7-20.
Silko, Leslie Marmon. *Gardens in the Dunes*. New York: Simon & Schuster, 1999.
Tuan, Yi-Fu. "Our Treatment of the Environment in Ideal and Actuality." *American Scientist* 58 (1970): 244-49.
Weston, Anthony. "Beyond Intrinsic Value: Pragmatism in Environmental Ethics." *Environmental Pragmatism*. Eds. Andrew Light and Eric Katz. New York: Routledge, 1996. 285-306.

4-4. 선험적 추론과 과학적 경험 — 바바라 킹솔버의 『비상』

유정완. 「돈 들릴로의 쇼핑몰, 우리 시대의 신전: 『화이트 노이즈』에 나타난 소비자본주의 비판」. 『현대영미소설』 17.2 (2010): 85-109.
정회성. 「기후변화 문제에 대한 과학과 정치-융합 학문적 접근방법을 모색하며」. 『생태환경논집』 1 (2013). 동국대학교 생태환경연구소: 27-58.
Bender, Bert. "Darwin and Ecology in Novels by Jack London and Barbara Kingsolver." *Studies in American Naturalism* 6.2 (2011): 107-33.
Dewey, John. *Experience and Nature*. New York: Dover, 1958.
__________. *Human Nature and Conduct 1922*. Ed. Jo Ann Boydston. Carbondale & Edwardsville: Southern Illinois UP, 1988.

__________. *The Later Works* 12 (1938). Ed. Jo Ann Boydston. Carbondale: Southern Illinois UP, 1986.

__________. *The Theory of Inquiry*. New York: Henry Holt and Company, 1938.

Elert, Emily and Michael D. Lemonick. *Global Weirdness*. New York: Vintage Books, 2012.

Fletcher, Charles. *Climate Change: What the Science Tells Us*. Hoboken: John Wiley & Sons, 2013.

Hickman, Larry A. *Pragmatism as Post-postmodernism*. New York: Fordham UP, 2007.

Himmelwright, Catherine. "Gardens of Auto Parts: Kingsolver's Merger of American Western Myth and native American Myth in the Bean Trees." *Southern Literary Journal* 39.2 (2007): 119-39.

Kasinec, Denise E. and Jean W. Ross. "Barbara Kingsolver." *Contemporary Authors*. Detroit: Thomson Gale, 1992. 134-284.

Kingsolver, Barbara. *Flight Behavior*. New York: HaperCollins, 2012.

______________. *The Poisonwood Bible*. New York: HaperCollins, 1998.

Koza, Kimberly A. "The Africa of Two Western Women Writers: Barbara Kingsolver and Margaret Laurence." *Critique* 44. 3(2003): 284-94.

Leder, Priscilla. "Introduction." *Seeds of Change: Critical Essays on Barbara Kingsolver*. Ed. Priscilla Leder. Knoxville: U of Tennessee P, 2012.

Purcell, William F. "The Gospel According to Barbara Kingsolver: Brother Fowles and St. Francis of Assisi in *The Poisonwood Bible*." *Logos* 12.1 (2009): 93-116.

Siegel, Lee. "Sweet and Low: The Poisonwood Bible by Barbara Kingsolver." *The New Republic* (March 22, 1999): 30-37.

Simon, Seymour. *Global Warming*. New York: HarperCollins, 2010.

Strehle, Susan. "Chosen People: American Exceptionalism in Kingsolver's *The Poisonwood Bible*." *Critique* 49.4 (2008): 413-28.

www.uga.edu/monarchparasites/whatisOE/index.html
wikipedia.org/wiki/Cargo_cult

4-5. 실용주의 환경론은 인간중심사상인가?

강용기. 「실용주의 환경론과 근본주의 생태론의 접점 모색」. 『영어영문학』 56.1(2010): 47-64.

Bowers, Chet A. "The Double Binds in Using Dewey's Epistemology to Address Eco-Justice Issues." Pragmatism and Values. Eds. John Ryder and Emil Visnovsky. New York: Rodopi, 161-73.

______. "The Case against John Dewey as an Environmental and Eco-Justice Philosopher." Environmental Ethics 25-1(2003): 25-42.

Devall, Bill and George Sessions. Deep Ecology: Living As If Nature Mattered. Salt Lake City: Gibbs Smith Peregrine Books, 1985.

Dewey, John. Experience and Nature. New York: Dover, 1925(1958).

______. Ethics. New York; Henry Holt, 1942.

______. Freedom and Culture. New York: Capricorn Books, 1963.

______. The Later Works 12(1938). Ed. Jo Ann Boydston. Carbondale: Southern Illinois UP, 1986.

______. The Later Works 1(1925). Ed. Jo Ann Boydston. Carbondale: Southern Illinois UP, 1986.

______. The Later Works 13(1938-1939). Ed. Jo Ann Boydston. Carbondale: Southern Illinois UP, 1986.

______. The Later Works 4(1929). Ed. Jo Ann Boydston. Carbondale: Southern Illinois UP, 1986.

Hickman, Larry A. "John Dewey: His Life and Work." John Dewey Between Pragmatism and Constructivism. Eds. Larry A. Hickman, Stefan Neubert and Kersten Reigh. New York: Fordham UP, 2009. 3-18.

________________. "Pragmatism, Constriuctivism, and the Philosophy of Technology." John Dewey Between Pragmatism and Constructivism. 143-61.

Katz, Eric. "Searching for Intrinsic Value: Pragmatism and Despair in Environmental Ethics." Environmental Pragmatism. Eds. Andrew Light and Eric Katz. London & New York: Routledge, 1996. 307-18.

Leopold, Aldo. A Sand County Almanac. New York: Ballantine Books, 1966.

McDonald, Hugh P. John Dewey and Environmental Philosophy. Albany: State U of New York P, 2004.

Reich, Kersten. "Observers, Participants, and Agents in Discourses: A Consideration of Pragmatist and Constructivist Theories of the Observer." John Dewey Between Pragmatism and Constructivism. 106-42.

Rorty, Richard. Consequences of Pragmatism. Minneapolis: U of Minnesota P, 1982.

Taylor, Bob P. "John Dewey and Environmental Thought: A Response to Chaloupka." Environmental Ethics 12-2(1990): 174-84.

Weston, Anthony. "Beyond Intrinsic Value: Pragmatism in Environmental Ethics." Environmental Pragmatism. Eds. Andrew Light and Eric Katz. London & New York: Routledge, 1996. 285-306.